정체성과 언어 학습

Bonny Norton 지음

연준흠·김주은 옮김

정체성과 언어 학습

(주)박이정

언어는 사회 조직의 실제적이고 가능한 형태를 품은 공간이다.
사회적이고 정치적인 중요성을 정의하고 시험하는 공간이다.
Weedon, 1997, 21쪽

집단 사이의 관계에서 언어는 그 언어를 말하는 사람들의 가치만큼 무게가 있듯이,
개인 사이의 상호작용에서도 발화 그 자체가 가진 가치 중 대부분은
그것을 말하는 사람의 가치에 기대고 있다.
Bourdieu, 1997, 652쪽

역자 서문

교실에서 학생들을 만나다 보면 그 사람에 대해 알게 되는 것이 있다. 이름, 국적, 직업을 시작으로 해서 한국에서 뭘 하고 싶은지 평소에 무엇에 관심이 있는지 하는 것들이다. 그렇지만 짧은 시간 안에 그 사람에 대해 속속들이 알기는 어렵다. 굳이 자세히 알 필요는 없지만 몰라서 학습에 지장을 준다면 그것 또한 손해일 것이다. 아무리 사람을 많이 만나 본 경험이 있다고 하더라도 그 사람이 이제까지 어떤 삶을 살아 왔는지에 대해서는 온전히 알기 어렵다. 물론 그런 것은 큰 영향을 끼치지 않는다고 생각할 수도 있고 그것보다는 수업 내용이 중요하다고 생각할 수도 있다. 그러나 학습자에 대한 올바른 이해가 학습 행위에 도움을 준다는 가정 아래에서 학생들의 정체성은 계속 변할 수 있고 학생들이 입을 여는 데에는 권력이 굉장히 중요한 역할을 한다는 전제는 한번쯤 곱씹어 볼만한 문제이다.

저자인 Bonny Norton 교수는 남아프리카 공화국 요하네스버그 출신이다. 어려서부터 인종차별 정책인 아파르트헤이트를 몸소 겪으며 자랐기 때문에 언어, 권력, 정체성 사이의 복잡한 관계를 일찍이 깨달았다고 한다. 현재는 캐나다 브리티시컬럼비아 대학의 저명한 교수이자 캐나다 학술원의 회원이기도 하다. Bonny Norton 교수는 사회 정의에 대한 열정과 언어 교육이 사회 변화에 영향을 끼칠 수 있다는 신념을 가지고 북미와 아프리카에 관한 광범위한 연구를 진행하였다. Bonny Norton 교수의 연구를 보면 이민자, 십대, 아프리카 등과 같이 권력을 갖지 못한 계층을 대상으로 한 경우가 꽤 있다. 자신의 어린 시절 경험이 연구에 얼마나 영향을 주었는지 짐작할 수 있는 부분이다.

언어교사로 교실에서 매일 학습자를 만나면 학습자에 대한 이해는 한정적일 수밖에 없다. 예비 교사로 이론 교육을 받을 때 학습자의 동기에 대해서 책으로 배우고 현장에서 자기소개를 하거나 활동을 하며 학생들에 대한 정보를 듣지만 그것은 장님 코끼리 만지는 수준일 것이다. 이 책에서 말하는 것으로 학습자에 대해 훤히 알 수 있는 것은 아니지만 다리만 만지던 수준에서 다리 이외에도 여러 부분이 존재한다는 점을 알게 된다. 학습자는 왜 침묵하는가? 어떤 이유로 수업에 불만을 가지는가? 왜 학습자는 수업에 나오지 않는가? 여러 물음에 대한 답에는 여러 요인이 섞여 있을 것이다. 이 책에서 Bonny Norton 교수가 전하는 이야기는 이미 이민자들과 함께 살아가고 있는 지금 우리에게 많은 것을 들려 준다. 현지의 언어가 귀중한 자산이라는 관점에서, 현지의 자산을 얻으려고 투자하는 학습자들을 이해하는 데 이 책은 또 하나의 등불이 되어줄 것이다.

옮긴이
연준흠 · 김주은

예나에게

머리말

　삼 년 전 브리티시 컬럼비아 대학(UBC)에서 내 수업을 듣던 학생 하나가 왜 2000년에 출간한 『정체성과 언어 학습』을 전자책으로 볼 수 없느냐고 물었다. 또다시 학생들은 과학기술에 뒤쳐져 가는 나를 일깨워 주었다. 학생들이 생각하는 전자책의 장점에 대해 논의를 시작했는데, 전자책이 종이책보다 더 구하기 쉽기 때문에 자신들에게 굉장히 중요하다는 점을 알려주었다; 또한 접근, 휴대, 저장, 검색이 더 쉽다. 확신이 든 나는 Multilingual Matters와 2000년에 냈던 책의 2판을 전자책과 종이책 두 가지 형태로 내기로 하였다. 2판에는 이해하기 쉽도록 들어가기를 새로 넣었고 정체성과 언어 학습에 대한 최신문헌도 추가하였다. 이와 더불어 Claire Kramsch의 뜻깊은 서평도 들어갔다. 이렇게 새로 더한 부분이 이 책을 역사적, 학문적인 맥락에서 의미를 더해 주었다. Claire의 뛰어난 학식과 사려 깊음에 매우 감사하는 바이다. 또한 정체성과 언어 학습에 대해 국제적으로 논의를 지속하고 확장할 수 있게 도와준 Tommi Grover, Anna Roderick, 역량 있는 Multilingual Matters 출판사에도 진심으로 감사하는 바이다.
　2000년 이후에 걸어온 연구 여정에서는 정체성과 언어 학습에 대한 관심을 공유하는 동료들과 공동으로 연구하는 영광을 누렸다. 그들의 견해가 제2판에 추가된 들어가기에 반영되어 있다. 책과 논문 특집을 Kelleen Toohey, Christina Higgins, Yasuko Kanno, Aneta Pavlenko와 같이 펴내는 과정에서 많은 영감을 받았다. 또한 Margaret Early, Maureen Kendrick, Carolyn McKinney, Lyndsay Moffatt, Diane Dagenais, Gao Yihong, Margaret Hawkins, Brian Morgan, Sue Starfield와 함께 한 집필 작업이 굉장히 즐거웠다. 박사과정 학생들은 내 연구에 활력과 통찰력을 불어넣었다. 특히 Juliet Tembe, Harriet Mutonyi, Shelly Jones, Sam Andema, Ena Lee, Sal Muthayan, Lauryn Oates, Espen Stranger-Johannessen에게 감사를 표한다. 브리티시 컬럼비아 대학에서 나는 Patricia Duff, Lee Gunderson, Ryuko Kubota, Ling Shi, Steven Talmy와 같은 역량 있는 동료들과 자주 교류하면서 큰 도움을 얻었다. 활기찬 이 학자들과 가까이에서 수년에 걸친 작업을 하며 '동료'와 '친구'의 차이를 구분하기 어렵게 되었다.

경험 많은 학자들은 알겠지만 학계에서 동료들의 검토 과정은 공동체의 구성원들에게 굉장한 헌신을 요구한다. 나는 수년간 받은 한결같은 도움에 감사를 드리고 싶다. Claire Kramsch뿐만 아니라, Nancy Hornberger, Constant Leung, Alastair Pennycook, Sandra Silberstein, Mastin Prinsloo, Jim Cummins, Allan Luke에게도 감사를 드리는 바이다. 나는 Peter De Costa가 들어가기에 의미 있는 지적을 해준 것에 또한 감사드린다. 그리고 교열과 표지 디자인에 도움을 준 Ron Darvin에게도 감사를 표한다. 또한 온라인, 서면은 물론 컨퍼런스, 워크숍, 세미나에서 직접 얼굴을 맞대고 나를 깨우쳐 주고 질문을 던져준 전 세계의 수많은 중견 학자에게도 진심으로 감사를 표한다. 그게 누구인지는 말하지 않아도 자신은 알 것이다.

캐나다의 사회 과학 연구협회의 넉넉한 지원금은 내 연구와 저술 과정의 모든 측면에서 큰 도움이 되었다. 나는 이러한 지원을 받을 수 있는 기회를 굉장히 고맙게 생각한다.

Anthony, Julia, Michael의 무조건적인 사랑은 나의 하루하루를 지탱해 주었다.

2013년 4월

캐나다, 밴쿠버

브리티시 컬럼비아 대학

Bonny Norton

차례

들어가기

『정체성과 언어 학습』 되짚기

2000년에 발행된 『정체성과 언어 학습』은 시대사조의 중요한 전환을 포착했다고 Claire Kramsch가 서평에 기술하였다. 이제는 언어 교육 분야에서 정체성을 탐구하는 연구가 아주 많고, 정체성이 현장에서 중요해졌다는 사실을 보여주는 연구도 다수 있다.[1] '정체성'은 대부분의 전문 사전과 응용 언어학 핸드북, 제2언어 습득(SLA), 언어 교수 분야에서 비중 있게 다루어진다.[2] 언어 교육 분야에서 정체성에 초점

---

1 Atkinson, 2011; Block, 2003, 2007b; Caldas-Coulthard & Iedema, 2008; Clark, 2009; Cummins, 2001; Day, 2002; Heller, 2007; Higgins, 2009; Kanno, 2003, 2008; Kramsch, 2009; Kubota & Lin, 2009; Lin, 2007; Mantero, 2007; Menard-Warwick, 2009; Miller, 2003; Nelson, 2009; Norton, 1997, 2000; Norton & Toohey, 2004; Pavlenko & Blackledge, 2004; Potowski, 2007; Toohey, 2000; Tsui & Tollefson, 2007

2 Block, 2010; Morgan & Clark, 2011; Norton, 2006, 2010; Norton & Mckinney, 2011;

을 맞추고 있는 *Journal of Language, Identity, and Education*과 같이 공신력 있는 학술지도 있다. 특히 흥미로운 부분은 대학원생들이 정체성, 투자, 가상의 공동체와 관련된 주제로 쓴 논문 수인데, 연구자들은 앞으로도 이러한 연구 경향이 이어지리라고 예측한다.[3] 본 연구자의 연구 결과물과 관련된 연구가 현재 중국어, 포르투갈어, 독일어, 프랑스어로도 나와 있다.[4] 사실 Zuengler와 Miller(2006, 43)가 지적한 것처럼 정체성은 이제 '그 자체로' 연구 영역으로 자리를 잡았다.

2판의 머리말에서도 밝혔듯이 수정판을 내는 목적은 2000년에 펴낸 책 자체가 가진 논리와 일관성을 다시 쓰는 것이 아니라, 이 책에서 제안하고 현장에서 특별히 생산적이라고 밝혀진 아이디어와 관련된 부분을 새롭게 구성하는 것이다. 이와 관련하여 살펴보면 Block (2007a), Ricento(2005), Swain과 Deters(2007)가 언급한 것처럼 언어와 정체성에 대한 후기구조주의 이론이 큰 영향을 주었을 뿐만 아니라, 1995년에 본 연구자가 전개한 투자의 구조도 다양하고 흥미롭게 받아들여졌으며 가상의 공동체와 가상의 정체성과 관련된 아이디어 또한 연구가 이어졌다. 그리고 인종, 성, 계층, 성적 취향의 특별한 관계가 언어 학습과 교수 과정에 어떤 영향을 미칠 수 있는지를 조사하는 정체성 연구자들에 의해 연구 규모가 커지고 있다. 이에 덧붙여서 정체성 연구와 관련된 연구 방법에 대한 논의가 있었고, 교실 교육에 관한 정체성 연구의 영향에 대한 논의도 있었다. 머리말에서 밝혀

Norton & Toohey, 2002; Ricento, 2005.

3   Anya, 2011; Cornwell, 2005; Cortez, 2008; Kim, 2008; Pomerantz, 2001; Ross, 2011; Shin, 2009; Song, 2010; Tomita, 2011; Torres-Olave, 2006; Villarreal Ballesteros, 2010; Zacharias, 2010.

4   Dagenais et al., 2008; Mastrella-De-Andrade & Norton, 2011; Norton (2013); Xu, 2001.

두었듯이 이 들어가기는 10년 이상을 여러 학자와 흥미롭게 협동 연구를 한 결과이다.[5] 앞으로는 초판에서 제시한 아이디어와 연구 결과 사이에 연결고리를 만들면서 연구와 실제의 영역을 넓히는 데 초점을 맞출 것이다.

언어 학습과 정체성의 관련성

시작하며 학자인 Sue Gass(Gass, 1998)를 되돌아보려 한다. Sue Gass는 정체성이 제2언어 습득에 영향을 미친다는 점에서, 정체성을 연구하는 학자들은 정체성 연구의 이론적 적절성을 확립하는 작업이 필요하다는 것을 지적하였다. 이 책에서는 Sue Gass가 펼친 중요하고 합리적인 주장을 살펴볼 것이다. 주요 주장은 아래에 정리하였고 책 중간에 더 충분히 논의를 진행할 것이다.

(1) 정체성에 대한 연구는 언어 학습 분야에 개인 언어 학습자와 세상을 통합하는 포괄적인 언어 학습 이론을 가져다준다. 정체성 연구자는 학습자를 이분법적인 용어로 정의할 수 있다는 관점에 의문을 갖는다. 이를테면 시간과 공간의 변화, 개개인 안에 상반되는 태도가 공존할 가능성, 정의적인 요소들이 빈번하게 사회적으로 불평등한 힘의 관계에서 구축되었다는 점을 고려하지 않은 채로 학습 동기가 있는지 없는지, 외향적인지 내향적인지, 억압받고 있는지 자유로운지와 같이 구분 짓는 것이 합당한가와 같은 물음이다. 잘 정립된 정체성

---

5   Kanno & Norton, 2003; Norton & Early, 2011; Norton & Gao, 2008; Norton & McKinney, 2011; Norton & Morgan, 2013; Norton & Pavlenko, 2004; Norton & Toohey, 2011.

이론은 어떤 언어 학습자가 발화를 할 수 있는지, 사회적으로 소외된 학습자들이 때로는 어떻게 목표 언어 공동체에 대해 더 바람직한 정체성을 갖게 할 수 있는지와 관련된 다양한 견해에 관심을 기울이고 있다.

(2) SLA 연구자들은 사회 안에 작용하는 힘의 관계가 학습자의 목표 언어 공동체 접근에 어떤 영향을 주는지를 다루어야 할 필요가 있다; 어떤 장소에서는 무시당할 수 있는 학습자가 어떤 장소에서는 높이 평가될 수도 있다. 정체성 연구자들은 제2언어 습득 과정의 핵심이라고 인정하는 말하기, 읽기, 쓰기를 실행하기 위한 방법에 관심을 가졌다(Spolsky, 1989 참고). 그 방법은 형식적인 언어 학습과 비형식적인 방식 모두에서 사회적으로 구조화되어 있다. 어떤 학습자가 목표 언어를 말하고 읽고 쓰는 상황 아래에 있느냐는 것이 언어 학습을 위한 기회이므로 중요한 의미를 지닌다.

(3) 정체성, 실행, 자원은 서로 구성요소를 이룬다. 이것은 정체성이 상징적이든 실질적이든지에 관계없이 활용 가능한 자원과 더불어 가정, 학교, 일터와 같이 여럿이 모인 곳에서의 실행에 영향을 받기 때문이라고 할 수 있다. 특정 환경에서의 실행과 자원에 대한 조사, 그 환경에서의 실행과 자원에 학습자가 다양하게 접근하는 것에 대한 조사는 종종 어떻게 정체성이 만들어지고 협상되었는지를 이론화하는 수단을 제공한다. 그렇지만 구조화된 환경과 사회적 맥락이 온전히 언어 학습이나 사용을 결정하지는 않는다. 주체적으로 한 가지 정체성을 가지고 말하려고 애쓰는 언어 학습자는 다른 사람들과의 관계를 재정립하고 대안을 주장할 수 있을 것이다. 그 학습자는 말하

고 읽거나 쓰는 것에서 더 강력한 정체성을 가질 수 있을 것이고 그로
인해 언어 습득이 강화될 것이다.

(4) 본 연구자가 SLA 분야에서 말하는 동기의 심리학적인 구인을
보완하여 발전시킨 *투자*의 사회학적인 구인은 언어 학습자 정체성과
언어 학습에 전념하는 것 사이의 복잡한 관계를 암시한다. 본 연구자
는 동기가 높은 학습자라 할지라도 수강하는 강좌나 공동체의 언어
실행에 투자를 별로 하지 않을 수 있다는 점을 말하고 싶다. 예를 들
면 그 교실에는 인종차별자, 성차별자, 엘리트주의자, 동성애혐오자
등이 있을 수 있다. 그렇지 않으면 교실의 언어 실행이 학습자가 기대
하는 좋은 수업과 일치하지 않을 경우 언어 학습에 아주 나쁜 결과가
뒤따를 것이다. 요컨대 학습자는 언어를 배우는 데 동기가 높을 수도
있지만 주어진 언어 실행에 반드시 투자를 하는 것은 아니다. 그러나
주어진 여러 언어 실행에 투자를 하는 학습자들은 가장 동기가 넘치
는 학습자일 것이다. 투자는 언어 학습과 교수를 설명할 때 중요한
틀이 될 것이다(Cummins, 2006).

(5) *상상의 공동체와 상상의 정체성*에 대한 최근 연구는 SLA 이론
분야에서 생산적이다. '*상상의 공동체(Imagined community)*'라는 용어
는 Benedict Anderson(1991)에 의해 처음 만들어졌고, 본 연구자가
2001년 연구에서 사용하였다(Norton, 2001). 그리고 Kanno와 Norton
(2003), Pavlenko와 Norton(2007), Norton과 Gao(2008)의 연구에서는
더 적극적으로 사용되었다. 이 연구들은 많은 언어 교실에 대해 다루었는
데, 목표 언어 공동체가 어떤 측면에서는 과거 공동체를 재구성한 공동체
이자 세월이 흘러 이루어진 관계라고 볼 수 있다. 그러나 또 다른 측면에

서는 상상의 공동체이자 앞으로 정체성을 넓혀줄 수 있는 가능성을
제공하는 희망의 정체성으로도 볼 수 있다. Lave와 Wenger(1991),
Wenger(1998)로부터 영향을 받은 이 아이디어는 다양한 연구 상황에서
생산적임이 증명되었다. 본 연구자는 상상의 공동체를 상상의 정체성으
로 상정했는데 목표 언어에 대한 학습자의 투자는 이러한 맥락 안에서
이해할 수 있다고 생각한다.

정체성의 후기구조주의 이론

이 책의 첫 번째 판에서는 Christine Weedon(1987, 1997)과 같은
페미니스트 학자의 정체성과 관련된 후기구조주의 이론을 광범위하
게 가져와서 사용하였다. Weedon은 자신의 연구에서 언급한 다른
후기구조주의 이론가들처럼 개인과 사회의 관계에서 언어가 핵심 역
할을 한다는 것을 강조하였다. 또한 언어를 사회적 관습으로 규정지
었을 뿐만 아니라 우리 자신의 감각을 — *주체성을* — 이루는 데에
도움을 준다고 주장하였다 : '언어는 사회 구조에서 실제로 사용 가능
한 것이다. 동시에 사회적이고 정치적으로 무엇이 중요한 것인가가
정의되고 시험받는 공간이다. 언어는 또한 우리 자신의 감각, 주체성
이 *형성되는* 장소이기도 하다'(1997, 21쪽).

주체(subject) 라는 용어에서 파생된 주체성(subjectivity)이라는
용어의 사용은 그냥 넘어갈 수 없는 중요한 부분이다. 왜냐하면 이
용어는 사람의 정체성이 항상 관계적인 용어로 이해되도록 하기 때문
이다 : 종종 관계*의* 주체를 뜻하기도 하고(즉, 힘의 위치에서), 관계
에 속한 주체(즉, 힘이 줄어든 위치에서)를 나타내기도 함. Weedon
은 '주체'와 '주체성'이라는 용어가 서양 철학에서 개인이 주가 되는

인본주의 신념과 관련되어 있다기보다 개인의 다양한 신념을 뜻한다고 밝혔다. 개인에 대한 인본주의 신념에서는 모든 사람이 필수적이고 독특하고 고정되고 일관성 있는 마음을 가지고 있다고 상정하는 반면, 후기구조주의에서는 개인(예 : 주체)이 다양하면서도 모순되고, 역동적인 동시에 역사적인 시간과 사회적인 공간을 지나는 과정을 통해 바뀌고 있다고 주장한다. 담화와 역사적인 특이성에 대한 푸코주의 개념을 살펴보면 후기구조주의에서 주체성은 담론적으로 구성되고 항상 사회적, 역사적으로 내재되어 있다고 볼 수 있다. 게다가 Weedon이 지적한 것처럼 정체성은 언어로 구성되어 있고 언어를 통해 구성된다. 한 걸음 더 나아가 살펴보면 매 순간 언어 학습자는 목표 언어를 말하고 읽고 쓸 때마다 목표 언어 공동체의 구성원들과 정보를 교환할 뿐만 아니라, 또한 자신이 누구이고 어떻게 자신이 세상과 연관되는지에 관한 감각을 조직하고 다시 재조직한다. 이러한 방식으로 언어는 정체성 구성과 협상에 관여한다.

1판에서 언급한 것과 같이 후기구조주의 이론은 사람들이 세상과 자신과의 관계를 어떻게 이해하는지, 어떻게 그 관계가 시간과 공간을 통해서 만들어졌는지, 어떻게 그 사람이 미래의 가능성에 대해 예측하고 있는지에 대해 정의하도록 하였다. 미래는 많은 언어 학습자의 삶에서 가장 중요한 것이고 정체성과 투자를 모두 이해하는 데 필수적인 것이기 때문에 중요하다.

정체성을 이론화하기 위한 후기구조주의 접근법은 인종, 성별과 같은 정체성 범주를 본질적인 것이 아닌 해체된 시각으로 살펴본 문화 이론가 Stuart Hall(1992a, 1992b, 1997)과 탈식민지 이론가 Homi Bhabha(1994)에 의해 다양하게 연구되었다. 문화 정체성을 이론화하면서 Hall은 정체성이 만들어지고 있는 것에 초점을 두고 정체성의 담화 구조로부터 나오는 표현의 중요성을 강조하였다. *신인류*라는 Hall의 개념은 인종을 획일적으로 보지 않고 인종에 대한 경험을 인지하는 방법으로 인종에 대한 대안적인 이론화를 제공하였다. Hall은 소수 민족에 한정되는 것이 아닌 여러 민족에도 적용할 수 있는 다양한 측면에 근거를 두고 있음을 강조하였다.

후기구조주의 이론에서 자리매김은 정체성 연구자들에게도 흥미롭다. 이론적인 구조로서의 자리매김은 자아의 사회·심리학적인 발전에서 '역할'의 개념에 대한 적절성을 밝히려고 노력한 Davies와 Harré(1990)의 연구와 밀접하게 연결되어 있다. 그들과 후기구조주의 이론가들은 우리에게 우연하게 일어나고, 변화하고, 상황에 의존적인 정체성의 본질을 상기시켜 준다. 그리고 정체성은 그저 사회 구조나 다른 사람들에 의해 주어진 것이 아니라, 자신의 위치를 잡고 싶어 하는 행위자에 의해 협상된다는 것을 강조한다. 사회 구조 안에서의 자리매김을 인식하는 것은 물론이고 개인을 움직이게 하는 힘 또한 언어 학습의 많은 연구에서 중요하게 다루어져 왔다. 예를 들어 Menard-Warwick(2007)는 제2언어(ESL)로서의 직업 목적 영어 수업을 소개하였다. 그 수업에서는 학습자가 교실에서 '목소리'를 낼 수 있게 교사와 라틴계 학습자 모두를 자리매김한 특정한 사건이 있었다. 자리매김을 위해 학습자가 하는 투자의 중요성은 De Costa(2011)도 강조하였다. 그는 싱가포르의 중등학교에 다니는 중국 출신 이민 학습자가 반 친구들이나 교사에 의해 자리매김 되는 방식에 대해 조사했고, 결국에는 어떻게 그 학생 스스로가 친구들과 소통하면서 자리매김했는지를 연구하였다. 언어 이데올로기의 개념과 자리매김의 구조를 연결하면서 De Costa는 그 이민 학습자의 자리매김과 언어 이데올로기가 영어 학습 결과에 어떠한 결정적인 영향을 주었는지에 대해 보여주었다.

　Brian Morgan과 본 연구자가 지적한 것처럼(Morgan, 2007; Norton & Morgan, 2013), 정체성의 후기구조주의 이론은 편향된 주장이 아닌 진실을 드러나게 하는 강력한 개념적인 수단을 제공하면서도, 정체성에 대해 불안전한 본질주의적 개념뿐만 아니라 지식과 텍스트와 관련된 주요 이론들에 대한 도전에서도 자유롭다. 그러나 이와 동시에 정체성과 관련된 후기구조주의 이론은 몇몇 논란거리를 불러일으켰다. 한 가지 중요한 쟁점은 한 가지로 정해진 의미에 의심을 품고 하나로 정해진 정체성에 저항하는 학습자나 교사의 역량과 관련된 *작용주체*의 개념과 관련되어 있다. 담화 이전에 존재하는 작용주체의 특성은 어디까지라고 볼 수 있을까? Bakhtin의 언어 이론(Bakhtin, 1981, 1984)은 SLA와 문해능력 분야에서 정체성에 대한 논쟁을 특징짓는 지속성과 변화 사이에 있는 모순을 어느 정도 풀 수 있다고 주장하였고, Menard-Warwick(2006)은 그것을 실제 사례로 보여주었다. 두 번째 쟁점은 다중성을 가진 정체성을 이론화하는 것이다 : 학습자나 교사가 성별, 인종, 계층, 성적 취향, 종교처럼 자신이 가진 경험의 특정한 측면을 앞에 내세우거나, 동질적이고 통합적인 것처럼 그들의 정체성을 주장하고 싶어 할 때가 있다. 오늘날 우리는 이것을 세계 곳곳에서 제국주의와 종교적인 원리주의가 가진 영향력 안에서 실감하고 있다. *정체성 정치*나 *다름의 정치*와 같은 용어는 정체성과 권력 관계의 특정한 결합을 보여준다.

정체성과 투자

　이 책의 첫 번째 판에서 다루었듯이 캐나다로 이민 온 여성들을 대상으로 한 본 연구자의 연구 결과와 기존 SLA 분야에서 동기 관련 이론의 결과가 일치하지 않는다는 것을 확인할 수 있었다. 그 당시 대부분의 이론이 추정하고 있었던 동기는 언어 학습자 개개인의 성격 특성이었는데 목표 언어 학습에 실패하는 학습자들은 학습 과정에 충분히 열성적이지 않다는 것이었다. 게다가 동기와 관련된 이론들은 언어 학습자와 목표 언어 화자 사이에 존재하는 불평등한 힘의 관계에 충분히 주의를 기울이지 않았다. 그리고 높은 수준의 동기가 좋은 언어 학습으로 전환하는 데에 반드시 필요한 요소는 아니라는 사실을 발견하였다. 언어 학습자와 목표 언어 화자 사이의 불평등한 힘의 관계가 본 연구자의 연구 자료에서 공통된 주제였다. 이러한 까닭에 언어 학습과 교수 분야에서 동기의 개념을 보완하기 위해 '투자(investment)'의 개념을 정립하였다.

투자의 구성개념은 학습자가 사회적 상호작용과 공동체 실행에 참여하고 싶어 하는 다양한 욕망을 이해하는 방법을 제시해 준다. Bourdieu(1977, 1984, 1991)의 연구에서 참고해 보면 투자는 목표 언어와 학습자의 사회적, 역사적으로 구조화된 관계와 그 목표 언어를 배우고 실행할 때 흔히 보이는 이중적인 열망을 나타낸다. 만약 학습자들이 목표 언어에 '투자'한다면, 마침내 그들의 문화적인 자산과 사회적인 힘의 가치가 증가해서 광범위하고 상징적인 자원들(언어, 교육, 우정)과 물리적인 자원들(자본재, 부동산, 돈)을 얻게 될 것이라는 점을 깨닫게 된다. Bourdieu와 Passeron(1977)은 특정한 사회적 형태와 관련된 다양한 계층과 집단을 특징짓는 지식, 자격, 사고 방식을 나타내기 위해서 '문화자산'이라는 용어를 사용하였다. 그들은 문화자산이 다양한 사회 영역 안에서 변별적인 교환 가치를 가지고 있다고 주장하였다. 그들이 가진 문화적인 자산의 가치가 증가함에 따라 학습자는 자신에 대해 가진 생각과 장래에 대한 열망이 재평가된다. 이러한 이유로 앞서 본 연구자가 주장했던 것처럼 투자와 정체성 사이에는 필수적인 관계가 있다. 그뿐만 아니라 동기는 주로 정신적인 구인으로 볼 수 있는 반면(Dörnyei, 2001; Dörnyei & Ushioda, 2009), 투자는 반드시 사회적인 틀 안에서 봐야 한다. 그리고 투자는 학습자의 열망과 노력, 복잡하고 변화하는 정체성 사이에 의미 있는 연결을 만들도록 추구한다.

투자라는 개념은 목표 언어에 전념하는 학습자와 관련하여 물음을 던지게 한다. 예를 들어 '학습자는 목표 언어를 배우는 데에 어느 정도까지 동기화가 되어 있는가?'라고 묻거나, 교사나 연구자가 '이 교실이나 공동체의 언어 실행에서 학습자가 하는 투자는 무엇인가?'와 같이 묻는 것이다. 비록 학습자는 동기가 꽤 많을 수 있겠으나 인종차별자, 성차별자, 엘리트주의자, 동성애 혐오자 등이 있다는 이유로 수업이나 공동체의 언어 실행에 별로 투자를 하지 않을 수도 있다. 이와 같이 동기가 아주 많이 있음에도 불구하고 학습자는 교실의 언어 실행으로부터 배제될 수 있다. 그래서 결국에는 '별로' 혹은 전혀 동기가 없는 언어 학습자로 보이게 된다(Norton & Toohey, 2001). 그렇지 않으면 학습자가 가진 좋은 언어 교수에 대한 기대는 교실에서 교사가 의도하는 언어 실행과 일치하지 않을 수도 있다. 그렇기 때문에 학습자는 교실에서의 언어 실행에 참여하기를 거부할 것이고 그에 따라 굉장히 끔찍한 결과가 발생할 수도 있을 것이다(Talmy, 2008).

이해를 돕기 위해 다중언어를 사용하는 캐나다의 중등학교에서 Duff(2002)가 수행한 교실 기반 연구의 실제 사례를 살펴보도록 하겠다. Duff는 특정 과목 수업 중에 거시적인 차원과 미시적인 차원의 의사소통 맥락을 이용하여, 교실에서 문화적인 다양성에 대한 존중을 북돋아 주는 교사의 시도가 여러 가지 결과를 불러일으킬 수 있음을 알아내었다. 본질적으로 교실에서 영어 학습자들은 자신의 제한된 구사 능력으로 인해 지적을 당하거나 비웃음을 사는 것을 두려워한다. Duff(312쪽)가 쓴 것처럼 '침묵은 그들을 창피함으로부터 보호한다'. 그러나 이 침묵은 원어민 영어 화자에게 '자신의 영어를 향상시키고자 하거나 수업을 위해 재미난 소재를 제공하고자 하는 열망, 적극성, 자발성의 부족'으로 보일 수도 있다. 교실을 관찰해보면 분명히 그렇게 보이지만 그렇다고 교실에 있는 영어 학습자가 '동기가 없다'고는 말할 수 없다; 더 정확히 말하자면 영어 학습자와 영어 원어민 화자 사이의 불공평한 권력 관계가 공존하는 언어 교실에서 언어 실행에 '투자하지' 않았다고 주장할 수 있다. 학습자의 투자는 원어민 화자 친구들과의 상호작용을 통해 구성되었고, 정체성은 투쟁의 장이었다.

투자의 개념은 응용언어학과 언어 교육 분야에서 상당한 흥미를 불러일으켰고,[6] Journal of Asian Pacific Communication에서 특별한 주제로 다루었다(Arkoudis & Davison, 2008). 예를 들어 Mckay와 Wong(1996)은 캘리포니아 학교에서 7, 8학년에 다니는 중국어 구사 학습자 네 명의 영어 발달을 설명하기 위한 개념으로 투자를 사용하였다. 그리고 학습자의 필요, 욕구, 협상은 목표 언어에 투자하는 것에 필수 요소였다고 기록하였다. Skilton-Sylvester(2002)는 미국에서 성인 ESL 교실에 다니는 캄보디아 여성 네 명을 대상으로 한 연구를 토대로, 성인의 동기와 참여에 대한 전통적인 관점은 성인 학습자의 복잡한 삶을 충분히 다루지 못한다고 주장하였다. 그리고 여성의 가

---

6 Bearse & de Jong, 2008; Chang, 2011; Cummins, 2006; De Costa, 2010a; Haneda, 2005; McKay & Wong, 1996; Pittaway, 2004; Potowski, 2007; Skilton-Sylvester, 2002.

정과 직업 정체성에 대한 이해가 성인 ESL 프로그램에 참여하는 그들의 투자를 설명하기 위해서는 필요하다고 했다. Haneda(2005)는 고급 일본어 작문 강좌를 듣는 대학생 두 명의 수업 참여에 대해 이해하기 위해 투자의 개념을 사용하였고, 여러 공동체에 속해 있는 학생들의 소속감이 일본어 쓰기에 투자하는 방식을 만들어 갈 것이라고 결론지었다. Potowski(2007)는 미국에서의 스페인어/영어 몰입식 프로그램에서 학습자의 스페인어 사용을 설명하기 위해 투자의 개념을 사용했고, 언어 프로그램이 잘 돌아가고 있을지라도 언어 학습이 기대에 부응하려면 목표 언어에 대한 학습자의 투자가 프로그램 목표와 일치해야 한다고 언급하였다. 싱가포르 학교에서 이민 학습자를 연구한 De Costa(2010a)는 중국에서 온 학습자가 학문적으로 능력 있는 학습자와 연관된 정체성을 갖도록 애쓰는 과정에서 표준 영어를 어떻게 받아들이는지를 조사하기 위해 투자의 개념을 사용하였다. Cummins(2006)는 제2언어 학습 관련 문헌에서 투자의 개념이 '해석상의 유의미한 구조(59쪽)'로 드러났다고 주장하며 정체성 텍스트에 대한 개념을 발전시키는 데에 투자의 개념을 사용하였다.

상상의 공동체와 상상의 정체성

정체성과 투자에 관심을 넓히는 것은 언어 학습자들이 언어를 배울 때 동경하는 상상의 공동체와 관련되어 있다(Kanno & Norton, 2003; Norton, 2001; Pavlenko & Norton, 2007). 상상의 공동체는 바로 옆에 실재하지 않는, 즉 상상을 통해 연결되는 집단을 말하는 것이다. 우리는 매일 살면서 구체적이고 즉시 느낄 수 있는 많은 공동체와 실제로 상호작용한다. 이 공동체라는 곳은 우리 이웃 공동체, 일터,

교육 기관과 종교 집단을 포함한다. 그러나 이러한 관계는 우리가 연관되어 있는 공동체만을 뜻하는 것은 아니다. Wenger(1998)가 주장하듯이 공동체 실행에 직접 들어가는 것과 관계를 맺는 것은 — Wenger가 *참여*라고 부르는 것 — 공동체에 속하는 유일한 방법이 아니다; Wenger에게 상상은 공동체가 가진 또 다른 중요한 원천이다. 상상의 유대관계는 공간과 시간이 모두 관련되어 있다. 상상의 공동체라는 용어를 처음 사용한 Benedict Anderson(1991)은 우리가 국가라고 생각하는 것은 상상의 공동체라고 주장하는 동시에, '가장 작은 국가의 구성원조차도 구성원 대부분을 알거나 만나거나 그들에 대해 듣는 것조차도 할 수 없겠지만 개개인의 마음속에는 자신이 속한 공동체 관념이 있다(6쪽).'라고 역설하였다. 그러므로 우리 자신들이 상상하는 것 안에서는 같은 나라 사람들과 시간과 공간을 뛰어넘어서 유대감을 형성하고 있다. 그리고 우리는 언젠가는 만날지도 모르지만 아직 만나보지 못한 사람들과 공동체에 대해 공감할 수 있다.

언어 학습에서 상상의 공동체에 집중하는 것은 이러한 공동체에 소속된 학습자들이 학습 여정에 어떻게 영향을 받는지에 대해 탐구할 수 있도록 해 준다. 앞서 언급한 공동체는 지역적인 관계를 넘어선 소속 — 국민임을 나타내는 것이나 초국가적인 공동체들과 같은 — 과 함께 학습자의 상상 안에서만 존재하는 미래의 관계를 포함한다 (Warriner, 2007). 이러한 상상의 공동체는 학습자가 실제로 매일 참여하는 곳이고, 그들의 현재 행동과 투자에 강하게 영향을 줄 것이다.

상상의 정체성과 상상의 공동체에 대해 본 연구자가 고민하게 된 계기는 이 책의 1판에서 언어 학습자들과 나누었던 저항의 이야기에서 찾을 수 있었다. 1판에서 본 연구자는 베트남에서 온 성인 이민자 여성인 마이가 영어 교실에서 왜 점점 불행해졌고 결국은 어떻게 그 과정을 포기해 버리게 됐는지에 대해 소개하였다.

> 난 그 과정이 우리가 [6개월 동안 ESL 과정에서] 배웠던 것과 마찬가지
> 로 나에게 도움이 되기를 바랐지만, 어느 날 저녁에는 오직 한 사람만
> 을 위해 시간을 다 써버렸다. 그 남자는 자기 나라에 대해서 이야기하
> 였다: 무슨 일이 일어나고 있고 무슨 일이 일어났었는지. *그래서 우리*
> *는 전혀 아무것도 배우지 않았다.* 그리고 내일은 다른 인도 남자가 고
> 향에 대해서 뭔가를 말할 것이다. 아마 일주일 내내 내 책에 아무것도
> 못 쓰겠지.

마이는 동기가 높은 언어 학습자였음에도 불구하고 자기가 다니
던 교실의 언어 실행에 대해서는 거의 투자를 하지 않았다. 교사는
학습자들에게 자기 나라에 대해 발표를 하게 함으로써 학습자들이 살
아온 이야기를 수업에 집어넣으려고 시도하였다고 주장할 수 있다.
그러나 마이에게는 성별, 나이, 계층과 같은 정체성 형성의 다른 측면
에 주의를 기울이지 않고 오직 학습자 정체성 — 본질주의자, 민족
정체성(유럽인, 인도인) — 의 한 면만을 확인하려는 것으로 보였다.
게다가 교사는 마이가 원하는 읽고 쓰기 연습에 투자하는 것을 포함
해서, 현재와 미래의 학습에 대한 절박함을 다루기보다 학습자의 과
거에 주로 초점을 맞추는 것으로 보였다.

마이가 가지고 있는 미래에 대한 희망과 그녀가 상상한 공동체와
정체성은 1991년 5월 15일에 쓴 일기에서 발견할 수 있다:

> 오늘 일이 끝나고 혼자 길을 걸어갈 때 학교에서 마지막 강의를 같이
> 들었던 칼을 만났다... 난 그냥 칼에게 내 직업과 내가 들은 수업에 대해

서 이야기했다. 칼은 나한테 '너한테 좋은 건 학교에 가는 거고, 그 다음에 미래에 사무실에서 일할 수 있는 직업을 구하는 거야.'라고 말했다. 나도 그러면 좋겠다. 하지만 가끔 나는 그런 꿈을 꾸는 게 두렵다.

마이는 의류 공장에서 작업복을 입고 대부분 단순 반복 작업인 재봉틀질로 많은 시간을 보낸다. 공장은 한쪽을 막아 '사무실'로 꾸며 놓았다. 사무실에서 일하는 근로자들은 세련된 옷을 입고 책상에서 일했으며, 언제든지 전화와 컴퓨터를 사용하였다. 마이의 바람은 그 사무실 공동체의 구성원이 되는 것이었다 : 마이가 상상한 공동체의 사무실 근로자는 작업 현장에 있는 특색 없는 그저 그런 사람들이 아니고 말끔하게 차려입은 사람들이었다. 마이는 그 공동체에 들어가기 위해서는 영어로 말하고 쓰는 능력이 필요하다는 것을 알고 있었다. 그러나 수업 중에 여러 나라에서 온 학습자의 과거 삶에 초점을 두었을 때, 마이는 자신이 상상한 정체성과 교실의 언어 실행 사이에서 연결 고리를 찾으려고 몸부림쳤다.

이러한 쟁점들은 Pavlenko와 Norton(2007)이 더 깊게 다루었고, *Journal of Language, Identity, and Education*에서 특별호로 다룬 '상상의 공동체와 교육적 가능성'(Kanno & Norton, 2003)과 여러 학계[7]에서 확장 논의되었다. 이후 출간물에서는 이러한 초기 연구에 덧붙여서 많은 학자들이 세계의 다양한 지역에 있는 학습자가 가진 상상의 공동체를 탐구하였다. 그 예로 Kanno(2008)는 일본에서 이중언어 교육을 하고 있는 학교 다섯 곳에서 학교 교육과 이중언어를 학습자

---

7   Carroll, Motha & Price, 2008; Chang, 2011; Dagenais, 2003; Early & Norton, 2012; Gao, 2012; Gordon, 2004; Murphey, Jin & Li-Chin, 2005; Norton & Kamal, 2003; Pavlenko, 2003; Siberstein, 2003; Xu, 2012.

에게 고르지 않게 노출하는 것에 대해 연구하였다. Kanno는 더하는 이중언어는 중상류층 학습자에게 권장되었던 반면 빼는 이중언어는 이민자나 난민 아이들이 다니는 학교에서 훨씬 더 일반적이었다는 것을 발견하였다. Kanno는 자신이 조사한 학교에서 아이들이 갖고 있는 상상의 공동체에 대한 다양한 이상은 이중언어 교육의 여러 형태로 불리고 있고, 학습자들 사이에서는 학습 자원에 접근하는 불평등한 상황이 악화되고 있다고 주장하였다.

캐나다에서 Dagenais 외(2008)는 밴쿠버와 몬트리올에 있는 초등학교 두 곳의 근처 언어 지형을 조사하고, 어떻게 아이들이 이웃사람들의 언어를 상상하는지와 어떻게 그들과의 관계에서 자신의 정체성을 구성하는지를 기술하였다. Dagenais 외는 연구자 및 학습자가 주변의 언어지형 기록을 위해 어떠한 혁신적인 방법을 사용하였는지에 대해 논했다. 특히 디지털 카메라와 같은 다양한 자원 활용을 중심으로 기술하였고 두 도시의 아이들이 편지, 포스터, 사진, 비디오를 교환하게 된 배경을 또한 깊이 있게 살펴보았다. Dagenais 외는 아이들에게 비춰진 이웃들과 관련된 상상의 공동체를 기록하는 것이 스스로의 정체성과 언어 학습에 큰 영향을 주는 공동체 이해에 많은 정보를 제공할 수 있다고 주장하였다.

Kendrick과 Jones(2008)는 우간다에 있는 초등학교와 중학교 여자아이들이 그린 그림과 사진을 분석하기 위해 상상의 공동체 개념을 사용하였다. 그들은 다양한 방법으로 해당 지역의 읽고 쓰기 실행에 참여하는 소녀들의 인식을 조사하고 문해능력, 여성, 발전에 대한 논의를 촉진시키기 위해 노력하였다. 그들이 알아낸 것은 여자아이들이 만들어 낸 시각 이미지가 영어 구사력과 교육 기회와 연관된 상상의 공동체에 대해 깊게 성찰하게 한다는 것이다. 그들의 결론은 다음과

같다(2008, 397쪽) :

> 의사소통과 대안적인 표현 방식을 통해 여학생들의 세계를 탐구하고 고찰할 기회를 제공하는 것은 성차별의 본질에 대한 논의를 키우기 위한 교육적 방법으로써 엄청난 가능성을 갖는다. 그리고 이러한 가능성은 학습자 간의 불평등이 존재하지 않을 가능성이 있는 상상의 공동체를 받아들이는 촉매제로 기능을 한다.

Blackledge(2003)는 교육과 관련된 문건에 담긴 인종적 담론을 조사하기 위해서 상상의 공동체 개념을 인종화와 관련지었다. Blackledge는 교육 정책 결정권자들이 단일 문화, 단일 공동체를 정상적이고 자연스러운 것으로 본다는 것과, 정기적으로 고국을 방문하는 아시아 소수민족의 문화적 관례가 안 좋게 비치고 있다는 것을 알아내었다. 그는 규범적인 상상의 공동체가 다양성이 아닌 동질성을 지니고 있다고 평가되며 "특정한 문화적 관례를 비정상적인 것, '다른 것'으로 위치 지었고, 소수 집단 아이들의 교육적 가능성을 낮추고 있다."라고 주장하였다(332쪽). 요컨대 Blackledge는 명백하게 아시아 집단을 깎아내리려는 상식 논쟁을 보여줌으로써 다수 집단의 정상화 담론이 아시아 집단의 문화적 관례를 인종화한다고 주장하였다.

정체성 범주와 언어 학습

정체성과 언어 학습에 대한 많은 연구가 학습자 정체성의 다양하고 겹치는 부분을 다루면서 언어 학습 과정에 영향을 줄 수 있는 인종, 성별, 계층, 성적 지향 사이에 어떤 관계가 있는지를 조사하는 연구가 늘고 있다. 이러한 쟁점을 다루는 새로운 연구는 정체성 범주를 '변수'로 간주하지 않고 도리어 사회적, 역사적으로 특정한 권력 관계에서 만들어진 관계가 모인 것으로 여긴다. 정체성 범주와 언어 학습에 대한 관심은 계속 빠르게 증가하고 있다. *TESOL Quarterly*의 특별호에서 '성별과 언어 교육'(Davis & Skilton-Sylvester, 2004)과 '인종과 TESOL'(Kubota & Lin, 2006)은 성별, 인종, 언어 학습에 대한 심도 있는 토론을 포함하고 있다. 이와 동시에 Heller(2007), May(2008), Rampton(2006)이 쓴 논문은 현장에서 주목하고 있는 언어, 민족성, 계층에 대한 쟁점을 확실하게 하였다. 인종, 민족, 성별, 성적 지향과 관련된 언어 학습을 다룬 이 연구들을 더 자세하게 살펴보는 것은 흥미로운 일이다.

많은 학자는 정체성, 인종, 민족 사이의 중요한 연관성에 집중하고 있다(Amin, 1997; Curtis & Romney, 2006; Lin et al, 2004; Luke, 2009). 그리고 인종과 언어 학습 사이의 관계에 대한 관심도 늘어나는 추세이다. Ibrahim(1999)은 캐나다에 있는 프랑코-온타리안 고등학교에 다니는 아프리카 대륙 출신의 프랑스어 구사 학생들을 대상으로 '흑인이 되어 가는 것'이 언어 학습에 영향을 미치는 점을 탐구하였다. 그는 학습자의 언어 표현방식과 특히 그들이 사용하는 흑인 영어가 헤게모니 담론과 여러 집단에 의해 흑인으로서 상상되고 구성된 직접적인 결과물이었다고 주장하였다.

조금 다른 관점으로 토론토에서 열린 인종차별 반대 캠프를 조사한 Taylor(2004)의 연구에서는 연구자가 '인종화된 성별'이라고 부르는 렌즈를 통해 언어 학습을 이해하기 위해 필요한 것이 무엇인지 논의하였다. 베트남 소녀인 Hue의 이야기, 소말리아 소녀인 Khatra는 이와 관련하여 특히 살펴볼 점이 많다. Hue는 다양한 방법으로 학교에서 인종화가 되는 것을 알았고, Khatra는 어떻게 자신의 신체가 특별한 민족, 인종, 국가 정체성을 의미하는지를 알게 되었다. Hue와 Khatra 의 경험은 Kubota(2004)가 제시한 견해를 뒷받침해 준다. 그 견해는 다문화주의의 비인종차별 개념이 다양한 인종과 민족들로 구성된 언어 학습자들에게 닥친 도전을 공정하게 다루지 않는다는 것이었다.

TESOL Quarterly의 2006년 특별호(Kubota와 Lin 편집)에는 인종과 언어 습득 사이의 관계를 조사한 논문 여러 편이 실렸다. 그 학술지의 모든 저자는 TESOL 전문가들이 어떻게 학습자를 판단하고 가르치는지, 교사가 가르치는 데 인종과 인종 정체성이 어떻게 영향을 주는지 등을 비평적으로 살펴볼 필요가 있다고 주장하였다. Kubota 와 Lin(2006)은 다음과 같이 진술한다. '다른 언어를 하는 사람들에게 영어를 가르치는 분야(TESOL)는 다양한 인종 배경에서 사람들이 옴에도 불구하고... TESOL 분야는 인종과 관련된 개념에 대한 쟁점을 충분히 다루지 않고 있다.'(471쪽). Motha(2006)는 Kubota와 Lin이 말하는 인종이 언어 교수에서 가장 중요하다는 주장을 뒷받침하였다. 그리고 어떻게 미국인 교사 네 명이 인종차별 금지 교육론을 만들었는지 연구하였고, 이러한 노력이 얼마나 어려운 것인지를 보여준다. 예를 들어 한국계 미국인 교사(연구 대상에서 유일하게 유색인종인 교사)는 교수로서의 능력을 동료들로부터 공정하게 판단 받지 못하고 있고, 직업적인 맥락 안에서 불공평하다는 느낌을 받는다는 확신을 진술하였다. Shuck(2006)은 미국에서 공적 담론이 집단을 위치 짓는 방법을 통해 어떻게 인종과 언어를 연결시키는지를 가감 없이 조사하였다. 미국 남서부에 있는 대학에서 영어를 제1언어로 하는 백인 대학생들과의 인터뷰에서, Shuck은 비유럽권에서 온 비원어민화자는 이해력이 떨어지고 지능이 낮고 미국 사회에서 그들이 '녹아들지 못하는 것'에 대한 책임을 져야 하는 존재로 받아들여지고 있는 것을 발견하였다. 특히 의사소통에 대한 책임은 항상 비원어민 화자들에게 있지 백인 학습자들에게 있지 않다고 하는 것을 발견하였다.

성별과 언어 학습의 접점에 대한 Cameron(2006), Gordon(2004), Higgins(2010), Pavlenko 외(2001), Sunderland(2004)와 같은 학자들의 연구는 특히 참고할 만하다. 여성과 남성을 나누는 구분을 넘어서 그들이 생각하는 성별은 사회적 관계와 담론적 실행의 체계로 이해되는데 그것은 여성, 소수자, 노인, 장애인을 포함하는 특별한 학습자 집단 사이에 존재하는 조직적인 불평등으로 이끌 수 있다. 예를 들면 Pavlenko나 Taylor(2004) 같은 학자는 성별과 다른 형태의 억압 사이의 접점을 이해할 필요가 있다고 주장하였다. 그리고 교실에서 조용한 여자아이와 남자아이 모두는 노동자 계급에 속할 가능성이 크다고 기록하고 있다. 이 쟁점들은 영어의 국제적인 지배에 대한 성별과 언어 학습 사이의 관계를 다루기 위해 세계 여러 지역에서의 연구를 기록한 Norton과 Pavlenko(2004)의 연구에서 다루어졌다.

연구가 뜸하다가 King(2008), Moffatt과 Norton(2008), Nelson (2009)의 연구에서는 성적 지향이 어느 정도 언어 교실에서 중요한 정체성 범주가 될 수 있는지를 연구하였다. 주된 내용은 교사가 게이, 레즈비언이나 트랜스젠더일 수 있는 학습자들을 지지하는 환경을 만들 수 있는 방법에 대한 것이었다. Nelson은 게이나 레즈비언의 이미지와 경험을 교육과정 자료에 소개하는 교육방법과 대부분은 이성애자라고 할 수 있는 곳에서 언어적, 문화적인 실행이 특정 성 정체성을 어떠한 방식으로 받아들이는지에 대해서 조사하는 교육방법을 대조하였다. Nelson의 접근법은 여러 가지 쟁점이 되는 소외 문제에 널리 적용될 수 있고, 자신이 들어간 목표 문화에서 규범적 관습에 의문을 갖는 학습자들을 도울 수 있다.

연구 방법과 분석

언어 학습에서 정체성 접근법과 관련하여 가장 중요한 방법론적인 질문은 다음과 같다 : 학자들은 사회적 존재로서의 언어 학습자와 학습이 이루어지는 불공평한 일이 흔히 일어나는 세상 사이의 관계를 조사하기 위하여 어떤 종류의 연구를 할 수 있는가(Norton & Mckinney, 2011)? 언어 학습과 관련된 정체성 접근법이 언어 학습자는 복합적이고 계속 변한다고 규정 지은 뒤로, 고정적이고 측정 가능한 변수에 의존하는 양적 연구의 패러다임은 대체로 적절하지 않게 되었다. 힘과 관련된 쟁점에 대한 초점은 또한 비판 연구에 의해 틀이 짜인 질적 연구 설계를 필요로 한다. 이러한 이유로 학자들이 언어 학습에 사용한 정체성 접근은 양적이기보다 질적인 경향이 있고 종종 비판 문화기술지, 페미니스트 후기구조주의 이론, 사회언어학, 언어인류학 등을 활용한다.

최근 연구참여자가 가진 정체성에 대한 연구자의 관심이 늘어나고 있지만, 많은 정체성 연구는 '(양적 연구와 질적 연구 모두에서의) 객관성'을 자주 의심받고 있다. 이러한 관점에서 보면 연구자들은 연구참여자뿐만 아니라 연구자 본인의 경험과 지식도 이해해야 한다. 이것은 정체성 연구가 엄격하지 않다는 것이 아니다; 그와는 반대로 모든 연구 조사는 '상황화'가 되고 연구자는 연구 프로젝트의 과정 중 일부로 포함될 수 있다는 것이다. 예를 들어 인도에서 Ramanathan(2005, 15쪽)이 실시한 연구에서는 "무엇이 '있고' '없는 지'에 대한 의문과 논쟁은 문해 경험과 실행 안에서 무엇이 '보이고' '보이지 않는지'의 확실한 근거가 되며 대부분은 연구자에 의해 결정된다." 우간다에서 Margaret Early와 본 연구자(Norton & Early, 2011)가 진행한 연구에서는 지원이 빈약한 시골 공동체에서 교사 교육에 대한 연구자 정체성을 탐구하였다. 우리는 자주 '다른 나라에서 온 손님', '서로 돕는 동료', '교사', '교사 교육가'와 같은 다양한 정체성을 가지고 우리들과 실험 참가자들 사이의 힘의 격차를 줄이려고 했다는 것을 발견하였다. 결정적으로 연구자의 성찰에 대해 연구하고 보고하는 작업이 필요한데 언어 학습자(Kramsch & Whiteside, 2007; Tremmel & De Costa, 2011 참고), 언어 교사(Crookes, 2009; Kumaravadivelu, 2012)와 함께 연구를 진행할 때 더욱 명백한 접근 방법이라는 것과 유사하다.

정체성 연구가들은 어떻게 권력이 사회에서 작용하는지와 인간 행동을 강요하고 가능하게 하는지를 더 잘 이해하려고 꾸준히 노력하였다. 그들은 종종 지식과 권력과의 관계뿐만 아니라 사회에서 권력이 작용하는 미묘한 방식 또한 이해하기 위해서 Fairclough(2001)와 Foucault(1980)를 인용하였다. 예를 들면 Foucault는 공동체 구성원에게 '정상'으로 보이게 하는 방식으로 어떤 사건과 실행을 받아들이게 할 때 종종 힘이 드러나지 않는 것을 주목하였다. Pennycook(2007, 39쪽)은 다음 사항을 언급하였다 :

Foucault는 원래 가지고 있던 개념과 사고방식을 향해 끊임없이 회의론을 제기하였다. 남자, 여자, 계층, 인종, 민족, 국가, 정체성, 인식, 해방, 언어, 권력으로 나눈 기존 분류는 이전의 존재론적 지위보다는 특정 상황에서 불확실하고 계속 바뀌고 생산되는 것으로 이해되어야 한다.

언어 학습과 관련된 정체성 접근법에는 현장연구(Barkhuizen, 2008; Block, 2006; Early & Norton 2012; Goldstein, 1996; Mckay

& Wong, 1996; Miller, 2003)를 통해서 모으거나 자전적 기술과 전기적인 기술(Kramsch, 2009; Pavlenko, 2001a, 2001b)에서 모은 내러티브에 초점을 맞춘 강력한 방법론이 존재한다. 이러한 방법론적인 초점은 복잡한 개인적/사회적 관계와 더불어 그들의 경험에 대한 개인적인 의미형성을 포괄한다는 점에서 비판 연구와 함께 무수한 잠재적 동반상승 효과를 갖는다. Block(2007a)이 지적하는 것처럼 SLA 연구에서 내러티브에 초점을 맞추는 것은 최근 사회 과학 연구에서의 경향을 따르고 있는 것이고, SLA 연구 분야에서 더 넓은 '사회적 전환'(Block, 2003)의 한 부분이다. Pavlenko(2001b)는 내러티브가 특별히 기여할 수 있는 강력한 사례를 제시하였다 :

제2언어 학습 이야기는... 제2언어 학습과 사회화에서 언어와 정체성 사이의 관계에 대해 말해주는 독특하고 풍부한 자원을 가진 정보이다. 개인적인 이야기만이 SLA연구에서 거의 들여다보지 못한 ― 설령 들여다봤다손 치더라도 ― 지극히 사적인, 개인적인, 친밀한 영역을 잠시나마 보여주는 것을 가능하게 하고 동시에 제2언어 사회화 과정의 핵심이 된다(167쪽).

정체성, 언어 학습과 관련된 현장중심 연구에서 연구자들은 종종 자신들이 관심 있어 하는 문제들에 대해 때때로 문화기술지 관찰, 인터뷰(생애사 인터뷰 포함), 일기 연구, 서면 답변(내러티브나 다른 것)과 같은 자료 수집 방법을 결합해서 사용한다. 또한 자문화기술지는 정체성 발달을 탐구하는 데 많은 가능성을 가지고 있다. 긴 시간 연구하는 방식은 특별한 깊이를 제공한다. 예를 들면 캐나다에서 Toohey(2000, 2001)는 소수 언어 배경을 가진 어린 학습자 6명을 대상으로 3년 넘게 종단 연구를 하며 그들의 발달과정을 추적하였다. Toohey는 여러 가지 문화기술지 자료 수집 방법을 결합하여 사용하였다 : 정규 수업 관찰은 현장 기록과 오디오 녹음으로 기록했고 한 달에 한 번 비디오 녹화를 통해 보충하였다; 아이들 담당 교사들과의 인터뷰와 지속적으로 이어진 자유로운 토론; 가정을 방문하여 부모님과 하는 인터뷰. 이러한 방법들을 섞는다는 것은 사회적, 역사적, 정치적으로 구성된 학습자와 그들의 교실 언어 학습과 정체성을 협상하는 현장인 교실을 이해하는 데 필수적인 자료를 풍부하게 제공한다.

사실 Toohey(2000, 2001)가 보여준 것처럼 자료 수집 도구들을 합쳐서 사용하는 것은 흔하지 않지만 정체성과 관련된 많은 작업은 더 작은 자료들에도 초점을 맞춘다. 어떤 연구자들은 상호작용 자료에 초점을 두었고(예 : Bucholtz & Hall, 2005), 어떤 연구자들은 어떻게 문어 담화 상황에서 정체성이 표현되었는지를 조사하기 위해서 말뭉치 접근법을 취하였다(예 : De Costa, 2007; Hyland, 2012); 어떤 연구자들은 여전히 정체성이 어떤 방식으로 미디어에 그려지고 있는지를 연구하기 위해서 비판적 담화 분석 도구를 사용한다. 그 예로 Omoniyi(2011)는 소수 정체성이 영국 미디어에 어떤 식으로 그려지고 있는지 조사하기 위해서 신문 두 가지를 분석하였다. 정체성을 탐구하기 위한 자료의 유형을 고려하여 정체성 연구가들은 연구 과정을 용이하게 하기 위한 새로운 방식을 개발하였다. 예를 들어 Gee(2012)는 '특정한 맥락에서 언어를 특정하게 사용하는 기초 단계로부터 정체성의 세계까지 우리를 옮기기...'(43쪽) 위해 이론적인 분석 도구들 — 정해진 의미, 사회적 언어, 상직적인 세계와 담화 — 을 고안해 냈다. 내러티브를 이용하면서 Block(2010)은 내러티브를 다루는 세 가지 방법을 제시하였다 : 주제 분석(즉, 무엇을 말했는지 내용에 대한 초점), 구조 분석(즉, 어떻게 내러티브가 만들어졌는지에 대한 초점), 대화/수행 분석(즉, 발화를 '누구'에게 했느냐와 발화의 목적에 대한 초점). 이 세 번째 분석 방식은 대화자가 취한 위치를 고려할 필요가 있다는 것에 주목하고, 그렇게 함으로써 내러티브에 대한 더 철저한 분석을 가능하게 한다.

언어와 정체성과 관련된 질적 연구는 도전 없이 이루어질 수 없 겠지만, 앞으로 소개할 연구 두 건은 그 어려움을 잘 보여준다. 영국 의 도심이라는 상황에서 실행한 과제기반 언어 학습 관련 연구에서 Leung 외(2004)는 질적 연구의 거친 면을 살펴보았고, 현실은 무엇을 구성하고 보여주는가에 대한 질문에 초점을 둔 제2언어 습득 분야의 질적 연구에서 '지식의 격변'에 대해 주장하고 있다. 그들 연구에서는 비디오와 오디오 녹음을 사용하여 자연적으로 발생하는 자료를 모았 고 현장 기록이 보충 자료 역할을 하였다. 그들은 과제기반 언어 사용 의 이론적인 구조에 깔끔하게 맞지 않는 자료는 표현하고 설명하기 어렵다며 '엉망진창'이라고 자료를 묘사하였다. Leung 외는 연구자들 이 엉망진창인 자료를 보기 어렵게 만들기보다는 이해할 수 있게 하 는 개념적인 틀이 필요하다고 주장하였다. 다시 말해서, 앞에도 언급 했듯이 정체성 연구자들은 자신의 연구 결과를 공유할 때 명백한 접 근 방법이 필요하다.

매우 다양한 맥락에서 Toohey와 Waterstone(2004)은 교실에서 어떤 실행이 소수 언어 아이들의 학습 기회에 영향을 주는지를 알아 보고자 하는 캐나다 밴쿠버의 교사와 연구자들 사이의 협력 연구 사 례를 보여주었다. 교사들이 자신들의 교육적 실행에 대해 토론하고 비평하는 것에는 편안해 했지만, 출판될 수 있는 학문적인 논문에 그 들의 실행을 싣는 것에 대해서는 주저하였다. 그리고 출판된 많은 논문의 학문적 언어 특성에는 이질감을 느낀다고 기록하였다. 이러한 문제를 신중히 풀기 위해 Sharkey와 Johnson(2003), Denos 외(2009)는 정체성, 힘, 교육적인 변화와 관련된 주제를 다루는 연구와 이론을 쉽게 설명하려는 목표를 가지고 연구자와 교사 사이의 생산적이고 흥미로운 대화를 시작하였다.

정체성과 언어 교수

이제 이 책『정체성과 언어 학습』의 첫판에서 다룬 주제인 교실 수업을 위한 정체성과 언어 학습에 관련된 이론의 관련성을 살펴보고자 한다. Mckinney와 Norton(2008)은 언어 교실에서 다양성에 대응하려면 무엇이 가능한지에 대한 창의적인 평가와 무엇이 바람직한지에 대한 비판적인 평가가 필요하다고 주장하였다. 명확하게 무엇이 '가능한지'에 대한 평가는 교사, 관리자, 정책 결정자 사이에서 지속적인 상호작용을 요구한다. 그 내용은 학습자들이 가질 수 있는 정체성 위치의 범위를 제한하거나 인정할 수 있는 더 큰 물리적인 조건에 대한 것이다(Gunderson, 2007; Luke, 2004a 참고). 만약 어떤 정체성을 가졌느냐가 학습자가 무엇을 말하고 듣고 읽고 쓰는지를 결정한다는 의견에 동의한다면, 언어 교육의 도전은 어떤 정체성이 사회참여와 상호작용에 가장 좋은 기회를 주는가를 탐구하는 것이다. 정체성 종류가 학습자를 침묵하게 한다면 교사는 이러한 위축된 실행을 알아보고 해결하려고 노력할 필요가 있다. 본 저자는 정체성과 언어교수에 대한 주제를 국제적인 시각, 디지털 혁명, 교실 저항의 내용과 더불어 발전시킬 것이다.

국제적인 시각

전 세계 곳곳에서 최근에 실시된 다수의 연구 프로젝트는 언어 교실에서 하는 특정한 교육적 실행 방법이 현재와 미래 모두에서 가능성을 다시 생각할 기회를 학생들에게 주기도 하고 막기도 한다는 것을 분명히 보여주고 있다. 캐나다의 중등학교 이후 교육에서 Lee(2008)의 연구가 보여주듯이, 많은 언어 교사는 학생들이 앞으로 가질 수 있는 가능성의 범위를 넓혀주려고 고군분투하지만 교사의 머릿속에 들어있는 교육과 교실에서 적용되는 실행 사이에는 괴리가 있다. 최선을 기울이는데도 불구하고 교실 실행은 학습자가 가진 종속된 정체성을 재생산할 가능성이 있고, 그것 때문에 제한된 학습자의 기회는 언어 학습 기회뿐만 아니라 더 다양하고 강력한 정체성에 접근하는 것도 제한시킨다.

Lee가 발견한 것은 Ramanathan(2005)이 다른 나라에서 발견한 것과 일치한다. 그것은 교사의 언어 실행은 영어를 배우는 다양한 학습자들 사이에 존재하는 불평등을 심화시킬 수 있다는 것이다. 인도에서 Ramanathan(2005)은 구자라트어나 영어를 쓰는 초·중등학교에서 사회화된 학습자들이 영어를 쓰는 고등 교육 기관에서 어떻게 적응하는지 조사하였다. 연구에서 Ramanathan은 고등학교에서 영어로 수업을 받은 학생이 지역어로 교육을 받은 학생보다 영어로 수업을 하는 대학에서 성공할 가능성이 있다는 것을 발견하였다. 영어로 배우는 학습자를 위한 영어 교육과정은 영문학의 창의적인 분석에 초점을 맞추는 경향이 있다. 반면 지역어로 배우는 영어 교육과정은 카스트에서 제일 낮은 계급인 달리트였던 학습자들을 위한 교육이며 문법과 번역의 광범위한 사용에 초점을 맞춘다. Ramanathan의 연구 결과는 의례적이고 학생들에게 의미가 별로 없는 교육 언어 실행이 학습자의 언어 학습 과정과 더 강력한 정체성으로의 접근을 제한할 수 있다는 것을 보여준다.

더 흥미로운 결과를 보여주는 프로젝트가 멕시코, 중국, 남아프리카공화국, 우간다, 영국에서 진행되었다. 위의 수업이나 문헌에서 이미 토의된(예를 들어 Norton & Toohey, 2004에서 논의된 다양한 프로젝트들 참고) 새로운 여러 방식의 수업에서, 언어 교사들이 생각하는 '언어'와 이른바 '언어 교수'의 개념은 범위가 넓다. 교사가 이해하는 언어는 언어 체계일 뿐만 아니라 경험으로 구성되고 협상 된 정체성 안에서 일어나는 사회적 실행이기도 하다. 만약 학습자들이 교실의 언어 실행에 노력을 기울이지 않는다면 학습 결과는 제한적이고 교육적인 불평등이 계속될 것이라는 인식이 있다. 한층 더 나아가 교사는 교실, 학교, 공동체의 언어 실행에 참여할 수 있는 다양한 정체성을 학습자에게 제공하려고 굉장히 신경을 쓴다. 세계 곳곳에 있는 혁신적인 언어 교사들은 의미부여를 넘어서 미래를 자기 것으로 만드는 것과 재창조되고 확장된 정체성을 가질 기회를 학습자들에게 주려고 노력하고 있다.

멕시코에서 Clemente와 Higgins(2008)는 세계화된 정치 경제 속에서 영어가 담당하는 주요한 역할이 무엇인지 알아보기 위해 오악사카에 사는 예비 영어 교사를 대상으로 종적 연구를 진행하였다. 또한 영어가 모국어가 아닌 교사들이 지역 정체성을 희생하지 않고 영어를 자기 것으로 만들고 '수행하기' 위해 어떻게 노력하는지를 보여주려고도 하였다. 그들의 연구 현장을 '접촉 지역'으로 정의하며 교육 실습생이 영어와 스페인어로 하는 다양한 형태의 언어 활동을 통해서 영어의 압박에 맞서는 방식을 묘사하고 있다. 그리고 교육 실습생 집단은 연구참여자가 두 언어 모두로 활동할 수 있는 안전한 피난처와 같은 사례를 제시하였다. 이러한 행위는 원어민 영어 교사들의 지배 담론에 대한 대항 담론으로 그들에게 다양한 정체성을 탐구할 수 있도록 하였다. 교육 실습생 한 명은 다음과 같이 이야기한다(2008, 123) :

전 멕시코 억양이 있어요. 제가 영어를 실행으로 옮기고 의사소통이 가능해지는 순간, 영어는 내 것이 돼요. 그런데 이 영어가 내 거라는 말이 내가 사용한 영어에 속한 문화까지 함께 받아들이겠다는 뜻은 아니에요.

Norton(2000)의 상상의 공동체 개념을 활용하여 중국에서 Xu(2012)는 ESOL K-12의 교사 네 명이 가지고 있는 상상의 정체성이 교육행위 초반에 어떻게 형성되었는가를 살펴보았다. Xu는 *익숙해진 정체성*이라고 용어 정의하며 연구 참가자 세 명이 가지고 있는 익숙해진 정체성이 어떻게 처음 상상했던 정체성과 상당히 다른지를 설명하였는데, 이것은 그들이 가르치기 시작하며 실제로 겪은 결과였다. 네 번째 교사 사례만이 인내와 자발성을 통해 경력 초기에 품었던 상상의 학습 촉진자 정체성으로 확장될 수 있었다.

남아프리카에서 Stein(2008)은 인종차별 체계에서 소외당하고 저평가된 관행을 확인할 목적으로 열악한 흑인 거주지역에 있는 학교들의 영어 수업을 연구하였다. 그곳에서 어떻게 문자적, 문화적, 언어적 형태가 다시 적절해지고 '풍부해지는지', 또 어떻게 그곳이 변화 현장이 되었는지를 탐구하였다. 이러한 변화는 교사들이 영어 학습자가 의미부여에 관여할 수 있게 언어적, 신체적, 감각적인 형태를 포함한 여러 자원을 사용하는 기회를 제공하도록 하였다. Stein의 학습자들은 규범을 뒤엎거나 때로 금기라고 생각하는 주제들을 사용해서 다양한 대항 텍스트를 생산하기 위해 주어진 기회를 받아들였다.

비슷한 맥락에서 우간다에서의 최근 연구는 그림, 사진, 드라마를 포함하는 다양한 교수법들이 어느 정도 영어 교육과정에 더 체계적으로 포함될 수 있는가를 조사하였다(Kendrick 외, 2006; Kendrick & Jones, 2008). 우간다 두 지역에서의 연구를 인용해서 Kendrick과 동료들은 다양한 교수법이 교사에게 학습자의 문해능력, 경험, 문화를 확인하는 혁신적인 방법을 제공한다고 주장한다. 그리고 그것은 교실에서 영어를 배우는 데에 굉장히 효과적이라고 말한다. 그 예로 사진 프로젝트를 보면 다소 제한적이고 인위적인 교육 수단이었던 영어에 대한 학생들의 인식이 바뀌어 영어는 의사소통, 표현, 유의미성을 가진 것으로 쓰이기 시작하는 것을 들 수 있다.

영국에서 Wallace(2003)는 집중 영어 강좌에 다니는 성인 언어학습자를 조사하였다. 그 조사는 사회적으로 뿌리 박혀 있는 읽기 과정의 본질과 텍스트 중심 활동을 탐구하는 것이 어떻게 텍스트 안에서 의미와 권력을 보여주는지를 다루고 있다. 그러면서 신문 기사, 잡지 기사, 광고를 포함한 인기 있는 다양한 텍스트를 이용하였다. Wallace는 자신의 방법과 의사소통 교수법, 과제 중심 학습과 같은 지배적인 외국어로서의 영어 교수법을 비교하였다. 기존 교수법은 학습자들을 '길들일' 수 있으며 강력한 담론에 질문을 던지고 바꾸려 하기보다는 지배적인 문화에 어떻게 맞추느냐를 가르친다고 하였다.

디지털 기술, 정체성, 언어 학습

언어와 정체성 분야에서 디지털 기술의 행동유도성에 대한 연구가 진행된 바 있다.[8] 예를 들어 Lam(2000, 2006)은 미국에 있는 어린

---

8 Kramsch & Thorne, 2002; Lam 2000, 2006; Lam & Rosario-Ramos, 2009; Lewis

이민자들이 컴퓨터를 매개로 한 초국가적 네트워크 안에서 다중언어 구사자, 다중역할 행위자로서 정체성을 빚어간다는 것을 발견하였다. 그러면서 그들은 스스로에게 새로운 언어를 배울 기회를 줄 수 있다. 그것은 학교에서 그들이 이민자나 불완전한 언어 사용자라고 낙인찍혔다는 것을 부정하는 것처럼 보인다. White(2007)는 호주에서 원거리 언어 교육 프로그램 두 개를 조사하였다. 두 프로그램 모두 외국어에 대한 다양한 요구에 부응하였다. White는 원거리 학습과 교수 확장의 혁신으로써 그 분야에서 떠오르는 철학적, 교육학적, 전문적 쟁점을 다루는 방법을 찾는 것이 필수적이라고 결론지었다. 그리고 정체성에 대한 쟁점은 교사와 학습자의 원거리 학습과 교수 확장에서 각각 의미 있는 요소들이라고 하였다.

Lewis와 Fabos(2005)는 청소년 7명에게 인터넷 메신저가 가진 기능을 시험하였다. 어떻게 청소년들이 사회적 정체성을 형성해 가고, 어떻게 그 사회적 정체성이 디지털 리터러시의 형태에 의해 형성되는가를 보기 위한 것이었다. 그들은 청소년들이 자신들의 상황에 따른 사회적인 관계와 지위를 향상시키기 위해서 메신저를 한다는 것을 발견하였다. 혹은 때로는 온라인에서 또 다른 정체성으로 가장한다고 한다. 그들은 메신저가 이들 청소년들에게 학교에서 할 수 없었던 방법으로 읽고 쓰기를 할 수 있도록 했고 학교는 반드시 이 새로운 읽고 쓰기 방식을 고려해야 한다고 기록하였다. 그러나 Kramsch와 Thorne(2002)의 연구는 모든 인터넷 의사소통이 긍정적인 정체성의 결과로 이끌지는 않는다는 것을 보여주었다. 미국에 있는 미국인 프

& Fabos, 2005; Mutonyi & Norton, 2007; Prinsloo & Rowsell, 2012; Snyder & Prinsloo, 2007; Thorne & Black, 2007; Warschauer, 2003; White, 2007.

랑스어 학습자들과 프랑스에 있는 프랑스인 영어 학습자 사이의 동시, 비동시 의사소통에 대한 연구에서, 학습자들이 각 집단이 살아가고 있었던 큰 문화적 틀에 대한 이해가 부족하고, 인터넷 의사소통이 역기능을 가진 디지털 교류로 이끈다는 것을 찾아내었다.

캐나다에서 Jim Cummins와 Margaret Early는 토론토, 밴쿠버, 몬트리올의 다중언어 학교에 다니는 학습자들을 위해 다양한 정체성을 선택할 수 있도록 하는 디지털 프로젝트를 진행하였다. 50명이 넘는 교사, 교육 위원회 4곳, 교원 단체, 비정부 문해능력 지원 센터와 함께한 다중 문해능력 프로젝트(www.multiliteracies.ca)는 학교 안팎에서 학습자의 읽고 쓰기 실행을 이해하고, 교사들이 다중언어 읽고 쓰기의 실행에 관여하는 혁신적인 교실을 탐구하기 위해서 진행되었다. 그리고 어떻게 교육 체계가 학교에서 다중언어 읽고 쓰기 실행에 영향을 미치는지를 알기 위한 연구가 진행되었다. 프로그램 웹사이트는 학습자, 교사, 연구자에게 사진을 모아서 설명을 달고 교실 프로젝트에 대한 설명을 하는 작업공간을 제공하였다. Cummins(2006), Cummins와 Early(2011)의 연구에서 '정체성 텍스트'라고 불렀던 사례 연구는 이 학습자들에게서 나왔다.

Norton과 Williams(2012)는 2008년에 우간다 시골마을에서 중등학교 학습자들이 휴대용 디지털 도서관인 eGranary를 어떻게 활용하는지 조사하기 위한 연구를 시작하였다. Blommaert(2000)의 척도를 활용하여 어떻게 공간과 시간이 eGranary와 관련된 다양한 실행과, 더 큰 공동체에서 그들의 지표적 의미와 연관되어 있는지를 기록하였다. 덧붙여서 정체성과 투자에 대한 Norton(2000)의 연구와 관련하여 Norton과 Williams(2012)는 어떻게 학습자의 정체성이 시간이 지남에 따라 교육생에서 선생님으로 넘어가느냐를 보여주고 있고, eGranary

의 사용이 어떻게 연구실 학자들의 사회적인 상상력을 향상시키는가를 보여준다. 이와 같이 투자의 구조는 Blommaert의 척도 구조를 유용하게 보충해주는 역할을 하였다.

디지털 기술이 정체성과 언어 학습에 어떠한 영향을 주었는지를 살펴본 대부분의 연구는 최근의 흐름을 잘 보여주는 Lam(2006)의 연구에서 좋은 평가를 받고 있다. '네트워크화 된 전자식 의사소통은 새로운 사회 공간과, 언어적이고 기호적인 실행을 만들어냈고, 미국에서의 청년 이민자들을 위해서 국가적 맥락을 넘어서 자신을 빚어가는 방법을 만들도록 하였다.'(171쪽) 그러나 Lam은 이러한 기술이 청년들에게 힘을 더해 주고, 기존의 사회 구조를 비평하고 바꾸기 위한 분석적인 도구를 제공하지 않을 수 있다는 것도 경고하였다. 멘토링은 중대한 목적을 위해 여러 방법을 사용하는 학습자를 뒷받침하는 중요한 요소일 것이다(Hull, 2007). 그리고 철저한 분석을 보장하고 어떻게 정체성이 다양한 방면에서 영향을 주는지를 더 잘 이해하기 위해서 정체성 연구자들도 더 세련된 분석틀에 적응할 필요가 있을 것이다(Baldry & Thibault, 2006; Blommaert, 2010; Hornberger, 2003; Martinec & van Leeuwen, 2009). 게다가 Andema(2009), Snyder와 Prinsloo(2007), Warschauer(2003)와 같은 학자들은 언어 학습에 대한 많은 디지털 연구가 전 세계에서 부유한 지역에만 초점을 맞추었기 때문에 개발이 덜 된 공동체에서의 새로운 기술, 정체성, 언어 학습에 대한 국제적인 논의도 하기 위해서 연구가 더 진행되어야 할 필요가 있다는 점을 지적하였다.

정체성과 저항

정체성과 언어 학습, 교실 저항 사이의 관계는 언어 교육에서 필연적이고 유익한 연구 분야가 되고 있다. 거대한 구조적 제약과 교실 실행이 학습자를 원하지 않는 방식으로 위치 짓는 반면, 학습자는 자신의 힘으로 이러한 위치에 혁신적이고 예상치 못한 방식으로 저항할 수 있음을 다음 세 가지 예를 통해서 확인할 수 있다. 언어 학습자의 파괴적 정체성이라고 부르는 것에 대해 연구한 Canagarajah(2004a)는 아주 흥미로운 질문을 던졌다. 그 질문은 어떻게 언어 학습자들이 제2언어나 방언을 배우는 동안 자신의 고향 공동체나 문화에 계속 소속되어 있을 수 있느냐는 것이다. 그는 언어 학습자들이 때때로 제2언어나 방언을 배울 때 양면적인 태도를 보이는 현장에 대해 논의하기 위해 아주 다른 두 집단을 연구하였는데, 하나는 미국에 있는 집단이고 하나는 스리랑카에 있는 집단이다. 그렇게 한 이유는 교실에서 '교육학적으로 안전한 공간'을 만들기 위해서 몰래 하는 읽고 쓰기 실행을 할 것이라는 점에 대해 논의하기 위함이었다. 둘 모두에서 학습자들의 몰래 하는 읽고 쓰기 활동은 학습자들에게 기대되는 정체성에 대한 저항의 형태로 나타난다. 그러나 동시에 이러한 은신처는 정체성 구성의 장소 역할을 하고, 그들이 다양한 공동체의 구성원과 마주치는 모순적인 긴장을 적당히 극복할 수 있도록 하는 공간이다.

저항의 두 번째 예는 McKinney와 van Pletzen(2004)의 연구에서 발견할 수 있다. 역사적으로 다른 인종들에 비해 특권을 가진 백인이자 아프리칸스어 구사자인 남아프리카공화국의 대학교 학생들을 연구하면서, Mckinney와 van Pletzen은 남아공 문학에 대한 교육과정 두 가지를 운용하는 1학년 영어 학습 과정에서의 비판적 읽기를 소개하였다. 과거의 인종분리정책을 연구하는 가운데 Mckinney와 van Pletzen은 학교에서 제공되는 수업자료로 자기 위치가 정해지는 방식에 불편함을 느끼는 학생들의 의미 있는 저항과 마주쳤다. Mckinney

와 van Pletzen은 자신들과 학습자들이 정체성이 구성되는 다수의 개인적이고 정치적인 과정을 탐구할 수 있는 담론적 공간 만들기를 시도하였다. 그렇게 하는 가운데 그들은 학습자의 저항을 교수 행위에 큰 영향을 주는 더 생산적인 의미부여 활동으로 재개념화하였다.

정체성과 저항의 세 번째 예는 하와이의 고등학교 영어 학습자들을 다양한 방법으로 조사한 Talmy(2008)의 연구에서 볼 수 있다. 그곳에서는 학생들이 스스로 ESL 수업에서 'ESL 학습자'가 되는 것을 거부하였다. 학교에서 인정받는 ESL 학습자들은 수업에 꼭 필요한 교과서를 가져오고, 주어진 소설을 읽고, 과제를 하고, 정해진 날짜에 나오고, 교사를 따르고 모든 수업 기간에 참여하는 반면, 저항하는 ESL 학습자들은 '집에' 책을 두고 오고, 친구들과 이야기하거나 카드 게임을 포함해서 굉장히 다양한 반대 행동을 한다. 교육적인 관점에서는 특히 Talmy의 관찰이 의미 있다. 첫 번째 관찰은 ESL 교사들이 학생들의 저항에 대응하여 그들의 실행을 바꾸기 시작한다는 것인데 그것은 교사의 정체성 변화가 필요함을 보여준다. 두 번째는 학습자의 행동이 역설적으로 ESL 프로그램을 학생들이 정말 싫어하는 L2 학습이나 교육적인 측면에서 필요가 없는 '쉽고 학문적으로 중요하지 않은' 프로그램으로 분명하게 바꾸어 놓았다는 것이다(2008, 639쪽).

최신 주제들과 앞으로의 방향

'정체성'이 사실 그 자체만으로 연구 영역이 된다는 것은 명확한 사실이고 그 자체로 많은 연구자를 자극하였다. 그리고 언어 학습과 언어 교수 현장에서 많은 논의가 활발하게 진행 중이다. 정체성 분야는 점점 인류학, 사회학, 탈식민주의 연구와 문화 연구, 교육 분야의 다양한 성과물에 영향을 받고 있다. 앞으로 정체성과 언어 교육을 연구하는 학자는 학제 간 연구에 익숙해져야 한다(Gao, 2007). 그리고 Luke(2004b), Morgan과 Ramanatha(2005) 같은 학자가 지적한 것처럼 학습자들은 세계화되고 코스모폴리탄적인 사회문화적 세계에 산다는 것을 이해할 필요가 있다. 최근 언어 교육 학자들은 언어를 체계로, 학습을 체계의 내재화로 보는 고정된 관점이 역동적이고 복잡한 과정을 잘 담아내지 못한다고 보았다. 관심이 여전한 분야는 사회적으로 계층화된 세계에 사는 복잡하고 통합된 언어 학습자라는 개념이다. 그 계층화된 사회는 행위성의 발현을 막기도 하고 가능하게도 한다. 정체성과 언어 학습이 앞으로 나아가야 할 연구 방향은 더 공정한 세상에서 행위성을 향상시키는 방식으로 언어 학습과 교수의 발전에 기여하도록 노력하는 것이다.

이러한 의미에서 Jenkins(2007)와 De Costa(2012)와 같은 연구자는 세계 공동체 안에서 영어 원어민에 대한 초기 논의를 획기적으로 확대해서 어떻게 비원어민 학습자가 국제공용어인 영어를 사용하면서 정체성을 발달시키고 수행하는지를 연구하기 시작하였다(Norton, 1997; Pennycook, 1998; Phillipson, 2009). 비원어민 화자의 정체성에 대한 관심은 계승어 학습자의 정체성에 대한 연구의 양이 늘어나는 것과 밀접하게 관련이 있다(Abdi, 2011; Blackledge & Creese, 2008; Duff, 2012; He, 2006 참고). 이러한 새로운 관심은 정체성 범주의 본질화를 거부하려는 더 큰 일부 의제 때문으로 보인다. 학교와 사회에서 다중언어가 늘어남에 따라(Blackledge & Creese, 2010; Kramsch, 2009; Shin, 2012; Weber & Horner, 2012), 정체성 연구에서 실증한 것처럼 고정된 범주화는 세계화에 직면한 상황에서 재고되어야 할 필요가 있다(Alim et al., 2008; Higgins, 2011; Lo Bianco et al., 2009).

이와 관련하여 정체성에 초점을 맞춘 언어 학습 과정은 탈식민지 지역에서 수행한 연구를 통해 보면 더 깊게 이해할 수 있을 것이다. 그곳에서는 다중언어가 기본이고 언어 습득 과정이 서방 나라들이나 유학 상황에서의 이민자 언어 학습 경험과는 많이 다를 수 있다.[9] SLA 이론 밑바닥에 깔려 있는 단일언어사용자가 일반적이라는 가정에 의문을 제기하는 많은 연구가 있다. 그 중에서 Canagarajah(2007, 935쪽)는 '비서방 사회에서 얻을 수 있는 통찰력은 우리 분야에서 새로 이론을 만드는 현재의 노력에 도움을 줄 것이다.'라고 논하고 있다. 이러한 다중언어 상황에서 SLA라는 용어는 적절하지 않은 것 같다. Block(2003, 5쪽)이 지적한 것처럼 '제2'라는 용어는 '일생 동안 세 개나 그 이상의 언어의 언어를 접하는 다중언어구사자의 경험'을 다 담을 수 없다. 사실 Kramsch와 Whiteside(2008, 664쪽)가 주장하는 것처럼, 다중언어의 성장은 우리가 '상징적인 능력'의 발달이라 부르는 것으로 이어진다:

> 다중언어 환경에서 사회적 행위자는 다른 사람과 정확하고, 효과적이며, 적절하게 의사소통할 수 있도록 하는 의사소통 능력 이상의 것이 활성화되는 것으로 보인다. 그들은 다양한 언어적 규범과 이 규범들의 다양한 공간적, 시간적 울림을 다루는 예리한 능력을 특별히 보여주는 것 같다. 우리는 이 능력을 '상징적인 능력'이라고 부른다.

그 예로 남아프리카공화국 사람의 다중언어 상황은 인지와 언어 학

---

9   Block & Cameron, 2002; Garciá, Skutnabb-Kangas & TorresGuzmán, 2006; Lin & Martin, 2005; Morgan & Ramanathan, 2005; Pennycook, 2007; Rassool, 2007.

습 과정에 대해 많은 부분을 보여 준다(예: Makubalo, 2007; Mckinney, 2007; Nongogo, 2007). Mckinney(2007)의 언어 실행에 대한 연구는 예전에 백인만 다니던 고등학교에 다니는 흑인 남아공 학생의 언어 실행에 대한 것인데 지역 아프리카 언어의 사용과 함께 다양한 '종류'의 영어와 관계가 있는 흑인 청소년의 복잡한 자기 자리매김과 타인으로부터의 자리매김을 보여준다. 11개의 공용어가 나라 안에 있지만 영어가 힘의 언어이다. 학습자 한 명은 '루이비통 영어'처럼 품위 있는 영어를 언급하였는데 상품으로서 영어에 대한 개념을 분명히 보여준다(Mckinney, 2007, 14쪽). '백인이 되는 방법'으로 품위 있는 영어를 습득하는 이들 흑인 학습자들을 겨냥한 비난이나, '코코넛'과 같은 경멸적인 꼬리표에도 불구하고 학생들은 이러한 자리매김에 저항하였다. 그리고 여러 지역 언어와 다양한 영어가 가져다주는 갖가지 문화적 자산에 대한 인식을 보여주었다. 학생들은 언어 습득 과정에서 영어가 제1언어인 백인과 동일시하는 것이 아니라 본인이 사용하기 위해서 영어를 사용하였다.

이와 비슷하게 Morgan과 Ramanathan(2005)은 언어 교육계는 영어 교수가 탈식민지화 할 수 있는 방법을 고려해야 한다고 설득력 있게 주장했고, 서방이 언어 교육 산업에 가지고 있는 권위를 분산시킬 필요가 있다고 제안하였다. 그것을 위해서는 비주류 사회에서 힘과 전문성을 비축할 필요가 있고(Canagarajah, 2002, 2007; Higgins, 2009; Kumaravadivelu, 2003; Tembe & Norton, 2008), 지역어가 가진 학습과 교수 방법에 대해 마땅히 인정해야 한다(Canagarajah, 2004b). 이 주장과 관련되어 일부 연구가 진행되었는데 몇몇 학술지의 특별호를 주목할 만하다: *TESOL Quarterly* on Language in Development(Markee, 2002)와 Language Polices and Tesol(Ramanathan & Morgan, 2007)

특별호; '아프리카와 응용언어학'에 관한 AILA Review of the International Association of Applied Linguistics(AILA)(Makoni & Meinhof, 2003)와 'World Applied Linguistics'(Gass & Makoni, 2004) 최신호 두 편.

언어 학습과 교수를 더 공평하게 만드는 또 다른 방법은 상대적으로 덜 조사된 계층의 정체성을 탐구하는 것이다. 많은 정체성 연구는 Bourdieu(1991)의 *자본*과 *아비투스*의 구조를 인용한다(Albright & Luke, 2007; De Costa, 2010c; Heller, 2008; Lam & Warriner, 2012; Lin, 2007; Norton, 2000); 그러나 정체성 연구에서 계층에 대해서는 일반적으로 드러내놓고 논의되지는 않는다. 언어 연구자들을 대상으로 Block(2012)은 계층과 SLA를 연관 지어 보도록 제안하였다. 그 뿐만 아니라 계층에 대한 명시적인 토론은 신자유주의적 담론에 만연한 소비주의, 기업가 정신, 경제적 경쟁력에 비추어보면 지극히 유의미해진다 — 이 모든 것들은 교실 안팎에서 어떻게 언어를 배우고 가르치느냐에 바로 영향을 미치는 것들이다(Block et al., 2012; Heller, 2011; Kramsch, 2006; Morgan & Clarke, 2011).

정체성과 언어 학습 분야에서 앞으로의 또 다른 방향과 관련되어 주목을 끄는 것은 언어 교사와 언어 교사 교육가와 관련된 분야이다.[10] Lave(1996)의 실행 속 학습, 실행 속 정체성의 개념을 들어, 예를 들면 Kanno와 Stuart(2011)는 미국의 두 새내기 교사가 실습과목을 듣고, 어떻게 전문적인 정체성을 개발하게 되었는지를 추적하여 연구하였다. Kanno와 Stuart는 교사 정체성 발달에 대한 이해를 높이기 위해서는 제2언어 교사 교육에 대한 지식을 기초로 해야 할 필요

---

10 Clarke, 2008; Hawkins, 2004, 2011; Hawkins & Norton, 2009; Kanno & Stuart, 2011; Morgan, 2004; Norton & Early, 2011; Pennycook, 2004; Varghese et al., 2005.

가 있다고 결론지었다. 교사 교육가로서 Pennycook(2004)은 호주 시드니의 TESOL 실습과정에서 교사를 관찰한 경험을 되돌아보았다. 많은 언어 교육은 잘 세워진 교육 기관에서 행해지지 않고 예배 장소나 이민자 센터와 같이 여건이 좋지 않고 시간이 귀한 공동체 프로그램 안에서 이루어진다는 것이 인상 깊었다. 가장 크게 주목한 것은 교사 교육이 교육적이고 사회적인 변화를 가져오기 위해 실습과정을 관찰하는 과정 중에 어떻게 개입할 수 있느냐는 것이다. Pennycook은 실습과목에서 '비평적 순간'은 사회에서 힘과 권위에 더 깊게 의문을 제기하기 위해 쓰일 수도 있고 비평적인 논의와 성찰을 위한 기회를 제공하기 위해 쓰일 수도 있다고 주장하였다.

언어와 정체성 연구자는 언어 학습자가 말하는 상황에만 관심이 있는 것이 아니라 정체성과 투자가 *텍스트* 구성에 관여하는 정도에도 관심을 가지고 있다. 그 텍스트는 글로 쓴 것이거나 말로 한 것 혹은 다른 여러 종류의 것일 수 있다. 학습자가 쓰는 것과 관련된 실행에 관여할 때 인식이 깊어지는데 텍스트에 대한 이해와 해석은 활동에 대한 학습자의 투자와 학습자의 정체성에 의해 조정된다. 많은 학자는[11] 문해 능력과 학습자의 정체성 사이의 관계에 대해 연구하였는데 이러한 관심은 앞으로도 계속 이어질 것이다.

정체성과 언어 학습에 대한 향후 연구 방향을 살펴보면 방법론적인 도구 사용의 범위가 확장되고 있다는 것을 알 수 있다. Wagner(2004)와 Block(2007a)은 최근에 자연스럽게 일어나는 상호작용에 대한 연구를 통해 SLA에서 정체성 분야의 연구를 더욱 폭넓게 할 수

---

11 Barton, 2007; Blommaert, 2008; Hornberger, 2003; Janks, 2010; Kramsch & Lam, 1999; Kress et al., 2004; Lam & Warriner, 2012; Martin-Jones & Jones, 2000; Moje & Luke, 2009; Prinsloo & Baynham, 2008; Street & Hornberger, 2008.

있는 가능성에 대해 언급하였는데, 특히 참여와 관련된 협상을 탐구하고 있다. 방법론적인 도구로써 대화 분석은 연구자들이 담론 정체성과 사회 정체성을 탐구할 수 있도록 해준다(Zimmerman, 1998). 발화의 순차적 발달에 대한 연구를 보면 어떻게 정체성이 부여되었는지에 대해 더 잘 이해하게 된다. 제2언어 교실 발화에 관한 정체성 중심 연구는 여럿 있지만(예 : Duff, 2002; Pomerantz, 2008; Talmy, 2008; Toohey, 2000), 교실 밖 발화에 대한 연구는 그다지 많지 않다. 넓은 차원에서 앞으로의 정체성 관련 연구는 응용언어학에서 실행으로의 전환을 고려해 볼 때(De Costa, 2010b; Pennycook, 2010, 2012; Young, 2009 참고) 담론적 실행으로서의 발화로 개념화할 필요가 있다. 이러한 전환과 관련하여 이념(예 : De Costa, 2010a, 2011, 2012), 방식(예 : Stroud & Wee, 2012), 태도(예 : Jaffe, 2009)를 정체성과 함께 탐구하는 연구도 있다. 이념, 방식, 태도에 대한 관심은 더 늘어갈 것이고 이미 활기찬 정체성 연구 주제를 진전시키기 위해서 학습과 교수의 여러 맥락에 적용하게 될 것이다.

마지막으로 정체성 연구는 더 많은 종단 연구 수행으로 풍부해질 것이다. Norton(2000)과 Toohey(2000)가 보고한 것 같이 이민 학습자들을 포함한 초기 연구에서는 시공간을 넘어 정체성 발달을 살펴본 데 반해, 앞으로의 연구는 학습자 정체성이 어떻게 발달해 가는지 스칼라 렌즈를 통해 더 미묘한 시공간적 차이까지 이해할 수 있을 것이다. 예를 들어 Lemke(2008)는 정체성을 더 차별화된 구조로 나누어야 한다고 했고, 정체성의 모든 구조와 형태는 인간 안에 뿌리 박혀 있는 두려움과 욕망에 의해 이루어진 것으로 논의되어야 한다고 주장하였다. 이 주장에 공감하며 Wortham(2008)은 정체성이 언제 어디에서 국지적으로 형성되는지에 대한 연구를 포함하는 실행의 단계에 관심을 더 기울일 것을 제안하다. 그리고 이 연구는 시간과 공간의 구조에 관여된 활동에서 중요한 지점을 연구하는 것으로 마무리되어야 한다고 제안하였다. 정체성을 연구하는 데에 있어서 스칼라 접근은 교실 밖 영역에서 연구하는 사회언어학자들에 의해서 쓰였다(예 : Blommaert, 2010; Budach, 2009; Dong & Blommaert, 2009). 스칼라 관점은 앞으로의 교육관련 정체성 연구에서 더 큰 이익을 가져다 줄 것이다.

정체성, 언어 학습에 관한 폭넓은 연구와 이와 관련된 새로운 영역은 정체성과 언어 학습에 대한 관심이 미래에도 활발한 연구 분야로 남게 될 것을 시사한다. 이 책의 1판은 2000년 이후에 착수했던 몇몇 연구만을 예측했었다. 그러나 투자, 상상의 공동체, 상상의 정체성 구조는 수년간 탄탄하게 증명되어 왔다. 앞으로 1장부터 7장까지 적절한 부분에서 이들 개념을 다시 확인해볼 것이다. Claire Kramsch가 쓴 귀중한 서평은 현장에서의 정체성에 대한 쟁점을 보완해 주었고, 역사적인 맥락 안에서 필자의 연구를 보여주었다. 본 연구자는 앞으로 기존 학자들과 신진 학자들 모두가 앞으로의 정체성과 언어 학습에 관한 주제를 다루는 더 깊은 논의와 협력적인 연구를 기대한다.

책의 구조

1장에서는 제2언어 학습에서 목표 언어 연습이 가장 중요하기 때문에 SLA 연구자들과 언어 교사들이 말하기를 연습할 기회가 언어 학습의 형식적, 비형식적 장 모두에서 사회적으로 어떻게 구성되는지를 이해할 필요가 있다고 주장한다. 또한 연구자들과 교사들에게는 어떻게 언어 학습자가 목표 언어에 반응하고 말할 기회를 만드는지를 이해하는 것이 아주 중요하다. 그리고 목표 언어와 그들의 변화하는 정체성 안에서 어떤 방식으로 그들의 행동이 투자와 접점을 갖는지를 이해하는 것도 중요하다. 이러한 쟁점을 다루는 연구는 살리하(1장 참고)와 같은 학습자의 요구를 알고 싶어 하는 언어 교사에게 도움이 될 것이다. 학습자가 학습에 진전이 없는 경우, 교사는 학습자가 제2언어를 배우고 싶어 하지 않는다거나 동기화되지 않았다거나 융통성 없는 학습자일 것이라고 추측해서는 안 된다; 학습자들은 소외당하는 조건 아래에서는 말을 할 수 없으므로 어려운 상황에 빠져 있을 것이다.

2장에서는 연구 방법론과 이론 사이의 복잡한 관계에 대해 다룬다. 본 연구자는 연구 방법론에 대한 모든 접근법이 연구 프로젝트에서 거론된 연구문제들과 어떻게 이 연구문제들이 다루어졌는지를 이끄는 일련의 가정을 전제로 한다고 생각한다. 나아가 *어떻게* 자료를 모았는지가 *어떤* 자료를 모으고 어떤 결과를 도출하는가에 불가피하게 영향을 줄 수밖에 없다는 점을 주장한다. 그리고 방법론에 대한 본 연구자의 접근법에 영향을 준 이론에 대해 기술하고 자료 수집 과정에서 특히 중요한 일기 연구를 다룬 이론을 이용한 방법론에 대해서도 설명한다.

3장에서는 캐나다와 세계 곳곳에 있는 이민 언어 학습자에 대한 다양한 연구 상황과 본 연구를 비교해 본다. 그리고 이 연구에 참여한 5명을 소개한다 : 폴란드에서 온 에바, 베트남에서 온 마이, 폴란드에서 온 카타리나, 예전에 체코슬로바키아였던 곳에서 온 마르티나, 페루에서 온 펠리시아.[12] 영어에 대한 노출과 여성들의 영어 연습에 대해 언급하고, 학습자들이 가장 편하게 영어를 할 수 있다고 느끼는 조건을 기술한다. 본 연구자는 여성들이 캐나다인 영어사용자와의 관

---

12 연구에서 사용한 모든 지명과 이름은 가명임을 밝힌다.

계에서 모순된 위치에 처해 있음을 스스로 찾았다는 것에 주목한다 : 그들은 더 큰 공동체에서 영어를 연습하기 위해서 영어사용자 사회 네트워크에 접촉해야 하지만, 영어 지식은 이들 사회 네트워크로 들어가는 *선제* 조건이다.

4장에서는 에바와 마이라는 젊은 여성 두 명의 언어 학습 경험을 기술한다. 본 연구자는 각 여성이 영어에 할애하는 투자는 캐나다에 온 이유, 미래에 대한 계획과 정체성의 변화와 관련하여 이해해야 한다고 주장한다. 에바를 다문화 시민으로 묘사하면서, 시간이 흐른 뒤 일터에서 영어사용 사회 네트워크에 접촉할 수 있게 되었고 캐나다인과 같은 가능성을 갖게 된 에바의 이야기를 다룬다. 가정에서 마이는 대가족의 가부장적인 구조에 저항이 가능한 언어 중개인의 위치를 보여준다. 또한 어떤 방식과 이유로 일터에서 마이에게 영어를 연습할 기회를 제공하였는지, 일터에서 일어난 언어 실행의 변화가 어떤 식으로 영어에 대한 투자와 영어 연습과 가정에서의 언어 중개인이라는 자신의 정체성에 위협을 느끼게 했는지를 기술한다.

5장에서는 카타리나, 마르티나, 펠리시아라는 중년 여인 세 명의 언어 학습 경험을 묘사한다. 그리고 어떻게 영어에 대한 그들의 투자가 엄마로서 자신들이 가진 정체성과 부딪히는지를 서술한다. 5장에서는 카타리나와 영어의 양면적인 관계를 자세히 묘사하고 있다 : 한쪽은 영어가 하나뿐인 아이와의 관계를 망칠 것이라는 두려움이고; 다른 한쪽은 영어가 자신이 제일 교류하고 싶어 하는 전문직과 접촉할 수 있게 하는 도구라는 점이다. 마르티나는 집안에서 주된 보호자로서 역할도 하고 있었고 집밖에서 가족의 이익을 보호할 책임을 아이들에게서 덜어주어야 할 책임도 가졌기 때문에 영어에 대해 더 큰 필요성을 느낀다. 이민자라는 지위가 자신에게 사회적인 가치를 별로 주지 못함에도 불구하고 마르티나는 소외에 침묵하지 않는다. 그리고 펠리시아의 투자, 즉 부유한 페루 사람으로서의 정체성을 바탕으로 영어를 대하는 흥미로운 시각과 캐나다에서 이민자로서 놓인 위치에 대한 저항을 다룬다.

6장에서는 제2언어 습득 이론과 관련되어 본 연구가 가진 함의에 대해 다룬다. 본 연구에서 나온 자료와 관련하여 자연스러운 언어 학습에 대한 현재의 SLA 이론, SLA의 문화적응 모형, 정의적 필터 가설을 각각 비평한다. 더불어 SLA 연구자들은 교실 밖에서 언어 학습자가 목표어를 사용할 때 불공정한 힘의 관계에 영향을 받는 구조적인 기회에 관해 살펴보아야 한다고 주장한다. SLA의 문화적응 모형은 더하고 빼는 이중언어 상황에 대해 효과적으로 인식하지 못하게 한다는 것을 설명한다. 동시에 학습자의 정의적 필터는 언어 학습자의 정체성과 의미 있는 방식으로 잇닿은 사회적인 구조처럼 이론화가 되어야 할 필요가 있다고 주장한다. 정체성에 대한 후기구조주의 개념과 Bourdieu(1977)의 *적법한 담화*의 개념은 본 연구에서 찾아낸 것을 이론적으로 설명하는 데 유용했고 SLA 이론에 중요하게 기여한다. 6장의 마지막 절에서는 Lave와 Wenger(1991)의 상황 학습 개념을 인용하고 사회적 실행으로서의 언어 학습의 확장된 개념에 이들 이론을 접목시킨다.

7장에서는 교실 실행에 대해 본 연구가 가진 함의를 고찰해 본다. 본 연구자는 참가자들이 수강하는 공식 언어 교실에 대한 기대를 조사하고, 자연적인 언어 학습과 정체성 연구를 참고하여 이들의 기대를 분석한다. 본 연구가 가진 교실 실행과 관련된 몇 가지 함의 및 카타리나와 펠리시아의 교실 저항 이야기에 대해 설명한다. 그리고 특별히 문제가 있었던 마이의 교실 경험과 관련하여, 학습자 경험이 어떻게 언어 교육과정에 포함되어야 하는지와 관련된 문제도 제기한다. 더불어 일기 연구가 그 자체로 교실 안팎에서 언어 학습 가능성을 바꾸어 놓고 확장하는 가능성을 가진 교육적인 실천이었다는 점을 밝힌다. 마지막으로 일기 연구의 제한점을 밝히면서 이민 언어 학습자를 위한 형식적인 언어 학습 상황과 자연적인 언어 학습 상황의 차이를 메울 수 있도록 돕는 교실 기반 사회 연구를 제안한다. 이러한 연구는 언어 학습을 원하는 이민자들이 목표 언어를 모국어로 하는 화자들의 세계에서 문화서술자로서 더 강력한 정체성을 그들 스스로 갖게 하기 위함임을 밝힌다.

참고문헌

Abdi, K. (2011). 'She really only speaks English': Positioning, language ideology, and heritage language learners. *The Canadian Modern Language Review* 67.2, 161-189.

Albright, J. & Luke, A. (2007). *Pierre Bourdieu and Literacy Education*. Mahwah, NJ: Lawrence Erlbaum.

Alim, S., Makoni, S. & Pennycook, A. (2008). *Global Linguistic Flows: Hip Hop Cultures, Youth Identities, and the Politics of Language*. New York, NY: Routledge.

Amin, N. (1997). Race and the identity of the nonnative ESL teacher. *TESOL Quarterly* 31, 580-583.

Andema, S. (2009). *Digital Literacy and Teacher Education in East Africa: The Case of Bondo Primary Teachers' College, Uganda*. Unpublished MA thesis, University of British Columbia.

Anderson, B. (1991). *Imagined Communities: Reflections on the Origin and Spread of Nationalism*(rev. edn.). New York: Verso.

Anya, O. C. (2011). Investments in communities of learners and speakers: How African American students of Portuguese negotiate ethno-racialized, gendered, and socialclassed identities in second language learning. Unpublished PhD thesis, University of California, Los Angeles.

Arkoudis, S. & Davison, C. (guest eds) (2008). Chinese students: Perspectives on their social, cognitive, and linguistic investment in English medium interaction. *Journal of Asian Pacific Communication* 18.1 (special issue).

Atkinson, D. (ed.) (2011). *Alternative Approaches to Second Language Acquisition*. London and New York: Routledge.

Bakhtin, M. (1981). *The Dialogic Imagination: Four Essays by M. M. Bakhtin*. Austin: University of Texas Press.

Bakhtin, M. (1984). *Problems of Dostoevsky's Poetics* (C. Emerson, trans.). Minneapolis: University of Minnesota Press. (Original work published 1963.)

Baldry, A. & Thibault, P. (2006). *Multimodal Transcription and Text Analysis*. London: Equinox.

Barkhuizen, G. (2008). A narrative approach to exploring context in language teaching. *English Language Teaching Journal* 62.3, 231-239.

Barton, D. (2007). *Literacy: An Introduction to the Ecology of Written Language* (2nd edn.). Oxford, UK: Blackwell.

Bearse, C. & de Jong, E. J. (2008). Cultural and linguistic investment: Adolescents in a secondary two-way immersion program. *Equity and Excellence in Education* 41.3, 325-340.

Bhabha, H. K. (1994). *The Location of Culture*. London and New York: Routledge.

Blackledge, A. (2003). Imagining a monocultural community: Racialization of cultural practice in educational discourse. *Journal of Language, Identity and Education* 2.4, 331-347.

Blackledge, A. & Creese, A. (2008). Contesting 'language' as 'heritage': Negotiation of identities in later modernity. *Applied Linguistics* 29.4, 533-554.

Blackledge, A. & Creese, A. (2010). *Multilingualism: A Critical Perspective*. London and New York: Continuum.

Block, D. (2003). *The Social Turn in Second Language Acquisition*. Edinburgh: Edinburgh University Press.

Block, D. (2006). *Multilingual Identities in a Global City: London stories*. London: Palgrave.

Block, D. (2007a). The rise of identity in SLA research, post Firth and Wagner (1997). *Modern Language Journal* 91.5, 863-876.

Block, D. (2007b). *Second Language Identities*. London: Continuum.

Block, D. (2010). Researching language and identity. In B. Paltridge & A. Phakti (eds), *Continuum Companion to Research Methods in Applied Linguistics*. London: Continuum, 337-347.

Block, D. (2012). Class and SLA: Making connections. *Language Teaching Research* 16.2, 188-205.

Block, D. & Cameron, D. (eds) (2002). *Globalization and Language Teaching*. New York: Routledge.

Block, D., Gray, J. & Holborow, M. (eds) (2012). *Neoliberalism and Applied Linguistics*. New York: Routledge.

Blommaert, J. (2008). *Grassroots Literacy: Writing, Identity, and Voice in Central Africa*. London and New York: Routledge.

Blommaert, J. (2010). *The Sociolinguistics of Globalization*. Cambridge and New York: Cambridge University Press.

Bourdieu, P. (1977). The economics of linguistic exchanges. *Social Science Information* 16.6, 645-668.

Bourdieu, P. (1984). *Distinction: A Social Critique of the Judgment of Taste* (R. Nice, trans.). London: Routledge & Kegan Paul.

Bourdieu, P. (1991). *Language and Symbolic Power* (J. B. Thompson, ed.; G. Raymond & M. Adamson, trans.). Cambridge, UK: Polity Press. (Original work published in 1982.)

Bourdieu, P. & Passeron, J. (1977). *Reproduction in Education, Society, and Culture*. London/ Beverly Hills, CA: Sage Publications.

Bucholtz, M. & Hall, K. (2005). Identity and interaction: A sociocultural linguistic approach. *Discourse Studies* 7.4-5, 585-614.

Budach, G. (2009). 'Canada meets France': recasting identities of Canadianness and Francité through global economic exchanges. In J. Collins, S. Slembrouck, & M. Baynham (eds), *Globalization and Language in Contact: Scale Migration and Communicative Practices*. London: Continuum, 209-232.

Caldas-Coulthard, C. R. & Iedema, R. (eds) (2008). *Identity Trouble: Critical Discourse and Contested Identities*. New York, NY: Palgrave Macmillan.

Cameron, D. (2006). *On Language and Sexual Politics*. New York and London: Routledge.

Canagarajah, A. S. (2002). Globalisation, methods, and practice in periphery classrooms. In D. Block & D. Cameron (eds), *Globalisation and Language Teaching*. London and New York: Routledge, 134-150.

Canagarajah, A. S. (2004a). Subversive identities, pedagogical safe houses, and critical learning. In B. Norton & K. Toohey (eds), *Critical Pedagogies and Language Learning*. New York: Cambridge University Press, 116-137.

Canagarajah, A. S. (ed.) (2004b). *Reclaiming the Local in Language Policy and Practice*. Mahwah, NJ: Lawrence Erlbaum.

Canagarajah, A. S. (2007). Lingua franca English, multilingual communities, and language acquisition. *Modern Language Journal* 91 (focus issue), 923-939.

Canagarajah, A. S. (2012). Teacher development in a global profession: An autoethnography. *TESOL Quarterly* 46.2, 258-279.

Carroll, S., Motha, S. & Price, J. (2008). Accessing imagined communities and reinscribing regimes of truth. *Critical Inquiry in Language Studies* 5.3, 165-191.

Chang, Y.-J. (2011). Picking one's battles: NNES doctoral students' imagined communities and selections of investment. *Journal of Language, Identity, and Education*, 10: 213-230.

Clark, J. B. (2009). *Multilingualism, Citizenship, and Identity: Voices of Youth and Symbolic Investments in an Urban, Globalized World*. London: Continuum.

Clarke, M. (2008). *Language Teacher Identities: Co-constructing Discourse and Community*. Clevedon, UK: Multilingual Matters.

Clemente, A. M. & Higgins, M. (2008). *Performing English with a Postcolonial Accent: Ethnographic Narratives from Mexico*. London: Tufnell Publishing.

Cornwell, S. (2005). *Language Investment, Possible Selves, and Communities of Practice: Inside a Japanese Junior College Temple*. Unpublished PhD thesis, Temple University.

Cortez, N. A. (2008). *Am I in the Book? Imagined Communities and Language Ideologies of English in a Global EFL Textbook*. Unpublished PhD thesis, University of Arizona.

Crookes, G. (2009). *Values, Philosophies, and Beliefs in TESOL: Making a Statement.* Cambridge, UK: Cambridge University Press.

Cummins, J. (2001). *Negotiating Identities: Education for Empowerment in a Diverse Society* (2nd edn.). Los Angeles: California Association for Bilingual Education.

Cummins, J. (2006). Identity texts: The imaginative construction of self through multiliteracies pedagogy. In O. Garcia, T. Skutnabb-Kangas & M. Torres-Guzman (eds), *Imagining Multilingual Schools: Language in Education and Glocalization.* Clevedon, UK: Multilingual Matters, 51-68.

Cummins, J. & Early, M. (eds) (2011). Identity texts: The collaborative creation of power in multilingual schools. Stoke-on-Trent, UK: Trentham Books.

Curtis, A. & Romney, M. (2006). *Color, Race, and English Language Teaching: Shades of Meaning.* Mahwah, NJ: Lawrence Erlbaum Associates.

Dagenais, D. (2003). Accessing imagined communities through multilingualism and immersion education. *Language, Identity and Education* 2.4, 269-283.

Dagenais, D., Beynon, J., Norton, B. & Toohey, K. (2008). Liens entre la langue et l'identité dans le discours des apprenants, des parents et des enseignants. In C. Kramsch, D. Lévy & G. Zarate (eds), *Précis Critique du Plurilinguisme et du Pluriculturalisme.* Paris: Éditions des archives contemporaines/ Contemporary Publishing International, 301-306.

Dagenais, D., Moore, D., Lamarre, S., Sabatier, C. & Armand, F. (2008). Linguistic landscape and language awareness. In E. Shohamy & D. Gorter (eds), *Linguistic Landscape: Expanding the Scenery.* New York: Routledge/Taylor & Francis Group, 253-269.

Davies, B. & Harré, R. (1990). Positioning: The discursive production of selves. *Journal for the Theory of Social Behaviour* 20.1, 43-63.

Davis, K. (1995). Qualitative theory and methods in applied linguistic research. *TESOL Quarterly* 29.3, 427-454.

Davis, K. & Skilton-Sylvester, E. (eds) (2004). Gender in TESOL. *TESOL Quarterly* 38.3 (special issue).

Day, E. (2002). *Identity and the Young English Language Learner.* Clevedon, UK: Multilingual Matters.

De Costa, P. I. (2007). The chasm widens: The trouble with personal identity in Singapore writing. In M. Mantero (ed.), *Identity and Second Language Learning: Culture, Inquiry, and Dialogic Activity in Educational Contexts*. Charlotte, NC: Information Age Publishing, 190-234.

De Costa, P. I. (2010a). Language ideologies and standard English language policy in Singapore: Responses of a 'designer immigrant' student. *Language Policy* 9.3, 217-239.

De Costa, P. I. (2010b). Let's collaborate: Using developments in global English research to advance socioculturally-oriented SLA identity work. *Issues in Applied Linguistics* 18.1, 99-124.

De Costa, P. I. (2010c). From refugee to transformer: A Bourdieusian take on a Hmong learner's trajectory. *TESOL Quarterly* 44.3, 517-541.

De Costa, P. I. (2011). Using language ideology and positioning to broaden the SLA learner beliefs landscape: The case of an ESL learner from China. *System* 39.3, 347-358.

De Costa, P. I. (2012). Constructing SLA differently: The value of ELF and language ideology in an ASEAN case study. *International Journal of Applied Linguistics* 22.2, 205-224.

Denos, C., Toohey, K., Neilson, K. & Waterstone, B. (2009). *Collaborative Research in Multilingual Classrooms*. Bristol, UK: Multilingual Matters.

Dong, J. & Blommaert, J. (2009). Space, scale and accents: constructing migrant identity in Beijing. In J. Collins, S. Slembrouck & M. Baynham (eds), *Globalization and Language in Contact: Scale Migration and Communicative Practices*. London: Continuum, 42-61.

Dörnyei, Z. (2001). *Motivational Strategies in the Language Classroom*. Cambridge, UK: Cambridge University Press.

Dörnyei, Z. & Ushioda, E. (eds) (2009). *Motivation, Language Identity and the L2 Self*. Bristol, UK: Multilingual Matters.

Duff, P. (2002). The discursive co-construction of knowledge, identity, and difference: An ethnography of communication in the high school mainstream. *Applied Linguistics* 23, 289-322.

Duff, P. (2012). Identity, agency, and second language acquisition. In S. M. Gass & A. Mackey (eds), *The Routledge Handbook of Second Language Acquisition*.

New York: Routledge, 410-426. Early, M. & Norton, B. (in press). Language learner stories and imagined identities. Narrative Inquiry.

Fairclough, N. (2001). *Language and Power* (2nd edn.). Harlow, UK: Pearson/Longman.

Foucault, M. (1980). *Power/Knowledge: Selected Interviews and Other Writings, 1972-1977* (C. Gordon, trans.). New York: Pantheon Books.

Gao, F. (2012). Imagined community, identity, and Chinese language teaching in Hong Kong. *Journal of Asian Pacific Communication*, 22:1, 140-154.

Gao, Y. H. (2007). Legitimacy of foreign language learning and identity research: Structuralist and constructivist perspectives. *Intercultural Communication Studies* 16.1, 100-112.

Garciá, O., Skutnabb-Kangas, T. & Torres-Guzmán, M. E. (eds) (2006). *Imagining Multilingual Schools: Languages in Education and Glocalization.* Clevedon, UK: Multilingual Matters.

Gass, S. (1998). Applied and oranges: Or why apples are not oranges and don't need to be. A response to Firth and Wagner. *Modern Language Journal* 82, 83-90.

Gass, S. M. & Makoni, S. (eds) (2004). World applied linguistics: A celebration of AILA at 40. *AILA Review* 17 (special issue).

Gee, J. P. (2012). Discourse analysis: What makes it critical? In R. Rogers (ed.), *An Introduction to Critical Discourse Analysis in Education* (2nd edn.). New York: Routledge, 23-45.

Goldstein, T. (1996). *Two Languages at Work: Bilingual Life on the Production Floor.* Berlin and New York: Mouton de Gruyter.

Gordon, D. (2004). 'I'm tired. You clean and cook.' Shifting gender identities and second language socialization. *TESOL Quarterly* 38.3, 437-457.

Gunderson, L. (2007). *English-Only Instruction and Immigrant Students in Secondary Schools: A Critical Examination.* Mahwah, NJ: Lawrence Erlbaum Associates.

Hall, S. (1992a). The question of cultural identity. In S. Hall, D. Held & T. McGrew (eds), *Modernity and its Futures.* Cambridge: Polity Press in association with Blackwell Publishers and The Open University, 274-325.

Hall, S. (1992b). New ethnicities. In J. Donald & A. Rattansi (eds), *'Race', Culture and Difference.* London: Sage, 252-259.

Hall, S. (1997). *Representation: Cultural Representations and Signifying Practices.*

London: Sage.

Haneda, M. (2005). Investing in foreign-language writing: A study of two multicultural learners. *Journal of Language, Identity, and Education* 4.4, 269-290.

Hawkins, M. R. (ed.) (2004). *Language Learning and Teacher Education: A Sociocultural Approach.* Clevedon, UK: Multilingual Matters.

Hawkins, M. R. (ed.) (2011). *Social Justice Teacher Education.* Bristol: Multilingual Matters.

Hawkins, M. & Norton, B. (2009). Critical language teacher education. In A. Burns & J. Richards (eds), *Cambridge Guide to Second Language Teacher Education.* (pp. 30-39). Cambridge: Cambridge University Press.

He, A. W. (2006). Toward an identity theory of the development of Chinese as a heritage language. *Heritage Language Journal* 4.1, 1-28.

Heller, M. (2007). *Linguistic Minorities and Modernity: A Sociolinguistic Ethnography* (2nd edn.). London: Continuum.

Heller, M. (2008). Bourdieu and 'literacy education'. In J. Albright & A. Luke (eds), *Pierre Bourdieu and Literacy Education.* New York: Routledge.

Heller, M. (2011). *Paths to Post-Nationalism: A Critical Ethnography of Language and Identity.* Oxford: Oxford University Press.

Higgins, C. (2009). *English as a Local Language: Post-Colonial Identities and Multilingual Practices.* Bristol, UK: Multilingual Matters.

Higgins, C. (2010). Gender identities in language education. In N. Hornberger & S. McKay (eds), *Sociolinguistics and Language Education* (pp. 370-397). Bristol, UK: Multilingual Matters.

Higgins, C. (ed.) (2011). *Identity Formation in Globalizing Contexts: Language Learning in the New Millennium.* Berlin and New York: Mouton de Gruyter.

Hornberger, N. (ed.) (2003). *Continua of Biliteracy.* Clevedon, UK: Multilingual Matters.

Hull, G. (2007). *Mobile Texts and Migrant Audiences: Rethinking Literacy in a New Media Age.* Plenary presentation to annual conference of the National Reading Conference. Austin, TX.

Hyland, H. (2012). *Disciplinary Identities: Individuality and Community in Academic Discourse.* New York: Cambridge University Press.

Ibrahim, A. E. (1999). Becoming Black: Rap and hip-hop, race, gender, identity, and the politics of ESL learning. *TESOL Quarterly* 33.3, 349-369.

Jaffe, A. (ed.) (2009). *Stance: Sociolinguistic Perspectives.* Oxford: Oxford University Press.

Janks, H. (2010). *Literacy and Power.* New York and London: Routledge.

Jenkins, J. (2007). *English as a Lingua Franca: Attitude and Identity.* Oxford: Oxford University Press.

Kanno, Y. (2003). *Negotiating Bilingual and Bicultural Identities: Japanese Returnees Betwixt Two Worlds.* Mahwah, NJ: Lawrence Erlbaum Associates.

Kanno, Y. (2008). *Language and Education in Japan: Unequal Access to Bilingualism.* Basingstoke, UK: Palgrave Macmillan.

Kanno, Y. & Norton, B. (guest eds) (2003). Imagined communities and educational possibilities. *Journal of Language, Identity, and Education* 2.4 (special issue).

Kanno, Y. & Stuart, C. (2011). Learning to become a second language teacher: Identitiesin-practice. *Modern Language Journal* 95.2, 236-252.

Kendrick, M. & Jones, S. (2008). Girls' visual representations of literacy in a rural Ugandan community. *Canadian Journal of Education* 31.3, 372-404.

Kendrick, M., Jones, S., Mutonyi, H. & Norton, B. (2006). Multimodality and English education in Ugandan schools. *English Studies in Africa* 49.1, 95-114.

Kim, J. (2008). *Negotiating Multiple Investments in Languages and Identities: The Language Socialization of Generation 1.5 Korean Canadian University Students.* Unpublished PhD thesis, University of British Columbia.

King, B. (2008). 'Being gay guy, that is the advantage': Queer Korean language learning and identity construction. *Journal of Language, Identity, and Education* 7.3-4, 230-252.

Kramsch, C. (2006). The traffic in meaning. *Asia Pacific Journal of Education* 26.1, 99-104.

Kramsch, C. (2009). *The Multilingual Subject.* Oxford: Oxford University Press.

Kramsch, C. & Lam, W. S. E. (1999). Textual identities: The importance of being nonnative. In G. Braine (ed.), *Non-Native Educators in English Language Teaching.* Mahwah, NJ: Lawrence Erlbaum, 57-72.

Kramsch, C. & Thorne, S. (2002). Foreign language learning as global communicative practice. In D. Block & D. Cameron (eds), *Globalization and Language*

Teaching. London: Routledge, 83-100.

Kramsch, C. & Whiteside, A. (2007). Three fundamental concepts in second language acquisition and their relevance in multilingual contexts. *The Modern Language Journal* 91, 907-922.

Kramsch, C. & Whiteside, A. (2008). Language ecology in multilingual settings: Towards a theory of symbolic competence. *Applied Linguistics* 29.4, 645-671.

Kress, G., Jewitt, C., Bourne, J., Franks, A., Hardcastle, J., Jones, K. & Reid, E. (2004). *English in Urban Classrooms: A Multimodal Perspective on Teaching and Learning.* London and New York: Routledge.

Kubota, R. (2004). Critical multiculturalism and second language education. In B. Norton & K. Toohey (eds), *Critical Pedagogies and Language Learning.* New York: Cambridge University Press, 30-52.

Kubota, R. & Lin, A. (2006). Race and TESOL: Introduction to concepts and theor- ies. *TESOL Quarterly* 40.3 (special issue), 471-493.

Kubota, R. & Lin, A. (eds) (2009). *Race, Culture, and Identities in Second Language Education: Exploring Critically Engaged Practice.* London and New York: Routledge.

Kumaravadivelu, B. (2003). *Beyond Methods: Macrostrategies for Language Learning.* New Haven, CT: Yale University Press.

Kumaravadivelu, B. (2012). *Language Teacher Education for a Global Society.* New York: Routledge.

Lam, W. S. E. (2000). L2 literacy and the design of the self: A case study of a teenager writing on the internet. *TESOL Quarterly* 34.3, 457-482.

Lam, W. S. E. (2006). Re-envisioning language, literacy and the immigrant subject in new mediascapes. *Pedagogies: An International Journal* 1.3, 171-195.

Lam, W. S. E. & Rosario-Ramos, E. (2009). Multilingual literacies in transnational digitally mediated contexts: an exploratory study of immigrant teens in the United States. *Language and Education* 23.2, 171-190.

Lam, W. S. E. & Warriner, D. (2012). Transnationalism and literacy: Investigating the mobility of people, languages, texts, and practices in contexts of migration. *Reading Research Quarterly*, 47.2, 191-215.

Lave, J. (1996). Teaching, as learning, in practice. *Mind, Culture, and Activity* 3.3,

149-164.

Lave, J. & Wenger, E. (1991). *Situated Learning: Legitimate Peripheral Participation*. Cambridge, UK: Cambridge University Press.

Lee, E. (2008). The 'other(ing)' costs of ESL: A Canadian case study. *Journal of Asian Pacific Communication* 18.1, 91-108.

Lemke, J. (2008). Identity, development, and desire: Critical questions. In C. R. Caldas-Coulthard & Iedema, R. (eds) (2008). *Identity Trouble: Critical Discourse and Contested Identities*. New York: Palgrave Macmillan, 17-42.

Leung, C., Harris, R. & Rampton, B. (2004). Living with inelegance in qualitative research on task-based learning. In B. Norton & K. Toohey (eds), *Critical Pedagogies and Language Learning*. New York: Cambridge University Press, 242-267.

Lewis, C. & Fabos, B. (2005). Instant messaging, literacies and social identities. *Reading Research Quarterly* 40.4, 470-501.

Lin, A. (ed.) (2007). *Problematizing Identity: Everyday Struggles in Language, Culture, and Education*. Mahwah, NJ: Lawrence Erlbaum Associates.

Lin, A. & Martin, P. (2005). *Decolonisation, Globalisation: Language-in-Education Policy and Practice*. Clevedon, UK: Multilingual Matters.

Lin, A., Grant, R., Kubota, R., Motha, S., Tinker Sachs, G. & Vandrick, S. (2004). Women faculty of color in TESOL: Theorizing our lived experiences. *TESOL Quarterly* 38, 487-504.

Lo Bianco, J., Orton, J. & Gao, Y. (eds) (2009). *China and English: Globalisation and the Dilemmas of Identity*. Bristol, UK: Multilingual Matters.

Luke, A. (2004a). Two takes on the critical. In B. Norton & K. Toohey (eds), *Critical Pedagogies and Language Learning*. New York: Cambridge University Press, 21-29.

Luke, A. (2004b). Teaching after the market: From commodity to cosmopolitan. *Teachers College Record* 106.7, 1422-1443.

Luke, A. (2009). Race and language as capital in school: A sociological template for language education reform. In R. Kubota & A. Lin (eds), *Race, Culture and Identities in Second Language Education*. London: Routledge.

Makoni, S. & Meinhof, U. (eds) (2003). Africa and applied linguistics. *AILA Review* 16 (special issue).

Makubalo, G. (2007). 'I don't know ... it contradicts': Identity construction and the use of English by learners in a desegregated school space. *English Academy Review* 24.2, 25-41.

Mantero, M. (ed.) (2007). *Identity and Second Language Learning: Culture, Inquiry, and Dialogic Activity in Educational Contexts.* Charlotte, NC: Information Age Publishing, 190-234.

Markee, N. (guest ed.) (2002). Language in development. *TESOL Quarterly* 36, 3.

Martin-Jones, M. & Jones, K. (2000). *Multilingual Literacies.* Philadelphia and Amsterdam: John Benjamins.

Martinec, R. & van Leeuwen, T. J. (2009). *The Language of New Media Design: Theory and Practice.* New York: Routledge.

Mastrella-De-Andrade, M. & Norton, B. (2011). Querer é poder? Motivação, identidade e aprendizagem de língua estrangeira. In Mastrella-De-Andrade M. R. (Org.) *Afetividade e Emoções no Ensino/Aprendizagem de Línguas: Múltiplos Olhares.* Campinas: Pontes Editores, 89-114.

May, S. (2008). *Language and Minority Rights.* London and New York: Routledge.

McKay, S. & Wong, S. C. (1996). Multiple discourses, multiple identities: Investment and agency in second language learning among Chinese adolescent immigrant students. *Harvard Educational Review* 66.3, 577-608.

McKinney, C. (2007). 'If I speak English does it make me less black anyway?' 'Race' and English in South African desegregated schools. *English Academy Review* 24.2, 6-24.

McKinney, C. & Norton, B. (2008). Identity in language and literacy education. In B. Spolsky & F. Hult (eds), *The Handbook of Educational Linguistics.* Malden, MA: Blackwell, 192-205.

McKinney, C. & van Pletzen, E. (2004). '... This apartheid story ... we've finished with it': Student responses to the apartheid past in a South African English studies course. *Teaching in Higher Education* 9.2, 159-170.

Menard-Warwick, J. (2006). Both a fiction and an existential fact: Theorizing identity in second language acquisition and literacy studies. *Linguistics and Education* 16, 253-274.

Menard-Warwick, J. (2007). 'Because she made beds. Every day.' Social positioning, classroom discourse and language learning. *Applied Linguistics* 29.2, 267-289.

Menard-Warwick, J. (2009). *Gendered Identities and Immigrant Language Learning.* Bristol, UK: Multilingual Matters.

Miller, J. (2003). *Audible Difference: ESL and Social Identity in Schools.* Clevedon, UK: Multilingual Matters.

Moffatt, L. & Norton, B. (2008). Reading gender relations and sexuality: Preteens speak out. *Canadian Journal of Education* 31.31, 102-123.

Moje, E. B. & Luke, A. (2009). Literacy and identity: Examining the metaphors in history and contemporary research. *Reading Research Quarterly* 44.4, 415-437.

Morgan, B. (2004). Teacher identity as pedagogy: Towards a field-internal conceptualization in bilingual and second language education. *Bilingual Education and Bilingualism* 7.2&3, 172-188.

Morgan, B. (2007). Poststructuralism and applied linguistics: Complementary approaches to identity and culture in ELT. In J. Cummins & C. Davison (eds), *International Handbook of English Language Teaching.* New York: Springer, 1033-1052.

Morgan, B. & Clarke, M. (2011). Identity in second language teaching and learning. In E. Hinkel (ed.), *Handbook of Research in Second Language Teaching and Learning Volume II.* New York: Routledge, 817-836.

Morgan, B. & Ramanathan, V. (2005). Critical literacies and language education: Global and local perspectives. *Annual Review of Applied Linguistics* 25, 151-169.

Motha, S. (2006). Racializing ESOL teacher identities in US K12 public schools. *TESOL Quarterly* 40.3, 495-518.

Murphey, T., Jin, C. & Li-Chin, C. (2005). Learners' constructions of identities and imagined communities. In P. Benson & D. Nunan (eds), *Learners' Stories and Diversity in Language Learning.* Cambridge: Cambridge University Press, 83-100.

Mutonyi, H. & Norton, B. (2007). ICT on the margins: Lessons for Ugandan education. Digital literacy in global contexts. *Language and Education* 21.3 (special issue), 264-270.

Nelson, C. (2009). *Sexual Identities in English Language Education: Classroom Conversations.* New York: Routledge.

Nongogo, N. (2007). 'Mina 'NgumZulu Phaqa' Language and identity among multi-lingual Grade 9 learners at a private desegregated high school in South Africa. *English Academy Review* 24.2, 42-54.

Norton, B. (guest ed.) (1997). Language and identity. *TESOL Quarterly* 31.3 (special issue).

Norton, B. (2000). *Identity and Language Learning: Gender, Ethnicity and Educational Change.* Harlow, UK: Pearson Education Limited.

Norton, B. (2001). Non-participation, imagined communities, and the language classroom. In M. Breen (ed.), *Learner Contributions to Language Learning: New Directions in Research.* London: Pearson Education Limited, 159-171.

Norton, B. (2006). Identity: Second language. In K. Brown (ed.), *Encyclopedia of Language and Linguistics* (vol. 5) (2nd edn.). Oxford, UK: Elsevier, 502-507.

Norton, B. (2010). Language and identity. In N. Hornberger & S. McKay (eds), *Sociolinguistics and Language Education.* Bristol, UK: Multilingual Matters, 349-369.

Norton, B. (2013). Identität, Literalität und Mehrsprachigkeit im Unterricht. In A. Bertschi-Kaufmann & C. Rosebrock: *Literalität Erfassen: Bildungspolitisch, Kulturell, Individuell.* Weinheim und München: Juventa, 123-134.

Norton, B. & Early, M. (2011). Researcher identity, narrative inquiry, and language teaching research. *TESOL Quarterly* 45.3, 415-439.

Norton, B. & Gao, Y. (2008). Identity, investment, and Chinese learners of English. *Journal of Asian Pacific Communication* 18.1, 109-120.

Norton, B. & Kamal, F. (2003). The imagined communities of English language learners in a Pakistani school. *Journal of Language, Identity, and Education* 2.4, 301-307.

Norton, B. & McKinney, C. (2011). An identity approach to second language acquisition. In D. Atkinson (ed.), *Alternative Approaches to Second Language Acquisition.* New York: Routledge, 73-94.

Norton, B. & Morgan, B. (2013). In Poststructuralism. In C. Chapelle (ed.), *Encyclopedia of Applied Linguistics.* Hoboken, NJ: Wiley-Blackwell. doi: 10.1002/9781405198431. wbeal0924

Norton, B. & Pavlenko, A. (eds) (2004). *Gender and English Language Learners.*

Alexandria, VA: Teachers of English to Speakers of Other Languages.

Norton, B. & Toohey, K. (2001). Changing perspectives on good language learners. *TESOL Quarterly* 35.2, 307-322.

Norton, B. & Toohey, K. (2002). Identity and language learning. In R. Kaplan (ed.), *The Oxford Handbook of Applied Linguistics*. New York: Oxford.

Norton, B. & Toohey, K. (eds) (2004). *Critical Pedagogies and Language Learning*. New York: Cambridge University Press.

Norton, B. & Toohey, K. (2011). Identity, language learning, and social change. *Language Teaching* 44.4, 412-446.

Norton, B. & Williams, C. J. (2012). Digital identities, student investments, and eGranary as a placed resource. *Language and Education* 26.4, 315-329.

Norton Peirce, B. (1995). Social identity, investment, and language learning. *TESOL Quarterly* 29.1, 9-31.

Omoniyi, T. (2011). Discourse and identity. In K. Hyland & B. Paltridge (eds), *Continuum Companion to Discourse Analysis*. London: Continuum, 260-278.

Oxford, R. & Shearin, J. (1994). Language learning motivation: Expanding the theoretical framework. *Modern Language Journal* 78.1, 12-28.

Pavlenko, A. (2001a). Language learning memoirs as gendered genre. *Applied Linguistics* 22.2, 213-240.

Pavlenko, A. (2001b). 'How am I to become a woman in an American vein?': Transformations of gender performance in second language learning. In A. Pavlenko, A. Blackledge, I. Piller & M. Teutsch-Dwyer (eds), *Multilingualism, Second Language Learning, and Gender*. Berlin and New York: Mouton de Gruyter, 133-174.

Pavlenko, A. (2003). 'I never knew I was a bilingual': Reimagining teacher identities in TESOL. *Journal of Language, Identity, and Education* 2.4, 251-268.

Pavlenko, A. & Blackledge, A. (eds) (2004). *Negotiation of Identities in Multilingual Contexts*. Clevedon, UK: Multilingual Matters.

Pavlenko, A., Blackledge, A., Piller, I. & Teutsch-Dwyer, M. (2001). *Multilingualism, Second Language Learning, and Gender*. Berlin and New York: Mouton de Gruyter.

Pavlenko, A. & Norton, B. (2007). Imagined communities, identity, and English language teaching. In J. Cummins & C. Davison (eds), *International Handbook of English Language Teaching*. New York: Springer, 669-680.

Pennycook, A. (1998). *English and the Discourses of Colonialism*. London: Routledge.

Pennycook, A. (2004). Critical moments in a TESOL praxicum. In B. Norton & K. Toohey (eds), *Critical Pedagogies and Language Learning*. New York: Cambridge University Press, 327-345.

Pennycook, A. (2007). *Global Englishes and Transcultural Flows*. London and New York: Routledge.

Pennycook, A. (2010). *Language as a Local Practice*. New York: Routledge.

Pennycook, A. (2012). *Language and Mobility: Unexpected Places*. Bristol, UK: Multilingual Matters.

Phillipson, R. (2009). *Linguistic Imperialism Continued*. New York and London: Routledge.

Pittaway, D. (2004). Investment and second language acquisition. *Critical Inquiry in Language Studies* 4.1, 203-218.

Pomerantz, A. I. (2001). *Beyond the Good Language Learner: Ideology, Identity, and Investment in Classroom Foreign Language Learning*. Unpublished PhD thesis, University of Pennsylvania.

Pomerantz, A. (2008). 'Tú necisitas preguntar en Español': Negotiating good language learner identity in a Spanish classroom. *Journal of Language, Identity, and Education*, 7.3/4, 253-271.

Potowski, K. (2007). *Language and Identity in a Dual Immersion School*. Clevedon, UK: Multilingual Matters.

Prinsloo, M. & Baynham, M. (eds) (2008). *Literacies, Global and Local*. Philadelphia, PA: John Benjamins.

Prinsloo, M. & Rowsell, J. (guest eds) (2012). Digital literacies as placed resources in the globalised periphery. *Language and Education* 26.4 (special issue).

Ramanathan, V. (2005). *The English-Vernacular Divide: Postcolonial Language Politics and Practice*. Clevedon, UK: Multilingual Matters.

Ramanathan, V. & Morgan, B. (guest eds) (2007). Language policies and TESOL. *TESOL Quarterly* 41.3 (special issue).

Rampton, B. (2006). *Language in Late Modernity: Interaction in an Urban School*.

Cambridge: Cambridge University Press.

Rassool, N. (2007). *Global Issues in Language, Education and Development: Perspectives from Postcolonial Countries.* Clevedon, UK: Multilingual Matters.

Ricento, T. (2005). Considerations of identity in L2 learning. In E. Hinkel (ed.), *Handbook of Research on Second Language Teaching and Learning.* Mahwah, NJ: Lawrence Erlbaum Associates, 895-911.

Ross, B. M. (2011). *Language, Identity, and Investment in the English Language of a Group of Mexican Women Living in Southwestern Pennsylvania.* Unpublished PhD thesis, Pennsylvania State University.

Saussure, F. de (1966). *Course in General Linguistics.* (W. Baskin, trans. [1916]). New York: McGraw-Hill.

Sharkey, J. & Johnson, K. (eds) (2003). *The TESOL Quarterly Dialogues: Rethinking Issues of Language, Culture, and Power.* Alexandria, VA: Teachers of English to Speakers of Other Languages.

Shin, J. (2009). *Critical Ethnography of a Multilingual and Multicultural Korean Language Classroom: Discourses on Identity, Investment and Korean-Ness.* Unpublished PhD thesis, University of Toronto.

Shin, S. (2012). *Bilingualism in Schools and Society: Language, Identity, and Policy.* New York: Routledge.

Shuck, G. (2006). Racializing the nonnative English speaker. Journal of Language, *Identity and Education* 5.4, 259-276.

Silberstein, S. (2003). Imagined communities and national fantasies in the O. J. Simpson case. *Journal of Language, Identity, and Education* 2.4, 319-330.

Skilton-Sylvester, E. (2002). Should I stay or should I go? Investigating Cambodian women's participation and investment in adult ESL programs. *Adult Education Quarterly* 53.1, 9-26.

Snyder, I. & Prinsloo, M. (guest eds) (2007). The digital literacy practices of young people in marginal contexts. *Language and Education: An International Journal* 21.3 (special issue).

Song, H. (2010). *Imagined Communities, Language Learning and Identity in Highly Skilled Transnational Migrants: A Case Study of Korean Migrants in Canada.* Unpublished M. Ed thesis, University of Manitoba.

Spolsky, B. (1989). *Conditions for Second Language Learning*. Oxford: Oxford University Press.

Stein, P. (2008). *Multimodal Pedagogies in Diverse Classrooms: Representation, Rights and Resources*. London and New York: Routledge.

Street, B. & Hornberger, N. (eds) (2008). *Encyclopedia of Language and Education* (vol. 2: Literacy). Boston, MA: Springer.

Stroud, C. & Wee, L. (2012). *Style, Identity and Literacy: English in Singapore*. Buffalo, NY: Multilingual Matters.

Sunderland, J. (2004). *Gendered Discourses*. London: Palgrave Macmillan.

Swain, M. & Deters, P. (2007). 'New' mainstream SLA theory: Expanded and enriched. *Modern Language Journal* 91 (focus issue), 820-836.

Talmy, S. (2008). The cultural productions of the ESL student at Tradewinds High: Contingency, multidirectionality, and identity in L2 socialization. *Applied Linguistics* 29.4, 619-644.

Taylor, L. (2004). Creating a community of difference: Understanding gender and race in a high school anti-discrimination camp. In B. Norton & Pavlenko, A. (eds), *Gender and English Language Learners*. Alexandria, VA: Teachers of English to Speakers of Other Languages, 95-109.

Tembe, J. & Norton, B. (2008). Promoting local languages in Ugandan primary schools: The community as stakeholder. *Canadian Modern Language Review* 65.1, 33-60.

Thorne, S. & Black, R. (2007). Language and literacy development in computer-mediated contexts and communities. *Annual Review of Applied Linguistics* 27, 133-160.

Tomita, Y. (2011). *The Role of Form-Focused Instruction: Learner Investment in L2 Communication*. Unpublished PhD thesis, University of Toronto.

Toohey, K. (2000). *Learning English at School: Identity, Social Relations and Classroom Practice*. Clevedon, UK: Multilingual Matters.

Toohey, K. (2001). Disputes in child L2 learning. *TESOL Quarterly* 35.2, 257-278.

Toohey, K. & Waterstone, B. (2004). Negotiating expertise in an action research community. In B. Norton and Toohey, K. (eds), *Critical Pedagogies and Language Learning*. Cambridge: Cambridge University Press, 291-310.

Torres-Olave, B. M. (2006). *'If I didn't have Professional Dreams Maybe I Wouldn't*

Think of Leaving'. Unpublished MA thesis, University of British Columbia.

Tremmel, B. & De Costa, P. I. (2011). Exploring identity in SLA: A dialogue about methodologies. *Language Teaching* 44.4, 540-542.

Tsui, A. & Tollefson, J. (eds) (2007). *Language Policy, Culture, and Identity in Asian Contexts.* Mahwah, NJ: Lawrence Erlbaum Associates.

Varghese, M., Morgan, B. Johnston, B. & Johnson, K. (2005). Theorizing language teacher identity: Three perspectives and beyond. *Journal of Language, Identity, and Education* 4, 21-44.

Villarreal Ballesteros, A. C. (2010). *Professional Identity Formation and Development of Imagined Communities in an English Language Major in Mexico.* Unpublished PhD thesis, University of Arizona.

Wagner, J. (2004). The classroom and beyond. *Modern Language Journal* 88.4, 612-616.

Wallace, C. (2003). *Critical Reading in Language Education.* Basingstoke, UK: Palgrave Macmillan.

Warriner, D. S. (guest ed.) (2007). Transnational literacies: Immigration, language learning, and identity. *Linguistics and Education* 18.3-4.

Warschauer, M. (2003). *Technology and Social Inclusion: Rethinking the Digital Divide.* Boston, MA: MIT Press.

Weber, J. J. & Horner, K. (2012). *Introducing Multilingualism: A Social Approach.* New York: Routledge.

Weedon, C. (1987/1997). *Feminist Practice and Poststructuralist Theory* (2nd edn.). London: Blackwell.

Wenger, E. (1998). *Communities of Practice: Learning, Meaning, and Identity.* New York: Cambridge University Press.

White, C. (2007). Innovation and identity in distance language learning and teaching. *Innovation in Language Learning and Teaching* 1.1, 97-110.

Wortham, S. (2008). Shifting identities in the classroom. In C. R. Caldas-Coulthard & R. Iedema (eds), *Identity Trouble: Critical Discourse and Contested Identities.* New York: Palgrave Macmillan, 205-228.

Xu, H. (2012). Imagined community falling apart: a case study on the transformation of professional identities of novice ESOL teachers in China. *TESOL Quarterly* 46.3, 568-578.

Xu, J. W. (2001). Bonny Norton's new ideas about foreign language learning. *Foreign Language Teaching Abroad* 4, 14-17. *Language Teaching Abroad.*

Young, R. F. (2009). *Discursive Practice in Language Learning and Teaching.* Malden, MA and Oxford, UK: Wiley-Blackwell.

Zacharias, N. (2010). *The Evolving Teacher Identities of L2 South/East Asian Teachers in US Graduate Programs.* Unpublished PhD thesis, Indiana University of Pennsylvania.

Zimmerman, D. H. (1998). Identity, context, and interaction. In C. Antaki & S. Widdicombe (eds), *Identities in Talk.* London: Sage, 87-106.

Zuengler, J. & Miller, E. (2006). Cognitive and sociocultural perspectives: Two parallel SLA worlds? *TESOL Quarterly* 40.1, 35-58.

언어 학습에서 사실과 거짓

살리하(Saliha)는 봉투를 받으며 불어로 '감사합니다. 사모님.'이라고 말하였다.

문을 나가며 자기 작업복이 들어 있는 비닐봉지를 오른손에서 왼손으로 바꿔 들고 오른손을 리베스트 여사에게 내밀며 불어로 '안녕하세요. 사모님'이라고 말하고 웃었다. 이것이 살리하가 아침에 일어나서 말한 첫 번째 의미 있는 단어였다.

살리하는 혼자 엘리베이터를 타고 내려갔다. 그리고 봉투에 들어 있는 내용물을 확인하고 만족하며 웃었다. 엘리베이터가 1층에 도착하기 전에 살리하는 하루를 돌아볼 시간을 가졌다. 일주일 동안 먹을 음식과 담배를 사기에 충분한 돈을 벌었다. 지난주에는 수업료 분납금을 플라톤 대학에 모두 납부하였다. 지쳤지만 모든 것이 잘 돌아가고 있었다.

마음이 쓰이는 한 가지는 리베스트 여사에게 긴 문장으로 이야기하지 않았다는 것이다. 그러나 어깨를 한 번 으쓱하며 아쉬움을 잊고 현실을 받아들였다.

우리는 그들처럼 말하기 위하여 여기 왔다고 살리하는 생각하였다.

그러나 그들이 우리를 연습시켜주지 않으면 시간이 오래 걸릴 것이다.

Ternar, 1990, 327–328쪽

살리하가 가상의 인물이라고 할지라도 살리하의 이야기는 캐나다에서든 콜롬비아에서든 한국에서든 많은 언어 학습자들이 실제로 겪는 이야기이다. 살리하는 퀘벡에서 새로운 공동체의 언어를 배우기 위해서 노력하고 있다. 프랑스어를 연습해야 할 필요가 있다는 것을 이해하고 있고 플라톤 대학에서 개설한 수업을 듣고 있다. 그러나 프랑스어를 쓰는 공동체에 '들어가' 있다고 하더라도 살리하는 프랑스어를 연습할 기회가 거의 없었다. 왜냐하면 살리하가 하는 일의 특성과 일터에서 형성된 권력 관계 때문이다. 하루 종일 일하면서 발화하는 몇 안 되는 단어들은 '감사합니다. 사모님.'과 '안녕하세요. 사모님.'이었다. 살리하는 더 긴 문장으로 리베스트 여사에게 답하지 못하였다고 후회할 뿐이었다. 현실은 살리하가 언제, 얼마나, 무엇을 말할 수 있는지에 대해 영향력을 끼칠 수 있는 권력을 가진 리베스트 여사와 맞닥뜨려야 하는 것이다. 살리하는 리베스트 여사가 자신에게 목표 언어를 연습 '시켜 주지' 않으면 시간이 오래 걸릴 것이라는 점을 인정한다.

1장에서는 캐나다 퀘벡의 살리하라는 꾸며낸 인물을 통하여 개인 언어 학습자와 거대한 사회 사이의 관계, 정체성과 언어 학습 사이의 관계에 대한 탐구를 시작할 것이다. 살리하의 이야기를 권력, 정체성, 투자의 개념과 더불어 민족성, 성별, 계층의 개념을 설명하기 위해 사용할 것이다. 2장에서는 가상으로 꾸며낸 퀘벡 사회의 살리하로부터 캐나다 온타리오 인근 지방에서 영어를 배우는 이민 여성 5명이 겪은 실제 경험으로 시선을 돌릴 것이다. 이 여성 5명에게는 가정과 일터의 불평등한 관계 속에서 영어 학습 기회가 주어졌다는 점도 밝힐 것이다. 그리고 이 여성들이 영어 말하기 연습 기회를 잡기 위해 어떻게 권력 관계에 대응하고 행동하는지와 그들이 얼마만큼의 노력으로 성공했는지를 보여줄 것이다. 그러나 그들의 노력은 분명 영어에 대한 투자는 물론 시간이 흐르고 사회적 공간이 바뀜에 따라 변화하는 정체성과도 관련하여 이해되어야 한다. 그러므로 1장에서 소개된 아이디어와 주제는 다른 장에서 다시 다루고 설명할 것이다. 사실 진실은 허구보다 더 이해하기 힘들고 삶은 예술보다 더 매혹적인 것이라고 확신한다.

살리하와 SLA의 정설

살리하는 아마도 현재의 제2언어 습득(SLA) 이론 안에서 자신을 이해하려면 꽤 고생할 것이다. 심리언어학, 사회언어학, 신경언어학, 교실 연구, 이중언어 교육, 사회 심리학의 이론에 압도되어 당황할 것이다.[13] 그러나 살리하는 자신이 프랑스어에 더 노출되고 연습한다면 더 유창해질 것이라고 한 Spolsky(1989)에게는 동의할 것이다. 여러 종류의 적절한 프랑스어와 일정량 이상의 프랑스어에 폭넓게 노출되는 것, 목표 언어를 연습할 기회는 많은 보상을 줄 것이다. 살리하는 프랑스어의 소리 구분을 배울 것이고, 그 언어의 구성 요소를 분석할 수 있는 기회를 갖게 될 것이고, 어떻게 그 언어의 구성 요소가 문법적으로 더 큰 단위로 재결합될 수 있는지를 배울 것이고, 프랑스어의 문법적이고 화용적인 구조를 다루는 능력을 키우게 될 것이다. 그러나 살리하는 Spolsky가 구분한 목표 언어 공동체에서 나타나는 자연적, 비형식적인 상황과 교실의 형식적인 환경 사이의 차이 때문

---

13 이 주제를 더 잘 들여다보기 위해서는 Tucker and Corson(1997)과 Cummins and Corson(1997) 참고.

에 혼란스러워할 것이다 :

이 두 상황의 차이는 보통 대조적인 상태로 언급된다. 자연적인 제2언
어 학습에서 언어는 의사소통을 위해서 쓰이지만 형식적인 상황에서
언어는 오직 가르치기 위해서 쓰인다. 자연적인 언어 학습에서 학습자
는 목표 언어를 유창하게 하는 사람들에 둘러싸여 있지만 형식적인 교
실에서는 교사(혹은 누군가)만이 유창하다. 자연적인 학습에서의 맥락
은 바깥세상이며 열려 있고 자극을 주는 곳이다; 형식적인 학습은 교실
이라는 테두리 안에 갇혀 있다. 자연적인 언어 학습에서 언어 사용은
자유롭고 정상적이다; 형식적인 교실에서는 주의 깊게 다뤄지고 단순
화된다. 마지막으로 자연적인 언어 상황에서는 의사소통의 의미에 주
의를 기울인다; 형식적인 상황에서는 의미 없는 반복연습을 한다(1989,
171쪽)

'오늘 하루 난 얼마나 의사소통을 했을까?' 살리하는 아마 물을
것이다. '리베스트 여사와 한 대화가 얼마나 의미가 있었을까?' 많은
SLA 연구자는 목표 언어 화자와 언어 학습자 사이에 있는 불평등한
권력 관계에 대한 언어 학습자의 경험을 다루지 않기 때문에 언어
학습자 개인과 대중사회의 관계를 이론화하는 데 어려움이 있다. 일
반적으로는 학습자와 언어 학습 맥락 사이에서 인위적인 구분을 짓고
있다. 반면 개인은 제2언어를 배우기 위한 동기와 같은 정의적인 요
인의 주체로 묘사된다. 개인이 가진 성격은 내향적 혹은 외향적, 억제
적 혹은 비억제적으로 묘사되었다. 학습자가 목표 언어 공동체에 갖
는 태도는 제2언어 학습자가 어느 정도나 동기화되어 있는지를 결정
하고, 불안의 정도가 얼마나 이해 가능한 입력이 인지적인 수용으로

바뀌는지를 결정한다고 가정한다.[14] 반면 '사회적'이라는 말은 일반적으로 언어 학습자 집단과 목표 언어 집단 사이가 구별되어 있음을 말한다. 제2언어 집단과 목표 언어 집단 사이가 잘 어우러진 곳에서는 둘 사이의 사회적 거리가 최소한일 것이다. 사회적 거리가 가까우면 결국 제2언어 집단이 목표 언어 집단에 문화적응 되도록 촉진시키고 언어 학습을 향상시킨다(Schumann, 1976a). 집단 사이에 사회적 거리가 멀다면 문화적응은 거의 일어나기가 힘들 것이고, 그 결과 제2언어 집단의 구성원은 목표 언어가 유창한 사람이 되지 못하리라고 여겨질 것이다.

개인 차이에 초점을 둔 SLA 이론에서는 살리하에게 목표 언어 학습 과정에 대해 큰 책임이 있다고 할 것이다. '좋은 언어 학습자'[15]는 언어를 배울 기회를 찾아내는 사람이고 높은 동기가 있고 세세한 부분까지 주의를 잘 기울이고 애매한 부분을 용인할 수 있고 불안 정도가 낮다. 만약 살리하가 제2언어 학습에서 진전을 거의 보이지 못한다면 동기가 없거나 융통성이 없다고 여겨질 것이다. 반대로 제2언어 학습에서 집단 차이에 초점을 두는 SLA 연구자들은 살리하에게 행위성이 거의 없다고 할 것이다 : 사회적 거리와 문화적응 정도는 살리하가 목표 언어를 얼마나 배웠는지를 결정할 것이다. 그리고 가르치는 교사 쪽 역할은 이 과정에 별 영향이 없을 것으로 여겨질 것이다. 따라서 많은 SLA 이론에서 살리하에게는 사회적인 관계에 독립적인 다양한

14　더 자세한 분석은 H.D. Brown(1994), Gardner and Lambert(1972), Krashen(1981) and Schumann(1978b) 참고

15　Rubin(1975)과 Naiman, Frohlich, Stern and Todesco(1978)의 연구는 SLA 이론에서 '좋은 언어 학습자'를 정의하는 것이 핵심이다. 성인과 어린이 각각에 대한 그들의 연구와 사회 이론을 가져와 Norton and Toohey(1999)는 좋은 언어 학습자에 대해 바뀐 개념을 입증하였다.

속성을 지닌 개인이나 혹은 개인적인 행위의 영역은 거의 없고 집단 정체성만이 있는 것으로 이해될 것이다. 더 넓은 사회 맥락에서 상호 작용하는 정의적인 요인에 대해 기존 연구에서 펼치는 각기 다른 주장은 살리하를 난처하게 할 것이다. Krashen(1981)은 동기를 사회 맥락의 독립 변수로 간주하였고 Spolsky(1989)는 이 두 가지가 뗄 수 없게 엉켜 있다고 보았다. Krashen이 자신감과 동기와 불안 사이를 구별 짓는 데 반해 Clement, Gardner, Smythe(Spolsky, 1989 재인용)는 자신감의 부분집합으로 동기와 불안을 다루었다. Krashen이 자신감을 언어 학습자의 내적인 특성으로 여긴 반면 Gardner(1985)는 자신감이 제2언어 맥락 안에서 긍정적인 경험으로부터 생겨난다고 주장하였다. Gardner(1989: 137)는 이러한 구분을 '핵심이 아니라 표면적인 것'이라고 일축했지만, SLA 관련 연구에서의 이러한 의견 차이는 무시되어서는 안 된다. 이러한 논의는 해야 한다고 생각한다. 왜냐하면 신뢰할 만한 타당한 이유가 거의 없이 개인이나 사회에 대한 특정 요소를 임의로 배치하도록 하는 인위적인 구분이 개인과 사회 사이에서 도출되었기 때문이다.

요약하면 SLA 분야에서 연구자들은 왜 살리하와 같은 학습자가 어떤 때는 동기를 갖고 외향적이고 자신감을 갖게 되지만 어떤 때는 동기를 잃고 내향적이고 불안을 느끼는지에 대해 충분히 다루지 않았다; 왜 학습자와 목표 언어 공동체와의 사회적 거리가 어떤 공간에서는 존재하지만 어떤 공간에서는 거의 없는지; 왜 학습자들이 어느 때는 말을 하고 어느 때는 침묵하는지. 비록 소수지만 언어 학습자와 사회는 문제가 있는 관계라는 최근 이론을 몇몇 연구자는 걱정스럽게 바라보고 있다. 예를 들어 Scovel(1978)은 외국어 불안에 대한 연구가 몇 가지 모호성 때문에 어려움이 있다는 것을 발견했고, Gardner와

MacIntyre(1993, 9쪽)는 '개인적 요인'과 언어 성취 사이의 관계에 불확실함이 남아 있다고 하였다.

정체성과 언어 학습

이 책에서 가장 중점적으로 다루는 것은 SLA 연구자들이 언어 학습자와 사회의 관계에 대해 이론화하는 데에 어려움을 겪고 있다는 점이다. 왜냐하면 언어 학습자와 언어 학습 맥락을 통합하는 납득할 만한 정체성 이론을 발전시키지 못했기 때문이다. 게다가 어떻게 사회에서 권력의 관계가 제2언어 학습자와 목표 언어 화자 사이의 사회적 상호작용에 영향을 주는지에 대해서도 고려해 보지 않았다. Ellis(1985), Krashen(1981), Schumann(1978a), Stern(1983)과 같은 많은 SLA 연구자들은 언어 학습자들이 이상적이고 동질적인 공동체에서 살고 있지 않고 오히려 복잡하고 이질적인 곳에서 살고 있다는 것을 인지했음에도 불구하고 이러한 이질성을 대개는 무비판적으로 처리하였다. 좋은 언어 학습자에 관한 이론은 언어 학습자가 목표 언어 공동체의 구성원과 상호작용할 수 있는 상황을 고를 수 있고 목표 언어 공동체에 언어 학습자가 접근하는 것이 학습자가 가진 동기의 기능이라는 전제를 바탕으로 발전되었다. 그러므로 예를 들어 Gardner와 MacIntyre(1992)는 '비형식적인 상황의 중대한 특성은 자발적인 것이다. 개인은 비형식적인 습득 상황에 참여할 수도 있고 참여하지 않을 수도 있다.'라고 주장하였다(213쪽). 제2언어 연구자들은 권력의 불평등한 관계가 교실 밖에서 목표 언어를 연습해야 하는 제2언어 학습자의 기회를 제한하는지를 충분히 탐색하지 않았다. 덧붙여 많은 학자가 별문제 없이 학습자가 동기가 있다 혹은 없다, 외향적이다 혹은 아니다, 거리낌이 있다 혹은 없다는 식으로 규정지을 수 있다고 가정하였다. 그러나 이러한 가정은 정의적 요인들이 불평등한 권력의 관계 안에서 사회적으로 빈번히 구성되고, 시간이 흐르고 공간이 바뀌면서 변화하고, 개개인 안에 모순된 방식으로 공존할 수 있다는 것을 고려하지 못하였다.

본 연구자는 언어 학습자와 언어 학습 상황 사이를 이분법적으로 나누는 것은 문제가 될 소지가 있기 때문에 SLA 이론에서 개인과 언어 학습자의 성격에 대한 개념을 다시 생각할 필요가 있다고 주장한다. 이 책에서 정체성이라는 용어는 사람이 어떻게 자신이 세상과 관계가 있다고 이해하는지, 어떻게 그 관계가 시간과 공간에 따라 구성되는지, 어떻게 인간이 미래에 대한 가능성을 이해하는지를 나타내기 위해 사용하였다. 본 연구자는 SLA에서는 매일 일어나는 사회적 상호작용으로 인해 재생산되는 더 크고 빈번하며 불공평한 사회 구조와 관련되어 정체성의 개념을 발전시켜 나가야할 필요가 있다고 생각한다. 이러한 관점에서 언어 학습자 정체성의 구성요소와 그 정체성을 구성하는 언어의 역할을 특히 중요하게 생각한다. Heller(1987)는 인간이 삶의 순간순간 다양한 공간에서 자신을 어떻게 느끼느냐 협상하는 것은 언어를 통해서라고 설명한다. 그리고 학습자에게 말할 기회를 주는 강력한 사회 관계망에 접근하게 되는 것 ― 혹은 접근 못하게 하는 것 ― 도 언어를 통해서이다. 그러므로 언어는 의사소통의 중립적인 수단으로 여겨지지 않고 사회적 의미와 관련되어 이해되어야 한다.

언어와 정체성에 대한 관심이 점점 늘어가고 있다. 이러한 경향은 언어와 정체성과 관련된 주제로 최근에 나오고 있는 박사학위 논문의 양에서 볼 수 있다. 예를 들어 Kanno(1996)는 유학 후에 자신의 모국으로 돌아오는 일본인 학습자들의 정체성 변화를 연구하였고, Miller(1999)는 호주의 고등학교에 다니는 여러 학습자 사이의 말하기와 사회적 정체성의 관계를 조사하였다. McNamara(1997)와 Hansen과 Liu(1997)가 종합적으로 검토한 것처럼 연구자들이 여러 방법론을 사용하여 다양한 자료를 수집하였고 언어와 정체성에 대해 잘 이해할 수 있게 해주었다. Henriques 외(1984)와 Edwards와 Potter(1992) 같은 사회 심리학자들은 정체성과 관련하여 Tajfel(1982)과 Giles와 Coupland(1991) 같은 학자들의 연구와는 다른 개념을 제안하였다. 세계 각지에 있는 SLA 분야 학자들의 최근 연구도 정체성과 언어 학습 사이의 관계에 중요한 통찰력을 보여주고 있다.[16] SLA 연구의 방향성을 새롭게 하자는 요구 속에서 Hall(1997), Lantolf(1996), Rampton(1995), van Lier(1994)의 연구는 특히 주목할 만하다. Rampton(1995)은 다음과 같이 주장하였다.

> 제2언어 학습자를 굉장히 획일적으로 표현하는 것은 SLA에서 학습자의 내적 심리 상태를 주제화하는 경향성이 어느 정도는 원인인 것이 틀림없다. SLA는 상호작용을 언어 학습자가 사회적으로 협상을 하는 사회-역사적인 지점으로 보지 않고, 일반적으로 심리언어적인 상태와 과정에 대해 영향을 주는 것이 무엇인지에 대한 증거를 찾기 위해 학습자의 행동을 연구한다... 현 시점에서 SLA는 아마 복잡한 사회-문화적 다양성을 가진 실증적인 세계의 풍부해진 감각 속에서 답을 찾을 수 있을 것이다(293-4쪽).

때마침 국제적인 언어 학회지들이 대부분 사회문화적인 다양성

---

16 이러한 연구의 범위를 보려면 홍콩의 Lin(1996), 영국의 Rampton(1995), 미국의 Kramsch(1993)와 Hall(1993, 1995), 캐나다의 Toohey(1998, 2000), 남아프리카공화국의 Thesen(1997)을 참고.

에 대한 연구에 더 많은 관심을 두고 있는데, 특히 정체성에 주목하고 있다. 예를 들어 1996년에 Martin-Jones와 Heller(1996)는 담화, 정체성, 권력을 주제로 한 *Linguistics and Education*의 특별호 두 권을 펴냈고 Sarangi와 Baynham(1996)은 교육적 정체성의 구조를 주제로 한 *Language and Education*의 특별호를 펴냈다. 그 다음으로 1997년에 본 저자가 언어와 정체성에 대해 다룬 *TESOL Quarterly*의 특별호가 이어졌다(Norton, 1997a).

이 책에서 다루는 주제와 *TESOL Quarterly* 특별호에서 언급하는 몇몇 의견은 연관성이 있다. *TESOL Quarterly* 특별호에서 캐나다(Morgan, 1997), 일본(Duff and Uchida, 1997), 미국(Schecter and Bayley, 1997), 남아프리카공화국(Thesen, 1997), 영국(Leung et al., 1997)에 대한 견해를 제시하는 연구 다섯 편이 큰 비중을 차지한다. 특히 본 연구자가 찾아낸 흥미로운 점은 각 학자가 어떻게 정체성을 규정짓고 개념화하는지에 관한 것이다. 예를 들면 사회 정체성에 대한 Morgan의 연구, 사회문화 정체성에 대한 Duff와 Uchida의 연구, Thesen의 주장, Schecter와 Bayley의 문화 정체성, Leung 외의 민족 정체성에 초점을 둔 연구 같은 것이다. 학자마다 명백하게 다른 정체성에 대한 개념화는 연구 과제가 강조하는 다양한 점과 더불어 각각의 연구가 말해 주는 학문 분야와 연구 전통 측면으로 어느 정도 설명할 수 있다. 이러한 차이에도 불구하고 — 사회 정체성과 문화 정체성의 차이와 같은 — 특정한 실행의 영역에서 자기 분야의 이론에 근거를 두고 연구를 해도 큰 차이가 없다는 것을 밝혀두는 바이다.[17]

17　본인의 이전 연구에서(Norton Peirce, 1993, 1995) 사회 정체성 이론을 문화 정체성과는 다른 것으로 보았다. 본인이 이해하기로 사회 정체성은 가정, 학교, 일터, 사회 서비스, 법원 같은 기관을 통해 이뤄지는 개인과 사회의 관계를 말하였다. 이러한 관계가

그뿐만 아니라 대부분의 연구자는 정체성 구조가 언어 학습자와 목표 언어 학습자 사이의 권력 관계와 관련해 이해되어야 한다는 것에 주목하고 있다. 이러한 관련성을 이 책에서 다루게 될 것이다.

권력과 정체성

권력 관계가 언어 학습과 교수에 어떻게 영향을 주는지에 대한 연구는 제2언어 교육 분야에 비판적 접근을 한 연구자들에 의해 시작되었다.[18] 이 사회의 굉장히 다양한 측면은 제2언어 학습자를 소외시킬 수 있는 성별, 인종, 계층으로 이루어진 불평등한 사회구조와 관련해 이해되어야 한다고 연구자들은 주장하였다. 비판적 전통을 가진 교육이론은 Freire(1970, 1985), Giroux(1988, 1992), Simon(1987, 1992)이 수행한 많은 연구에 영향을 주었고 언어 교수는 중립적인 연습이 아니고 굉장히 정치적인 행위라는 사실을 강조하였다. 이 책에서 본 연구자는 '권력'이라는 용어를 사회에서 상징적, 물질적 자원을 생산, 분배 및 검증하는 개인, 단체, 공동체 사이의 구조화된 사회적 관계를 언급하기 위해 사용한다. 이 책에서 언어, 교육, 인간관계와 같은 자원은 상징적 자원을 뜻하는 반면 물질적 자원이라는 용어는 자본재, 부동산, 돈을

얼마만큼 사람의 인종, 성별, 계층, 민족성과 관계가 있는지 이해해야 한다고 주장하였다. 또한 문화 정체성은 개인과 공동의 역사, 언어, 세계를 이해하는 비슷한 방식을 공유하는 집단의 구성원 사이의 관계로 말할 수 있다고 이해하였다. 문화 정체성 이론은 적용하려고 하지 않았는데 이러한 이론이 많은 연구에서 본 집단과의 이질성을 제대로 다루고 있는지 아닌지 따져보았기 때문이다. 그러나 시간이 흐르고 사회 정체성과 문화 공동체 사이의 차이는 더 가변적이고 서로의 차이보다 공통점이 더 두드러진다는 것을 알게 되었다.

18 전체적인 개괄을 위해서는 Hornberger and Corson(1997) 참고. 특정 영역은 Faltis(1997), Goldstein(1997), Martin-Jones(1997), May(1997), Norton(1997b) 참고

포함하는 뜻으로 사용한다. 이 책에서는 Foucault(1980)와 Simon(1992)의 주장을 참고하여 권력은 획일적이거나 불변하는 것이 아니라는 생각을 바탕으로 한다; 이것은 단순히 물리적으로 가질 수 있는 무엇인가가 아니고 언제나 특별한 조건에 대해 사회적인 교환을 나타내는 관계이다. 조금 더 확장하자면 사회 변화 안에서 그 사람의 가치를 상징적 자원과 물질적 자원으로 끊임없이 재협상하는 관계이다. 또한 Foucault(1980)와 같이 본 연구자는 권력이 법체계, 교육체계, 사회복지체계와 같은 강력한 조직의 거시적인 차원으로만 작동하지 않고, 상징적이고 물질적인 자원에 다양한 접촉을 하는 사람들 사이에서 일어나는 일상적인 사회적 만남의 미시적 차원에까지 작용한다고 본다 — 이러한 접촉은 필연적으로 언어 안에서 이루어진다.

이러한 개념을 설명하기 위해서 리베스트 여사와 살리하 사이의 관계를 다시 고려해 보겠다. 그들의 관계에서 리베스트 여사는 소중한 상징적 자원(프랑스어)과 물질적 자원(살리하의 임금)을 모두 통제한다. 살리하는 이 두 자원 모두에 닿기를 바라지만 이 자원들을 어떻게, 언제 분배해서 어떤 형태로 나눠줄 것인지를 조정하는 것은 리베스트 여사이다. 살리하가 리베스트 여사에게 인사를 했을 때 리베스트 여사와의 대화를 이어가거나 말할 기회를 만들려고 시도하지 않았다 — 살리하는 그저 웃었다. 만약 살리하가 한숨을 쉬고 어깨를 으쓱하거나 리베스트 여사의 능동적인 참여 없이 대화를 계속 이어갔다면 살리하의 행동은 부적절하다고 여겨졌을 것이고 리베스트 여사가 제공하는 물질적인 자원에 접근하는 것이 위태로워졌을 것이다. 이 짧은 순간 상징적, 물질적 자원을 통제하는 것은 권력이 지닌 특성이 아닌 사회적인 상호작용 과정과 긴밀하게 연결되어 있다는 것을 보여준다.[19]

West(1992), Bourdieu(1977), Weedon(1997), Cummins(1996)로 부터 얻은 통찰은 특히 권력, 정체성, 언어 학습 사이의 관계를 개념화하는 데 도움을 준다. West(1992)는 정체성이 열망과 관련이 있다고 본다 — 인정받기 위한 열망, 소속되기 위한 열망, 보장과 안전을 위한 열망. West는 이러한 열망은 사회에서 물질적인 자원의 분배로부터 분리될 수 없다고 주장한다. 어떤 사회에서 광범위한 자원에 접촉하는 사람들은 권력과 특권에 접촉할 것이고, 그것은 결국 세계와 자신의 관계, 미래의 가능성을 어떤 식으로 이해하는지에 대해 영향을 줄 것이다. 그러므로 '나는 누구인가?'라는 질문은 '내가 할 수 있도록 허락되어 있는 것은 무엇인가?'라는 질문과 떨어져서 이해될 수 없다. 그리고 '내가 할 수 있도록 허락되어 있는 것은 무엇인가?'라는 질문은 열망을 이루기 위해 만드는 물질적 조건들과 떨어져서 이해될 수 없다. West에 의하면 인간이 물질적 자원에 접근하는 것은 열망을 분명하게 표현할 수 있는 조건이라고 정의할 수 있을 것이다. 이러한 관점에서 보면 인간의 정체성은 변화하는 사회, 경제 관계와 맞물려 변화할 것이다.

Bourdieu(1997) 연구는 West 연구와 상호보완적이라고 할 수 있는데 정체성과 상징적 권력 사이의 관계에 초점을 맞추고 있기 때문이다. '발화 그 자체가 가진 가치 중 대부분은 그것을 말하는 사람의 가치에 기대고 있다(652쪽).'라는 주장에서 Bourdieu는 발화가 가진 가치는 그것을 말하는 사람에게서 떼어 놓고 이해할 수 없고, 그것을 말하는 사람은 거대한 사회 관계망으로부터 떼어 놓고 이해할 수 없

---

19 온타리오와 퀘백에서 상징적인 자원에 대한 접근 제한이 물질적인 자원에 대한 접근 제한과 연관되어 있는 방식을 드러내는 언어전환과 언어 선택에 대해 연구한 Heller(1992) 참고.

다고 하였다. 그의 주장은 언어학자(본인은 많은 응용언어학자들의 주장이라고 본다)는 의사소통의 확립을 위한 조건을 당연하다고 여긴 다는 것이다 : 이는 말하는 사람이 보기에 듣는 사람이 들을 가치가 있다고 여기는 것이고 듣는 사람이 보기에 말하는 사람이 말할 가치 가 있다고 여기는 것이다. 그러나 본인은(Norton Peirce, 1995) 이러 한 가정은 명확하게 다시 생각해 봐야 한다고 주장하였다. 2장에서 의사소통 능력의 의미는 '연설할 권리(본 연구자는 말할 권리로 이해 하였다)'나 '받아들이기를 강요하는 권력'을 포함해야 한다고 주장한 Bourdieu를 따랐다(1977, 75쪽).

West나 Bourdieu와는 다르게 Weedon(1997)은 페미니스트 후기 구조주의 전통 안에서 연구를 진행하였다. West의 연구가 정체성과 권력의 물질적인 관계의 관계성에 초점을 맞추고 Bourdieu는 정체성 과 상징적 권력의 관계성에 초점을 맞춘 반면, Weedon은 주체성 이론 안에서 언어, 개인 경험, 사회 권력을 통합하고자 하였다. 주체성 이론 에서는 개인과 사회의 관계 형성에서 언어의 중요성이 West의 이론보 다 더 현저하게 다루어졌다. 그러나 개인에 관해서는 Bourdieu의 이론 보다 인간의 행위성에 더 많은 무게를 두었다. 주체성의 특성을 규정 짓는 세 가지는 이 책의 6장에서 포괄적으로 다루어졌다 : 주체의 다양 하고 비단일적인 본질; 투쟁의 장으로서 주체성; 그리고 시간이 지나 면서 바뀌는 주체성. 게다가 가장 중요한 것은 주체성과 언어는 서로 구성요소로 이론화된다는 것이다. Weedon(1997)이 말한 것처럼 '언 어는 사회 조직의 실제적이고 가능한 형태를 품은 공간이자, 사회적이 고 정치적인 중요성을 정의하고 시험하는 곳이다. 언어는 또한 우리 자신의 감각, 주체성이 구성되는 공간이기도 하다'(21쪽).

강압적인 권력과 협력적인 권력 사이의 관계를 구분 짓는 과정에서 Cummins(1996)는 정체성과 권력 사이의 관계를 이해하는 데 큰 기여를 하였다. 그는 강압적인 권력 관계는 다른 이들에게 불이익을 주고 사회에서 자원의 불평등한 분배를 유지하도록 하는 힘이 있는 개인, 단체, 나라에 의해 행사되는 권력과 관계가 있다고 주장하였다. 다른 한편으로 협력적인 권력 관계는 배제가 아닌 힘을 실어 줄 수 있다. Cummins의 의견에서 보면 권력은 강압적이 될 수도 있고 생산적이 될 수도 있다; 사회에서 권력을 행사하는 것은 지배 집단이나 종속 집단 모두에서 가능하지만, 지배 집단의 영향 범위는 종속 집단보다 훨씬 클 것이다. 사실 지배 집단은 사회 구성원 모두가 현 상태가 정상적이고 비평할 부분이 없다는 점을 조장함으로 절대적인 권력을 행사하기 위해 노력할 것이다. 그러므로 권력은 고정되어 있지 않고 정해진 크기가 없지만 사람들 사이와 집단 사이의 관계 안에서 상호 간에 만들어 낼 수 있다. Cummins(1996)가 언급한 것처럼 '권력 관계는 빼기보다는 더하기이다. 권력은 다른 사람들에게 강요하거나 행사하는 것이라기보다는 다른 사람들과 함께 만드는 것이다'(21쪽). 더 나아가 권력 관계는 언어 학습자가 자신의 교실과 공동체 안에서 협상할 수 있는 정체성의 범위를 보장해 줄 수도 제한할 수도 있다.

위에서 언급한 사례를 계속 살펴보고자 한다. 어떻게 살리하의 정체성을 이해할 수 있을까? 살리하의 정체성이 어떠한 방식으로 구성되는가? 살리하의 정체성이 리베스트 여사와의 상호작용에 의해 어떤 방식으로 구성되는가? 살리하가 퀘벡에 오기 전에 여러 경험을 했음에도 불구하고 살리하는 리베스트 여사와 자신의 상호작용 과정을 조정할 힘을 거의 갖지 못한 이민자이자 언어 학습자로서 자신을 규정짓는다. 살리하는 퀘벡에서 '우리/그들'이라는 지시대상을 사용함으로써('우리는 그들과 같이 말하기 위해서 여기에 왔다.') 언어 학습자와 목표 언어 화자 사이의 불평등한 권력 관계를 보여주었다. 살리하가 '우리'라고 하는 사람들은 퀘벡에 와서 퀘벡 사회에서 가치를 지니고 있으며 상징적이고 물질적인 자원에 접근할 수 있는 프랑스어를 구사하는 퀘벡주민들('그들')과 같이 말하려 노력하는 이민자를 나타낸다. 이 맥락 안에서 살리하의 정체성은 리베스트 여사와의 모순되는 관계와 관련지어 이해해야 한다. 다른 한편으로 살리하는 리베스트 여사와 더 많은 의사소통을 원하고, 새로운 사회의 상징적 자원을 통제하고 싶어 한다. 그리고 리베스트 여사 및 다른 프랑스어를 구사하는 퀘벡주민들이 누리고 있는 권력과 특권에 접근하기를 바란다. 다른 한편으로 살리하는 일상을 지탱하는 데에 절대적으로 필요한 물질적 자원으로 가는 통로가 끊기는 것을 원하지 않는다. 리베스트 여사는 누구인가, 무엇을 원하는가, 살리하가 침묵하기를 어느 정도 바라는가를 고민하는 것은 매우 중요한 부분이다. 그러나 상징적인 자원과 물질적인 자원 사이에 있는 이러한 갈등은 살리하의 웃음속에 숨어 있었다. 살리하는 리베스트 여사에게 인사를 할 때는 공손하게 웃었고, 긴 문장으로 답하고자 하는 충동을 억제하였다. 그리고 다음 한 주 동안 자신의 삶을 지속시켜줄 수 있는 물질적인 자원이 들어 있는 봉투를 열 때 혼자서 다시 웃었다.

동기와 투자

살리하에게 말할 동기가 있는지 없는지를 따져보는 것은 흥미로운 일이다. 제2언어 학습 분야에서 동기의 개념은 목표 언어를 학습하기 위해 학습자가 전념할 수 있는 정도를 수량화하는 시도를 해 온 사회심리학 분야에서 대부분 가져왔다. Gardner와 Lambert(1972)의 연구는 특히 SLA 분야에 도구적 동기와 통합적 동기의 개념을 소개하면서 특별한 영향력을 미쳤다. 그들의 연구에서 도구적 동기가 의미하는 열망은 언어 학습자가 취업과 같은 실용적인 목적으로 제2언어를 배워야 한다는 것인데 반해, 통합적 동기가 의미하는 열망은 목표 언어 공동체와 성공적으로 통합되도록 언어를 배우는 것이다. Crookes와 Lambert(1991), Dornyei(1994, 1997), Oxford와 Shearin(1994)과 같은 연구자들은 Gardner와 Lambert가 제안한 이론적 틀을 넓히려고 노력했다. 그렇지만 SLA 분야에서 동기에 대한 논의는 본 저자의 연구에서 살펴본 권력, 정체성, 언어 학습 사이의 복잡한 관계만큼 주목하지 않았다. 본 저자가(Norton Peirce, 1995) 소개한 투자의 개념은 목표 언어를 대상으로 학습자에게 형성된 사회적이고 역사적인 관계나 목표 언어를 배우고 연습하기 위한 양면적인 열망을 의미한다. Bourdieu가 자신의 연구에서 사용한 경제적인 비유와 관련하여 이해하는 것이 가장 좋다 — 특히 문화 자산의 개념. Bourdieu와 Passeron(1977)은 '문화 자산'의 개념을 특정한 사회적 형태와 관련 있는 다양한 계층과 집단을 특징짓는 지식과 사고방식을 나타내는 용어로 사용하였다. 그들은 문화 자산의 어떤 형태는 다른 것보다 더 높은 교환 가치를 가지며 그 형태는 다른 것을 넘어서는 가치가 있는 특정 형태의 지식과 사고의 사회적 형태와 이어져 있다고 주장하였다. 만약 학습자들이 제2언어에 투자한다면 그들은 자신의 문화 자산을 늘릴 수 있는 상징적이고 물질적인 자원들을 더 많이 얻게 될 것이라는 점을 인지하고 투자한다. 학습자들은 투자한 것을 잘 회수하기를 기대하거나 바란다 — 돌아온 결과는 그들이 이제까지 도달하지 못했던 자원에 접근할 수 있도록 할 것이다.

본 연구자가 주장하는 투자의 개념은 도구적 동기와 같지 않음을 밝힌다. 도구적 동기의 개념은 목표 언어 화자의 특권인 물질적인 자원에 접근하기를 희망하는 단일하고 고정적이고 반역사적인 언어 학습자를 상정한다. 반면, 투자의 개념에서는 언어 학습자를 사회에서 복잡한 경험을 하고 다양한 욕구가 있다고 생각한다. 이 개념은 언어 학습자가 말할 때 목표 언어 화자와 정보만을 교환하는 것이 아니라 꾸준히 그들이 누구이고 어떻게 사회에 연결되어 있는가를 꾸준히 재정립한다. 그러므로 목표 언어에 투자하는 것은 또한 학습자 자신의 정체성에 투자하는 것이다. 그 정체성은 시간과 장소가 바뀜에 따라 꾸준히 바뀐다. 이러한 의미에서 '살리하는 목표 언어를 배우는 데 동기가 있는가? 살리하는 어떤 성격을 가지고 있는가?'라는 물음은 부적절한 질문이다. '살리하가 목표 언어에 투자하는 것은 무엇인가? 살리하와 목표 언어와의 관계는 사회적으로 역사적으로 어떻게 구성되어 있는가?' 이 책에서 설명하겠지만 학습자가 목표 언어에 하는 투자는 복잡하고 모순되고 유동적일 것이다.

미국으로 이민 온 중국인 청소년 이민자들을 연구한 McKay와 Wong(1996)은 Norton Peirce(1995)가 발전시킨 투자의 개념을 확장시켰다. 그들은 Norton Peirce처럼 학습자들의 특정한 요구, 열망, 협상이 언어 학습 과제를 방해하는 것이 아니라 '학습자의 특정한 요구, 열망, 협상이 학습자 삶의 바탕을 이루며 목표 언어 학습에 대한 투자를 결정하는 것으로 간주해야 한다.'(1996, 603쪽)라고 설명하였다. 그러나 Norton Peirce(1995)는 말할 기회에 집중한 반면 McKay와 Wong(1996)은 듣기, 말하기, 읽기, 쓰기 네 가지 기술에 학습자들이 쏟는 투자를 조사하였다. 그들은 이 각 기술에 대한 투자가 굉장히 선택적일 수 있고 다양한 기술이 학습자 정체성과 관련하여 다양한 가치를 지닐 수 있다고 주장하였다. 이 주제는 Angelil-Carter(1997)가 굉장히 면밀하게 연구하였다. Angelil-Carter의 연구는 남아프리카 대학에서 영어 학습자의 학문적 문해능력 발전을 다루었고 다음과 같이 주장하였다 :

> [Norton] Peirce(1995)의 투자 개념이 학문적 언어 학습 맥락에서 의미를 지니기 위해서는 영어와 같은 목표 언어 학습에 대한 투자라는 넓은 개념에서 시공간이 바뀌며 뒤바뀌거나 재구조화되는 문학, 쓰기나 말하기의 형태 — 이것을 *담화*라고 부르겠다 — 에 대한 투자로까지 해체할 수 있다고 본다. 이러한 투자는 새로운 담화 습득을 강력하게 촉진할 수도 방해할 수도 있다(268쪽).

투자의 개념은 주류 SLA 문헌에서 어느 정도 주목을 받았다는 증거가 있다. Ellis는 *Second Language Acquisition*(1997)에서 Norton Peirce(1995)와 Schumann(1978a)의 연구를 대조하며, 투자는 L2를 학습하기 위한 '학습자'의 헌신으로 정의되고 있는데 학습자로서 스스로를 구성한 사회적 정체성과 관련되어 있다고 보았다(Ellis, 1997, 140쪽). McKay와 Wong의 연구에서는 Angelil-Carter와 Norton Peirce의 연구에서와 같이 민족성과 정체성, 언어 학습 사이의 관계가 가장 중심 되는 주제이다. 다음 절에서는 정체성과 언어 학습과 관련된 민족성, 성별, 계층에 관해 심도 있게 살펴볼 것이다.

민족성, 성별, 계층

Heller(1987)는 단일민족 사회 안에서 자라는 사람은 자신들을 민족이라는 틀로 규정짓지 않을 것이기 때문에 민족성은 대조의 결과물이라고 주장한다. 이것은 살리하가 리베스트 여사와의 관계에서 경험한 대립 같은 것인데, *다름*에 대한 살리하의 감각은 사회적으로 이와 같은 관계 안에서 구조화되었다. 살리하는 리베스트 여사의 강력한 민족 사회 관계망에서 배제되었다 ─ Heller는 관계망이라는 것은 공통 언어에 의해 규정된다고 주장하였다 :

그러므로 민족 정체성 형성의 첫 번째 원칙은 민족 사회 관계망에 참여하는 것인데 민족 집단 구성원들에 의해 좌우되는 활동에 참여한다는 뜻이다. 여기에서 언어는 통제된 관계망에 접촉하게 하는 도구로써 중요하다 : 만약 올바른 언어를 말하지 못한다면 사람들과의 관계를 형성하거나 어떤 활동에 참여하지 못할 것이다(181쪽).

Heller와 마찬가지로 캐나다에서 이민 여성을 연구한 Ng(1981, 1987)는 민족성을 큰 사회적 과정과 관련하여 사람들을 조직하는 일련의 사회관계로 이해해야 한다고 주장하였다. Ng는 특히 기존의 전통적인 연구는 민족성의 기준을 결정하기 위하여 언어와 관습과 같이 관찰 가능한 특성만을 살펴보고 이민자의 일상 경험에는 주의를 거의 기울이지 않는다고 지적하였다. 그리고 Ng는 민족성이 이민자들에게 쟁점이 되는 것은 대중사회 구성원과 상호교류하는 맥락뿐이라는 것을 강조한다. 그뿐만 아니라 Ng(1981)는 사회에서 이민 여성들이 이민 남성들과는 다른 특정한 위치에 있고 이민의 경험은 성별로 나누어 이해해야 한다고 언급하였다.

이민 언어 학습자의 경험이 가진 성별의 특징을 이론화하는 데 있어서 본 연구자가 우려하는 점은 거대한 가부장적인 사회 구조의 맥락 안에서 여성들이 경험한 것에 대한 침묵뿐만 아니라[20] 이민 여성들이 공공 사회에서 겪는 성별화된 접촉 특히 경험에 대한 것이다. 언어 학습자가 목표 언어 공동체의 구성원과 상호작용할 수 있는 기회를 갖는 곳이 공공 사회지만 이민 여성들에게 공공 사회는 쉽게 접근할 수 있는 곳이 아니다. 다음 장에서 다루겠지만 이러한 접촉이 허용되었을 때조차 이민 여성들에게 주어질 수 있는 일의 특성은 사회적 상호작용의 경험을 거의 제공하지 못한다.

　　민족 정체성과 성별화된 정체성과 같이 계층 정체성은 매일 경험하는 사회적 만남을 견고히 하고 재생산하는 특정한 사회적, 역사적, 경제적 권력 관계 안에서 생겨난다. 이런 점에서 Connel, Ashendon, Kessler, Dowsett(1982)이 설명한 계층의 개념은 도움이 된다. 전통적인 사회학 용어에서 계층은 수입 수준, 직업 종류, 교육 수준, 자본 소유와 같은 동일한 자질이나 소유를 공유하는 개인의 집합으로 이해된다. 이것은 Connell 외(1982)가 '사람들이 어떻다거나 그들이 무엇을 소유하고 있다거나 하는 것이 아니라, 자신이 가진 자원으로 무엇을 하느냐이다.'(33쪽)라고 주장하는 것과 같다. 이러한 관점에서 '기하학적 지점'의 수동적인 표지인 '위치'로 개인과 계층 사이의 관계를 고려하는 것은 문제가 있다. Connell 외가 실행한 연구는 개인과 계층 사이의 관계를 범주 체계에 넣을 수 없다는 것을 보여준다 ; 오히려 이것은 사람들 사이의 관계 체계이다. 요약하면 Rockhill(1987b)의 견해와 마찬가지로 민족성, 성별, 계층은 각기 다른 배경 변인의 연속체로 경험되는 것이 아닌 복잡하게 서로 연결된 방식으로 이루어져 있는 정체성의 구조와 발화의 가능성과 연관되어 있다고 할 수 있다.

20　Hooks(1990), Lweis and Simon(1986), Smith(1987b), Spender(1980) 참고.

언어와 의사소통 능력을 다시 생각하기

언어는 화자가 가진 정체성의 구성요소인가 아니면 정체성에 의해 구성되는 것인가라는 논쟁에 대해 본 연구자는 언어는 단어와 문장 이상의 것이라고 주장하고 싶다. 살리하의 단어와 문장, 내민 손, 애매한 웃음과 약간의 움츠림은 리베스트 여사와의 독특한 관계와 이러한 사회적 관계의 특정한 시간/공간 배치와 떨어져서는 이해할 수 없다. 이러한 관계에서 쓰이는 언어를 이해하는 데 도움이 되는 이론은 언어와 관련된 후기구조주의 이론을 가지고 연구를 진행해 온 비판적 담화 연구자들의 연구와 관련되어 있다.[21] 언어와 관련된 후기구조주의 이론은 20세기 후반에 많이 알려졌고 Bakhtin(1981), Bourdieu(1977), Fairclough(1992), Gee(1990), Kress(1989)의 연구와 연관 지을 수 있다. 이 이론들은 언어와 관련된 구조주의 이론과는 완전히 다르게 세워졌고 Saussure의 연구와 주로 관련되어 있다. Saussure(1966)가 말한 발화(파롤)와 언어(랑그)의 차이는 지리적, 사회적, 개인 간 변이가 존재함에도 불구하고 언어는 공유된 형태와 구조를 가진다고 인지하는 방식을 제공하는 시도였다. 구조주의자들에게 언어 구조의 구성요소는 시니피앙(혹은 음성-영상)과 시니피에(개념이나 의미)로 구성되는 것을 의미한다. Saussure는 시니피앙과 시니피에 중 어느 하나가 먼저 존재하지 않고 임의로 연결되어 있다고 주장한다. 그는 언어적 체계는 기호의 의미를 보장하고 각 언어 공동체는 언어에서 기호에 가치를 부여하는 고유한 의미화 실행을 가지고 있다고 하였다.

---

21 예시 : Corson (1993), Fairclough (1992), Gee (1990), Heller (1999), Kress (1989), Lemke (1995), Luke (1988), Norton Peirce and Stein (1995), Pennycook (1994, 1998), Simon (1992) and Wodak (1996).

후기구조자들이 구조주의가 말하는 언어의 구조에 대해 비평하는 지점은 주어진 언어의 기호에 기인할 수 있는 사회적 의미에 대한 투쟁을 설명할 수 없다는 것이다. 예를 들어 /페미니스트/, /연구/, /제2언어습득/과 같은 기호는 같은 언어 공동체 안에서 다양한 사람들에게 다양한 의미를 지닐 수 있다. 예컨대 응용언어학 분야에서 SLA 이론이 가지는 의미에 대한 근거에 관해 논의가 그 증거이다.[22] 구조주의자들이 기호를 비교적 동질적이고 합의가 된 것으로서의 이상화된 의미와 언어적 공동체로 이해하는 데 반해, 후기구조주의자들은 사회의 의미화 실행이 투쟁의 장이며 언어 공동체는 진리와 권력에 대한 갈구로 인한 갈등으로 특징지어진 비동질적인 영역이라고 생각한다.

그러므로 이 책에서 가장 중심적인 담화에 대한 이론이라는 것은 전통적인 사회언어학 연구의 많은 부분과 연관되어 있는 담화의 개념(문장보다 큰 언어의 단위)으로부터 출발한다는 것을 뜻한다(Norton, 1997b). 담화는 사회적 실존과 사회적 재생산을 조직하는 기호의 복합체이자 실행이다. 가족, 학교, 교회, 기업 안에서의 담화는 언어와 다른 기호 체계 안에서 그 언어와 다른 기호 체계로 인해 이루어진다. 담화는 권한을 가지고 실행 가능한 범위를 제한하고 어떻게 이들 실행이 시공간 안에서 실현될 수 있는지 조직한다. 담화는 그 자체로 의미-형성 실행을 조직하는 특정한 방법이다. Kress(1989, 7쪽)는 이 개념과 관련된 아주 적절한 예를 보여준다:

---

22 Beretta and Crookes(1993), Gregg(1993), Long(1993), van Lier(1994). Lantolf(1996) and Schumann(1993) 참고.

담화는 철저하고 포괄적인 경향이 있다 ; 즉 담화는 그 집단과 관련하여 당면한 문제뿐만 아니라 더 큰 문제 영역까지 계속해서 설명하려 한다. 예컨대 사회 생활을 성별로 가르는 생물학적 성 범주의 문제를 결정하는 성차별 담화를 들 수 있다. 이것은 남자는 어떠할 것이고 여자는 어떠할 것인지, 어떻게 자기 자신을 생각해야 하는지, 어떻게 다른 성을 생각해야 하고 어떻게 상호연관을 지어야 하는지를 명시한다. 그러나 성차별을 제쳐두고서라도 가족은 어떠해야 하는지, 가족 안에서 관계는 어떠해야 하는지도 명시한다 : '올바른 아버지'나 '어머니' 혹은 '장남', '우리 막내딸'은 어떠해야 하는지. 이는 사회 생활의 모든 주요 영역에 미치고 있는데 가능하면 어떤 일이 남자나 여자에게 적합한지조차도 명시한다; 성별에 따라서 기쁨은 어떻게 표현해야 하는지; 성별에 따라 어떤 예술적 가능성이 있는지. 스스로에게 담화의 효과를 이해하기 위해 다음과 같은 비유를 떠올린다. 이를테면 국경에서 일어나는 국지전에 대한 군사 대응은 인접 영토를 점령하는 것이다. 문제가 지속되어 더 많은 영토를 점령하면 정착해서 식민화시킨다. 하나의 조직이라는 관점에서 보면 담화는 제국주의적으로 세계를 식민지화한다.

Kress의 군대 비유를 확장하기 위해서는 담화가 강력하기는 하지만 절대로 바꾸지 못하는 것은 아니라는 것에 주의할 필요가 있다. 국경 지역에 사는 사람들에게는 식민지 권력의 지배에 저항하는 것과 Terdiman(1985)이 지배 권력에 '대항-담화'라고 부르는 것을 만들어 가는 것이 가능하다. 이런 점에서 Foucault가 언급한 것처럼 권력과 저항은 자주 공존한다 :

권력은 결코 '외부'에 있지 않고 '이미 항상 그곳에' 있으며 그 체제 안에는 균열이 생길 '틈'이 없다는 점은 사실인 것 같다. 그러나 그것을 피할 수 없는 지배의 형태라고 인정하거나 법의 절대적인 특권이라고 인정할 필요는 없다. 누군가가 '권력의 외부'에 놓일 수 없다는 것은 사방이 막혀 있다는 뜻은 아니다... 저항 없는 권력 관계는 존재하지 않는다(Morris & Patton, 1979, 55쪽에서 인용).

담화로서 언어 이론을 고려하여 7장에서는 본 연구자(Norton Peirce, 1989)가 다룬 문제를 반복해서 살피고 발전시킬 것이다. 그것은 1980년대와 1990년대에 제2언어 교육 분야를 지배했던 의사소통 능력에 대한 규범적인 관점에 대한 것이다. SLA 분야에서 의사소통 능력을 개념화하기 위해서 무엇이 대표적으로 뼈대를 이루었는가를 보면 Canale과 Swain(1980), Canale(1983)에서 학습자가 가진 의사소통 능력의 네 가지 특성을 밝힌 것이라고 말할 수 있다 : 문법적 능력(언어 자체에 대한 지식); 사회언어학적 능력(발화를 적절하게 생산하고 이해하는 능력); 담화 능력(구어나 문어 담화로 더 늘려가기 위해 문법 형태를 결합하는 능력); 전략적 능력(의사소통 전략의 숙달). 본 연구자는 언어 학습자들이 Hymes(1979)가 목표 언어의 '사용 규칙'이라 부르는 것을 이해하는 것도 중요하지만(Norton Peirce, 1989, 406쪽), 이 규칙이 누구의 관심에 부합되는지를 연구하는 것도 똑같이 중요하다고 생각한다. 무엇이 적절한 사용인지는 자명하지 않지만(Bourne, 1988), 대화상대와의 불평등한 권력 관계와 관련하여 이해되어야 한다.

살리하와 리베스트 여사로 다시 돌아가 보면, 살리하가 상호작용할 때 의사소통 능력을 입증하느냐 마느냐를 생각해 보는 것은 유익한 일이다. 살리하는 자신의 발화를 잘 구성할 문법적 능력을 명백히 가지고 있다. 살리하는 대화상대의 상황에 대한 적절한 관심을 보일 수 있고 고용주가 더 이야기하고 싶은 마음이 없다는 것을 깨달을 수 있는 사회언어학적인 능력도 있다; 살리하는 리베스트 여사에게 인사하기 전에 문밖으로 나와서 자신은 앞으로 더 대화를 이어갈 뜻이 없음을 보여줌으로 리베스트 여사를 안심시킬 정도로 충분히 민감한 전략적인 능력이 있다. 살리하가 담화 능력이 있는지 없는지를 판단하는 것은 불가능한 반면(왜냐하면 리베스트 여사는 긴 문장으로 반응하도록 허락하지 않았기 때문이다), 살리하는 특정한 사회적 상호작용에서 언어 규칙의 사용을 배웠다고 결론짓는 것은 가능하다. 그러나 사회 정의에 관심 있는 언어 교육자로서 본인은 살리하가 목표 언어에서 문법적으로 받아들일 수 있고 사회언어학적으로 적절한 발화를 생산하도록 교육받았다는 것에 만족하지 않는다. 살리하가 아무 문제없이 '현실'이라며 단념하는 행동은 현실이 어떻게 사회적으로 구성되었는가를 살펴보는 것보다 더 충격적이다. 의사소통 능력과 관련된 이론은 특정 사회에서 사용되는 적절한 규칙 이해를 넘어 특정 사회에서 지배 집단의 이익을 유지하기 위해 사회적으로나 역사적으로 구축된 사용 규칙에 대한 이해 방식을 포함해야 한다고 본 연구자는 제안하는 바이다.

요약하자면 이 책은 전통적인 SLA 분야와 일반적으로 관련되어 있는 다양한 이론적 견해를 가져와 다양한 가정을 시작한다. 이 책에서 독자들에게 꺼내든 질문은 다음과 같다 : 제2언어 학습자가 목표 언어 화자와 상호작용을 할 수 있는 기회는 언제인가? 목표 언어 화자가 제2언어 화자와 상호작용을 피할 때는 어떤 일이 일어나는가? Krashen(1981, 1982)의 정의적 필터 개념은 적절한가? 동기를 이론화하는 다른 방식은 없는가? 어떤 조건에서 언어 학습자들은 내향적이

되고 거절에 민감하며 눌려 있는가? 언제 언어 학습자는 위험을 무릅쓰며, 그 이유는 무엇인가?

정체성과 언어 학습 연구

모든 연구 방법은 일련의 가정 밑바탕에 깔린 것이 무엇인지,

타당성이 어떤 구조를 이루는지,

합리성이 어떤 형태를 띠는지를 추정하는 질문 방식이다.

Simon and Dippo, 1986, 195쪽

SLA 분야에서 비교적 최근에 비판 연구가 소개되었는데 본 연구의 방법론적인 틀을 발전시키는 데 귀중한 역할을 한 연구들을 만날 수 있었다. 이번 장에서는 본 연구에 어떻게 교육 연구자 집단 셋이 영향을 주었는지를 먼저 논의하겠다. 그다음으로는 연구 그 자체를 자세히 설명하면서 연구하는 사람과 연구된 사람의 복잡한 관계를 살펴볼 것이다.

방법론적 틀

정체성과 언어 학습 사이의 관계를 살피며 제기했던 물음과 관련성이 있다고 생각하는 자료와 인용한 결론은 문화 연구, 페미니스트 연구, 비판 문화기술지 연구 분야의 교육 연구자들로부터 영향을 받았다. 첫 번째 교육 연구자 집단은 Connell 외(1982), Simon(1987, 1992), Walsh(1987, 1991), Willis(1977)이다; 두 번째 집단은 Briskin과 Coulter(1992), Luke와 Gore(1992), Schenke(1991, 1996), Smith(1987a, 1987b), Weiler(1988, 1991)이다; 세 번째는 Anderson(1989), Britzman(1990), Brodkey(1987), Simon과 Dippo(1986)이다. 이 교육 이론가들은 언제나 같은 질문을 하거나 같은 가정을 하지는 않았음에도 불구하고, 정체성과 언어 학습에 관한 연구에 굉장히 생산적인 6가지 개념을 공유하는 것을 알 수 있었다.

(1) 연구자들은 결정론적 연구나 환원주의적인 연구에 의지하지 않고 한편에서는 사회 구조, 다른 한편에서는 행위자 사이의 복잡한 관계 연구를 목표로 한다. 예를 들어 Anderson(1989)은 비판 문화기술지가 실제 사람들이 결코 드러내지 않는 계층, 가부장제, 인종주의와 같은 구조에 대한 불만과 광범위한 구조적 제한 안에 있는 계층, 가부장제, 인종주의 안에서 인간 행동에 대한 문화적 해석이 드러나지 않는 사회 연구에 만족하지 못했기 때문에 발전하였다고 지적한다. 또한 Weiler(1988)는 페미니스트 학문이 지닌 분명한 방향성은 특히 여성의 일상 세계에 초점을 맞추어 개인과 사회 사이의 관계를 조사하는 것이라고 하였다.

(2) 사회 구조를 이해하기 위해서 연구자는 성, 인종, 계층, 민족, 성적 취향에 바탕을 둔 불평등한 권력 관계를 이해할 필요가 있다고 가정한다. 예를 들어 Walsh(1991, 139쪽)는 불평등한 세계에 대해서 언급했는데 그 세계의 일터에서는 '참여와 대화는 절대로 저절로 일어나지 않으며' 힘의 관계가 꾸준히 존재한다고 주장하였다; 학습자는 서로 비교하여 위치 지어진다. 게다가 Weiler(1988)는 여성들이 성으로 인해 차별받는 역사를 겪었지만, 여성들은 동등한 한 집단으로서 대우를 받아야 할 것이라고 지적하였다; 인종과 계층에 대한 문제도 성별에 대한 문제만큼 중요하다.

(3) 연구자들은 개인이 경험한 것을 이해하는 방식에 관심이 있다. Connell 외(1982)는 호주 지역 연구에서 사람들이 자기 자신을 발견하는 상황에 다가가서 그들의 개인 경험에 대해서 깊은 이야기를 나누려고 하였다. Smith(1987, 9쪽)는 자신이 '조직 문화기술지'라고 부르는 것은 연구자들이 특정한 조건과 정해진 상황에서 사람들이 하루하루 살아가는 현실로 돌아가는 연구 방법이라고 하였다.

(4) 연구자들은 자기 연구를 역사적 맥락 안에서 들여다보려 한다. 이와 관련해서 Simon과 Dippo(1986, 198쪽)는 "역사는 '배경 자료' 수집을 가볍게 여기지 않는다. 그것은 특정 영역 탐구에서 논리정연하게 설명하는 데 필수적인 부분이 된다."라고 하였다. Walsh(1991)는 미국에 있는 푸에르토리코 학습자들이 겪는 어려움에 대한 연구를 진행하였는데 사람들의 이야기에서 과거와 현재가 교차 되는지를 잘 살펴서 교육 조건을 완전히 바꾸기 위함이었다. 이와 비슷한 차원에서 Luke와 Gore(1992)는 페미니스트 학문의 정체성이 과거와 현재의 페

미니스트와 지난 이십 년에 걸친 대규모 페미니스트 문헌에 의해 영향을 받아 스스로를 구축하였다고 하였다.

(5) 연구자들은 객관적이라거나 편견이 없다고 주장하는 연구는 어떠한 것이든지 거부한다. Weiler(1988)는 페미니스트 연구는 연구자가 연구 프로젝트에 대한 과정을 결정하는 역할을 한다는 가정에서 시작하고, 자신이 연구한 여성이라는 대상과 더불어 그 연구자는 자신의 주관적인 경험과 지식을 이해해야 한다고 하였다. 또한 Simon과 Dippo(1986)는 지식을 만들어낸다는 것은 연구자의 개인적 경험과 연구자가 다루는 큰 구조적 맥락에서 떨어져서는 이해될 수 없다고 강조하였다. Simon과 Dippo는 비판 문화기술지가 교육학적이고 정치적인 연구 과제와 같은 방식으로 자료와 연구 절차를 규정해야 된다고 제안한다.

(6) 연구자들은 교육 연구의 목표가 사회적이고 교육적인 변화라고 믿는다. 예를 들어 Brodkey(1987)는 비판 문화기술지의 목표가 학교와 같은 기관이 바뀔 가능성을 만들어 내도록 돕는 것이라고 하였다. Briskin과 Coulter(1992)는 Simon과 동료 학자들의 연구는 교육과 사회 제도에서 나타나는 불평등을 보여줄 수 있는 학교를 주로 다루고 있는 반면 페미니스트 교육학은 진보적인 교육과 비판적인 교육학에 대한 담화 안에 굳게 위치 지어졌음을 언급하였다.

중요 문제들

캐나다에 이민 온 언어 학습자들과 함께 연구를 하면서 지나친 일반화에 의존하지 않고 학습자와 사회의 관계를 밝히려 노력하였다. 연구를 하면서 성별, 인종, 계층, 민족 문제가 어떤 식으로 연구의 중심이 되는지 수시로 물었다. 그리고 학습자들이 어떻게 자신의 경험을 이해했으며 지나간 특정 기억이 언어 학습에 대한 자신의 투자와 어느 정도 겹치는지 조사하려고 하였다. 이러한 물음을 통해 자신의 이력과 경험이 다양하고 복잡한 방식으로 연구를 구성한다는 것을 갈수록 더 깨닫게 되었다. 이 책에서 다룬 문제는 크게 두 가지로 요약할 수 있다. (1) 목표 언어 화자와의 상호작용이 성인 SLA에 바람직한 조건이라고 한다면 과연 상호작용을 위한 어떤 기회가 교실 밖에 존재하는가? 어떻게 이 상호작용이 사회적으로 구조화되었는가? 어떻게 학습자는 말할 기회를 만들고 이용하고 저항하기 위해 행동하는가? 시간이 흐르고 장소가 바뀌면서 변화하는 정체성과 목표 언어에 대한 투자와 관련하여 학습자의 행동을 어디까지 이해해야 하는가? (2) SLA 이론과 교실 실행 모두에 영향을 주는 정체성과 자연 언어 학습을 어떻게 하면 더 잘 이해할 수 있을까?

연구자와 연구대상자

사회 과학에서 흥미와 관심이 늘고 있는 주제는 연구에서 연구참여자와 어떤 관계를 맺을 것인가 하는 것이다. 본 연구에서는 방법론적 틀을 세우며 그 문제를 고민할 필요가 있었다. 이와 관련하여 Cameron 외(1992)의 연구는 특별히 도움이 된다. 주로 영국에서 실시된 Cameron 외의 연구를 살펴보면 연구자가 피험자와의 관계 설정을 윤리적 연구, 옹호하는 연구, 힘을 주는 연구와 같이 세 가지로 각각 나누었다. 윤리적 연구에서는 이 연구에 참여하면서 피험자가 피해를 입거나 불편을 겪지 않도록 적절한 배려가 있어야 하고 연구 참여자의 기여는 충분히 인정받아야 한다고 주장한다. 그들은 이러한 연구를 사회적으로 의미를 지닌 피험자*에 대한* 것으로 특징지었다. 옹호하는 연구는 대조적으로 연구자가 피험자*에 대한* 것과 더불어 피험자를 *위한* 연구에 책무가 있다고 규정지었다. 이러한 점에서 연구자는 피험자를 보호하고 그들의 이익을 옹호하기 위해 자기의 힘을 쓰도록 해야 할 것이다.

Cameron 외(1992)는 윤리적 연구와 옹호하는 연구가 실증주의적 가정과 연관되어 있는 반면, 힘을 주는 연구는 더 급진적인 연구 프로젝트를 전제로 한다고 주장한다. 이것은 Cameron 외(1992, 22쪽)가 설명한 것처럼 피험자에 대한 피험자를 위한 피험자와 *함께* 하는 연구로 규정짓는다 :

거리두기나 객관화하기 전략을 가진 실증주의에서는 금하는 것과는 대조적으로, '함께'한다는 것도 드러내기 위해 우리가 사용하는 것은 상호작용이나 대화식 연구 방법이다. 이것은 우리 감각을 높여주는 연구를 가능하게 하는 연구대상자와 '함께'하는 상호작용의 중심점이다; 그렇지만 이것은 충분한 조건이라기보다는 필요한 조건으로 이해하고 있다.

Cameron(1992)은 힘을 주는 연구를 수행하기 위해서는 다음 세 가지 원리가 있어야 한다고 주장하였다 : (1) 사람은 대상이 아니며 대상으로써 취급되어도 안 된다. 즉 요점은 연구자의 목표, 가정, 절차가 솔직해야 한다는 것이고 연구 방법이 공개되고 상호작용이 있어야 하고 대화식이어야 한다는 것이다. Cameron 외는 상호작용이 연구를 더 잘 되게 할 수 있다고 주장했고 객관성과 타당성을 보장하기 위해 비개입을 요구하는 것은 '철학적으로 순진한' 것이라고 하였다 (23쪽). (2) 각 피험자는 자신만이 추구하는 것이 있고 연구는 그것을 드러내려고 노력해야 한다. Cameron 외는 만약 연구자가 피험자와 *함께* 연구를 한다면 문제를 제기하고 거기에 따른 주제를 소개하는 것은 연구자 혼자만의 특혜가 되어서는 안 된다고 강조하였다. 사실 피험자가 추구하는 본연의 방향을 나타내도록 드러내는 것은 새로운 통찰력을 가져다주고 프로젝트 수준을 전체적으로 높일 것이다. (3) 만약 지식이 가치 있는 것이라면 공유도 가치가 있을 것이다. Cameron 외가 주장한 것처럼 '지식이란 무엇인가?'와 '어떻게 나누는 가?'와 같은 질문을 하게 만들기 때문에 이것은 특히 도전적인 원리이 다. 그리고 각 연구 프로젝트는 연구에서 발견한 것에 대해 연구참여 자와의 상호작용을 위한 다양한 기회를 제공하고 연구자와 각 피험자 에 따라 여러 해석이 나올 것이라는 점을 인정한다고 결론짓는다. 성 인 이민자와 진행하는 연구에서 연구자들은 특히 연구자와 피험자 사 이의 불평등한 관계에 대해 인식할 필요가 있다. 이민자들은 그 사회 가 처음이고 제도적인 보호를 거의 못 받고 있으며 많은 경우에 약하 고 소외되어 있다. 본인은 얼마 안 되는 진술과 맥락이 빠진 글을 모 으고 몇몇 언어 학습자를 짧게 관찰하는, Rist(1980)가 기습적 문화기 술지라고 부르는 연구를 하고 싶지 않다. 문화기술지의 이러한 접근 은 Watson Gegeo(1988)와 같은 학자에 의해 더 문제 제기가 이루어 졌다. 연구참여자들과 함께 윤리적인 면과 힘을 실어 주는 관계 모두 를 어떻게 발전시키고자 하였는지는 다음 장에서 다룰 것이다.

프로젝트

연구를 시작하고 곧 세 가지 도전에 직면하였다. 첫째, 시간이 지남에 따라 언어 학습 경험이 어떻게 바뀌는지 알아보기 위해 연구참여자들과 장기간에 걸쳐 연구를 진행하고 싶었다. 둘째, 연구참여자들에게 아직 완전히 숙달되지 않은 언어로 겪는 복잡하고 사적인 경험을 탐구하는 과정에 적합한 방법론이 필요하였다. 셋째, 캐나다에 최근에 도착했고 언어 학습의 기초 단계에 있는 연구참여자들을 만나고 싶었다. 이러한 초기 단계는 새 사회에서 제2언어와 문화 관습을 배우기 위해 이민자들이 가장 노력하는 단계이다. 이러한 문화적 관습은 Willis(1977)가 언급한 것처럼 기계적이거나 구조적인 용어로 특정 지을 수 없지만, 종종 부딪히게 되는 독특한 종류의 관계와 관련이 있다. 연구 프로젝트에 접근하는 방법과 세 가지 도전을 다루는 방식은 2년에 걸친 시간순의 형식으로 적절히 묘사하였다. 본 연구에서는 사실상 질적인 방법이 적절할 것이라는 견해에서 Wolcott(1994)이 질적 연구에서 자료를 모으는 세 가지 전통적인 방법이라고 한 것을 이용하였다 : 인터뷰하기, 문서 자료의 분석, 연구참여자 관찰. 1990년 1월부터 6월까지 캐나다 온타리오로 최근에 온 이민자를 위한 정규 ESL 강좌를 도왔다. 이 일은 본 연구자에게 굉장히 다양하고 흥미로운 언어 학습자 집단과 접촉할 수 있는 기회를 주었다. 그해 하반기에 본 연구자는 그 강좌에 다니는 학습자들을 연구에 참여해 달라고 부탁하여 그들을 위해 개발한 상세한 설문지를 실시했고 연구의 세 단계에 참여하기를 허락한 여성 다섯 명과 처음으로 인터뷰를 시작하였다. 1991년 1월부터 6월까지 여성들에게 일기를 쓰게 했고 그 뒤에(1991년 7월부터 12월까지) 후속 인터뷰와 두 번째 설문지를 진행하였다. 이어지는 단락에서는 아주 자세하게 2년 동안의 진행 사항을 밝히고 어떻게 정체성과 언어 학습 사이의 관계를 이해하려고 노력했는지 기술할 것이다.

1990년 1월부터 6월까지 : ESL 강좌

첫 번째 도전은 자발적으로 장기간 프로젝트에 참여할 수 있는 연구참여자를 구하는 것이었다. 캐나다에서 열리는 대부분의 이민자 언어 훈련 프로그램에서 교사는 캐나다에 온 지 얼마 안 된 이민 학습자들과만 접촉하게 된다. 만약 캐나다 고용이민국(EIC)에서 지원하는 언어 훈련 프로그램에 운 좋게 들어갔다면 교사는 최대 6개월 동안 학습자와 만날 수 있고[23], 그 후에는 학습자와 만나는 것이 점점 어려워진다. 그 6개월 동안조차도 교사가 학습자와 의사소통할 때 공유하는 언어가 없고 학습자가 제한된 영어 능력을 가지고 있기 때문에 특히 어려울 것이다. 그럼에도 불구하고 이러한 종류의 강좌가 서로 비교적 가까이에 살고 있고 최근에 이민 온 언어 학습자들과 만날 수 있는 가장 좋은 수단이다. 1990년 1월에 온타리오 뉴타운에 있는 온타리오 대학에서 운영하는 EIC 언어 훈련 프로그램에 시간제 교사로 참여할 수 있는 기회를 얻었다. 일주일에 하루 수업을 맡았는데 일주일에 4일 동안 강좌를 담당하는 전일제 교사와 짝을 이루어 반에 들어가게 되었다.

ESL 강좌는 굉장히 체계적이고 학습자는 영어 문법과 발음을 철저하게 교육받았다. 전일제 교사는 활동적이고 꼼꼼하였다. 본 연구자는 일주일에 한 번 수업하는 교사로서 학습자들이 그 주에 배웠던

---

23 이 프로그램은 평가 중이고 현재는 LINC로 부르고 있다 : Language Instruction for Newcomers to Canada

내용을 보충하고 강화하도록 부탁받았다. 그리고 수업 시간에 자신의 자료도 사용하고 참신하게 수업을 진행해달라는 부탁을 받기도 하였다. 본 연구자는 6개월의 강좌가 끝날 때 학습자들에게 성인 이민자의 제2언어 학습에 대한 장기간 프로젝트에 착수할 것이라고 이야기하였다. 한 명 한 명에게 프로젝트에 참여하도록 권할 것이고 구체적인 프로젝트 내용은 그 해가 끝나기 전에 알려줄 것이라고 공지하였다. 이 단계에서는 누가 이 연구에 자발적으로 참여할지 알 수 없었지만 많은 사람이 상당한 관심을 나타내었다. 앞으로 6개월 동안의 계획에 대해 각 학습자를 인터뷰했고 다음 주제에 대해서 짧은 에세이를 써달라고 부탁하였다 : "어떤 사람들은 캐나다가 '이민자들이 살기 좋은 나라'라고 생각합니다. 이 말이 사실이라고 생각합니까? 본인의 생각을 써 주십시오." 조심스럽게 이 주제를 선택하였다. 왜냐하면 이 학습자들이 캐나다에서 이민자로서 얻은 경험으로부터 뭔가를 끄집어내고 싶었기 때문이다. 이러한 주제를 고르면 캐나다의 이민 생활에 대해 학습자들이 가진 개념이 변화하는 과정을 통해 무언가를 알 수 있으리라 생각하였다. 덧붙이자면 같은 주제를 사용함으로써 시간이 흐르면서 그들의 쓰기 능력이 얼마나 발달했는지를 알 수 있는 기회를 얻을 것이다. 참가자들은 같은 주제의 에세이를 1991년 1월(일기 연구가 시작하기 전)과 연구가 끝나는 12월에 쓸 것이다.

1990년 7월부터 10월까지 : 첫 번째 설문지

상세한 설문지 개발은 다음 영역에 대하여 각 참가자로부터 정보를 확보하기 위함이다 : 생물학적 정보, 언어 배경, 이민 정보, 주거 시설, 경력, 영어 강좌, 언어 접촉, 영어 사용 범위, 영어 진척에 대한 자기 평가, 영어 사용할 때 편안한 단계, 학습 과정과 언어와 문화 사이의 관계에 대한 학습자의 지각.[24] 이 모든 정보는 연구참여자들 저마다의 삶을 이해하고 그들이 캐나다에서 처해있는 특정 사회 환경과 언어 학습에서 어떤 진전을 보이고 있는지를 알아보는 데 큰 도움이 될 것이라고 믿었다. 설문지에서는 어떻게 연구참여자들이 EIC 강좌에 대해서 알게 되었고, EIC 강좌에서 얼마나 영어를 배웠고, 어떤 특정 능력(듣기, 말하기, 읽기, 쓰기)이 늘었는지, 어떤 활동(설문지에서 목록을 제시)이 영어 배우기에 가장 도움이 되었는지, 그 강좌는 학습을 촉진시키기 위해 어떻게 바뀌었는지에 대해 조사하였다. 설문지를 개발할 때 어떤 말들은 연구참여자들이 이해하지 못할 것이라는 점을 깨달았다. 그러므로 영어 능력이 떨어지는 최근 이민자는 물론 고급 ESL 학습자들에게도 예비검사를 실시하였다. 그들의 의견에 기초하여 가능하면 모호하지 않도록 질문을 수정하였다. 예를 들어 '강력히 동의한다, 동의한다, 동의하지 않는다, 강력히 동의하지 않는다' 와 같은 표현은 '네!, 네, 아니오, 아니오!'로 바꾸었다. 객관식 질문, 빈칸 채우기, 목록과 개방형 질문 등의 다양한 질문을 사용하였다. 언어와 문화에 대한 부분에서 만약 연구참여자들이 원한다면 자신들의 모국어를 사용하도록 하였다.

1990년 11월에 ESL 강좌를 들었던 학습자들과 다시 만났을 때 각 학습자에게 안내서를 나누어 주고 연구에 참가하도록 권하였다. 그 모임은 전일제로 학습자들을 가르쳤던 선생님 집에서 이루어졌다. 이 재회는 공식적으로 연구 프로젝트와 연관되어 있지는 않았지만 전일제 선생님은 학습자들에게 본 연구자가 연구에 그들을 연구참여자

---

24 설문지는 European Science Foundation Project의 연구참여자로부터 밝혀낸 정보와 많은 유사점이 있다(Perdue, 1984, 268-274쪽).

로 초대할 기회를 가지고 싶어 한다는 뜻을 전했다. 자료집에는 동의 양식이 들어있는 편지, 위에서 설명한 설문지와 설문을 마친 연구참여자가 넣을 수 있도록 우표가 붙어 있는 회신용 봉투가 들어있었다. 편지 안에는 설문지, 개인 면담, 일기 연구를 포함하는 연구임을 명시하였다. 일기 연구는 다음과 같이 기술하였다.

> 저는 여러분이 언제, 어디에서, 어떻게 영어를 사용하는지 정확하게 알고 싶습니다; 누구에게 영어로 이야기하는지; 영어로 이야기했을 때 어떤 일이 생기는지. 이 연구에서 가장 중요한 것은 여러분이 정기적으로 영어를 배우는 경험을 일기(공책)에 계속 쓰는 것입니다. 저는 일기 쓰는 것이 굉장히 많은 시간이 든다는 것을 알고 있습니다. 그러한 까닭에 여러분이 일기에 무엇을 써야 한다거나 얼마나 써야 한다는 규칙은 없습니다. 일기를 쓰는 것은 여러분이 무엇에 관심이 있고 얼마나 시간이 있느냐에 달려 있습니다. 저는 이 프로젝트를 8주 동안 하고 싶습니다. 추가로 이 프로젝트가 진행되는 동안 한 주나 두 주에 한 번씩 모이는 것은 좋은 경험이 될 것이라고 생각합니다. 그 시간은 여러분이 일기에 쓴 것을 토론하는 시간이 될 것입니다. 저는 이것이 또한 여러분의 쓰기와 말하기 능력을 높이는 기회가 되리라 기대합니다. 모임은 여러분 대다수에게 편할 것으로 생각되는 저희 집에서 할 수 있습니다. 추가로 다른 장소에서 개인적으로 만나고 싶으시면 그렇게 할 수도 있습니다. 이 연구는 1991년 1월 중순에 시작될 예정입니다.

16명 가운데 14명(여자 8명, 남자 6명)이 설문지를 완성했고, 12명은 인터뷰에 동의했고(여자 7명, 남자 5명), 여자 5명은 일기 연구에 참여하기로 하였다. 일기 연구가 자료의 가장 중심 출처였기 때문에 자료 분석의 초점은 일기 연구 부분에 동의한 여성 다섯 명에게 맞추기로 하였다 : 폴란드에서 온 에바와 카타리나, 베트남에서 온 마이, 체코슬로바키아에서 온 마르티나, 페루에서 온 펠리시아. 이 연구에서 사용한 연구방법은 자료 분석에서 중요하게 봐야 할 점을 제시해 주었고, Ng(1981)가 주장한 것같이 언어 학습자들이 침묵하기 때문에 거의 설명이 안 되었던 일부 경험에 대해 주의를 기울일 수 있는 기회를 주었다.

일기 연구에 참여하는 여자 다섯 명이 남자와 여자가 모두 다니는 ESL 코스의 다른 학습자들과 어떻게 다른지는 자신 있게 밝히기가 힘들었다. 그러나 스스로 선택하는 과정은 성별화된 관계로 이해할 수 있을 것이다. 연구의 다른 두 부분과 일기 연구가 구분되는 것은 시간을 투자해야 한다는 것과 더불어 프로젝트의 친밀감이었다. 개인적인 경험을 일기에 쓰는 것에 대해 강좌를 들었던 남성들보다 여성들이 더 끌렸다는 관찰 결과는 많은 페미니스트 연구에 의해 증명되었다.[25] 예를 들어 bell hooks(1990, 338쪽)는 자신의 목소리를 낼 수단이 거의 없는 여성들에게 쓰기가 얼마나 저항과 굴복 두 가지를 모두 가진 역설적인 것인지를 보여주었다 :

쓰기는 발화를 포착해서 그 안에 꼭 잡아 두고 그것을 완전히 고정하는 방법이다. 그래서 나는 대화의 여러 가지 것들, 너무 많이 써서 닳아빠진 일기에 쓰는 고백, 내 슬픔의 깊이, 발화에 대한 고뇌 — 나는 언제나 잘못된 걸 이야기했고 잘못된 질문을 했기 때문에 — 를 써 내려갔다. 나는 자신의 발화를 마음 한 구석에 처박아 둘 수 없었다.

일기 연구에서 시간을 낸다는 점을 들여다보면 일기 연구에 자발적으로 참여하기로 한 여성들은 대개 ESL 강좌에서 같이 공부한 다른 학생들보다 시간 여유가 있었다는 점을 알 수 있다. 자원자들은 두 가지 범주로 나뉘어 있었다 — 한 부류는 시간제로 일하거나 공부하고 있었으며 학교에 다니는 아이들이 있었다(카타리나, 마르티나, 펠리시아). 또 한 부류는 집 밖에서 전일제로 일하지만 아이가 없었다(에바, 마이). ESL 강좌에서 나머지 여성 네 명은 전일제 근로자이자 엄마거나 전업주부이자 미취학 아동을 둔 엄마였다. 인터뷰와 전화통화에서 그들은 여가 활동이나 교육 활동에 참여할 기회가 별로 없는 '일인이역'으로 살고 있음을 알 수 있었다. 그들은 집안의 거의 모든 일에 책임을 지고 있었고 더불어 전일제 근로자거나 하루 종일 아이를 돌보는 책임을 떠안고 있었다. 일기 연구에 접근해서 일기가 주는 상징적인 자원들을 이해하기 위해서는 많은 여성이 일인이역을 하게 만든 가부장적인 관계와 연관 지어야 한다. 게다가 연구에 참여하는 여성들이 다른 이민 여성들보다는 상대적으로 특권이 있는 것 같을지라도, 그들의 욕구는 거대한 가부장적 구조와 공공연히 부딪히지 않는 범위 안에서만 특권으로 인정된다. 만약 성별화된 삶의 환경이 바뀌었다면 그들이 영어를 공부할 기회도 또한 바뀌었을 것이다. 가부장적인 상황의 예시로 캐나다에 도착하고 몇 년 지나지 않아 미혼에서 기혼으로 상태가 바뀐 마이의 경우가 있다. 마이는 결혼을 할 때 이미 결혼을 한 뒤에는 영어를 배울 기회가 제한될 것이라는 걱정을 하였다. 마이는 자신의 기회는 남편이 얼마나 바라는지와 남편이 얼마나 자신을 공부하게 하고 공공 사회에서 일을 하게 하느냐에 달려 있다는 점을 내비치었다.

1990년 12월부터 1991년 1월까지 : 첫 번째 인터뷰

첫 인터뷰는 1990년 12월과 1991년 1월에 여성들의 집에서 45분에서 3시간 동안 이루어졌다. 인터뷰는 테이프에 녹음하고 전사하였다. 이 인터뷰에서는 설문지에 쓴 답변에 대해 명확히 설명해 주도록 부탁했고 빈칸으로 둔 질문에 응답하도록 하였다. 또한 여성들과 함께 일기 연구에 대해서 논의했고 이 프로젝트로부터 무엇을 배우기를 바라는지도 설명하였다. 그리고 일상에 기초한 여성들의 언어 학습 경험에서 의미를 찾고 시간과 공간에 따라 이러한 경험이 어떻게 바뀌는지를 보기 위해 일기 연구를 사용할 수 있기를 희망한다는 뜻을 전했다. 덧붙여 여성들에게 일기 연구를 하며 영어 쓰기와 말하기 경험을 더 얻게 되기를 바란다는 뜻 또한 내비쳤다. 여성 5명은 이 프로젝트가 제공하는 기회를 활용하기를 원하였다. 또한 첫 인터뷰 도중 본 연구자는 여성들의 가정생활과 더불어 그 주변 이웃들과 어느 정도 친해질 기회를 가졌다. 더 자세한 것은 3장부터 5장을 통하여 보여줄 것이다. 집을 방문한 뒤 여성들의 배우자와 아이들을 소개받았고 방문하는 동안 가족 구성원들과 편하게 이야기할 기회를 가졌다. 마이와 카타리나 집에서는 그 가족의 옛날과 현재의 대소사를 찍은 가족사진 앨범을 보기도 하였다. 펠리시아의 집에서는 가족들이 페루에서 올 때 가져온 아름다운 가구를 보았는데 기후 차이로 인해 손상되어 있었다. 여성들의 집에 갔을 때 후하게 다과를 대접받았는데 에바의 집에서는 에스프레소와 케이크를, 마이의 집에서는 중국차와 쿠키를 대접받았다.

1991년 1월부터 6월까지 : 일기 연구

1991년 1월부터 6월까지 일기 연구를 하는 동안 본 연구자 집에서 지난번에 여성 5명에게 받았던 환대를 갚을 기회를 가졌다. 교통이 걱정이었는데 펠리시아는 차를 이용할 수 있었다; 에바, 카타리나, 마르티나는 마르티나의 남편이 본 연구자 집까지 태워주었고 돌아갈 때는 본 연구자가 집까지 데려다 주었다; 마이는 본 연구자가 데려오고 데려가고는 하였다. 초반 모임은 총 8주 동안 일주일에 한 번씩 계획되었다. 회합은 저녁에 이루어졌고 ― 금요일이나 일요일 밤이 가장 적합하다고 여겨졌다 ― 최대 3시간 정도 진행되었다. 첫 번째 만남은 부엌에 있는 큰 식탁에서 가졌고 그 뒤로는 의자도 더 편하고 환경도 편한 거실에서 이루어졌다. 8주 동안의 만남이 끝난 뒤 민감한 상황에 부딪혔다. 한편으로는 연구를 계속 진행하고 싶었지만 여성들이 모임을 강제로 지속해야 한다고 느끼게 하고 싶지는 않았다. 특히 연구 초대에서는 우리가 8주 동안 만날 것이라고 명시했기 때문이기도 하였다. 어떤 연구참가자라도 이 연구에 남아 있어야 한다는 책임감 없이 연구를 편하게 떠나도 된다는 것을 확실히 하고 싶었다. 다른 한편으로 이 여성들이 본 연구자의 애매한 태도를 계획보다 빠르게 모임을 끝마치자는 식으로 해석하기를 원하지 않았다. 8주가 끝날 때 연구에 참여하고 있는 여성들에게 간단히 감사하다고 하고, 만약 누구든 이 모임을 지속하는 데 관심을 가진 사람이 있다면 본인으로서는 참 좋을 것 같다는 뜻을 전하였다. 모임을 계속 하자는 대체적인 합의가 이루어졌지만 모임은 달마다 만나는 것을 기본으로 계획을 잡아야 했다. 그러므로 우리는 그 다음 세 달 동안 한 달에 한 번씩 만났고 1991년 1월부터 6월까지 총 12번을 만났다.

　　일기 연구를 위한 장소, 일정, 교통수단을 정하는 것은 일기 그 자체의 형식을 정하는 것보다 훨씬 간단하였다. SLA 연구 분야에서 많은 연구자는 제2언어 학습 과정을 탐구하기 위해 일기 연구를 이용하였다. 그러나 Yu(1990)를 제외하고 이러한 연구는[26] 외국어 학습에 대한 자기성찰식 기술이었다. 일기를 쓴 어느 누구도 장기간 동안 목표 언어 국가에 남을 목적으로 언어를 배우지는 않았다. 게다가 Yu(1990)를 제외한 모든 일기는 모국어로 작성되었고, Brown(1984)의 연구를 뺀 모든 연구는 자신의 언어 학습 과정을 쓴 일기를 포함하였다. Brown 연구에서는 미국의 집중 강좌에서 스페인어를 배우는 연구참여자가 필요했다. 연구참여자는 자신의 언어 학습 경험에 대해 일지에 하루 15분 동안 쓸 수 있어야 했다. 비록 어떤 학습자들은 이 의무 사항을 수행하도록 하는 것에 간접적으로 저항을 드러내기는 했지만, Brown이 제공한 모든 기재 사항은 문법 교수의 형식적인 측면과 수업의 계획에 대한 학습자들의 반응을 다루었다. 본 연구의 일기 연구는 연구참여자들이 교실이 아닌 집과 일터 공동체 안에서 겪는 자신의 언어 학습 경험에 대해 뒤돌아보도록 했으므로 매우 다른 목적을 가지고 있다. 일기 연구에 대해 강조한 것은 다양한 언어 학습 상황과 목표 언어 화자와 다양하게 접하는 것에 대하여 연구참여자들이 어떤 생각을 하고 느끼고 있는지에 관한 것이었다. 연구참여자들은 자신이 스스로 선택한 만큼 일기를 쓰도록 격려해 주었다. 더불어 일기는 모국어가 아닌 목표 언어인 영어로 써야 한다는 합의가 있었다. 만약 일기에 자신의 모국어를 쓰기 원한다며 번역을 할 테니 그렇게 하라고 말했지만 그들은 영어로 쓰기 연습을 하는 것과 더불어 쓰기 과정에 대한 정기적인 피드백 받는 것에 대해 확고부동하였다. 덧붙여 일기를 번역하는 것은 자신들이 말하고자 하는 것들을 정확히

---

26 예시로 Bailey (1980, 1983), Bell (1991), C. Brown (1984); Cooke (1986); F. Schumann (1980); Schumann and Schumann (1977). 참고.

살려내지 못할 것이라는 뜻을 내비쳤다. 더욱이 본 연구자와 다른 연구참여자들을 포함하는 관객이 있었기 때문에 연구참여자들은 일기 연구 모임에서 자신의 일기 속에 있는 이야기들을 나누도록 격려 받았다. 믿을 만하고 흥미를 가진 관객들과 일기를 나누는 기회를 갖는 것은 이 연구에 참여하는 연구참여자들에게 가치 있는 일이 되기를 바랐다. Zamel(1987, 707쪽)은 쓰기 발달의 사회적 맥락에 대한 연구에 대해서 자세하게 기술하였다 :

> 이 연구는 학습자들이 쓸 수 있는 많은 기회를 얻었음을 인정받고, 글로 표현하는 집단의 구성원이 되었을 때 어떤 일이 일어날 수 있는가를 보여주었다. 교실에서 어려움을 무릅쓰고, 신뢰가 쌓이고, 선택권과 권한이 공유되고, 쓰기가 의미-생성하는 행위로 비춰지고, 학습자들은 글을 쓰는 사람으로 바뀌고, 쓰는 행위에 대한 긍정적인 태도를 가지고 쓰기 수행에서 실제로 성장함을 보여준다.

연구 참여 여성들 모두가 일기에서 자신들에게 기대하는 것이 무엇이냐고 물었지만 뭐가 맞고 틀린 방법인지에 대한 것을 규정하고 싶지 않았다. 그러나 한편으로는 연구 문제를 고려해서 연구 참여자들이 어떻게 계속 나아가야 하는지에 대한 약간의 안내를 하고 싶었다. 그래서 서면으로 연구 목적에 대해 명확히 설명하였고 여성들이 쓴 일기 내용에 대해 응답을 해 주었다. 첫째, 첫 번째 일기 연구 만남에서 이 프로젝트에서 본 연구자가 관심 있는 것을 간추린 안내문을 나눠 주었고 각자에게 매일 무엇을 했는지 기록할 수 있는 영어로 된 표를 제공하였다. 그 표가 일기에 기록될 더 깊은 성찰을 위한 출발점을 제공할 것이라고 알려 주었다(새 표는 매번 만남에서 각자에게 나눠 주었다). 안내문 내용에 대해 이야기를 나눈 뒤 여성들에게 그 날 어떤 상황에서 영어를 사용하였는가를 잘 생각해 봐 달라고 요청하였다. 마르티나는 자신의 경험을 공유하기를 자처했고 교회 출석 경험에 초점을 맞추어 영어로 설교 듣는 것과 찬양을 드리는 것에 대해 이야기하였다. 마르티나는 이렇게 은밀한 의식이 제2언어로 이루어진다는 것이 얼마나 이상한지에 대해 이야기를 들려주었다. 마르티나의 이야기를 가지고 어떻게 일기 내용을 써야 하는지에 대한 예시로 사용하였다. 그리고 그 이야기를 2주차에 연구 참여자들에게 나눠 줄 안내문에 상세하게 기술하였다. 가끔은 연구참여자들에게 일어났던 일에 대해서 명백히 하거나 더 이야기해보라고 부탁하였다. 예를 들어 카타리나에게 했던 말은 다음과 같다 : '카타리나, 진짜 재밌어요! 방금 했던 얘기를 좀 더 해 주면 좋을 것 같은데요. 어떻게 지금 하는 일을 하게 됐어요? 그 인터뷰에 대해서 좀 더 자세히 말해 줄 수 있어요? 그 대화에서 누가 주로 얘기했죠? 정확히 뭐에 대해 이야기했어요?' 이와 유사한 질문을 에바에게 하였다 : '에바 정말 재밌네요. 더 이상 힘든 일을 하지 않게 되었을 때 왜 기분이 좋아졌는지, 그게 왜 더 얘기하고 싶게 만들었는지 설명해 주세요.' 그러나 이러한 언급이 설명이나 부연을 요구하는 것뿐만은 아니었다. 마이에게 했던 것처럼 편안하고 응원이 되는 말을 해 주었다 : '마이, 정말 **대단한** 일을 하고 있네요. 오빠가 그렇게 말 못하게 하세요!' 또한 여성들이 쓴 글의 수준에 대해서도 언급하였다. 예를 들어 펠리시아에게 '정말 멋지게 썼어요.' 마르티나에게 '마르티나, 매우 명확하고 이해하기 쉬워요.'라고 썼다. 본 연구자가 써준 코멘트에 여성들이 피드백을 하도록 부탁한 적도 몇 번 있었다. 예를 들어 마이에게 쓴 메모는 다음과 같았다 : '마이 씨의 이야기는 진짜 재미있어요. 내가 마이 씨 글을

고쳐 준 게 도움이 됐나요? 그랬다면 좀 알려 주세요.'

두세 주 안에 각 여성은 자신에게 가장 편안한 의사소통 방법을 정하였다. 마이와 마르티나는 그중 가장 글을 풍부하게 많이 썼고 그 세부 내용도 광범위한 주제를 다루었다. 에바는 본 연구자가 묻는 질문에 대답하는 방식이 좋지, 특별히 말할 주제 없이 앉아서 쓰는 것은 싫다고 하였다. 펠리시아는 쓰는 것을 즐겼지만 다른 여성들이 그랬던 것처럼 정기적으로 모임에 나오지는 않았다. 카타리나는 많이 쓰지는 않았지만 연구를 하는 동안 여러 차례 전화로 이야기를 나누었다. 한편으로는 여성들과의 관계를 정의하는 것이 일기를 어떻게 쓰라고 하는 것보다 더 복잡하기조차 하였다. 여성들이 욕망, 두려움, 기쁨, 좌절에 대해 이야기할 때 굉장히 편안하게 느끼도록 따뜻하고 친밀한 분위기를 만들려고 노력하였다. 본 연구자의 집에서 모임이 이루어졌던 것이 그 가장 큰 이유 중 하나였다. 집이 사적인 공간으로 개인적이고 사적인 경험과 표현의 분석이 가능하게 되기를 바랐다. 어떤 면에서 본 연구자는 본인과 여성들이 또 다른 여자, 엄마, 아내, 주부 역할로 연결되기를 바랐다. 본 연구자는 본인의 역할이 이 여성들 관계를 주도하고 너무 거리감을 갖게 하는 연구자가 되지 않기를 바랐다. 이러한 이유로 모임에서 녹음기를 쓰지 않았는데 본인이 이미 녹음기 앞에서 자신의 삶에 대한 개인적인 일들을 털어놓을 때 불편하게 느낀다는 것을 충분히 경험했기 때문이다. 그러나 가끔 어떤 여성이 한 말을 정확히 기록하기 위해서 모임에서 메모를 하고는 했다.

이 일기 연구를 할 때 비록 본 연구자는 여성들과 '교사'로서 관계 지어지는 것을 피하고 싶었지만 우리의 첫 관계가 교육적인 배경을 기반으로 했기 때문에 쉽게 관계가 바뀌지는 않았다. 더욱이 이 여성들이 연구에 참여한 이유 중 하나는 자신의 구어, 문어 영어에 도움을 받을 수 있는 환경에서 실력을 향상시키기 위함이었음을 깨달았다. 이러한 이유로 매주 함께 그들의 일기 내용 일부를 읽어 보도록 격려하였다. 이 활동은 그들의 구어 능력을 발달시킬 기회를 주었고 그동안 일어났던 어떤 일에 대해서 묻고 논의할 기회를 주었다. 때로는 우리가 모임을 하면서 여성들이 자기 자신을 잘 표현하지 못할 때나 어휘나 문법 문제에 대해 본 연구자에게 조언을 구할 때 상담을 해 주고는 하였다. 또한 여성들이 쓰기 표현을 어떻게 하면 향상시킬 수 있을지 조언을 하려고 하였다. 또한 여성들의 글을 수정하는 것은 본 연구자에게 무슨 일이 있었고 잘 이해가 안 되는 부분을 명확하게 물어볼 수 있는 기회를 주었다. 앞서 말한 것처럼 본 연구자가 한 코멘트는 일기 내용을 쓰는 방향에 중요한 영향을 주는 한 부분으로 작용하였다.

친구, 교사, 연구자로서 가진 다양한 역할 사이에서 얼마나 균형을 잘 잡았는지는 잘 모른다. 드문 일이었지만 여성들의 발음을 고쳐 주었던 행동을 사과하고 싶다 — 비록 그 발음 훈련이 여성들이 원했던 것이었지만 말이다. 가끔 모임에서 여성들이 하는 말을 기록하기 위해서 메모장을 꺼낼 때 종종 우리의 사이가 멀어지고 믿음을 저버리는 것처럼 느꼈다. 여성들이 쓴 친밀하고 때로는 정돈되지 않은 이야기에 대한 본인의 코멘트가 끔찍하게 부적절한 것임을 자주 느꼈다. 일자리 찾기를 도와주고 이력서를 써주고 신용보증서를 써주고 출입국 사무소 일을 도와주는 것으로 Britzman(1990)이 말한 읽기에 따른 죄책감에 대해 보상하려고 하는 자신을 볼 수 있었다. 돌아보면 여성들과의 다양한 관계를 잘 가져가도록 노력하거나 일기 연구 모임에서 친구, 교사, 연구자가 되는 상반되는 긴장관계를 풀도록 노력해야 한다는 것이 참으로 역설적이었다. 각 여성과 모호하지 않은 관계를 유지하려고 노력하면서도 복잡한 정체성을 계속 탐구하였다. 이 노력은 헛된 것이었다. 모든 여성이 모임에 항상 참석하지 않았고 위에서 밝힌 것처럼 어떤 일기가 다른 일기보다 더 자세하였다. 그러나 여성들이 각자 골라서 다른 사람들에게 읽어준 부분에서 비롯된 논의는 글로 쓴 일기 내용을 훌륭하게 보충하였다. 이 연구를 실행하는 동안 본인 또한 스스로 반성의 일기를 계속 적어나갔다. 일기 내용에 대한 본 연구자의 분석과 그 이후의 논의는 연구에서 가장 중요한 자료라고 할 수 있다.

1991년 7월에서 12월까지 : 마지막 인터뷰와 설문

1991년 12월, 일기 연구가 끝나고 6개월 뒤 여성들과 각각 후속 인터뷰를 실시하였다. 이때 여성들은 이민에 대한 글을 다시 썼는데 이전에 이미 두 번 — 1990년 6월에 ESL 과정이 끝날 때 한 번, 1991년 1월 일기 연구 시작할 때 한 번 — 쓴 적이 있다. 18개월 동안 여성들이 이민에 대해 가지고 있던 인식이 바뀌었는지 알고 싶었다. 또한 2년 과정을 마치고 영어로 쓰는 것에서 어느 정도의 성과가 있었는지 보여주는 기회를 가졌다. 그뿐만 아니라 1991년 12월에는 첫 번째 설문지에서 조사하였던 몇 가지 질문에 대해 알아보기 위해 다시 짧은 설문지를 만들었다. 이 설문지의 목적은 연구 기간 동안 특정한 쟁점에 대한 연구참여자들의 관점이 바뀌었는지 조사하기 위해서였다. 여성들의 인식에서 가장 관심 있었던 부분은 영어를 배우는 것이 어디에 가장 도움이 되었는지, 어떤 상황에서 영어를 말할 때 편안하게 혹은 불편하게 느꼈는지, 그들이 아직 캐나다에서 어느 정도로 이민자라고 느끼는지에 대한 것이었다. 에바를 제외한 모든 여성은

1991년 12월에 설문지를 끝마쳤고 개인적으로 많은 일을 겪었던 에바는 1992년 4월에 설문지를 작성해 주었다.

자료 구성

2년 동안의 프로젝트 작업과 12개월 동안의 적극적인 자료 수집과 기록이 끝난 뒤 수백 쪽에 달하는 자료가 모였다. 여성들의 일기에서 얻은 자료, 본 연구자가 스스로 쓴 일지, 개개인을 인터뷰한 자료(이미 전사된 형태), 두 가지 설문지 자료, 작문에서 얻은 자료를 갖게 되었다. 다음으로 한 일은 이 자료들을 정체성과 언어 학습 사이의 관계를 이해하는 데 도움이 되도록 정리하는 것이었다. Wolcott(1994)이 이야기한 것처럼 질적 연구에서 가장 큰 화두는 어떻게 자료를 얻느냐가 아니고 얻은 자료를 가지고 무엇을 할지를 결정하는 것이다. Wolcott이 제시한 자료를 표현하는 세 가지는 각기 기술적, 분석적, 해석적 방법으로 정의할 수 있다. 이번 연구와 이 책의 자료는 세 가지 표현 형식을 많든 적든 간에 빌려왔다. 최소한 여성들의 목소리는 그들 스스로에 대해 말하고 있었다; 일부에서는 자료에 대한 체계적인 비교와 대조가 분석 과정에서 있었다. 많은 경우 제한된 분석을 넘어서는 해석과 설명을 하려고 노력하였다. 이와 같이 자료를 정리하는 것은 이론적인 작업이다. 과연 어떤 기준에 따라 자료를 골라야 할까? 어떤 쟁점에 초점을 맞춰야 할까? 어떤 이야기를 해야 할까?

우선 첫 번째로 한 작업은 각 여성의 자료를 파일 하나로 만드는 것이었다. 자료는 에바, 마이, 펠리시아, 카타리나, 마르티나의 부분으로 분리하였다. 각 여성의 파일은 설문지, 작문, 일기 내용(모두 전산화 함), 전사한 인터뷰 내용을 담고 있었다. 자료의 여러 부분에 초점을 맞추기 쉽게 자료를 교차·대조하였다. 첫 번째로 자료를 교차 대조한 것은 여성들이 영어를 연습할 기회를 가지게 되는 다양한 현장을 바탕으로 한 것이었다. 본 연구자는 집, 일터, 학교 각각에 초점을 맞추었다. 각 여성의 파일을 검토하여 여성들이 각기 여러 상황에서 사용하는 영어와 관련된 자료를 범주화하였다. 그러고 나서 여성들이 시간이 지나면서 경험하는 변화에 맞추어 집, 일터, 학교 부분으로 나누어 모았다. 이 방법은 특정 사회 영역 안에서 이뤄지는 언어 실행의 방식을 이해하는 데 도움을 주었다. 또한 집, 일터, 학교에서 각기 제도화된 관계가 어떻게 다양한 기회를 제공하는지, 혹은 목표 언어의 실행에 방해를 하는지를 이해하는 데에도 도움을 주었다. 그러나 이 방법을 사용하면서 여성들이 자기 삶의 각자 다른 영역에서 겪는 여러 언어 학습 경험에 대해 놓치기도 하였다. 예를 들어 가정에서의 영어 연습과 영어 투자가 일터에서의 영어 연습과 영어 투자와 얼마나 교차점이 있는지에 대해서 만족스러운 방식으로 설명할 수 없었다. 그래서 시간의 흐름에서 정체성과 언어 학습 측면은 포착할 수 있었지만 사회적 공간의 변화와 관련해서는 포착할 수 없었다.

그래서 각 여성들에 대해 시간의 흐름과 사회적 공간의 변화를 교차해서 비교할 수 있도록 종합적인 장을 쓰기로 결심하였다. 이 작업을 마치면서 여성 이민자이자 언어 학습자로서 이들의 위치가 어떻게 영어를 접하고 연습하는 데 영향을 주었는지 이해할 수 있게 돕는 자료를 찾을 수 있었다. 이 작업은 연구참여자 각자에 대한 종합적인 그림을 그리게 해줌과 동시에 캐나다에서 이민 여성으로서의 경험에 대해 깊이 이해할 수 있게 해주었다. 그리고 각 장은 모두 독특한 읽을거리로 시작하였다. 이러한 상황에서 복잡한 개인 경험에 대해 파악했더라도 이것을 거대한 사회 구조와 관련된 개인 경험으로 연결

짓기는 어려웠다. 다음 전략은 성별과 민족에 연관된 결과물인 일상의 경험과 관련된 모든 자료를 범주화하는 것이었다. 이 쟁점과 관련된 것에 대해서는 연구참여자들을 비교하며 각각 한 장씩 기술하였다. 이 작업은 굉장히 중요했는데, 시간과 공간이 바뀌면서 성별화되고 민족적인 정체성이 어떻게 만들어졌는지를 살펴볼 기회를 갖게 되었기 때문이다. 그리고 영어를 연습할 기회를 이러한 상황에서 어떻게 이해해야 하는지도 살펴볼 수 있었다. 특히 흥미로웠던 것은 연구참여자 중 젊은 에바와 마이 두 명을 묶어서 비교, 대조하고 나이가 더 많은 카타리나, 마르티나, 펠리시아 세 명을 또 따로 묶어서 비교, 대조하는 자신을 발견한 것이다. 나이가 더 많은 여성들이 영어에 투자하는 것이 에바와 마이하고는 매우 다르다는 것이 분명해졌다. 그 이유는 그들이 이민 오기 전에 이미 자국에서 직업도 그렇고 가정 내에서도 자리를 잘 잡고 있었으며 캐나다에 오기 전에 아이와 배우자도 있었기 때문이다. 자국에서 그들에게 축적된 개인적이고 공적인 삶의 기억과 가족 내에서 그들의 위치는 캐나다에서 그들이 공공 사회와 맺는 관계를 이해하는 방식에 크게 영향을 주었다. 이것은 결국 영어를 말하기 위한 기회를 어떻게 만들고 반응하고 저항하는지에 영향을 주었다.

성별화되고 민족적인 정체성이 만들어 내는 것에 대한 초점이 귀중하기는 하지만 이 접근법이 가진 한계점은 언어 학습과 관련된 많은 쟁점 가운데 성별과 민족성이 만들어 낸 것에만 초점을 맞추었다는 것이다. 때로는 성별과 민족성 사이를 구분하는 것은 논의를 너무 단순화시키는 인위적인 행위라는 것을 깨달았다. 실제로 Lorde(1990)가 언급한 것처럼 어떤 하나를 다룰 때 다른 하나를 배제하는 것은 왜곡이라고 할 수 있다. 더욱이 Ng(1987)가 주목한 것처럼 성별과 민족성에 대한 문제는 계층 관계의 조직에서 필수적인 구성요소이기 때문에 그것이 발생한 거대한 사회관계와 분리해서 보면 안 된다 : '분리된 사회 현상으로 민족성과 성별을 생각할 수 있다는 사실은 경제와 사회 생활의 인위적인 분리를 경험하게 하는 우리 사회의 산물 그 자체이다(14쪽).' 이 단계가 젊은 여성인 에바와 마이, 나이가 많은 여성인 카타리나, 마르티나, 펠리시아의 경험을 비교하고 대조해서 분석을 진행하려고 한 자료 준비 단계였다. 이 접근 방법은 캐나다에 올 때부터 이미 잘 쌓아온 전문적인 이력을 가지고 있는 기혼이자 더 나이가 있는 여성들과 비교하여 아직 스스로 자리를 잡지 못한 젊은 미혼 여성들이 어떻게 언어 학습을 경험하는지 조사할 기회를 갖게 하였다. 또한 이 접근 방법은 영어를 연습하는 기회가 공간(가정과 일터)과 시간(12개월 동안)[27]을 지나면서 사회적으로 어떻게 구조화되었는지에 대해 조사할 수 있게 해 주었다. 게다가 비록 자료 안팎에서 흥미로운 비교를 할 수 있었음에도 불구하고 연구참여자 두 명만 혹은 세 명만의 경험을 한 번에 비교한 것은 개인사와 각 여성의 정체성 변화를 공정하게 바라볼 수 있기를 바라서였다. 유럽에서 1980년대에 수행한 유럽 과학 재단 프로젝트에 대해서 다음 장에서 자세하게 다룰 것이다. 그런데 본 연구의 자료 정리 원칙으로 나이를 사용한 것은 유럽 과학 재단 프로젝트의 중요한 발견점과 어느 정도 일치한다는 것을 밝혀두고 싶다. Perdue(1993b)는 아래와 같이 기록

27　3, 4, 5장에서는 언어 학습 장소로 집과 일터를 다루었지만, 7장에서는 학교라는 형식적인 상황에서의 언어 학습 경험에 대해 다루었음을 유의해야 한다. 영어를 연습할 기회가 어떻게 시간이 가면서 사회적으로 구성되었는지에 대해 본 연구자는 연구참여자가 이미 경험한 언어 학습에 대한 기억을 연구 프로젝트 중에 끌어올 필요가 있었다.

하였다 :

어휘 풍부성 점수의 비교에서, 매일 접촉할 수 있는 장점을 가진 학습
자들이 더 빠르고 성공적으로 습득하였다는 것을 발견하였다. 접촉이
도움이 되는 성향은 다음과 같이 정의할 수 있다 : 더 어리고 본국에서
더 교육받고 동포와 결혼하지 않았고 아이가 없는 학습자가 적어도 어
휘 풍부성 점수를 측정했을 때 접촉으로부터 이익을 얻기가 쉬웠다
(264쪽).

참고사항

이 연구가 문해능력에 초점을 두고 있지 않음에도 불구하고 사회적
실행으로서 문해능력에 대한 최근 연구에 깊은 시사점과 영향을 줄
수 있다는 점은 꼭 짚고 넘어가야겠다. 이러한 연구는 Barton과 Hamilton
(1998), Mitchell과 Weiler(1991), Solsken(1993), New London Group
(1996)과 같은 학자들과 연관되어 있다. Barton과 Hamilton(1998)은
다음과 같이 주장하였다 :

문해능력 실행의 개념은 읽기, 쓰기 활동과 이것이 내재되어 형성을 돕
는 사회적 구조 사이의 연결을 개념화하는 가장 강력한 방법을 제공한
다. 실행에 대해 말하는 것은 단순히 단어를 표면적으로 선택하는 것이
아니라 문해능력에 대해 새롭고 이론적인 해석을 제공한다는 것이다(6
쪽).

본 연구에서 특히 중요한 것은 영국 랭커스터에서 진행된 연구에

바탕을 둔 Barton과 Hamilton의 발견이다. 문해능력 실행이 가진 여러 목적 중에서 하나는 정체성을 드러내고 확립할 때 자주 쓰인다는 것이다. 그들은 시간과 공간에 대한 의미를 드러내는 방식으로 자신을 기록한 Harry의 사례를 기록하였다. 그리고 자신의 삶을 사진으로 기록한 June과 Terry와 Mumtaz의 사례도 기록하였다. 마이와 마르티나가 쓴 긴 일기는 Harry의 문해능력 실행을 연상시켰고, 많은 사건을 기록한 June과 Terry와 Mumtaz의 사진들은 마이와 카타리나 집에서 자세하게 살펴본 본 많은 사진을 떠올리게 하였다. 본 연구에 핵심인 문해능력 실행에 대해 설득력 있게 표현한 Barton과 Hamilton(1998)은 다음과 같이 표현하였다 :

사람들이 가진 자신의 삶을 기록하는 것에 대한 관심은 종종 자기 자신의 삶을 넘어서 자신의 가족, 문화 집단, 국가, 더 나아가 세계 역사까지도 포함하는 큰 맥락 안에 자신을 위치시키는 과정까지 이른다. 소수 문화 집단이거나 살던 곳에서 떠나온 사람들의 경우는 자신의 정체성을 만들어 낼 수도 있다(241쪽).

3장에서는 각 여성 5명에 대해 소개를 하고, 이민 온 언어 학습자 특히 이민 여성들에 대한 다른 연구의 맥락에 그들의 이야기를 비추어 볼 것이다. 4장에서는 젊은 두 여성의 이야기에 대해, 5장에서는 나이가 조금 더 많은 세 여성의 이야기에 더 깊이 있게 초점을 맞춰 볼 것이다.

3장

이민 온 성인 언어 학습자의 세계

ESF 프로젝트에서 대부분의 연구는

학습자들이 대처해야 하는 모순적인 상황에 대한 인식이나 걱정과 관련이 있다.

즉 배우기 위하여 의사소통하는 것과 동시에 의사소통하기 위해서 배워야 한다는 것인데

이러한 사회는 인종차별주의가 지배하는 사회이다.

Bremer, Broeder, Roberts, Simonot and Vasseur, 1993, 145쪽

국제적인 상황

Clyne(1991)는 호주에서 공동체 언어 발달에 대해 연구하며 이민 온 사람들의 유형을 기술하였다. 그 이민자들은 유럽, 아시아, 남미에서 부당하고 불안정한 사회 질서를 탈출하기 위해서 노력한 사람들이었다. 이민의 물결은 20세기 세계 역사의 중대 사건들과 같이 일어났는데 그것은 러시아 혁명(1917)으로 비롯된 이민과 망명, 제2차 세계

대전(1939-45), 소련의 헝가리 침공(1956), 칠레의 아옌데 반대파 세력 집권(1970)과 아옌데 추종파 세력 집권(1973), 베트남과 캄보디아에서 호주로 간 화교들(1973)이었다. 호주뿐만 아니라 세계 여러 지역으로 이렇게 많은 사람이 이동한 것은 20세기에는 흔한 일이었다. 최근 정치적 불안으로 인한 여파는 1999년 5월 6일 캐나다의 Vancouver Sun에 난 기사에서 확인할 수 있는데 '코소보 난민 900명 브리티시 컬럼비아행 희망 중'이라는 굵은 표제를 붙였다. 국제 이민의 증가는 새롭고 규모가 큰 연구를 촉발하였다. 그 연구는 1995년에 시작되었는데 전 세계 이십여 개국이 참가한 International Metropolis Project였다.[28] Metropolis project의 목적은 이민의 영향, 특히 도시에 끼친 영향을 알아보는 것이었는데 정부와 민간의 개입이 이민자가 도착한 새 국가에서 얼마나 통합을 촉진하도록 도왔느냐는 것이었다.

　　SLA 분야의 연구자와 교사는 다른 나라에서 이민 온 성인들을 마주하게 되었는데, 그들 중 많은 이들이 새 나라에 와서 언어 학습이라는 도전 앞에 힘들어하고 있었다. 그 결과 지역사회 기반 프로그램, 직장 내 교육, 고등교육과 가족 문해 프로그램 등을 포함한 성인 이민자들을 위한 형식적인 제2언어 교수를 다룬 연구가 늘어나고 있다.[29] 예를 들어 1998년에 출판된 학술지 Prospect의 특별호는 호주 이민자 영어 프로그램의 도전과 성공을 기록했고, Smoke(1998)가 엮어낸 논문 모음집에서는 북미의 성인 ESL 상황에서 정치와 교육의 관계를 조사하였다. 그러나 성인 이민자의 자연스러운 언어 습득에 대한 연구는 형식

28　웹페이지 참고 : www.international.metropolis.globalx.net

29　Auerbach (1997), Benesch (1996), Burnaby (1997), Morgan (1997), Roberts, Davies and Jupp (1992), Wallerstein (1983).

적인 언어 학습에 대한 연구보다 더 적었다. Johnson(1992)은 사회문화적인 맥락 안에서 성인의 언어 학습에 대한 연구가 놀라울 정도로 없다는 것을 지적하면서 해당 연구 영역이 지금 받고 있는 것보다 더 주목받을 만하다는 것을 언급하였다. 가장 많이 인용된 문헌은 추측을 바탕으로 한 Acton과 de Felix(1986)와 Clarke(1976)와 같은 성인 이민자의 자연적인 제2언어 학습을 다룬 연구였다. Klein(1986)은 다음과 같이 주장하였다 :

몇 년 전까지만 하더라도 자연스러운 언어 습득은 연구 분야에서 변방에 머물러 있었다; 오늘날 이중언어 연구의 대부분은 학습에 대해 다루고 있다. 더욱이 학습자의 자연스러운 학습은 주로 어린이의 제2언어 습득에 주로 머물러 있다; 매우 일부 연구가 어른의 자연스러운 학습에 대해 다루거나 제1언어가 완전히 형성된 뒤의 시기를 다루고 있다(18쪽).

Klein이 지적하듯이 성인의 자연스러운 언어 학습에 대한 연구가 부족했던 명백한 원인은 자료 접근에 어려움이 있어서이다 : 형식적인 언어 교실에서 하는 SLA 연구가 교실 밖의 비형식적인 세계보다 더 수행하기 쉽다. 이렇게 연구가 적은 가운데에도 성인 이민자의 자연스러운 언어 학습에 대한 연구 프로젝트가 몇 개 있다. 그 연구들은 주요 SLA 연구 문헌에서 크게 주목받기도 하고 주목을 별로 못 받기도 하였다. 이러한 연구 가운데 하나는 1970년대 미국의 하버드 대학교에서 실시한 연구이고, 또 하나는 1980년대에 유럽 5개국에서 실시된 유럽 과학 제단 프로젝트였다. 또한 거의 비슷한 시기에 미국에 사는 히스패닉 이민자 여성의 대규모 공동체에 대한 ESL 문해능력 연구도 있었지만 주요 SLA 연구보다 그다지 주목받지 못하였다. 하버

드대 연구는 6장에서 자세하게 논의할 것이고 나머지 두 연구도 본 연구에서 다루는 이민자 여성이 중요하다는 측면을 강조하기 위해 다룰 것이다.

유럽 과학 재단의 연구

성인 이민자의 SLA 과정에 대한 대규모 종단 연구는 유럽 과학 재단(European Science Foundation - ESF)에서 1980년대 중반 실시되었다. 먼저 연구에 대한 소개가 1984년에 처음 이루어졌고(Perdue, 1984) 그 뒤로 책 두 권을 통해 연구에 대한 기술과 분석이 이루어졌다 (Perdue, 1993a, 1993b). 또한 특별히 이문화간 접촉을 살피는 연구에서 흥미로운 양상은 Bremer, Roberts, Vasseur, Simonot, Broeder(1996)의 책에서 다루어졌다. 연구 설계는 5개국에서 5년 동안 성인 이민 노동자의 자연적인 제2언어 학습을 비교 연구하는 것이었다. 연구에는 목표 언어 5개, 모국어 6개, 중간 언어 10개가 포함되어 있었다. 이 연구의 주요 목적은 화석화된 중간언어의 광범위한 실체와 제2언어 습득의 과정과 결정적인 요인을 조사하는 것이었다. 자료 조사 대부분은 영어, 독일어, 네덜란드어, 프랑스어, 스웨덴어를 공부하는 연구참여자 26명을 기본으로 하였다. 자료는 2년 반이 넘는 실험 과제와 자연적인 대화상황이나 역할극을 통해서 수집하였다.

ESF 프로젝트의 중요한 특징 한 가지는 언어 학습자와 목표 언어 발화자 사이에 벌어지는 상호작용의 사회적, 정치적 맥락에 초점을 둔 것이다. 또 다른 쟁점 가운데 하나는 성인 이민자들이 자주 당하는 차별은 사회적인 상호작용에 상당한 영향을 준다는 것이다. 덧붙여서 목표 언어 화자와 언어 학습자 사이에 생기는 오해는 사실 발화와 비발화 단계에서 일어나는 사회적 상호작용 방식에 대해 서로 다르게 특정-문화를 가정하고 있기 때문에 일어날 수 있다. ESF 프로젝트는 세 가지 큰 주제를 가지고 있는데 이 책과 특히 관련 있는 것은 다음과 같다 : 한 언어의 원어민 화자와 비원어민 화자 사이에 일어나는 의사소통이 가진 특징은 무엇인가? 이 질문은 ESF 프로젝트의 마지막에 Bremer, Broeder, Roberts, Simonot, Vasseur(1993)가 쓴 보고서의 주요한 초점이자 책의 바탕을 이루는 것이었다.

Bremer 외(1993, 1996)에서 나온 결과로부터 알게 된 것은 굉장히 많지만 특히 두 가지가 특별하다. 첫째, Bremer 외는 기존의 SLA 연구와는 구별되게 다양한 이해의 개념을 제시하였다. 이해를 듣기와 읽기의 영역으로 보는 연구와는 반대로 이해는 수동적인 기술이 아니라 능동적이며 학습자와 목표 언어 화자들이 같이 만들어간다는 것이다(Bremer 외, 1993: 153쪽). 두 구성원 모두가 의미의 구성에 활발하게 참여한다면 언어 학습은 향상될 것이라고 설명한다. 이러한 의미 구성은 대부분 민족 사이의 접촉에서 일어나는데, 일을 하기 위해 원어민 화자를 이해하기 원하는 학습자들이 원하는 것이지 원어민 화자가 학습자를 확실히 이해하기 위함이 아니라는 것이다. 또한 문제가 있다는 것을 잘 인식하지 못하는 데에서 비롯된 *오해*와 상호작용에서 더 즉각적으로 드러나는 *이해 부족*의 두 가지로 구분을 잘 지어 놓았다. 둘째, Bremer 외는 이민 온 성인 언어 학습자가 의사소통을 하기 위해 배워야 하고 배우기 위해 의사소통해야 하는 역설적인 상황 — 흔히 일어나는 사회문화적으로 어려운 상황 — 에 주로 관심을 두었다. 더 나아가 학습자가 상호작용에서 적절하게 행동하는 것은 참여를 통해 배우게 되지만 학습자는 자신이 참여하는 방식에 따라서 평가받기 쉽다는 모순적인 학습 상황에 직면한다고 주장한다. 이러한 진퇴양난의 상황은 주류 공동체와 지속적인 접촉을 통해서 나아질 수 있기는 하다. 그렇지만 학습을 위한 기회는 종종 학습자와 대화상대자 사이의 불균형한 힘의 관계와 더불어 목표 언어가 능숙하지 못하기 때문에 불이익을 배로 받는 관료주의적이고 배타적인 상황에서도 제한된다. Bremer 외는 이해하기 어려운 상황은 불균형한 상호작용의 감소와 공유하고 있는 지식이 명시적으로 밝혀졌을 때 성공적으로 감당할 수 있다고 설명한다. 이것은 목표 언어 화자 쪽에서의 선제 행동뿐만 아니라 학습자 쪽에서 이해 부족을 나서서 설명하는 것으로 해결될 수 있다. 두 경우 모두 서로가 체면 손상이 없는 상태에서 이해해야 한다는 것을 보장할 필요가 있다.

ESF 프로젝트는 목적과 결과 모두에서 주목할 만함에도 불구하고 정체성과 언어 학습 사이의 관계에 바로 주목하지는 않았다. ESF 보고서의 부록에 있는 학습자 소개는 학습자에 대한 간략한 정보를 제공한다. 이와 더불어 정보제공자 26명의 개인사, 기억, 욕망은 연구의 중점이 아니었다. 본 연구에서는 언어 학습자들이 살고 있는 다양한 영역에서 그들이 가진 다양한 정체성의 종합적인 분석을 통해 얻을 수 있다는 것을 보여주었으면 한다.

미국의 히스패닉 이민 여성과 문해능력

Rockhill(1987a, 1987b)이 미국 로스앤젤레스에서 히스패닉 여성 이민자를 대상으로 한 저명한 문해능력 연구는 영어 문해능력의 습득과 관련하여 정보제공자가 매일 겪는 삶과 경험을 연결 지으려 하였다는 점에서 ESF 프로젝트와 구분된다. Rockhill은 상대적으로 많은 수의 여성(약 50명)을 연구한 반면 본 연구는 그것보다 적은 여성 5명과 함께 한 사례 연구였다. 그렇기 때문에 Rockhill의 연구는 정체성과 언어 학습에 대해 본 연구자가 정보를 찾을 수 있도록 길을 열어

주었다. Rockhill이 말한 문해능력의 개념은 2장에서 논의한 Barton과 Hampton의 연구와 비슷한데 단순히 어떻게 읽고 쓰는지를 아는 것만이 아니다. Rockhill(1987a, 327-328쪽)은 "문해능력은 사회적인 행위이고 또한 담화적이며 이념적인 행위이다. 그리고 문해능력은 '교육 받은' 존재라는 의미"라고 지적하였다. Rockhill이 연구한 여성들은 문해능력에 대한 이야기는 직접 하지 않았지만 그들은 영어를 알지 못한다는 것에 대해서 이야기하였다. Rockhill의 연구를 보면 여성들에게 주어진 물질적인 조건과 사회적인 상황에서 영어 학습은 굉장히 어렵다는 사실에도 불구하고, 여성들은 영어로 의사소통하지 못하는 상태에 부끄럽고 죄스러움을 느끼고 영어 학습에 진전이 없다는 것에 대해 스스로 비난한다. Rockhill은 여성들이 모두 학교에 가고 싶어 하고 읽고 쓰는 것을 배우고 싶어 한다고 했다. 그리고 읽고 쓰는 능력이 비록 자신의 남편과 아이들을 위해서는 권리라고 인식했지만 자신을 위한 권리라고는 생각하지 않았다는 점을 언급하였다. 이 여성들이 비록 많이 교육받고 재능이 있을지라도 자신의 욕구는 가족 안에서 가장 마지막이었다 : 이 여성들의 성공은 아이들과 남편들이 얼마나 성공했느냐로 판가름 나기 때문에 여성들은 자기 가족을 위해 더 나은 삶을 제공하는 데 자신의 힘을 쏟아붓는다.

Rockhill의 연구는 본 연구에 큰 틀을 제공하였다. 왜냐하면 그 연구는 문해능력을 사회적 실행과 성별화된 측면에서 모두 조사하였기 때문이다. 이 책에서 여성들이 영어를 배운 방식과 영어에 노출된 방식, 영어를 연습하기 위한 기회가 대부분 여성으로서의 정체성에 의해 이루어졌다고 설명하였다. 예를 들어 이 연구에서는 나이든 여성과 비교하여 아이가 없고 가정에 대한 책임이 없는 젊은 여성들은 영어를 배우고 영어 화자와 접촉할 수 있는 일을 찾는 데 바칠 수 있는 시간과 에너지가 더 있었다. 한편 나이가 많은 여성들은 가정에서 해야 하는 의무와 영어를 배우려는 열망 사이에서 갈등한다. Rockhill의 연구에 나오는 여성들의 요구는 항상 가족의 요구 다음으로 고려되었다. 제2언어 학습을 성별화된 활동이라고 논의하며 본 연구자는 사적인 영역의 언어인 모국어가 어떻게 사용되는지, 공적인 영역에서 영어가 어떻게 사용되는지, 여성이 가진 다양한 정체성과 영어의 실행이 어떻게 여러 방식으로 교차되는지를 살펴보았다. 그러나 Rockhill의 연구는 연구참여자들이 영어 지식에 대한 교육을 많이 받지 않았다는 점에서 본 연구의 연구참여자들과 대조된다 : 본 연구에 참여한 여성들은 모두 상대적으로 교육 수준이 높았다. 그러나 이 여성들의 문제는 그들의 교육과 경험이 캐나다에서는 사회적으로 별로 가치가 없기 때문에 그들이 필사적으로 구하는 물질적인 자원에 다가가기가 힘들다는 것이다. 이러한 상황은 가치 있는 사회적 관계에 접촉하고 계층화된 정체성과 영어를 말할 기회에 접촉하는 데 영향을 끼친다. 이러한 분석을 Rockhill의 연구에서는 볼 수 없다. 왜냐하면 Rockhill의 연구와 다르게 본 연구는 종단 연구이고 연구참여자들이 글로 그들의 경험을 표현하고 반영할 수 있었기 때문이다. 본 연구에서는 여성들이 가진 이민 여성과 언어 학습자라는 정체성이 만들어낸 생산물을 통해 독특한 시선으로 볼 수 있었다.

이민 여성의 캐나다 세계

캐나다에서 이민이라는 것은 여러 번에 걸쳐 세계 각국에서 온 사람들이 캐나다 각지에 정착한 경험이다. 이민이 가진 복합적인 의미는 왜 사람들이 캐나다로 이민을 왔느냐 하는 것과 캐나다에 오기 전에 그들이 겪은 경험과 현재 캐나다에 살고 있는 상황을 바탕으로 이해되어야 한다. 다문화주의에 대해 캐나다는 수용과 존중을 정부 정책의 기본으로 하여 다양한 배경을 가진 이민자를 초대하고 있지만 일부 이민자들은 홀대받고 차별받는다는 인식이 있다. 이민 여성은 이 점에서 특히 취약하다. Boyd(1992)는 어떻게 일부 외국 태생 여성이 빈번하게 여성, 외국 태생, 인종이나 출신과 같은 것으로 인해 삼중으로 차별을 받는지 설명하였다. 결론적으로 특정 여성 이민자 집단은 주로 사회-경제적 척도의 가장 바닥에 위치하고 있는데, 특히 그들이 최근에 도착하였거나 아시아나 남유럽 국가에서 왔을 때 그러하다. 더욱이 Boyd는 몇 년 동안을 캐나다에서 산 뒤에도 이민 여성들 거의 대부분은 같은 조건의 남성들보다 두 배 이상 대화를 끌어갈 만큼 공식 언어에 능숙하지 못하였다고 밝혔다. 공식 언어를 모르는 것은 여성들에게 일자리를 얻을 기회가 희박하다는 결과를 낳는다. 이민자 여성이 일을 찾았어도 그 일은 인종적으로 격리되어 있고 월급이 낮고 언어로 다양한 상호작용이 필요하지 않은 직업이 될 가능성이 있다. 영어나 프랑스어에 대해 잘 모르는 이민자 여성 10명 중 7명은 가공업이나 제조업에 고용된다(Boyd, 1992). 에바, 마이, 카타리나, 마르티나, 펠리시아의 특별한 경험을 제대로 인식하고 광범위한 사회역사적 맥락 속에서 여성 다섯 명의 이야기를 잘 규명할 수 있도록 캐나다와 관련 있는 연구를 살펴볼 것이다.

Ng의 밴쿠버 이민 여성 연구

1978년 여름에 Ng(1981)는 어떻게 이민 여성들의 경험이 캐나다의 사회적, 경제적인 맥락 안에서 위치 지어지는지 밝히기 위해서 연구를 진행하였다. 특히 Ng는 무엇에 의하여 캐나다에서 '이민자'나

'소수민족'으로 불리게 되는지와 같은 사회적인 과정에 대한 연구에 초점을 맞추었다. Ng는 일부 부유한 이민자는 소수민족으로 여겨지지 않지만 캐나다에서 50년 동안 산 이민자들은 아직도 이민자로 간주 된다고 강조하였다. Ng의 연구 결과 중 본 연구에서 의미 있는 것은 — 그들의 삶이 어떻게 사회 복지 전달 체계, 노동 시장, 교육 체계와 관련되어 꾸려져 가는지와 관련된 — 사회 구조 안에서 이민 여성의 삶을 보면 이민 여성의 민족성이 중요한 특성이 된다는 점이다. Ng는 다음과 같이 주장하였다.

> 이민 여성들의 민족성은 여성들이 버스 운전사나 슈퍼마켓 직원, 사회 복지사 등의 사회 구성원들과 상호작용 할 때 드러나게 된다. 이러한 특성은 이민 여성들이 다르게 생겼다는 사실을 바탕으로 한다; 이민 여성들은 적절한 역할을 할 수 없거나 이러한 상황에서 스스로 적절하게 행동하지 못한다는 것이다. 그들이 무능력한 이유는 그들의 민족성 때문으로 여긴다. 민족성에 대한 이러한 견해는 이민으로 인해 발생한다 (103쪽).

Ng는 이민 여성들이 캐나다와 자국에서 겪은 경험이 단지 문화적인 차이가 아니라는 사실을 강조하였다. 자기 나라에 있었을 때 이민 여성들은 능숙한 방식으로 일을 처리할 수 있었고 대중 사회 안에서 상호작용하려고 할 때 신체적인 차이가 이민 온 나라에서 겪는 만큼 중요하지 않다. 캐나다 사회에서 — 혹은 이러한 문제와 관련하여 어떤 사회에서든 — 개인이 충분히 역할을 한다는 것은 어떻게 사회가 돌아가는지를 규정하는 조직 형태에 대한 상식이 있다고 여기는 것이다. 대중 사회의 구성원들과 접촉이 이루어지는 때면 언제든지 민족성은 규정되고 재구성된다. 그리고 Ng는 매일 세상이 어떻게 돌아가는지와 그 세상에 대한 지식과 이해 사이에 괴리가 발생할 때 이민 여성의 민족성이 더 드러나게 된다고 지적하였다.

Cumming과 Gill의 인도계 캐나다인 연구

Ng가 캐나다 이민 여성의 정체성 형성에 관심을 가진 반면, Cumming과 Gill(Cumming, 1990; Cumming & Gill, 1991, 1992)은 어떻게 하면 언어 교육이 이민 여성 집단에 더 도움을 줄 것인지에 대한 연구에 초점을 맞추었다. ESL 이중언어 문해 교실과 아동 보육 서비스는 밴쿠버의 지역 복지 시설에서 펀자브어를 구사하는 여성들에게 일주일에 2회씩 오후에 무료로 제공되었다. 연구자들은 여성들이 매일 영어와 펀자브어를 읽고 쓰는 사용 양상과 더불어 ESL 문해 능력을 익히고자 하는 결정 과정을 살펴보고자 노력하였다. 본 연구에서 관심 있는 부분은 캐나다에서 평균 6년 이상(한 명은 13년)을 살았음에도 불구하고 친구나 지인이 영어 화자인 여성이 한 명도 없었다는 점이다. 여성 한 명만이 가끔 이웃에게 영어로 말했고 일을 하고 있는 한 여성은 오직 경비원과 가끔 이야기하거나 잡역부로 일하는 계약회사의 대표와 가끔 영어로 이야기하였다. 가끔 영어화자들이 거리에서 아기에 대해서 여성들에게 이야기한다. 이와 같이 교육적인 개입 전에는 여성들이 영어를 연습할 기회를 가질 기회가 거의 없다. 이러한 관찰 결과는 Cumming과 Gill이 주류 사회와의 일상적인 접촉을 통해 제2언어를 연습할 기회를 얻는다는 캐나다 언어 교육에 뿌리 박혀 있는 생각을 재고할 수 있게 해 주었다. 또한 Cumming과 Gill은 '성별은 제2언어를 배우고자 하는 성인의 동기나 가능성을 개념적으로 설명하기 위해 기본적인 고려사항'이라고 강조한다(248

쪽). Cumming과 Gill의 연구에서 많은 여성에게 가장 중요한 우선순위는 가족과 가정을 돌보는 것이었다. 가정에 대한 헌신을 다하고 나서야 여성들은 사치스러운 교육을 편히 받을 수 있었다. 덧붙여 공공사회와 상호작용하는 주된 책임을 갖는 것, 물건을 사는 일, 공적 기관에서 일을 보는 것은 주로 남편들이었다. 그러한 까닭에 여성들이 대중 사회와 맺는 상호작용의 범위와 질은 더 제한되고 있다.

Goldstein의 이중언어 일터 연구

또 다른 캐나다의 학습자 집단을 연구한 Goldstein(1996)은 많은 직원이 포르투갈 출신 이민 여성인 토론토의 다중문화/다중언어 공장에서 이중언어 생활과 언어 선택에 대한 문화기술지 연구를 실시하였다. 이 연구는 온타리오에 있는 일터에서 자기 일을 해내기 위해 의사소통이 필요한 이민 노동자의 상황과 관련된 가정에 의문을 제기하였다. 본 연구와 특별히 연관된 것은 영어 사용이라는 것이 이익보다는 사회적이고 경제적인 손실과 더 관련되어 있다는 관찰 결과였다. 공장에서 생산 노동자 대부분은 포르투갈 사람이었고 포르투갈어가 단합의 상징으로 기능하였으며 라인 생산자의 집단 구성은 서로 언니, 오빠, 딸이라 부르는 대가족 같았다. 포르투갈어의 사용은 각자의 자리에서 가족 구성원으로서의 권리, 의무, 기대로 이어져 있다 — 예를 들어 대열을 유지하도록 돕는다든지 교체가 필요한 사람을 대체해 준다든지 하는 것. 여성들은(모국어가 포르투갈어이든 이탈리아어이든, 스페인어이든) 생산 라인에서 잘 동화될 수 있도록 캐나다 사회에서 주요 언어인 영어보다 소수 언어인 포르투갈어를 구사해야 한다. 일터에서 영어를 쓰는 포르투갈어 화자들은 자신의 공동체 구성원을 모욕한다고 비난받거나 일터에서 상징적이며 물질적인 자원에 접근하는 행위가 위태로워질 수 있다. Goldstein은 일터에서의 동료애나 도움의 가치가 과소평가되면 안 된다고 주장하였다. 왜냐하면 근로자들이 효율적인 기준을 갖도록 하기 위해서는 동료들의 도움이 필요하기 때문이다. 4장에서 명시하겠지만 이러한 연구 결과는 일터에서 마이가 겪은 경험이 바로 말해 준다.

또한 Goldstein은 영어에 대한 접촉을 이해하려면 성별화된 구조, 포르투갈 가정의 역학 관계, 캐나다인들의 정치·경제 분야에서 근로자가 속한 계층의 위치에 대해 알아야 한다고 주장하였다. 생산라인을 떠나 고소득직에 오를 수 있었던 대부분의 포르투갈 출신 근로자들은 공장에 들어오기 전에 영어 말하기와 문해능력을 지닌 사람들이었다. 이 부류의 사람들은 주로 16살 이전에 캐나다로 이민 온 포르투갈 남녀였고 영미권 학교를 다녀 본 경험이 있었다. 다른 이들이 캐나다 연방에서 지원하는 형식적인 언어 훈련에 참석할 때 카타리나 남편이나 펠리시아 남편 같이, 그 포르투갈 남자들은 자국이나 캐나다에서 업무의 특성 상 영어 화자들과 만날 기회가 있었다. 여성들이 이러한 공식 언어 훈련에 참여하지 않은 이유는 그들 아버지의 반대를 포함하여 교실에 너무 많은 남성의 출석, 집안일, 밤에 나가는 것에 대한 두려움, 자신감의 부족 때문이다. Goldstein은 포르투갈에서 학교 교육을 4년밖에 받지 못한 노동자 계층의 여성들은 포르투갈어를 사용하는 일보다 더 나은 일을 찾기는 어렵다고 보았다.

Burnaby, Harper, Norton Peirce의 리바이스(Levi Strauss) 연구

리바이스(캐나다 지사)가 위탁한 또 다른 연구는 캐나다 직장에서 영어를 배우면서 여성 이민자들이 직면한 어려움을 강조하였다. 1990년대 초반 Burnaby, Harper, Norton Peirce는 캐나다에 있는 리바이스 의류 공장 세 곳에서 ESL 프로그램에 대한 평가를 실시하였다.[30] 연구 목적은 주로 여성들이 일하고 있는 공장 세 곳에서 구성원을 대상으로 하는 직장 영어 프로그램의 사회적인 영향을 평가하기 위해서였다. 연구자들은 학습자들이 영어를 연습할 기회가 최소한도로 제한되어 있다는 것을 발견하였다. 공장 안에서 사회적인 대화는 거의 없었다는 증거가 있었는데 스트레스를 많이 받는 성과급 제도의 특성이 상황을 악화시켰다. 그리고 공장 노동자들은 시간 당 돈을 받는 것이 아니라 작업량에 비례하여 월급을 받았고 공장의 소음 때문에 귀마개 착용이 의무화되어 있었다. 관리자는 라인 노동자들과 개인적으로 제일 접촉을 많이 가졌지만 종종 리바이스 영어로 불리는 정형화된 영어로 의사소통을 하는 경향이 있었다. 친교 네트워크는 일반적으로 같은 언어에 기반하고 있었고 영어 화자들은 영어 화자가 아닌 사람들과는 좀처럼 어울리지 않았다. 구내식당에서 종업원들은 같은 언어를 쓰는 사람들끼리 앉는 경향이 있었다.

그뿐만 아니라 많은 비영어 화자들은 영어 능력의 부족과 캐나다인이 아니라고 스스로 느끼는 인식 때문에 공장에서 소외됨을 느꼈다. 예를 들어 어떤 이들은 캐나다인을 선호해서 좀 더 편한 일감을 캐나다인에게 몰아주는 관리자들의 차별로부터 스스로를 지키기 위해서는 비영어 화자들이 영어를 해야 한다고 말한다; 또 다른 이들은 영어를 할 수 없기 때문에 그들이 장애인 같다고 느낀다고 이야기했다. 많은 직원이 공장에서 하는 ESL 프로그램에 참여하지 않는다. 왜

---

30 Burnaby, Harper, Norton Peirce(1992); Harper, Norton Peirce and Burnaby(1996); Norton Peirce, Harper and Burnaby(1993) 참고. 이 연구들이 그 당시의 관습을 기록하는 동안 그 직장에서의 변화, 특히 성과급제의 도입과 관련하여 많은 변화가 일어났었기 때문에 주목해서 보아야 한다.

냐하면 그들이 겪은 소외 경험이 그들을 침묵하게 만들기 때문이다. 덧붙여 근로자들의 가정생활은 ESL 프로그램에 대한 여성의 투자에 여러 흥미로운 방식으로 얽혀 있지만 역설적으로 많은 여성을 ESL 프로그램에 참석하지 못하게 하였다(Norton Peirce et al., 1993). 많은 여성에게 일터는 답답한 가정생활로부터 벗어남을 나타내었는데 자신의 자립을 위협하는 어떤 것도 하고 싶어 하지 않았다. 그러므로 일부 여성들은 만약 ESL 과정을 들으면 그들의 일 — 그리고 캐나다에 있는 몇 안 되는 친구들과 만나는 것 — 을 잃을 수도 있고 할당량을 감당할 수 없게 되는 것을 두려워하였다. 어떤 이들은 가정에서 유일한 가장이며 근근이 먹고 사는 실정이었다. 그들은 가족을 돌볼 수 있도록 돈을 버는 데에 온 힘을 집중하고 싶어 했고, 영어 강좌를 들음으로써 성과급 작업을 하는 속도가 줄어들어 생산성을 저해당하는 게 두려웠다. 또 어떤 이들은 ESL 교실에 가기를 원하지 않았는데 그 이유는 남편 쪽에서 자기보다 아내가 교육을 더 받기를 바라지 않았기 때문이다.

여성 이민자에 대한 Morgan의 실행 연구

좀 더 긍정적인 연구는 토론토의 공동체-기반 ESL 교실에서 이민 여성들을 대상으로 한 Morgan(1997)의 실행 연구이다. 이 연구는 ESL 교사가 수업에서 사회적 부당함을 개선하는 데 어떤 식으로 도움을 줄 수 있는지에 대한 설득력 있는 예를 보여주었다. 대부분이 중국 여성 이민자들로 이루어진 집단에 억양을 가르친 것을 다음과 같이 자세히 기록하였다 :

이 과외활동에서 가장 눈에 띄는 것은 사회의 권력과 정체성 문제를 전

경화하는 것이 어떤 식으로 성별과 민족성에 기반한 사회적인 관계를 (재)정립하기 위해 전략상 중요한 자원으로써 문장 단계의 강세와 억양을 더 잘 이해할 수 있게 하는 것처럼 보였느냐하는 점이다.

Morgan은 비판 연구를 통해 발음과 같은 흔한 수업이 어떻게 해방 가능성을 가질 수 있는지를 조사하였다. 그의 주요 결론은 — 언어 교사들은 자신의 학습자들이 언어 능력이 꼭 필요한 사회적 필요와 열망을 가지고 있다는 인식이 필요하다 — 본 연구에서 중요하다.

생애, 정체성, 언어 학습

정도의 차이가 있지만 위에서 언급한 유럽, 미국, 캐나다 연구는 목표 언어 화자들과의 의사소통과 관련하여 이민 언어 학습자의 역설적인 지위에 대한 깊은 성찰을 엿볼 수 있다. 한편 이민자 가운데 언어 학습자들은 목표 언어를 연습하고 향상시키기 위해서 목표 언어 화자들과 사회적인 관계를 맺을 필요가 있다; 그러나 그러한 관계는 맺기가 힘든 면이 있다. 공통 언어가 관계를 맺기 위한 *선행* 조건이기 때문이다. 그리고 앞선 연구들에서 빠진 것은 특히 학습자들의 목소리, 그들의 독특한 개인사, 미래에 대한 고유한 열망이다. 이러한 생애사적 통찰은 정체성과 언어 학습 사이의 관계를 이해하는 데 중요하다. Weiler(1991)가 주장한 것처럼 *여성들*이라는 항목은 다양한 인종, 계층, 성적 취향의 여성들을 나타내고 *여성*이라는 항목은 복합적이고 변화하고 바뀌기 쉽다는 것을 나타낸다. 더 나아가 *이민 여성*들을 동일한 집단으로 이해하거나 교실이나 공동체에서의 언어 학습 경험을 획일화시켜서 이해하면 안 된다. 본 연구에서는 특정한 시간과 장소에 있는 독특하고 유일한 여성 다섯 명의 목소리, 개인사, 열망을 통해 정체성과 언어 학습 사이의 관계를 더 잘 이해할 수 있도록 노력을 다하였다. 이러한 의미에서 여성 다섯 명에 대한 소개를 먼저 할 것이고 4장과 5장에서는 심도 있고 짜임새 있게 들여다볼 것이다.

에바

처음 에바를 만났을 때 친근한 태도와 너그러운 마음에 감명을 받았다. 1967년에 폴란드에서 태어난 에바는 고등학교를 마치고 20세에 폴란드를 떠나기 전까지 바텐더로 일하였다. 1989년에 캐나다에 도착하기 전에 이탈리아에서 2년을 보냈는데 그곳의 난민 교실에서 배운 이탈리아어가 유창하게 늘었다. 에바는 학교에서 러시아어도 배웠고 자신이 체코슬로바키아어와 유고슬라비아어라고 부르는 언어도 이해할 수 있게 되었다.[31] 그렇지만 캐나다에 오기 전에 영어를 몰랐다. 에바는 '경제적 이익'을 얻기 위해 캐나다로 이민을 왔는데 이민자를 장려하는 몇 안 되는 산업화된 국가였기 때문이다. 그리고 가족이나 친구도 없이 혼자 왔는데 캐나다에 도착하기 전에 뉴타운 (Newtown)에는 지인이 한 명밖에 없었다. 에바는 캐나다에 도착한 지 얼마 안 돼서 폴란드 남자인 야누스와 함께 동거를 하게 되었는데 야누스는 폴란드인이 아닌 남자에 관심을 가지는 것에 저항감을 가진 남자였다. 에바는 폴란드인을 배우자로 선택한 것이 우연이 아니라고 설명하였다. '저는요, 폴란드에서 온 사람을 더 원했는데요, 왜냐하면 이 사람은 캐나다 사람이 아니고 폴란드 사람이니까 우리를 이해할

---

[31] 에바는 체코어와 슬로바키아어나 세르비아어, 크로아티아어, 슬로베니아어, 마케도니아어 사이에 차이를 두지 않았다.

수 있었으니까요.' 집은 에바에게 피난처 같은 곳으로 여겨졌고 가정 환경은 편안했다. 가끔 TV와 라디오 방송에서 영어를 들었지만 에바는 집에서 아주 일부만 영어로 이야기하였다.

에바가 뉴타운에 도착했을 때 뉴타운에서 이탈리아 거리로 유명한 곳의 중심에 위치한 이탈리아 상점이라는 곳에서 일을 구했다. 에바는 뉴타운으로 최근에 이민 온 많은 사람이 그랬던 것처럼 이 지역에 살았고 이탈리아어가 유창했기 때문에 직업을 구할 수 있었다. 그녀는 이탈리아계 캐나다인들이 그 가게를 애용했기 때문에 그 이탈리아 상점에서 일하는 것을 좋아했고 이탈리아어로 일하는 것도 좋아했다. 에바는 상점에서 매우 만족했지만 영어를 배우고 싶어 했기 때문에 걱정을 하였다. 왜냐하면 일하면서 영어를 연습할 기회가 별로 없었기 때문이다. 에바는 캐나다에 온 지 두 달 만에 뉴타운에 있는 온타리오 대학에 개설된 언어 훈련 프로그램에 참여할 수 있게 되어 기뻤다. 그리고 이탈리아 상점에서는 시간을 줄여서 일요일 한 번만 일하였다. 에바는 언어 과정을 마친 후에 더 능숙하게 영어를 쓸 수 있는 곳에서 본격적으로 다른 일을 찾기 시작하였다. 뉴타운에 있는 먼치스(Munchies)에서 일자리를 구했는데 에바는 그곳에 영어를 유창하게 구사하지 못하는 유일한 고용인이었다. 먼치스는 시내의 번화가에 위치한 고급 패스트푸드 식당이다. 에바는 여러 가지 업무를 수행하는 상근 직원이었는데 주된 업무는 매장을 청소하고 음식 재료를 준비하는 것이었다. 먼치스에서 에바가 경험한 것은 다음 장에서 더 상세하게 기록할 것이다.

에바는 캐나다에 오게 되어 기뻤다 : 어떤 사람들은 캐나다가 '이민자에게 좋은 나라'라고 생각합니다. 당신은 이 의견에 동의합니까? 당신의 의견은 어떻습니까?"라는 작문 주제에 대한 응답으로 다음과

같이 썼다.[32]

나는 사람들의 의견에 동의한다. 그들 마음속에 어떤 걱정이 있는지 잘 모르겠지만 이 의견을 뒷받침해 줄 수 있는 몇 가지 예를 제시할 수 있다. 캐나다 정부는 이민자들이 이민 와서 정착할 때 필요한 기본 능력을 키울 수 있도록 그들을 돕는 프로그램에 자금을 지원한다. 새로 온 사람들을 위해 가장 중요한 점은 영어로 의사소통을 할 수 있게 하는 것이다. 모두가 지역 학교에서 제공하는 각종 주야간 강좌에 관심을 가지고 있다. 동시에 유능한 이민자들은 정부로부터 재정적인 지원을 받을 수 있는데 그렇게 함으로써 개인의 시간을 학습 과정에 쏟을 수 있게 한다. 정부는 또한 이민자들이 하던 일을 계속할 수 있도록 돕는다. 전반적으로 캐나다는 이민자들에게 좋은 나라이다. 왜냐하면 정부와 더불어 일반인들도 새 나라에 동화되는 어려운 과정을 도우려고 노력하기 때문이다.

에바는 영어를 학습하는 과정을 잘 해냈다고 느꼈다 : '나는 바깥 세상과 의사소통 할 수 있었고 캐나다인들과 얘기할 때 자신감이 있었다. 마침내 나는 영어를 써야 하는 곳에서 일할 수가 있었다.'라고 기록하였다. 에바 자신의 진전을 설명하기 위해 언어 학습의 형식적인 장소와 자연스러운 장소를 구별하였다 : '제2언어로서의 영어 강좌는 내가 영어의 기본을 배우는 데 도움을 주었다. 나중에 일상 대화에서 매일 영어를 연습하는 것은 더 유창하게 되는 데 도움을 주었다.' 그럼에도 불구하고 에바는 영어를 연습할 기회가 순조롭지 않다는 것

---

32 특별히 이해하기 어려운 것에 한해 연구참여자의 응답에 일부 수정을 가하였다.

을 깨달았는데 캐나다의 사회적 구조 때문이었다 :

> 나는 영어 배우는 것을 기꺼이 도와줄 친구를 만나는 것이 어렵다고 생
> 각한다. 그 이유는 다양한 사람들을 만날 기회가 많이 주어지지 않는
> 사회생활 때문이다. 일터와 관련 없는 대화는 종종 영어 학습의 진전에
> 확실히 큰 도움이 되었을 것이다.

캐나다에 온 지 2년 뒤 에바는 캐나다인과 이야기하는 데 자신감
을 느낄 수 있는 단계까지 갔고 영어를 쓰는 주류 직업을 찾을 수
있었다. 더 능숙해지기 위해 영어 연습의 중요성을 깨달았음에도 불
구하고 근무 상황 말고는 캐나다인을 만날 기회를 많이 가질 수는
없었다. 영어권 화자의 세계와 에바의 세계 사이에는 괴리가 있었다.
에바가 말한 대로 '집에서는 폴란드 공동체에서 살았다.' 그러나 이
괴리는 한 가지가 다르다는 것 때문만은 아니다. 에바는 바깥세상과
의사소통을 할 수 있음에도 불구하고 다음과 같은 것 때문에 여전히
소외받고 있다고 느꼈다 : '티 나는 억양 때문에 다른 사람들이 절 이
민자로 봐서요. 그래서 저는 그렇게 느끼죠.'라고 이야기하였다.

마이
에바처럼 마이도 젊고 용기 있으며 생기가 있었다. 마이는 1968
년에 베트남에서 태어났고 21살이 된 1989년 10월에 캐나다에 왔다.
마이는 '앞으로 자신의 인생을 위해' 연세 있는 부모님과 함께 이민
왔다. 아버지는 중국인이고 어머니는 베트남인이었는데 마이는 광동
어와 베트남어를 모두 능숙하게 하였다. 마이는 캐나다에 오기 전에
영어를 몰랐고 형제가 8명 있었는데 2명이 캐나다에 산다. 뉴타운에

사는 오빠 한 명은 가족 초청 이민으로 마이의 캐나다 행을 도왔다. 캐나다에 오기 전에 마이는 다른 나라에 살아 본 적이 없다. 마이는 캐나다에 온 뒤부터 1992년 5월에 결혼하기 전까지 뉴타운에 있는 오빠의 집에 머물렀다. 결혼하면서 남편의 가족이 있는 인접 도시로 옮겨갔다. 마이는 오빠, 새언니, 조카 3명, 아버지, 어머니를 뒤로하고 오빠의 집에서 나왔다. 4장에서 더 자세하게 논의하겠지만 마이의 집에서는 영어가 많이 쓰였는데 조카들이 영어만을 구사하는 단일언어화자였기 때문이다. 그러나 에바의 경우와 다르게 집이 바깥세상으로부터의 은신처가 아니라는 것을 보여줄 것이다.

마이는 캐나다에 오기 전에 고등학교를 졸업했고 베트남에서 재봉 기술을 배웠다. 1990년 1월에 ESL 과정을 시작하기 전에 마이는 뉴타운 지역에 있는 포장 공장에서 짧은 기간 동안 일하였다. ESL 과정을 마치고 난 뒤 곧 뉴타운에 있는 작은 의류 공장에서 직장을 잡았고 결혼하기 전까지 일하였다. 마이는 전일제로 일했지만 온타리오 대학에서 개설한 야간 ESL 과정을 계속 수강하였다. 처음에 의류 공장에서 일하는 것이 영어를 말하고 들을 기회를 많이 주었다. 마이는 캐나다인의 생활 방식이 영어를 배우기 쉽게 하였다고 말하였다. '이곳에서 살다 보면 일을 해야 돼요. 그래서 직장에서 사람들을 만나게 되죠. 그들은 모두 영어로 말해요.' 그러나 4장에서도 쓰겠지만 이러한 상황은 작업자들이 해고되었을 때 극적으로 바뀌었다. 궁극적으로 마이는 대학에 돌아가서 전문적인 학위 과정을 공부하고 싶다고 이야기하였다.

캐나다에서 첫 2년간 여러 문제에 부딪혔음에도 불구하고 마이는 이민 온 것이 기뻤다고 아래와 같이 기록하였다 :

캐나다 사람들은 매우 친절하고 도움을 많이 준다. 캐나다는 큰 나라이고 회사, 공장, 농장에는 굉장히 다양한 직업이 있다. 영어를 잘해야 하거나 경험이 많지 않아도 된다. 사람들은 그냥 캐나다에 와서 큰 어려움 없이 직업을 구할 수 있다. 또한 캐나다 정부는 이민자들의 삶에 관심을 많이 가져준다. 그리고 사람들이 6개월 동안 학교에 가도록 지원해 준다. 만약 일이 없는 사람이 있으면 캐나다 노동 이민청에 가면 된다. 그곳에 가면 힘든 시간을 넘길 수 있도록 도움을 받을 수 있을 것이다.

마이는 캐나다 사람들이 친절하고 도움을 많이 준다고 기록하였다. 마이는 재봉 기술이 있었기 때문에 일을 찾기가 어렵지 않았다; 그러나 에바의 경우와는 다르게 이러한 종류의 직업은 뛰어난 영어 구사 능력이 필요하지 않았다. 마이는 캐나다 정부가 제공하는 사회복지 사업에도 감명을 받았다. 캐나다 사람과 캐나다 정부에 대한 긍정적인 언급에도 불구하고 캐나다에서 아직 이민자처럼 느낀다고 썼다. 마이는 억양 외에도 캐나다 백인의 특징을 가지고 있지 않아서 모르는 사람들이 금방 알아차렸다고 말하였다. 이러한 이유로 마이는 캐나다 주류 사회의 구성원으로 절대 받아들여질 수 없을 거라고 기록하였다.

나는 캐나다에서 이민자다. 내 일생을 캐나다에서 살게 되어도 그럴 것이다. 왜냐하면 완전하게 구분되는 점을 많이 가지고 있기 때문이다. 억양 같은 것. 몸에 밴 행동. 가끔 날 잘 모르는 사람들은 중국 사람이냐고 곧잘 나에게 묻기도 했다. 이런 게 내가 이민자나 중국계 캐나다 시민이라고 더 느껴지게 하였다.

영어 학습에 대해 마이는 자신이 캐나다에 도착한 이래로 눈에 띄게 영어가 늘었다고 말하였다 : '전 영어로 읽고 쓰고 말할 수 있어요. 사람들이 제게 말하는 대부분의 것들을 이해할 수 있고 제가 필요한 건 뭐든 사람들에게 얘기할 수 있어요.' 영어 학습에 도움을 준 것은 '공동체, 일터, TV 시청, 독서나 신문'이었다고 밝혔다. 에바처럼 마이는 자신의 친구나 가족 가운데 영어를 쓰는 이들에게 영어를 말하는 것은 편하다고 느꼈지만 자신이 모르거나 회사의 상사처럼 윗사람이라고 생각하는 사람들에게는 영어를 쓰는 게 불편하다고 느꼈다. 그러나 개인적으로 내적인 문제가 있을 때 영어를 쓰는 게 불편하다고 느꼈다는 것을 드러낸 것은 눈여겨볼 만하다 :

나는 문제가 좀 있을 때를 빼고는 대부분 영어 사용하는 걸 편하다고 느꼈다. 왜냐하면 그때는 내 마음속에 항상 그 문제가 존재했기 때문이다. 그게 영어 사용을 불편하게 하였다.

카타리나

카타리나는 1955년 폴란드에서 태어났고 1989년 4월에 남편과 당시 6살인 딸 마리아와 함께 캐나다에 도착하였다. 이 가족이 캐나다에 이민 온 이유는 '공산주의가 싫어서'였고 가톨릭 교회가 난민 자격으로 이민 올 수 있도록 도움을 주었다. 캐나다에 오기 전 카타리나 가족은 오스트리아에서 일 년을 보냈다. 모국어인 폴란드어 이외에 카타리나는 캐나다에 도착했을 때 약간의 독일어, 러시아어 구사 능력을 지니고 있었다. 비록 카타리나는 영어를 못 했지만 남편은 국제무역업에 종사하며 영어를 사용했기 때문에 영어가 꽤 능숙했다. 가족이 뉴타운에 도착하고 에바가 살던 건물에 침실 두 개가 딸린 집을 빌리기 전까지 일정 기간 후원자의 집에서 머물렀다. 폴란드에서 카타리나는 생물학 석사 학위가 있는 교사였고 남편도 그와 비슷한 학력이 있었다. 캐나다에 처음 왔을 때 8달 동안 독일 레스토랑에서 전일제 주방 보조로 일했고 ESL 과정을 마친 후에는 지역 봉사단이라는 기관에서 가사도우미로 아르바이트를 하였다. 이 일을 하며 정기적으로 영어를 쓸 기회를 갖게 되었다. 1990년 10월 카타리나는 영어 연습을 더 할 수 있는 영어 향상 과정을 시작하였지만 1991년 초에 12단계 ESL 과정으로 옮겼다. 12단계 ESL 과정을 수료한 뒤 18개월짜리 컴퓨터 과정을 시작했고 1992년 12월에 졸업하였다. 미래를 위한 카타리나의 계획은 월급을 많이 받는 좋은 직업을 찾는 것이었다.

카타리나는 다양한 주민으로 구성된 캐나다에서는 많은 사람이 기분 좋게 살고 있다고 썼다:

캐나다에서 사람들 대부분은 만족하며 산다. 굉장히 많은 사람이 2차 세계대전 후에 이곳에 왔고 꽤 많은 사람이 작년에 이곳에 왔다. 그들 대부분은 오스트리아, 독일, 그리스, 이탈리아에서 1년이나 2년을 보냈다. 오스트리아는 아름다운 나라지만 그것은 방문할 때의 이야기고 사는 것은 아니다. 다른 국적을 가진 사람은 그 나라에서 그렇게 느끼지 않는다. 왜냐하면 사람들 대부분은 그곳에서 태어난 사람들이기 때문이다. 반면 이민자들은 캐나다에서 만족하며 사는데 다양한 민족이 있음을 알아차리기 때문이다. 캐나다의 생활 수준은 높은 편이다. 정부는 사람들이 공부할 기회를 제공한다. 아이들만 있고 남편이 없는 엄마들은 정부에서 도움을 준다. 일할 수 없거나 직업을 찾기 어려운 사람들은 사회 복지 혜택을 받는다. 나는 캐나다가 '이민자들에게 좋은 나라'라고 생각한다.

캐나다의 높은 생활수준과 캐나다 정부의 이민자 지원에도 불구하고 카타리나는 이민자로서의 지위와 캐나다 주류 사회에 받아들여질 수 있을지에 대한 불확실함 때문에 애증의 감정을 느끼고 있었다. 카타리나는 캐나다에서 굉장히 불리함을 느낀 이유는 자신이 교육을 잘 받았음에도 불구하고 영어도 유창하지 않고 영어를 배울 시간을 보장해 줄 경제 여건도 허락하지 않기 때문이다 : '우리나라에서 저는 선생님이었어요. 17년 동안 공부했죠. 전 영어를 잘할 수 없었는데 왜냐하면 제가 영어를 공부하려면 5년에서 7년이 필요했는데 돈이 부족했기 때문이에요.'[33] 카타리나는 좋은 교육과 영어 지식은 사람들 인생에 선택권을 준다고 기록하였다 ― 예를 들어 다양한 직업을 선택할 수 있는 것 : '인생은 다른 사람들과 소통할 수 있을 때, 자신이 뭘 생각하는지 정확히 설명할 수 있을 때, 해야 되는 일과는 다른 직업을 할 수 있을 때 더 쉽다. 왜냐하면 그 누군가는 교육을 잘 받았고 영어를 잘하는 사람이기 때문이다.

카타리나는 영어 학습에 많은 진전이 있었고 캐나다 사람들과 이야기할 수 있고 뉴스를 읽고 라디오를 듣고 텔레비전을 보고 이해할 수 있어서 기뻤다. 처음에는 형식적인 언어 학습이 뛰어난 영어 학습자가 되는 것을 도와준다는 믿음을 가지고 있었다. 1990년 12월에 선생님들이 ― 그리고 교재가 ― 영어 배우기에 가장 도움이 많이 되었다는 것을 이야기하였다 : '매우 중요한 건 선생님이에요. 둘째가 교재죠.' 그러나 일 년 뒤 카타리나는 생각을 조금 바꾸었다. ESL 과정의 가치를 인정하면서도 사람들과 이야기하는 것과 언어 교수에만 시

---

33 카타리나와 남편이 실소득이 많지 않았음에도 불구하고 앞으로 전문적인 일을 보장받기 위해서 카타리나의 자격 요건을 향상시켜야 했기 때문에 자원을 사용하였다.

간을 쏟지 않는 강좌의 가치도 강조하였다. 에바와 마이처럼 카타리나는 친구들과 이야기할 때 편안함을 느꼈지만 '선생님, 의사'와 같이 전문적인 사람들과 이야기할 때는 편안함을 덜 느꼈고 덧붙여 다음과 같이 적었다. '나는 한 명이나 소수의 사람들과 영어로 이야기할 때 편안함을 느꼈다. 그런데 많은 사람과 이야기할 때는 편하지 않았다.'

마르티나

마르티나는 1952년 체코슬로바키아에서 태어났고 37살인 1989년 3월에 캐나다에 왔다. 남편 페트르와 아이 셋(당시 야나 17, 엘스벳 14, 밀로스 11)과 함께 왔다. 마르티나는 '아이들에게 더 좋은 삶을 주기 위해' 캐나다에 왔다. 캐나다에 오기 전에 마르티나는 유고슬라비아에서 1개월, 오스트리아에서 19개월을 보냈다. 마르티나의 모국어는 체코어였지만 슬로바키아어와 러시아어도 학교에서 배웠다. 오스트리아에서 비자를 기다릴 때 독일어를 배웠다. 마르티나나 남편이나 캐나다에 오기 전에는 영어를 한마디도 알지 못했지만 아이들은 오스트리아에서 영어 훈련을 조금 받았다. 마르티나와 가족은 공식적으로 망명자로 분류되었지만 가톨릭 교회에서 후원을 받았다. 후원자가 아파트를 구해준 곳이 뉴타운이었다. 아파트는 지하였는데 시끄럽고 매우 비쌌다. 1년 뒤 마르티나 가족은 같은 건물에 있는 에바와 카타리나가 살던 것과 같은 침실 두 개짜리 집으로 이사하였다. 페트르가 직업을 구한 윈체스터로 1991년 7월 이사하기 전까지 1년 동안 거기에 머물렀다.

체코슬로바키아에서 마르티나는 측량사로서 전문 자격을 가지고 있었다. 마르티나는 뉴타운에 도착해서 주방 보조로 패스트푸드점에서 일했지만 ESL 과정을 시작하며 그만두었다. 마르티나가 ESL 과정을 마친 뒤 윈체스터로 이사하기 전까지 10달 과정의 영어 수업에 다녔다. 윈체스터로 가서 마르티나는 지역 대학에서 출납 담당자로 일을 구했고 세무 과정에 등록하였다. 그리고 반에서 일 등으로 졸업하였다. 나중에 마르티나는 새 직업에 도전하고 싶다고 했지만 전망이 확실하지 않았다.

12월에 마르티나는 좋은 일자리를 찾는 것에 대한 어려움은 부족한 영어 기술 때문이라고 분석하였다 : '전 일하는 게 두렵지 않아요. 만약 제 영어가 지금보다 낫다면 운 좋게 좋은 일자리를 얻을 수 있었을 거예요.' 그런데 일 년 뒤 마르티나는 영어를 잘하는 것이 원하는 일자리를 구하는 데 충분하지 않고 캐나다인으로서의 경험을 고용주가 강조한다는 것을 깨닫기 시작하였다 : '측량사나 그런 것과 비슷한 수학을 많이 필요로 하는 일자리를 가지고 싶어요. 제가 일자리를 얻기 위해서 영어가 더 필요하다고 생각했는데 지금은 그게 아닌가 싶어요. 왜냐면 모두들 캐나다인으로서의 경험과 보증인을 요구했으니까요.' 마르티나의 남편 페트르는 배관공인데 그 역시 일자리를 찾는데 매우 고생을 많이 했고 몇 번이나 실직을 당하기도 하였다. 이러한 일은 마르티나 가족들에게 굉장히 충격이었다. 왜냐하면 체코슬로바키아에서는 실직의 가능성에 직면할 가능성이 전혀 없었기 때문이다 : '너무 달랐죠. 왜냐면 모든 규칙이 달랐기 때문이에요. 우리나라에서는 모든 게 정부 소유고 거의 모든 지원은 정부에 가면 되거든요. 우리가 열심히 일하지 않는다고 직업을 잃을 걱정은 전혀 없었죠.' 마르티나 집에서는 영어로 아주 조금만 이야기했고 일터에서도 영어를 연습할 기회가 극히 적었다. 더욱이 살고 있는 공동체에 영어 구사자들이 별로 없었다 : '저한테 정말 큰 문제는 말하긴데요, 뉴타운에는 이민자가 많기 때문에 영어로 말하고 틀린 걸 고칠 기회가 거의 없다고 봐야

죠.' 그러나 마르티나는 영어 학습에서 큰 진전이 있었고 영어로 많은 일을 할 수 있게 되었다.

마르티나는 캐나다로 오기로 한 가족의 결정에 복잡미묘한 감정을 가졌고 캐나다에서 좋은 경험과 나쁜 경험을 다 했다고 썼다 : '어떤 사람들은 정말 친절하고 많이 도와줬는데요, 또 어떤 사람들은 우리 걸 뺏어갔어요.' 캐나다에서의 안 좋은 경험과 직업 불안정성에도 불구하고 마르티나는 아직 캐나다가 이민자들에게 좋은 나라라고 생각한다. '역량과 용기'를 가지고 열심히 일하는 사람은 캐나다에서 스스로 성공한 삶을 개척할 수 있을 것이다 :

비록 경제적 상황이 전 세계적으로 안 좋아도 난 캐나다가 이민자들에게 특히 열심히 일하는 사람들에게는 좋은 나라라고 생각한다. 캐나다는 아주 큰 나라이고 당신이 만약 젊다면 이주해서 자기 상상의 나래를 펼칠 곳을 찾을 수 있을 것이다. 먼저 사람들과 이야기할 수 있게 영어를 꼭 배워야 한다. 그리고 나서 만약 자기 직종에 맞는 직업을 찾지 못한다면 어떤 과정을 수강할 수 있을 것이고 당신의 역량과 용기에 맞는 더 좋은 직업을 가지게 될 것이다.

마르티나는 아직도 캐나다에서 자신을 이민자로 느끼고 일부 사람들은 다른 캐나다인들보다 덜 중요하게 대우받는다고 언급하였다 : '왜냐하면 어떤 사람들은 내 억양 때문에 자기들보다 날 더 아래로 보기 때문이다(특히 일을 찾을 때).'라고 썼다. 마르티나는 사람들이 자신이 영어를 잘하게 되자 다르게 대했다고 생각했다. 왜냐하면 '어떤 캐나다인들은 영어로 의사소통이 잘 안 되는 사람들을 무시하기' 때문이다. 마르티나는 영어를 할 때 전혀 편하지 않다고 했는데 자신의 모국어처럼 능숙하게 설명할 수 없기 때문이었다. 덧붙여 '나는 자신의 모국어가 영어인 사람들과 이야기하면 불편하다. 왜냐하면 그들은 아무 문제도 없이 능숙하게 말하고 나는 열등하다고 느끼기 때문이다.'라고 기록하였다.

펠리시아

다섯 여성 중 가장 나이가 많은 펠리시아는 1945년 페루 리마에서 태어났다. 1989년 3월에 남편과 함께 종신 영주권자로 캐나다에 도착하였다. 남편은 전문직 비자를 가지고 있었고 도착 당시 16살, 14살짜리 아들과 6살짜리 딸 아이 한 명을 데려왔다. 이 가족은 '페루에서 테러가 많아지고 있기 때문'에 캐나다에 왔다. 다섯 여성과 관련된 연구에서 펠리시아는 캐나다에 오기 전에 가장 호화로운 생활 방식을 누렸고 캐나다에 오기 전에 영어를 조금 알고 있었으며 이민 오기 전에 북아메리카를 여행해 본 유일한 여성이었다. 펠리시아 가족은 리마의 부촌에 살았고 주말여행 때 정기적으로 가는 해변 별장을 가지고 있었다. 가족들이 캐나다에 왔을 때 뉴타운으로 왔는데 그 이유는 '뉴타운은 우리가 살던 곳과 비슷했기 때문'이었다. 그들은 사람들 대부분이 영어를 제1언어로 쓰는 — 대부분 노년층 — 중산층이 많이 사는 지역에서 방 3개 딸린 아파트에 살았다. 그들은 1992년 뉴타운에서 자신의 집을 구입하였다.

펠리시아의 모국어는 스페인어지만 이탈리아어와 포르투갈어를 조금 이해할 수 있었다. 두 아이는 캐나다에 오기 전부터 영어를 잘했는데 페루에 있을 때 영어로 수업을 하는 사립학교에 다녔기 때문이다. 그리고 남편은 일할 때 영어를 쓰는 경우가 많았다. 막내딸은 다니던 공립 초등학교에서 영어를 곧 배웠지만 여전히 가정에서 쓰는 언어는 스페인어였다. 펠리시아는 페루에서 초등학교 교사로 교육을 받았지만 아이가 생기고 나서 직업을 포기하였다. 캐나다에서는 비정규직으로 신문 배달이나 페어론 레크리에이션 센터에서 아이를 돌보았다. 장래에는 '어떤 분야에 대해서 공부하기'를 원하였다.

펠리시아와 가족은 캐나다에 와서 감정적으로나 경제적으로 굉장히 큰 스트레스를 받았는데 펠리시아의 남편이 캐나다에 와서 자기 전공 분야에서 직업을 찾을 수 없었기 때문이다. 비록 수도 없이 지원해보고 여러 번 면접도 봤지만 적당한 직업을 구하는 게 너무 어려웠다. 펠리시아는 자신들이 겪는 이 어려움이 캐나다인들이 이민자들을 차별하기 때문이라고 봤다. 펠리시아는 다섯 여성 가운데 캐나다에 와서 행복하지 않다고 진술한 유일한 여성이었다. 1990년 6월에 다음과 같이 작성하였다:

지금 내 생각에 삶은 매우 차분하고 정리가 되었다. 그런데 이 나라에서 우리는 길을 찾지 못하고 있다. 가끔 나는 캐나다인들이 이민자들을 얕보고 있다는 것을 알아차린다. 왜 그러는지 모르겠지만, 모든 캐나다인도 다른 나라에서 왔다. 캐나다는 이민으로 이루어진 나라이다. 캐나다 영사 당국은 아주 잘 준비되어 있고 자신의 분야에서 경험도 많은 사람이 직업을 구하는 데 어려움을 겪는다는 사실을 이야기해 주어야 한다. 캐나다인들은 여기는 차별이 없다고 생각하지만 나는 그렇게 믿지 않는다. 시간이 지나고 내 마음도 바뀌었으면 좋겠다.

1년 반이 지난 뒤 펠리시아는 여전히 마음이 바뀌지 않았다. 전문직에 종사했던 사람들이 공산주의 아래에서 살았거나 가난하게 살았던 이민자보다 더 많은 어려움을 겪고 있다고 1991년 12월 진술하였다. 이들은 '어떤 일이든' 할 수 있는 사람들이라고 펠리시아는 말했고 모국에서 다른 삶의 방식을 가진 부유한 사람들은 그런 일 하는 것이 어렵고 아이들이 한번 정착하면 모국으로 돌아가는 것이 어렵다고 주장하였다. 펠리시아에게 있어서 캐나다가 가진 유일한 장점은 비교적 평화롭고 법을 잘 준수하는 나라라는 것이다 :

캐나다는 어떤 이민자들에게는 좋은 나라가 될 수 있다; 공산주의 아래 살던 사람들이나 자기 나라에서 아무것도 소유하고 있지 않던 사람들에게는 행복할 것이다. 여기에서 그들은 어떤 일이든 해서 먹고 살 수 있다. 그러나 전문직 종사자들과 부유한 사람들은 캐나다에 와서 많은 것을 잃는다. 캐나다 영사가 말했던 것만큼 그들은 여기에서 환영받지 못한다. 그들은 여기에서 많은 돈을 쓰는데 자기 자식들이 여기에서 자신만의 삶의 방식을 찾았을 때는 돌아가기가 쉽지 않다. 기회를 잡기란 여간 쉽지 않고 아무 감정도 없이 지내게 된다. 내가 좋다고 발견한 유일한 것은 여기에는 테러가 없고 도둑이 적다는 것이다.

이민자 경험을 통해 펠리시아가 느낀 실망은 캐나다와 관련된 어떤 일체감도 거부하도록 만들었다. 펠리시아는 이민자라고 불리는 것과 페루인으로서의 정체성이 난민으로 여겨지는 것에 극도로 저항감을 드러냈다. 캐나다에서 부유한 페루인의 삶이 준거집단이고 '어쩌다 여기에 살게 된 외국인'으로 자기 자신을 여기고 있었다 :

나는 캐나다에서 이민자라고 결코 느낀 적이 없었다. 그냥 우연히 여기에 살게 된 외국인이다. 캐나다는 호감 가는 나라라고 생각하지 않기 때문에 내가 캐나다인이라고 전혀 느끼지 못할 것이다. 캐나다는 자신이 필요하기 때문에 사람을 데려오지 그들을 돕기 위해 데려오는 것은 아니다.

그럼에도 불구하고 펠리시아는 캐나다에 오기 전보다 영어 실력이 향상되었다는 점과 스스로 '연습, 연습, 연습'이라고 강조하며 필요성을 인식하고 있다는 것을 내비쳤다. 또한 스페인어를 배우려는 캐나다인들과 자신의 집에서 정기적인 만남을 가지게 되었다고 하였다. 펠리시아는 일터에서 듣기와 말하기가 자신의 영어 실력 향상에 도움을 주었고 '나랑 일하는 여성들이 매일 나에게 이야기하는 것이 좋았다.'라고 쓰고 있다. 그런데 마이와 같이 때때로 영어를 배우기 어렵다고 말하였다. '왜냐면 전 여기서 많이 긴장하고 살고 있어요. 전 할 일이 너무 많아서 공부할 시간도 없어요.' 에바, 마이, 카타리나처럼 펠리시아는 영어를 쓰는 친구들에게 영어를 할 때는 편안함을 느꼈지만 모르는 사람과 말할 때는 불편해했다 : '제가 잘 아는 사람들과 이야기할 때는 편안해요. 그렇지 않더라도 어느 정도 편안함을 느껴요. 그런데 제가 모르는 사람과 이야기할 때는 불편해요.' 덧붙여 펠리시아는 영어를 말하기 위해서는 자신감을 느끼는 게 중요하다고 하였다. 그렇지만 영어를 잘하는 페루 사람이 있을 때 자신감은 결여되어 있었다 :

나는 내가 아는 사람과 영어로 이야기할 때 편안함을 느끼고 자신감이 생긴다. 특히 영어와 스페인어 회화 연습을 위해 매주 만나는 여성들과 대화할 때 그렇다. 새로 만난 사람과는 불편함을 느꼈고 영어를 정확하게 구사하는 페루 사람들 앞에서는 전혀 영어를 하지 않는다.

참고사항

연구에 참여한 여성 다섯 명은 좋은 언어 학습자라는 것을 언급할 필요가 있다. 일기 연구에 참여할 기회를 잡았다는 사실은 정기적으로 영어에 노출된다는 뜻이고 영어를 연습하기 위한 열망이 있음을 나타낸다. 모든 여성이 의사소통하려고 매우 분발하고 있지만 자료가 나타내듯이 모든 여성은 차별이라는 조건 아래에서 말하기에 어려움을 겪고 있었다. 그들이 열등감을 느낄 때면 말하기에 어려움과 불편함을 느꼈다. 이 말은 학습자들이 내성적인 성향을 가지고 있거나 실수를 하지 않으려고 했다는 것이 아니다(Rubin, 1975). 여성들은 자주 무시당하였다고 느꼈는데 이민자로 취급당하였다고 느꼈기 때문이지 타고난 성격 특성 때문이 아니다. 여성들은 캐나다인 동료들과 같다고 느끼지 다르다고 느끼지 않았다; 마르티나의 말에 의하면 캐나다인들보다 '덜 중요하다.'라고 느꼈다. 그러므로 이 여성들은 일상생활의 소통 속에서 사회적인 힘의 관계에 민감했고 그들을 잘 아는 친구 집단 안에서 편안하게 말할 수 있음을 느꼈다.

이 이야기에서 공통으로 들어있는 주제는(펠리시아를 제외하고) 모든 여성이 캐나다 정부는 이민자들에 대해 관대하고 어려울 때 적절한 사회 보장을 제공한다고 생각하는 것이다. 에바, 마이, 카타리나, 마르티나는 공식적인 정부 정책과 일상에서 마주치는 캐나다인들이 차이가 있음을 느꼈다. 마르티나는 '전 세계적으로 경제 상황이 좋지 않더라도 내가 생각하기에 캐나다는 이민자들에게 좋은 나라다. 특히 노력하는 사람들에게는.'이라고 썼다. 그들은 모두 캐나다 정부는 너그러운 사회 건강 보장 체계를 가지고 있고 이민자를 위한 언어 훈련에 상당한 자원을 투입한다는 것을 인지하고 있었다. 한편 여성들이 캐나다에서 겪은 많은 부정적인 경험은 경제적인 상황과 관련되어 있다 : 에바는 일자리 찾기가 어려웠고 마이의 일터에서는 인원 감축이 있었다. 카타리나와 남편은 자기 분야에서 일자리를 찾을 수 없었다. 마르티나도 자신의 분야에서 일을 구하지 못했고 그녀의 남편은 실직을 당하였다. 그리고 펠리시아와 남편도 자신의 분야에서 일자리를 찾을 수 없었다. 이러한 이유로 여성들이 캐나다에 올 때 지녔던 상징적인 자원은 그들이 일을 찾을 때 쓸모가 없었다. 혹시 자기 분야에서 일을 찾을 수 있었다면(그리고 이것은 특히 나이가 많은 여성들에게는 사실이다), 그들은 영어구사자들의 사회 네트워크와 만나기 쉬웠을 것이기 때문에 영어를 말하고 연습할 기회가 더 많았을 것이다.

4, 5장에서는 각기 에바와 마이라는 젊은 여성 참여자와 카타리나, 마르티나, 펠리시아라는 나이가 좀 더 많은 여성 참여자 셋의 이야기에 대한 심도 있는 분석을 할 것이다. 비록 여성들의 정체성이 각기 다르다는 것을 인식하고 있었지만 각 여성이 영어에 투자하는 것과 관련되어 현저하게 눈에 띄는 정체성을 발견하려고 노력하였다. 더 나아가 이 이야기는 여성들이 *자신*의 이야기를 한 것이라는 사실을 강조할 필요가 있다. 캐나다 사회 안에서 일어나는 사건에 대한 그들의 해석과 문화적인 실행에 대한 그들의 이해를 진지하게 살펴보았다. 그들이 이해하는 세계를 이해하려고 노력하였지 사건에 대한 해석이 옳은지 그른지에 대한 판단을 내리지는 않았다. 본 저자가 정체성과 언어 학습을 이해하고자 노력하고 있기 때문에 언어 학습자들이 세계를 이해하는 것처럼 본인도 세계를 이해하는 것이 필요하였다.

에바와 마이 : 어리지만 성숙한 청년

우리는 백인들이 빼앗은 땅에 뿌리내리지 않고
작지만 든든한 안식처와 편히 쉴 수 있는 쉼터를
스스로 찾아야 하는 아이이다.

Yee, 1993, 19쪽

　에바와 마이 모두 영어 학습에서 큰 성과를 이루었는데 서로 다른 방식과 다른 이유에서였다. 이번 4장에서는 투자, 정체성, 언어 학습 사이의 관계를 알아보기 위해 두 젊은 여성들의 삶과 경험에 대해 본 연구자가 이해한 것을 풀어낼 것이다. 특히 가정과 같은 장소에서 어떻게 정체성을 형성하는지와 일터 같은 다른 장소에서는 어떻게 정체성의 변화가 일어나는지에 대해 보여줄 것이다. 먼치스에서 에바가 경험한 것을 살피며 어떻게 처음에 왕따를 당했고 무시를 당했는지 설명할 것이다. 왜냐하면 에바가 가진 상징적, 물리적 자원이 일터에서는 존중받지 못했기 때문이다. 에바가 일하며 받은 소외는 부족한 영어 능력과 자민족 중심의 권력 관계 때문으로 볼 수 있다. 에바가 점차 사람들에게 받아들여지고 동료들로부터 존중을 받게 되고 말할 기회가 더 많아지는 영어 사용 사회 네트워크에 접촉하게 되는 데에는 한 달밖에 안 걸렸다. 어떻게, 왜 이러한 변화가 일어났는지 자세하게 논의할 것이다. 마이와 관련하여서는 가정환경에서의 언어 사용 양상이 어떠한지를 기록했고 매우 가부장적이고 물질적이고 민족주의적인 사회 구조 속에서 어떻게 그들을 가장 잘 이해할 수 있었는지 설명하였다. 영어에 대한 투자는 가정에서의 가부장적인 구조에 대한 저항과 삶의 개인적인 영역에서 마이의 정체성을 재정립하고 싶어 하는 바람으로 이해해야 한다. 마이의 일터에서는 어떻게, 왜 마이에게 영어를 연습할 기회를 주었는지, 권력 언어의 변화에 따라 일터에서는 어떤 언어 실행 변화가 있었는지를 마이의 영어 연습 기회와 함께 살펴볼 것이다. 이러한 변화가 결국 가정과 일터에서 마이의 정체성과 영어에 대한 투자에 어떻게 위협이 되었는지를 다루어 볼 것이다.

에바

'나는 캐나다인들과 같은 가능성을 가지고 있다.'

영어에 대한 에바의 투자는 캐나다에 온 이유, 미래에 대한 계획, 변화하는 정체성과 관련해서 이해해야 한다. 에바는 경제적 풍요를 위해 캐나다에 왔고, 경영학을 대학에서 공부하기를 진심으로 바라고 있었다. 에바는 자신이 일하고 싶은 곳에서 일하기 위해서, 자신이 바라는 대학에 가기 위해서, 이민자의 정체성에서 벗어나기 위해서는 영어를 잘할 필요가 있다는 것을 알고 있었다. 바꿔 말하면 에바는 영어가 자신을 공공 사회에 — 혹은 에바가 바깥세상이라고 부르는 곳에 — 닿을 수 있게 해주기 때문에 소중히 생각하였다. 왜냐하면 에바는 아이도 없었고 집안에서 해야 할 일도 별로 없어서 캐나다에서 자신의 목표에 오롯이 집중할 수 있었기 때문이다.

에바의 집 : 도피처

에바가 영어 배우는 데 굉장한 노력을 하면서도 자신의 삶에서 폴란드인으로서의 개인적인 공간을 얻기를 원하였다. 3장에서 밝힌 것처럼 에바는 폴란드인 동거인과 같이 살기를 택했는데 영어를 쓰는 캐나다인들보다 더 자신을 이해해 줄 것이라고 느꼈기 때문이다. 에바가 가진 친구 대부분은 폴란드인이었고 자기 자신의 개인적인 생활을 '폴란드인 공동체 안'에서의 삶이라고 묘사하였다. 비록 집에서 영어 방송을 보고 영어로 신문을 읽었지만 동거인과는 폴란드어로 항상 이야기하였다. 에바가 말했듯이 '폴란드인이랑 영어로 이야기할 수 없어요. 할 수 없 — 아니 — 만약에 그렇게 하려고 해도 계속 다시 돌아갈 거예요. 왜냐면 그건 너무 어렵잖아요. 그리고 폴란드어로 말하는 게 더 쉬우니까.' 폴란드 공동체 속에 있는 에바의 가정은 에바에게는 자신을 존중하고 아주 아껴 주는 도피처였다. 그리고 가정은 에바가 상대적으로 독립적인 생활 방식을 꾸려나갈 수 있는 곳이었다.

에바의 일터 : 이민자에서 존중받는 동료로

에바가 일하는 먼치스는 정기적으로 영어에 노출되고 연습할 수 있는 유일한 장소였다. 그곳에서 에바는 유일한 비영어권 화자였고 최근에 캐나다에 온 이민자였다. 다른 근로자, 노동자, 매니저는 모두 영어를 쓰는 캐나다인들이었다. 왜냐하면 일터는 패스트푸드점이었고 주된 업무가 다음과 같은 것이기 때문이었다 : 노동자는 고객에게 주문을 받아야 하고 다른 노동자에게 이 주문을 전달하고 손님에게 돈을 받고 음식을 준비하고 식당을 청소하고(테이블과 바닥) 재고를 관리하고 매니저와 의견을 교환해야 한다. 말을 해야 하는 상호작용에 해당하지 않는 유일한 활동은 레스토랑 청소와 음식과 음료 준비였다. 다른 모든 활동은 상당한 영어 구사능력이 필요하였다. 에바가 편하고 안전한 이탈리아 상점을 떠난 이유는 영어를 더 연습하고 싶었기 때문이다. 그러나 에바가 먼치스에서 일하기 시작했을 때 바닥이나 테이블 청소, 쓰레기 비우기, 음료 준비와 같은 '힘든 일'이 주어졌다. 이 일들은 영어 구사자들과 접촉이 거의 없이 혼자 하는 일일 뿐만 아니라('전 그냥 혼자였고 나머지는 다른 일을 했어요 — 누구랑 제가 말을 해요?') '별 볼 일 없는' 사람들이 하는 일이라고 여겨졌다. 에바 주변에는 영어구사자들이 있었지만 일터의 사회적인 관계에 낄 수도 영어를 쓰는 고객들과 접촉할 기회도 얻지 못하였다. 에바가 결국 일터의 사회적인 관계나 손님들과 접촉을 할 수 있었던 과정은 사회적인 힘의 문제와 복잡하게 연관되어 있는 길고 고된 여정이었다. 이어서 에바가 동료들과 영어로 말하는 사회적인 관계와 가게를 애용하는 손님들과의 접촉으로부터 배제된 것에 대하여 논의할 것이다. 그리고 에바가 어떻게 사회적인 관계 안으로 들어가고 일터에서 인정받게 된 결과로 특권을 얻게 되는지와 같은 과정을 논의할 것이다. 또한 에바가 영어를 연습하게 된 기회도 분석할 것이다.

일터에서 영어화자들로부터의 따돌림

에바는 영어를 연습하기 위해서는 일터 안에 있는 사회 관계망 안의 일원이 되어야 한다는 것을 이해하고 있었다 : 에바는 동료들과의 사회적인 관계와 친근한 연결고리를 만들어야 했다. 그러나 그 일터에서 사회 관계망은 물리적이거나 상징적으로 더 나은 자원을 가진 노동자들에게 유리한 방식으로 형성되어 있었다. 그 노동자들은 영어가 유창했고 가게에서 '더 좋은' 일을 맡고 있었다. 에바는 이 자원이라는 것에 대해 불합리하다고 느꼈다. 에바는 직장 내에서 가장 낮은 지위에 있었고 누구도 하고 싶어 하지 않는 '어려운 일'을 맡고 있었다. 그렇기 때문에 동료들은 에바를 존중하지 않았고 교류를 하려고도 하지 않았다.

> 에바[34] : 왜냐면 내가 걔들에게 얘기하지 않으면 나한테 말을 안 하니까요. 아마 걔들은 나를 그냥 그렇게 생각했을 거예요 ― 왜냐면 거기서 제일 힘든 일을 해야 했으니까요. 일상적인 일이죠.
>
> 보니 : 왜죠, 에바?
>
> 에바 : 제가 거기서 일을 시작했을 때 남들이 하고 싶어 하지 않는 아이스크림 담당이었고 쓰레기를 치워야 했으니까요.

에바는 일하는 곳에서 자신이 하는 일이 어떤 것인지와 자신이 어떤 위치에 있는지를 지각하고 있었다. 쓰레기를 치우는 것 같은 '제일 힘든 일'을 하는 사람으로서는 동료들에게 말할 권리를 주장할 수

---

34 모든 인터뷰에서 이름은 다음과 같이 표기하였다. 보니 : Bonny/저자, 에바 : Eva, 마이 : Mai, 마르티나 : Martina, 카타리나 : Katarina, 펠리시아 : Felicia. 줄표(-)는 휴지를, 꺾쇠괄호(())는 발화를 명확하게 하기 위해 사용하였다.

없다고 느꼈다. 에바는 제일 힘든 일을 하는 사람은 그 집단에 기여도가 낮은 '별 볼 일 없는' 사람으로 여겨진다고 설명하였다.

> 보니 : 저는 왜 '그 사람들[동료들]의 존중이 에바 씨에게 중요한지를 묻고 싶었어요. 왜 그 사람들이 에바를 존중하는지 걱정하죠?
>
> 에바 : 전 누가 절 별 볼 일 없는 사람이라고 생각하는 게 싫어요. 그냥 와서 아무것도 모르니까 바닥만 닦고...

언어 학습에서 이러한 관계의 관련성은 다음 진술에서 확실하게 강조되어 있다 :

> 내가 모든 일을 해야 되고 아무도 날 신경 쓰지 않는 걸 볼 때. 왜냐면 — 그러면 어떻게 제가 걔들과 얘기할 수 있겠어요? 걔네들이 날 신경 쓰지 않는다는 걸 듣고서도 어떻게 제가 가서 웃으면서 얘기할 수 있겠어요?

에바는 가장 하고 싶지 않은 일을 하는 사람이므로 동료 노동자들이 자신과 별로 말하고 싶어 하지 않는다는 것을 당연하게 여겼다. 그들은 에바를 '별 볼 일 없거나', '아무것도 모른다.'라고 생각했을 것이다. 에바가 말한 것처럼 동료들이 에바를 신경 쓰지 않았기 때문에 그들과 '웃고 이야기할' 자신이 스스로에게 없었다. 영어를 연습할 기회가 부족한 까닭은 해당 직장의 언어 실행에서 못 배웠다고 여겨지는 미숙한 노동자를 배제하는 사회적인 힘의 관계가 부분적으로 작용했기 때문이다. 그러나 전반적인 상황은 이것보다 더 복잡하다. 자료 수집 단계의 후반부에 에바는 먼치스에서 일하던 한 노동자가 한 말

을 강조하였다 : '난 캐나다인이 아니면 같이 일하기 싫어.' 에바는 '제일 안 좋은 업무'를 하는 이민자였다는 것이 사실이었는데 그 사실이 먼치스에서 처음에 경험한 따돌림을 가속화시켰다. 덧붙여 에바가 겪은 따돌림이 결국은 영어를 연습할 기회를 제한하였다는 점에서 에바의 정체성에 영향을 주었다는 것은 주목할 만하다. 왜냐하면 에바는 자신의 일과 다른 사람들과의 관계에서 긍정적인 감정을 느끼지 못했고 동료 노동자들과 대화도 할 수 없었기 때문이다 — 사실 에바는 그 사회 안에서 환영받지 못하였다. 눈여겨볼 것은 에바의 높은 '정의적 필터'(Krashen 1981, 1982)는 변하지 않는 개인 성향이 아니고 일터에서의 불평등한 힘의 관계에서 비롯되었다는 것이다. 더 나아가 에바는 영어가 유창하지 않았는데 그것을 자신이 쉽게 받아들이지 못하였다. 에바는 다음과 같이 썼다 :

[먼치스]는 영어로 의사소통할 수 있어야 했던 첫 번째 장소였다. 나는 누군가의 말을 이해하고 말하며 대화를 이어가는 데 어려움을 겪었다. 여러 번 대화가 끊어졌고 상대가 뭔가를 이야기하였다. 자주 뭘 이야기하는지 이해할 수 없었고 이해했다고 쳐도 대화에 끼어들 적당한 단어를 모르기 부지기수였다. 영어를 말하면서 문제가 생기는 것은 내가 뭔가를 다른 사람에게 이야기했을 때 상대가 잘 이해할 수 없었다는 뜻이다. 대화를 이어가는 데 문제가 있었다 — 그 이유는 내 어휘력이 다른 사람과 이야기를 하거나 대화를 시작하기에 너무 부족하기 때문이다.

에바는 3장에서 진퇴양난에 빠졌다고 언급하였다. 에바는 레스토랑에서 사람들과 관계를 맺기 위해서는 영어 구사능력이 필요했지만 바로 그 관계망에 들어가지 않고는 유창성을 발달시킬 수가 없었다. 그러므로 영어를 연습할 기회가 제한된 것은 역설적으로 제한된 영어 말하기 능력 때문이라고도 할 수 있다. 덧붙여 에바가 일터에 있는 사람들과의 관계에서 배제된 것이 착취당하는 상황을 만들게 되었다는 것은 꼭 짚고 넘어갈 필요가 있다.

내가 일하는 동안 1시간 반 동안 쉬는 시간이 있다. 그때 우리는 해야 할 일과 그 날의 일정에 대해서 이야기했다. 만약 시간이 남으면 다른 것에 대해 이야기했다. 그러나 보통 이야기를 많이 하지 않았는데 내가 모르는 주제였기 때문에 어리석게도 난 그것에 대해 이야기하지 않았다. 난 그것에 대해 설명해야 됐다고 생각한다. 나랑 일하는 여자애는 19살이었고 조금 정신이 나간 애였다. 걔는 하루 종일 이야기했고 내가 썼듯이 정말 한심한 이야기를 했다. 다른 노동자들은 모두 그 여자애 이야기를 들었고 같이 웃어댔다. 자기가 할 일이 있음에도 불구하고 여기저기 다니며 모두에게 같은 이야기를 떠들었다. 걔 대신 내가 일을 다 해야 했다. 걔네들은 내가 아무 말도 하지 않는다는 것을 알기 때문에 이득을 누렸다... 얼마 후 내가 영어에 좀 익숙해지기 시작했지만 걔네들은 그 사실을 눈치 채지 못했다. 내가 보기에 걔네들은 그것을 알아차리고 싶어 하지 않았던 것 같다. 자기들이 얘기할 때 일할 누군가가 필요했던 것이다. 그래서 나를 계속 바쁘게 일 시켰다.

에바가 사람들과의 관계에 낄 수 없었던 이유 중 하나는 자신의 권리를 지킬 영어 능력이 부족해서 착취에 가까운 취급을 당한 것이라고도 할 수 있다. 에바는 그 사실을 절실하게 인식하고 있었다. '걔네들은 내가 아무 말도 하지 않는다는 것을 알기 때문에 이득을 누렸다.' 에바가 영어 실력이 늘었을 때조차도 그 사실이 동료들에게는 제일 신경 써야 하는 것으로 여겨지지 않는다고 느꼈다. 사회 관계망은 힘을 나타낸다. 사회 관계망은 소외의 과정을 통해 일터에서 주류 사회 관계망이나 힘의 언어에 닿을 수 없는 부류의 사람들이 하던 힘든 일을 하게 할 수 있다. 이러한 상황 아래에서 에바가 가진 권리는 보호받지 못하였다. 에바는 특히 동년배(아마 몇 살 아래) 동료인 게일이 이러한 심한 차별을 공모하는 사실에 좌절하였다. 그들은 모두 비슷한 종류의 일을 하고 있었지만 그들 사이에는 결속력이 없었다. 다른 노동자들이 에바보다 게일을 더 존중한다는 것이 상처에 모욕감을 더해 에바를 무척 괴롭혔다. Rockhill(1987a, 1987b)에 나오는 여성들처럼 에바는 노력했음에도 불구하고 가게에서 가장 더러운 일을 하고 있었고 자신의 영어를 부끄러워했다.

처음 에바가 영어를 쓰는 손님들과 접촉하는 것은 동료들과 접촉하는 것만큼 제한적이었다. 먼치스의 매니저는 에바가 손님을 잘 응대하리라는 확신이 거의 없었고 어쩔 수 없을 때만 손님과 접촉할 수 있게 하였다. 에바에게 가끔 계산대에서 일할 기회가 주어졌을 때 매니저는 에바 주위를 맴돌면서 불안하게 하였다. 그러면 에바는 결국 실수를 저질렀다. 다시 한번 에바의 강력한 정의적 필터는 불변하는 개인의 특성이 아니라 에바가 말할 능력을 제한하는 힘의 불균형한 관계 안에서 만들어졌다는 것을 알 수 있다.

> 에바 : 제가 계산대에 있을 때 - 누군가가 여름 휴가를 떠났을 때 - 제
> 가 주문을 받았는데 매니저가 와서는 듣고 있었어요. 그러면 저
> 는 - 매니저는 제 실수를 감시하고 있었고 그럼 전 말할 때 이
> 미 뭔가를 실수하고 있어요.
> 보니 : 그게 상황을 더 안 좋게 만든다는 거예요? 에바가 생각하기에

불안하게 한다는 거죠?

에바 : 네 —

그러나 에바의 불안은 또한 말하는 것과 읽고 쓰는 것을 동시에 해낼 능력이 없다는 것에서부터 비롯되었는데 그것은 손님들에게 말하면서 동시에 주문 내역을 적는 것이다. 먼치스의 노동자들은 그 두 가지를 잘 해내길 기대하고 있었는데 Norton Peirce, Swain, Hart(1993)는 그것을 동시 작업이라고 설명하였다. 이러한 동시 작업은 특히 위협적인 것이었다.

그들은[매니저] 내가 일을 잘 못할 것이라고 염려하였다. 나는 자신감이 없기 때문에 손님들에게 이야기를 하지 않았다. 왜냐하면 그들과 말할 시간이 충분하지 않았기 때문이다. 그리고 게일을 예로 들면 '어, 별일 없지?'라는 식으로 말하는 걸 좋아한다 — 게일은 모두에게 뭔가를 말한다. 그런데 나는 이야기할 시간이 없다...

그러나 중요한 것은 부족한 자신감과 심한 불안감도 영어 학습에 대한 투자에 영향을 끼치지 않았다는 것이다. 에바는 영어 배우는 데 동기를 잃지 않았다. 정체성이 궁지에 몰렸음에도 불구하고 동료들이 에바의 업무를 존중하고 에바가 편안하고 자신 있게 느끼는 이탈리아 상점으로 돌아갈 마음은 없었다.

그건... 제가 그 [이탈리아] 상점에서 느낀 것은... 제가 어떻게 느꼈냐면... 걱정이 없었다는 거죠. 제가 할 일이 있었고 거기에서는 저에게 중요한 업무를 줬어요. 제가 그 일을 잘 할 수 있게 해 줬죠. 그런데 거기[먼치스]에서는 바쁠 때는 음료수를 담당해야 했어요. 동료라 부를 만한 사람도 없었고. 거기에서는 내가 사람들을 응대하는 것을 원하지 않았어요. 그냥 어쩔 수 없을 때만 그렇게 했죠.

일터에서 영어구사자들과 접촉 기회 얻기

여러 달이 지난 뒤 에바는 일터에서 사회적 관계망의 경계를 돌파하려 하였으며 고객들과의 응대에서도 자신감을 키워갔다. 이러한 성공은 일터 안팎 모두와 연관된 노동자들의 여러 활동과 어떻게 에바 자신이 일터라는 사회적인 구조 속에서 따돌림에 맞서 행동했는지를 통해 일부 설명할 수 있다. Walsh(1991)에서 소개한 학생들이나 Willis(1977)에 소개된 소년들과 Morgan(1997) 연구의 여성들처럼 에바는 소외에 저항 없이 굴복하는 것을 참지 않았다. 에바는 일터에서 동료들에게 아무것도 제공할 수 없는 못 배운 이민자와 동일하게 취급받는 상황을 받아들이지 않았다.

일터 *바깥*에서의 활동과 관련해서 살펴보면 먼치스는 한 달에 한 번 정도 레스토랑의 노동자들을 위해 매니저가 야유회를 지원하도록 하는 회사 정책이 있었다. '별 볼 일 없고' 오직 '제일 고된 일'을 하는 사람으로 되어 있던 에바는 일터에서 밖으로 나가게 될 때가 자신의 젊음과 매력이 상징적인 자원으로 평가를 받는 상황이었다. 에바의 남자친구가 동료 노동자들을 위해 교통편을 제공하는 것 또한 같은 맥락이었다. 먼치스 종업원이 하는 일의 특성은 대체로 사회적 힘의 관계 안에서 형성되어 있다. 그러나 일터라는 조직이 가진 제한 밖에서는 다른 종류의 관계가 발전하기 시작하였다. 에바의 동료들 눈에 비친 에바의 정체성은 더 복잡하게 변해 갔고 에바와 동료들 사이의 관계가 바뀌기 시작하였다. 이것은 결국 사회적인 상호작용을 위한 더 큰 가능성을 열어 준 것이었다.

> 보니 : 사람들이 가끔 에바 씨보다 게일을 더 존중한다고 말한 게 기억
> 나는데 아직도 그렇다고 생각해요?
>
> 에바 : 지금은 그렇게 심하지는 않은 것 같아요. 가끔이에요. 그런데
> 전에는 더 그렇다고 느끼긴 했어요.
>
> 보니 : 왜요? 왜 사람들이 그렇게 변했다고 생각해요, 에바?
>
> 에바 : 왜냐고요? 저도 잘 모르겠어요. 그냥 그렇게 느꼈어요.
>
> 보니 : 에바가 하는 일 때문이었을까요? 바닥을 닦거나 그런 일을 해
> 서?
>
> 에바 : 예를 들어 어제 우리가 밖에 나갔을 때 매니저는 저한테 말했어
> 요. 왜냐면 제가 매니저보다 한 살밖에 안 적었거든요. 매니저
> 가 '에바는 가게 안에서랑 가게 밖에서랑 정말 다른 사람 같아.'
> 왜냐하면 제가 일할 때 힘든 일을 할 때, 잘 모르겠어요. 여기하
> 고는 다르죠.

Toohey(2000)는 초등학교 언어 학습자들을 연구했는데 연구참
여자 가운데 줄리라는 이름을 가진 어린 소녀가 있었다. 줄리가 유치
원에서 더 강력한 정체성을 가지려고 할 때 어떻게 아이와 어른을
자기편으로 만드는지에 대해 논의하였다. Toohey는 특히 줄리의 학
교 밖 정체성이 영어를 구사하는 친구들과의 상호작용에 영향을 받았
을 것이라는 점을 지적하였다. 오후 시간에 운동장에서 줄리는 영어
가 아주 능숙한 사촌인 아가타와 굉장히 많이 놀았다. 아가타는 줄리
가 다니는 유치원에 다니지는 않았지만 이렇게 강력한 일시 협력자와
교실 밖에서 강하고 오랜 유대관계를 유지하고 있다고 주장하였다.

이것은 교사와 더불어 다른 학생들이 줄리를 어떻게 생각하는지와 관련하여 매우 중요했을 것이다. 비슷한 맥락에서 에바의 동료들이 에바를 일터 바깥에서는 유용하고 바람직한 협력자라고 인식하기 시작했을 가능성도 있다. 사실상 그들은 에바의 정체성이 자신들이 생각했던 것보다 더 복잡하다는 것을 인지했고 에바에 대해 더 호의적으로 대하였다.

레스토랑 안에서의 활동과 관련하여 보면 에바는 일할 때 점차 많은 권리가 주어졌다. 일터에서 더 나은 지위와 존경을 받으면서 말하는 것에 더욱 편안함을 느꼈다 :

특히 오늘은 일터에서의 상황이 놀라웠다. 보통 아침에 매니저는 우리에게 할 일을 말해 준다. 그러면 여자애들(내가 전에 쓴)은 항상 바쁜 척한다. 이런 식으로 하면 내가 모든 것을 해야 했다. 오늘은 매니저가 우리가 해야 할 일을 (우리에게 각각) 목록으로 해서 주었다. 난 놀랐지만 여자애들이 더 놀랐다. 내가 모든 것을 한 뒤 매니저는 필요한 채소 주문을 하게 했다. 언제나 나는 힘든 일을 했는데 이번에는 달랐다. 이번 사건으로 내 기분이 좋아졌다. 내 기분이 좋을 때는 다른 사람들한테 이야기할 수 있었다. 오늘 나는 평소보다 더 말을 많이 했다.

에바는 자신의 동료들보다 더 쉬운 일 하기를 원했던 것이 아니라 동료들과 같은 대우를 받으면 좋겠다는 생각을 했다고 설명하였다. 이것은 결국 대화를 나눌 가능성을 열어둔 것이라고 하겠다.

보니 : 그래서 좀 더 쉬운 일을 하게 되었을 때 사람들에게 이야기할 수 있다는 기분이 든다는 거예요?

에바 : 쉬운 일이 아니에요. 제가 그 담당도 아니고요. 전 계산대에서 계속 일하고 싶지도 않아요. 그럴 수 없다는 것도 알고 있고요. 그런데 전 게일과 같은 지위에서 같은 일을 하고 있었기 때문에 똑같이 대우해 주기를 바랐죠.

보니 : 아. 그러면 다른 말로 하면 에바 씨랑 게일 씨랑 같이 일할 때 기분이 더 좋아서 말할 수 있다는 거지만 다른 사람들은 아무도 그 일을 안 하는데 혼자 그 일을 할 때 분명히 말하기가 어렵다는 거네요.

에바 : 뭐... 네...

본 연구자는 에바에게 맡은 일의 특성과 영어를 연습할 기회 사이의 관계에 대해 계속 질문하였다. 에바는 그 둘의 상호관련성에 대해 분명히 하였다.

보니 : 그러니까 에바, 제가 이해한 게 맞는지 들어보세요. 그래서 정말 에바가 하는 일 자체가 영어를 할지 말지 아니면 아님 영어로 말하는 거를 어떻게 느끼는지에 아주 중요한 영향을 준다고 생각해요? 바꿔 말하면 에바가 책임질 일이 많고 사람들이 에바를 존중해 줄수록 그 사람들에게 영어로 말했을 때 더 편하다고 느꼈어요?

에바 : 그 말이 맞는 것 같아요. 왜냐하면 예를 들어서 매니저는 제가 다 할 수 있다는 걸 알아요 - 예를 들면 영업 준비 같은 것들이요. 그건 준비되어 있어야 하는 모든 것에 대한 책임을 제가 지고 있다는 거예요. 매니저는 저랑 얘기하는 걸 좋아하고 저도 매니저랑 있을 때 편해요. 그리고 가끔 예를 들어 쉬는 시간에

매니저에게 이런 걸 해야 한다고 말해요. 예를 들면 양파 같은 거. 저는 이미 알고 있지만 매니저는 아마 모르고 있는 것들이요. 왜냐하면 모든 걸 알고 있을 순 없으니까요.

보니 : 그래서 에바가 도움이 되니까 존중하는 거네요.

에바 : 제가 도와줄 수 있고 매니저도 그걸 알아요.

그러나 에바는 일터에서 구조적인 관계가 변화되기를 가만히 기다리지 않았다. 그러한 까닭에 영어를 연습할 기회를 더 얻으려 노력했다. 일터에서 동료들이 고객에게 말하는 방식을 듣고 (동료들이 놀랄 정도로) 일상적인 대화에 참여하고 레스토랑의 전반적인 운용에 기대하지 않았던 방식으로 기여하는 등 기회를 잡으려 행동하였다. 다음은 어떻게 에바가 고객에게 영어를 써서 동료들에게 주목을 받았는지를 보여준다.

에바 : 전 손님들에게 주문을 받기 시작했어요. 예를 들면 베이컨 샌드위치 우리는 이걸 BLT라고 해요.

보니 : 네 '베이컨(B), 양배추(L), 토마토(T)'

에바 : 네, 그런데 가끔 손님들은 그걸 잘 몰라요. 그러면 제가 다 설명해야 돼요. 영어를 잘 하는 사람한테는 크게 어려운 일이 아닌데 저한테는 어려운 일이에요. 저는 말하고 쓰는 걸 항상 잘할 수 없으니까요. 점심시간에는 조금 어려운데 제가 할 수 있는 한 가장 빨리 주문을 받아야 하기 때문이에요. 그런데 그 정도까지는 괜찮아요. 다른 사람들이 어떻게 설명하는지 배웠기 때문에 할 수 있어요. ― 왜냐하면 난 수없이 그걸 들었기 때문에 똑같이 할 수 있으니까요. 저는 틀리지 않다는 걸 알고 있어요.

왜냐면 캐나다 사람들한테 들은 거니까요.

에바는 또한 동료들과의 대화 장소에 대해서도 불만이 있었다. 일터에서 자기가 살아온 인생과 경험을 소개한다는 것은 자신의 상징적 자원이 인정받기를 바랐기 때문이다. 이러한 이야기가 동료를 놀라게 하였다.

보니 : 에바, 에바가 다른 사람들에게 말하기 시작했다고 말했죠? 거기에 일하는 사람들은 어떤 사람들이었어요?

에바 : 네, 왜냐하면 전에 -

보니 : 모두 캐나다 사람들이었어요?

에바 : 네, 거기 사람들은 다 캐나다 사람들이었고 자기들끼리는 이야기를 했죠. 저만 빼고. - 왜냐하면 - 항상 그랬어요. - 그 사람들이 뭔가를 시키려고 저를 다른 곳에 보냈어요. 전 기분이 나빴죠. 상황은 달라지지 않았지만 전 뭔가를 해야 했어요. 전 말하려고 노력했어요.

보니 : 어떻게 했어요?

에바 : 예를 들어 우리는 30분 쉬는 시간이 있어요. 가끔 - 전 얘기하려고 했죠. 예를 들어 그 사람들은 캐나다에서 자기들이 좋아하는 거나 좋아하는 장소 같은 거에 대해서 말했어요.

보니 : 놀러 가는 거? 휴가 같은 거요?

에바 : 네, 그러면 전 유럽에서의 생활은 어땠는지에 대해서 말하기 시작해요. 그러면 그 사람들은 질문을 몇 개 하죠. 근데 이게 또 어려운 게 설명을 제가 잘 할 수 없잖아요.

보니 : 대화할 때 뭔가를 말할 기회를 어떻게 잡았어요? 만약에 그 사

람들이 서로 말하고 있으면 그 얘기를 자르고 들어가나요?

에바 : 아니요.

보니 : 조용히 기다리고 - 그리고 뭐라고 말해요?

에바 : 아뇨. 전 완전히 조용해질 때까지 기다리진 않아요. 하지만 이때
가 그 사람들 이야기에 제가 끼어들 수 있는 순간이에요.

보니 : 에바가 그러니까 그 사람들이 놀랐어요?

에바 : 조금요.

여기에서 확실하게 볼 수 있는 것은 에바의 시도인데 Bourdieu
(1977)의 용어를 빌리자면 적법한 영어 화자라고 할 수 있다. Bourdieu
는 만약 발화를 적절한 담화의 한 예로 보기 위해서는 네 가지 조건이
필요하다고 주장하였다. 첫째, '가짜'가 아닌 정당한 발화자가 말을 할
것 : 예를 들어 성직자만이 종교 관련 언어를 쓸 권한이 있을 것이다.
둘째, 적절한 상황에서 발화되어야 할 것 : 예를 들어 혼인 서약 언어는
결혼식에서만 적절할 것이다. 셋째, 적절한 청자에게 이야기할 것 :
예를 들어 어린아이는 학술 강의의 적절한 청자는 아닐 것이다. 넷째,
음운적 통사적 형태가 적절하게 구사되어야 한다. 이러한 상호작용
속에서 에바는 휴가에 대한 대화를 할 때 말할 수 있는 것이 무엇인지
에 대해 재빠르게 판단하였다. 에바는 캐나다에서의 휴가에 대해 동료
들과 이야기할 수 없었기 때문에 많은 캐나다 여행자들이 가고 싶어
하는 행선지인 유럽에서의 휴가에 대해서 이야기하는 것을 선택하였
다. 에바는 동료들이 이러한 발화의 적절한 청자라고 판단하였다. 이
상황은 적절한 순간 가운데 하나였고 에바는 '그들이 이야기하는 것과
관련해 [자신이] 이야기 할 수 있는 무언가를 말할 수 있는 순간'을
조심스럽게 고를 수 있었다. 에바는 적절한 음운적 통사적 형태를 스스

로 표현하기에 어렵다는 것을 알았지만 자신을 이해시키는 데 성공하였다. 에바는 자신이 적절한 발화자인지 아닌지는 다소 불확실하였다 : 에바의 동료들은 에바의 의견제시에 다소 놀랐다. 그럼에도 동료들은 유럽에서의 삶에 대해 질문하는 것으로 에바를 대화에 끼워주었다.

에바는 또한 여러 방법으로 도움을 주어서 동료들의 생활에 좋은 영향을 줄 수 있다는 것을 보여줌으로써 사회 관계망 안으로 들어가려고 노력하였다. 에바는 매니저에게 이탈리아어를 조금 가르쳐 주어서 매니저가 남편을 놀라게 할 수 있었다는 것을 이야기하였다.

보니 : 그래서 동료들에게 유럽 생활이나 뭐라도 조금 말했을 때 다른 질문을 했나요? 그 사람들 반응은 어땠어요?

에바 : 다른 질문을 더 했어요. 그리고 우리는 언어에 대해서 얘기했어요. 동료들이 저한테 물어봤어요. 왜냐면 우리 매니저는 이탈리아 사람이랑 결혼했거든요. 그래서 이탈리아어로 몇 마디 할 수 있도록 도와줬죠.

보니 : 먼치스에서 이탈리아말을 안 쓰기로 했잖아요. 참!

에바 : (웃음) 맞아요. 매니저는 영어를 쓰고 남편도 영어를 써요. 그냥 남편을 놀래 주길 바란 거예요.

보니 : 사람들이 에바가 이탈리아어를 할 수 있다는 거에 놀랐어요?

에바 : 음... 이미 전에 알았어요. 아마 알았을 거예요. 왜냐면 저한테 다른 나라 말을 할 줄 아냐고 물어봤었고 제가 러시아어를 이해할 수 있고 체코어도 이해할 수 있다고 했으니까요. 그리고 독일어 같은 것도 배웠고 이탈리아어도 꽤 잘 안다고 했죠. 제 생각에는 사람들이 놀랐을 거예요.

3장에서 논의했듯이, Bremer 외(1993, 1996)는 목표 언어 화자와 언어 학습자와의 상호작용은 두 집단이 활발하게 이해하려 했을 때 대부분 생산적이라고 주장하였다. 이 자료가 보여주는 것은 만약 목표 언어 화자가 언어 학습자만큼 대화에 투자한다면 이해하기 위해 더 노력을 할 것이라는 점이다. 한번은 에바 자신이 가진 자원(예 : 유럽에 대한 지식이나 다중언어에 대한 지식)이 이러한 맥락에서 가치가 있기 때문에 자신과 대화상대자 사이에 있는 힘의 불균형을 조금이나마 덜 수 있었고 더 자신감 넘치게 말할 수 있었음을 알게 되었다. 에바는 게일의 업무가 밀렸을 때 도와주려고 노력하였다. 1장에서 Kress(1989)의 연구에 대해 언급했던 것처럼 조직 안에서 이루어지는 담화가 가진 힘은 사람들이 빨리 배운다는 것이다. 그것이 가진 의미는 좋은 동료, 도움이 되는 노동자, 모범 사원이 있다는 뜻이다. 이러한 도움이 일터에서 에바의 부족한 영어에 대한 제한점을 상쇄시킬 수 있는 가치 있는 또 다른 자원으로 이해될 수 있다.

난 테이블에 치울 것이 많지 않을 때를 정말 좋아한다. 점심시간이 끝나고 준비해야 할 것이 없고 내가 따로 해야 할 일이 없고 치우는 것만 남았을 때 ─ 하지만 예를 들어 나는 홀에 있고 다른 동료가 설거지할 게 많이 있다면 ─ 난 주방에 가서 동료가 할 것을 대신해 준다. 동료도 그걸 안다.

일터에서 영어 사용자들과 접촉할 수 있는 특권

이윽고 에바가 일터에서 점점 사람들과 관계를 넓혀갈 기회를 얻게 되었다. 몇 달 뒤에 에바는 자신이 먼치스에서 어쩌다가 들은 다음 대화를 언급하였다. 한 노동자가 다른 사람에게 지나가는 말로 '나는 외국인들이랑 일하는 게 싫어.'라고 하였다. 그 이야기를 듣던 사람이 '에바 빼고.'라고 대답하였고 말하던 사람도 '에바 빼고.'라고 되풀이 했다. 이러한 자료는 에바가 먼치스에서 초반에 겪은 왕따에도 불구하고 시간이 지나고 일터에서 일원으로 받아들여졌다는 명백한 증거를 나타낸다.[35] 에바는 인터뷰에서 다음과 같이 말하였다. '이제 생각해 보면 동료들은 제가 영어를 잘 못해서 일자리가 없기 때문에 거기에서 일하기 시작했다고 생각했던 것 같아요.' 에바는 더 이상 동료들이 자신을 별 볼 일 없다고 생각하지 않고 오히려 상황이 안 좋았던 것이었다고 생각하고 있음을 안다. 에바의 영어 실력은 더 이상 에바를 왕따시킬 정도가 아니었다; 더 이상 무식함과 동일시되지 않았다. 대조적으로 그것은 에바가 해야만 했던 종류의 일들을 설명해 주게 되었다. 바꿔 말하면 에바가 처음 했던 일들이 원래 무능한 사람이어서 그랬다고 여겨지던 것에서 불행한 환경 때문이라고 여겨지게 되었다는 것이다.

에바가 동료들과 더 편안해지고 더 자신감이 붙었을 때 영어로 더 이야기했고 영어로 더 이야기하게 되자 더 편안해지고 자신감이 붙었다. 편안함/ 자신감의 정도와 영어 사용과의 관계는 복잡했다 :

보니 : 제가 정리를 좀 해 볼게요. 그래서 먼치스에서 지금은 자신이 영어를 더 쓰게 됐다는 걸 깨닫게 된 거죠?

에바 : 네.

보니 : 그게 왜 그렇게 됐을까요?

---

35 그러나 전반적으로 이민자에 대해 동료들이 가지고 있는 자민족중심적인 견해를 바꾸는 데에는 성공하지는 못했다는 점은 짚어볼 만하다.

에바 : 먼저 연습을 더 했고요. 거기서 말할 때 더 편안함을 느꼈어요. 그리고 누군가에게 뭔가를 말할 때 무섭지 않았어요. 왜냐하면 전에는 제가 맞게 뭔가를 말하고 있는지 내 말을 알아들은 건지 확실하지 않았거든요. - 왜냐하면 제가 가끔 이야기하면 사람들이 이해를 못했기 때문이에요.

보니 : 에바가 생각하기에 영어가 더 늘어서 더 자신감이 붙었다고 생각해요? 아니면 자신감이 더 붙어서 영어를 더 썼다고 생각해요?

에바 : 음... 둘 다요. 둘 다.

에바가 동료들을 이해하는 것은 물론 동료들이 에바를 이해하는 것에 대해서도 에바가 걱정하는 점은 주목할 만하다. 3장에서 논의했듯이(Bremer 외; 1993, 1996) ESP 프로젝트에서 가장 큰 발견 가운데 하나는 보통 민족 간 접촉에서 상호 이해가 이루어지도록 하는 책임 대부분을 지는 쪽은 학습자라는 것이다. 이것은 부분적으로는 상호작용 상황 안에 있는 대화상대방의 불공평한 투자로 설명할 수 있다. 에바는 동료들과 상호작용에 많이 투자하게 되었는데 에바 자신이 사회 관계망 안으로 들어가려고 노력하고 있었기 때문이다; 이러한 통로 없이 영어를 향상시키고 더 나은 근무 환경을 찾기는 어려웠을 것이다; 이것이 전형적인 진퇴양난 사례이다. 위에서 제시한 반증에도 불구하고 에바는 동료가 이탈리아어를 조금 배우게 도와주었고 동료는 결국 에바와 상호작용에 작은 투자를 하기 시작하였다.

사회 관계망 안에 들어가게 되면서 에바는 전에는 참여하지 않았던 다양한 사회적 상호작용에 참가할 수 있었다: 에바는 더 이상 일터에서 무력하지 않았다. 다음에 나오는 글은 그냥 에바가 혼자 일을 다 하지 않고 일을 해야 할 때임을 이제는 동료 게일에게 알릴 수 있다는 것을 보여준다. 결과적으로 이용당하지 않을 수 있게 된 것이다. 에바가 자신의 권리를 주장하는 방법 중에 재미있는 것은 농담을 하는 행동이다. 에바는 게일에게 일을 공평하게 나눠 하자고 주장하지 않는다; 게일과 말할 때 농담하면서 가벼운 어조로 말한다. Heller 와 Barker(1988)와 Rampton(1995)은 사회적인 경계를 허물기 위해 어떻게 학생들이 말장난과 코드스위칭을 사용하는지 기술하였다; 마찬가지로 에바는 자신의 의사를 전달하는 데 도움이 되도록 대화 전략으로 농담을 사용한다.

> 이제 그녀는[게일]은 조금 바뀌고 있다. ― 예를 들어 오늘 게일은 뭔가를 하고 있었고 내가 말했다 '게일, 우리 주말 영업 때문에 준비할 게 많아.' '정말? 왜 미리 얘기 안 했어?' 나는 '지금이라도 얘기해주는 게 어디야!'라고 말했다. 그뒤 게일은 함께 할 일을 모두 도와줬다. ― 나는 이제 게일이 나랑 더 친해졌다고 느낀다. 난 '게일, 우리 할 일이 있어!'라고 말할 수 있다고 느낀다. 그러나 내가 아무하고도 친하지 않을 때 그렇게 하지 않을 거라고 생각한다 ― 전에 그랬던 것처럼 ― 내가 가서 '게일, 우리 할 일이 있어.'라고 말할 수 없었을 것이다.

게일과 에바 사이에 연대감이 생겼다는 것은 임금 인상에 대해 이야기할 가능성에 대해 논의할 수 있다는 의미이다. 이와 관련하여 3장에서도 다루었듯이 Goldstein(1996)의 연구에서 사회 관계망에 접근하는 것은 상징적인 가치뿐만 아니라 물질적인 결과도 가져온다.

보니 : 월급에 대해서 얘기해 본 적 있어요? 게일이 얼마나 버는지 알아요?

에바 : 네. 게일은 저랑 똑같이 받아요. 단지 매니저가 얼마나 받는지는 물어볼 수 없어요.

보니 : 그런데 에바랑 게일이 비슷하게 받아요?

에바 : 왜냐하면 게일이 저한테 물어봤어요 - 우리는 같이 인상에 대해서 이야기해야 한다고 -

보니 : 정말요?

에바 : 우리는 같이 그 직원[매니저]에게 물어봤고 '아직 안 돼요.'라는 대답을 들었어요. 사장님에게 아직 물어볼 수 없다고 했어요. 왜냐면 그런 이야기를 하기에 너무 일렀고 여름 전에는 물어볼 수 없기 때문이라고.

보니 : 정말요? 게일이 에바에게 인상에 대해 얘기해 보라고 했어요?

에바 : 음 - 네.

참고사항

이 자료들을 SLA 이론과 관련하여 살펴보면 명확한 부분이 있다. 영어를 연습할 기회는 비형식적인 상황이나 자연스러운 상황에서 작용하는 사회적인 힘의 관계로부터 떼어놓을 수 없다. 에바가 초기에는 일터에서 영어 화자와 접촉을 했음에도 동료 노동자들이나 단골 손님들과의 사회 관계망에 끼지 못하였다. 이 점과 관련하여 Bremer 외(1996)가 주장한 것처럼 영향력이 있는 주류 공동체와 지속적인 접촉뿐만 아니라 그 공동체의 사회 관계망에 접촉하는 것 또한 중요하다. 에바가 먼치스에서 일하기 시작했을 때 물질적 혹은 상징적 자원은 일터에서 인정받지 못하였다. 낮은 지위에서 일하고 있었고 영어로 자신을 정확하게 표현할 수 없었다. 그뿐만 아니라 에바는 이민자 — 캐나다인이 아닌 '사람' — 에 거부감이 있고 사회적 상호작용에서 불공평한 투자가 발생하는 일터에서 일하였다. 왜냐하면 에바는 소외되어 있었고 일터에서 언어 연습을 할 수 없는 착취의 대상이었다. 자신감 부족과 불안은 바뀌지 않는 개인 속성이 아니라 불평등한 관계에서 구성된 사회적인 것이었다. 에바가 일터에서 사회 관계망에 들어갈 수 있게 된 것은 불과 몇 개월 뒤였고 말할 권리와 기회가 함께 따라왔다. 이러한 접촉을 하게 된 것은 에바가 일터에서 행동하였고 소외에 저항하였기 때문이다. 또한 일터 밖에서 마련된 노동자들을 위한 여러 모임이 미숙련 노동자의 정체성에서 자신을 떼어놓고 보여줄 기회를 주었기 때문이다.

일기 연구 모임에서 에바에게 자신이 캐나다 사회의 일원임을 느꼈느냐고 물었다. 에바는 캐나다에서 편안함을 느낀다고 했는데 일터 사람들이 자신을 좋아하고 받아들여 주었기 때문이라고 하였다. 여기서 가장 중요한 점은 직장 환경에서만 에바가 캐나다인과 접촉하였다는 것이다. 여러 측면에서 보면 일터가 에바에게는 캐나다였다. 왜냐하면 에바는 일터에서 사회 관계망에 접촉할 기회를 얻었고 정기적으로 영어를 연습할 수 있어서 영어를 잘할 수 있게 되었기 때문이다. 사실 에바는 뉴타운에서 영어를 유창하게 말해야 하는 다른 식당에서 종업원으로 일하기에 충분히 능숙해졌다. 이 일터에서 돈만 번 것이 아니라 동료와 다양한 관계를 맺고 영어를 말할 기회를 늘려갔다. 에바는 '캐나다 사람'이 아닐 수도 있지만 에바는 더 이상 따돌림을 받지 않았으며 더 이상 무력하지 않았다. 에바는 스스로 '나는 캐나다인들과 같은 가능성을 가지고 있다고 느낀다.'라고 말하였다.

틀림없이 에바는 전형적인 다문화 시민이다. 에바는 캐나다에서 폴란드인으로 사는 것에 대해 편안함을 느낀다고 말하였다. 폴란드어는 개인적인 공간의 언어이다. 영어는 공식적인 장소의 언어이다. 게다가 만약 사람들이 가끔 에바를 이상하게 보면 그들이 문제이지 자신은 문제가 아니라고 생각한다. 캐나다에 처음 왔을 때 마이는 만약 사람들이 자신을 존중하지 않는다면 그것은 자신이 부족하기 때문이라고 생각하였을 것이다. 에바는 영어 수업이 적응 과정을 도와주었다고 이야기하였다. 그뿐만 아니라 일하는 것은 영어에 노출되는 것을 늘려줄 뿐만 아니라 어떻게 캐나다인들이 서로에게 이야기하고 행동하는지를 관찰할 수 있게 도와주었다. ― 캐나다 사회에서 어떻게 일을 '처리하는지'. 먼치스에서 에바의 정체성은 동료들과 '다르지만 같은' 누군가였다. 왜냐하면 에바는 그들 안으로 들어가서 존중을 받았고 그들과 이야기할 수 있었고 영어를 연습할 수가 있었다. 그리고 영어를 잘하게 되었다. 또한 에바가 단지 받아들여지기만을 원했을 뿐만 아니라 자신의 '다름'이 존중되기를 원하였다는 것에 의미가 있다 : '내가 거기서 일을 시작했을 때 그들은 자신들에게 일반적인 것을 내가 모두 이해하고 알기 어려울 것이라는 사실을 받아들이지 못했다.'라고 썼다. 이러한 정서는 에바와 같이 일하는 사람들이 '왜 다른 나라에 가서 그 언어를 알기가 어렵냐는 것을 이해할 수 없었다.'라고 말했을 때를 다시 떠올리게 하였다. 에바는 동료들이 자신을 이해하도록 노력하고 자신들이 당연하다고 생각하는 모든 것을 자신은 모를 수도 있다는 것을 받아들이기를 원하였다. 그러나 에바는 다르다는 인식이 소외로 이어지기를 바라지는 않았다.

일터에서 존중받기 위한 싸움을 계속 이어가고 있었고 일부 캐나다 사람들에게는 에바의 영어 실력이 여전히 방해물로 여겨진다는 것이 일기연구가 끝난 뒤 만났을 때도 여전히 에바를 괴롭힌다는 것을

알게 되었다. 에바는 남자 손님 한 명의 이야기를 해주었다. '팁 좀
더 받으려고 그런 억양을 쓰는 거예요?'라고 에바에게 말하였다는 것
이다. 에바는 화가 났지만 다음과 같이 말하였다 : '저도 이런 억양이
싫어요. 그런 소리를 들을 필요가 없잖아요.' 에바는 그들에게 화가
났고 더 이상 자민족 중심적인 지적에 입을 다물지 않았다. 에바의
정체성은 변했고 그것으로 인해 공공 사회에서 이야기할 수 있는 성
향이 되었다.

마이

*'우리 부모님과 조카들에게 너무 미안해요. 왜냐면 서로 말이 안
통하니까요... 제가 항상 중간에 껴 있죠.'*

더 나은 미래를 위해 캐나다에 온 마이는 영어에 굉장히 투자를
많이 하였다. 영어는 에바의 경우처럼 공공 사회와의 접촉뿐만 아니라
가정 같은 사적인 공간에서는 오빠의 가부장적 권위에 저항하는 언어
중개인으로서 마이에게 힘을 주었다. 가정과 일터에서 마이가 영어를
연습할 기회는 시간이 지나면서 중요한 변화를 겪는 굉장히 복잡한
사회 관계로 인해 주어졌다. 적당한 지점에서 마이의 경험과 에바의
경험을 비교할 것이다. 왜냐하면 이 두 사람의 경험을 보면 흥미롭게
도 유사점과 차이점이 있기 때문이다. 마이와 에바는 거의 비슷한 나
이이고 같은 시기에 캐나다에 정착했으며 배우자 없이 캐나다에 왔고
캐나다에 왔을 때 영어를 거의 못 하였다. 그러나 여성 5명 중 캐나다
에 도착한 뒤 전일제 고용자가 된 유일한 2명이다. 그러나 둘 사이에는
중요한 차이점이 있다. 마이는 캐나다에서 백인이 아닌 유색인종 소수

자라는 것인데 캐나다에 도착한 뒤부터 결혼하기 전까지 대가족과 함께 살았다. 마이는 자신의 집에서 매일 영어를 들었고 재봉사로서 지닌 기술은 캐나다에서 경제적으로 가치가 있는 것이었다.

마이의 가정 : 바벨탑

마이와 같이 사는 오빠 밍은 마이가 오기 10년 전에 캐나다에 왔다. 오빠는 마이보다 최소 10살 이상 많았고 탄이라는 베트남 여성과 결혼하여 아들 셋을 두고 있다. 14살 쫑은 베트남에서 태어났고 마트(12살), 케빈(8살)은 캐나다에서 태어났다. 이 가족은 뉴타운의 부촌에서 작고 잘 정돈된 부지에 크고 새로 지은 집들이 늘어선 동네에 살았다. 마이의 오빠는 정부 부처에서 일했고 캐나다에서 재정적으로 성공하였다. 새언니 탄은 집에서 자신의 재봉 사업을 하고 있었다. 마이와 연세가 드신 부모님은 캐나다에 처음 와서는 오빠의 집에 머물렀다. 그 집에는 부모님, 오빠 내외, 아이 셋, 마이가 살았다. 마이가 도착할 때 남동생도 같은 집에 살고 있었지만 마이가 도착한 뒤 곧 다른 집으로 옮겼다. 그러므로 에바와 달리 마이는 거주 공간에서 복잡한 가족관계를 가지고 있었다. 마이는 부모님에게는 딸이었고 오빠에게는 여동생이었고 새언니에게는 올케, 오빠의 세 아이들에게는 고모였다.

눈여겨볼 것은 에바의 경우와 달리 기본적으로 세 언어가 집에서 계속 쓰였다는 점이다 : 베트남어, 중국어, 영어. 마이 부모님은 베트남어와 중국어는 했지만 영어는 못 했다. 마이 오빠와 새언니는 베트남어와 중국어; 마이의 오빠는 영어를 아주 능숙하게 구사했지만 새언니는 영어를 잘 못했다. 조카들은 영어만 썼다. 이것은 마이 부모님과 조카들이 서로 의사소통을 할 수 없고 또한 마이의 조카들은

자신의 엄마와도 의사소통이 잘 안 된다는 뜻이었다. 마이는 다음과 같이 기록하였다:

우리 가족을 생각해 보면 재미있다. 사람이 아주 많은 것도 아닌데 항상 세 언어로 이야기한다. 우리 부모님은 영어를 못해서 난 베트남어나 중국어로 이야기해야 한다. 난 항상 우리 가족의 지인들이 토론토에서 우리를 찾아오면 중국어로 이야기한다. 그들은 모두 중국인이다. 우리 오빠와 새언니와는 베트남어로 말한다. 왜냐하면 오빠네는 서로 베트남어로 이야기하기 때문이다. 그런데 내 조카들은 영어밖에 모른다. 그래서 영어를 다른 언어보다 더 쓰긴 하는데 어쨌든 조카들과는 영어로 이야기한다. 나는 사람들이 나에게 베트남어로 말하든 중국어로 말하든 영어로 말하든 상관없다. 내가 아주 안타깝게 느끼는 것이 하나 있는데 그건 우리 부모님과 조카들이 서로 이야기할 수 없다는 것이다. 이것이 가족 안에서 가장 안 좋은 점이다. 난 내가 나중에 아이들을 낳는다면 이런 일이 일어나게 내버려 두지 않을 것이라고 생각한다.

마이 가정에서의 언어 사용 양상은 전반적으로 가정과 캐나다 사회 안에 작용하는 사회적인 힘의 관계와 밀접하게 연관되어 있다. 이 힘의 관계는 ― 가부장적, 인종주의적, 물질적인 경험을 포함하는 ― 대가족으로 이루어진 마이 가정이 붕괴하는 데 여러 방식으로 영향을 준다. 결국 이러한 붕괴는 마이의 정체성, 가정에서 영어의 지위, 영어를 연습하기 위해 마이에게 주어진 기회에 눈에 띄게 영향을 주었다. 처음 연구한 관계는 마이의 조카와 오빠 부부이다. 아래 대화는 새언니 탄과 세 아들 사이의 제한된 의사소통을 보여준다.

보니 : 마이 씨는 집에서 영어를 많이 들었어요?

마이 : 네. 우리 조카들은 다 영어로 얘기해서 영어로 이야기해야 됐어요.

보니 : 지금 조카들이 중국어[36]나 베트남어를 해요?

마이 : 못해요.

보니 : 못해요? 아예?

마이 : 네.

보니 : 왜요? 새언니가 조카들에게 중국어나 베트남어로 이야기하지 않아요?

마이 : 네. 왜냐면 음. 제 새언니는 사업을 하고 있는데 영어로 이야기해야 돼요. 애들하고 중국어로 이야기하면 영어가 안 느니까요. 그래서 새언니는 영어를 쓰려고 노력해요. 제 조카들은 새언니보다 더 잘하죠. 왜냐하면 걔네들은 여기서 태어났고 학교도 가고 -

보니 : 근데 새언니는 베트남어로 이야기하지 않는다는 거죠?

마이 : 네. 맞아요. 전혀요.

마이에게 새언니가 영어를 잘 못하고 베트남어로도 아이들에게 이야기하지 않는다면 어떻게 의사소통을 하느냐고 물었다. 마이는 새언니가 아이들에게 거의 말을 하지 않는다고 하였다. 새언니가 얘기할 때는 스스로 말하기까지 시간이 많이 걸렸고 아이들은 엄마의 노력을 놀려댔다. 마이는 오빠와 새언니가 돈 버는 데에 집착했고 너무 그래서 아이들이 엄마를 '마미' 대신 '머니'라고 불렀다고 이야기해 주었다. 마이는 새언니가 영어를 모르기 때문에 조카들이 엄마를 깔본다고 말하였다. 조카들은 엄마에게 '머니 시끄러워.'라고 말한다고 하

---

36 이 연구를 하면서 중국에서 쓰는 여러 언어의 차이를 구분하지는 않았다.

였다.

탄이 아이들에게 베트남어를 기피하는 것을 볼 수 있었는데, 그 이유는 만약 자신이 아이들에게 영어로 말하면 영어 능력이 향상될 것이라는 생각 때문이었다. 영어를 배우기 위한 탄의 바람 중 일부는 경제적 이득과 관련되어 있다. 그러나 영어로 공부하는 학교에 다니는 아이들은 엄마보다 훨씬 빨리 영어를 잘하게 되었고 엄마는 아이들에 대한 권위를 잃기 시작하였다. 사실 아이들은 엄마에게 권력을 행사하면서 엄마를 공격하는 무기로 영어를 사용하는 것처럼 보였다. 아이들이 엄마를 존중하지 않는 것은 아버지가 할머니나 고모를 무례하게 대하는 것을 보고 자란 사실을 통해 어느 정도 설명할 수 있을 것 같다. 마이의 오빠가 아이들이 엄마를 막 대하는 것을 꾸짖었을 때 둘째 아들인 마크가 '근데 왜 아빠는 할머니나 고모한테 그렇게 해요?'라고 말하였다. 그러므로 가정에서 가부장적인 힘의 관계는 가정의 언어 사용양상에 영향을 주었고 세대 사이의 단절을 가속화시켰다.

그러나 여기에는 중요한 점이 하나 더 있다. 집에서 일기 연구 모임을 하던 어느 날 마이는 어떻게 가정에서의 영어 사용과 가족 구조의 해체가 캐나다에서 베트남인과 중국인들에 대해 오빠가 가진 생각과 연관되어 있는지 논의하였다. 마이는 자기 오빠는 베트남 사람과 중국 사람들은 '저급'하고 캐나다 사람들은 '고급'스럽다고 생각한다고 말하였다. 오빠는 자기 스스로가 베트남 사람/중국 사람이고 아내는 베트남 사람이지만 베트남 사람과 중국 사람들을 좋아하지 않고 그들이 '나쁜 사람들'이라고 생각한다. 마이는 조카들이 캐나다인으로 자랐고 베트남어를 배우도록 격려받지 못하였다고 했다 ― 장남만이 베트남어를 조금 이해하였다. 아이들은 베트남이나 베트남 사람에 대해 관심이 없었고 가끔 자신들의 외모가 싫다고 말하였다. 마이는 오빠가 자신을 캐나다인으로 생각하려고 노력하지만 다른 사람들은 오빠를 그렇게 보지 않는다는 것을 이야기하였다. 그는 베트남 친구보다 캐나다 친구를 사귀려고 노력하고 두 집단을 매우 다르게 대하였다. 이것은 캐나다 사회에 있는 인종차별 관행 ― 알게 모르게 있는 ― 을 보여준 것인데 이것은 마이의 대가족 구성원이 가진 정체성에 해로운 영향을 주었다. 이러한 현상은 Wong Filmore(1991)와 Mckay와 Wong(1996)과 같은 북아메리카 학자들이 다른 맥락에서 철저하게 연구하였는데 6장에서 더 깊이 다룰 것이다.

마이와 마이 부모님이 캐나다에 왔을 때 마이는 자기 자신이 어떠한 관계 안에 놓여 있는지 깨달았다. 영어는 가정에서 힘의 언어였고 남성들이 권위를 가지고 있었으며 캐나다인들은 중국인들이나 베트남인들보다 낫다고 여겨졌다. 그러나 마이는 오빠의 가부장적이고 인종차별주의적 태도를 거부하였다. 마이가 21살에 캐나다에 도착했을 때 베트남과 중국과 관련된 것에 대해서 아주 편안함을 느꼈다. 마이는 오빠가 조카들도 거의 신경 쓰지 않는 자신의 과거 베트남 시절을 지우기를 원한다는 것을 괴로워하였다. 마이는 오빠가 너무 많이 변했고 부모님을 별로 존중하지 않는다는 사실에 충격을 받았다 : '대대로 전해 내려온 걸 그냥 없앨 수는 없어요.' 그러나 동시에 마이는 부모님께서 캐나다에서는 목소리를 낼 수 없다고 말하였다. 이것이 왜 마이가 오빠의 권위에 복종할 수밖에 없는지에 대한 이유였다. 그럼에도 불구하고 마이는 탄에게 이야기할 수 있었다. 탄은 남편의 가부장적 권위에서 마이를 지원할 수 있는 것처럼 보였다. 뒤에서 기술하겠지만 오빠의 가부장적인 권위에 저항하고 성별화된 정체성을 재정립하기 위해서 마이는 자신이 영어를 말할 기회를 만들도록 조카들과 특별한 관계를 형성하였다.

마이는 '미래의 삶'을 위해서 캐나다에 왔지만 오빠와 새언니는 마이의 바람이 이루어지지 않을 것이라고 생각하고 있었다. 마이는 독립해서 영어와 운전을 배우고 회계 강좌를 듣기를 바랐기 때문에 가정의 가부장적 구조와 투쟁하였다. 오빠와 새언니가 마이의 독립적인 영혼을 저지하려고 한 방법은 여러 가지였다. 말로 하는 압박도 있었다 : 오빠와 새언니는 마이에게 '자격증에 미쳤다.'라고 하면서 '면허증, 영어 자격증, 회계사 자격증'에 대한 마이의 열망을 비웃었다. 더욱이 오빠는 마이에게 월급 받은 것을 달라고 요구하며 여자는 배움이 필요 없다며 경제적인 독립을 제한하였다. 또한 마이의 개인적인 시간도 통제하려고 하였다. 마이는 매일 일이 끝나고 집에 와서 지하에 있는 탄의 작업실로 가서 재봉일을 도와주라는 소리를 들었다. 끝으로 오빠 내외는 미혼인 상태를 달갑지 않게 여겼고 여자는 배움이 필요 없다고 말하였다. 사실 마이가 캐나다에 온 순간부터 밍과 탄은 마이의 남편감을 찾으려고 노력하였다. 첫 번째로 소개해 준 사람은 탄의 친척이었는데 사실 마이가 캐나다에 처음으로 왔을 때 마이를 데리러 간 사람이었다. 마이는 이 만남을 다음과 같이 묘사하였다.

> 캐나다에 처음 왔을 때는 밤이었어요. 그 사람이 절 데리러 공항에 왔어요. 그리고 그다음에 두 번째는 그 사람이 뭔가를 저한테 가져왔을 때였는데요. 그 사람은 제 남자친구가 되길 원했어요. 네, 근데 제가 그 사람을 알고 난 뒤에 싫어졌어요. 전 사귀고 싶지 않았어요. 싫었어요. 좀 모자란 것 같고. 암튼 저한테 안 좋았어요. 네. 그리고 그 사람한테 그냥 말했어요. '만약 친구나 여동생이 되길 바란다면 그건 기꺼

이 할 수 있어요. 근데 — 내 남자친구가 되는 건 — 안 돼요.' 안 되죠. 안 된다고 생각해요. 그리고 지금 그 사람은 '알았어. 그럼 그냥 친오빠처럼 지내자.'라고 말해요.

이러한 압력에 대한 마이의 반응은 복잡하였다. 종종 마이는 자신의 미래를 위해서 독립해야 할 필요가 있다고 하면서 오빠를 설득하려고 노력하였다; 또 어떤 때는 다음과 같이 말하면서 자신의 행동을 방어하였다 '진짜 아무한테도 나쁜 짓을 하지 않았잖아요.' 가끔 마이는 조용히 있거나 아예 말을 안 하는 게 더 쉬웠다고 말하였다. 에바는 일터에서 자신이 침묵하고 있는 것을 발견한 반면 마이는 집에서 존중받기 위해서 싸웠다. 마이가 오빠에게 직접 도전하지 않았던 것은 눈여겨볼 만하다. 설사 오빠가 하는 행동에 반대할지라도 마이는 자기 인생을 조종하려 하는 오빠의 권리에 의문을 제기하는 것처럼 보이지는 않다; 에바는 가부장적인 구조에 도전하지 않았고 독립하기 위한 다른 방법을 찾으면서 그들에게 맞추려고 노력하였다. 한편 에바는 일터에서 차별받으며 자신의 권리를 침해당하고 있다는 것을 알고 좌절을 느꼈다. 그러므로 두 사람 모두가 경험한 억압은 매우 달랐다. Rockhill 연구에 나온 많은 여성같이 마이는 독립할 권리를 가지고 있다고 생각하지 않았고, 이것은 묵인 아래에 있는 특권이었다고 생각하였다.

대가족의 붕괴와 마이를 지금까지 지탱해온 감정적, 물질적 관계망의 붕괴 때문에 마이는 가정 안에서의 관계를 재정립해야 했다. 마이 부모님은 거의 도움이 되지 않았다. 영어를 못하는 아버지는 더 이상 가부장적이지 않았다; 마이는 아버지가 캐나다에서는 더 이상 힘이 없다고 이야기하였다. 마이의 어머니는 집안을 치우고 요리하고 침실에서 쉬면서 혼자 대가족과 떨어져서 시간을 보냈다. 새언니는 가정에서 발언권이 없었고 아들들과도 교류가 별로 없었다. 밤낮으로 고객의 의상과 커튼을 만들었다. 한편으로 마이는 가정에서 자신의 지위를 재정립했음에도 주어진 선택권은 너무 절망적이었다. 마이는 새언니 탄처럼 가족의 구성원으로서 정체성이나 권위가 거의 없이 가정에 경제적으로 얽매여 있게 될 수도 있었고, 엄마가 그랬던 것처럼 억압받는 지위를 받아들일 수도 있었고, 다양한 가능성을 지닌 대안적인 지위를 요구할 수도 있었다. 마이는 탄과 같은 대우를 받거나 결혼해서 가능한 빨리 나갔으면 하는 오빠의 바람을 거부하고 마지막 선택지를 골랐다.

마이의 전략은 두 가지였다. 하나는 집이 아닌 밖에서 일자리를 찾은 것이다. 이것은 가족의 경제적인 면에 기여할 수 있게 했고 영어를 연습할 기회를 늘려 주었다. 두 번째는 특히 ESL 과정을 들은 6개월 뒤 영어가 향상됨에 따라 가정에서 언어 중개인의 역할을 맡게 되었다는 것이다. 그리고 자신의 오빠 외에 다른 사람은 가지고 있지 않았던 힘과 권위가 어느 정도 있는 지위를 얻는 데 성공하였다. 일기 연구 모임에서 마이는 항상 자신을 부모님과 조카나 때로는 조카들과 새언니 사이에서 통역해 주는 징검다리라고 자신을 묘사하였다. 이것을 조카들은 존경과 권위로 보았는데 조카들은 오빠의 가부장적 권위에 대항하는 투쟁에 중요한 지지자가 되었다. 위에 기술한 것처럼 왜 그렇게 아빠는 마이 고모를 나쁘게 대하느냐고 물음으로써 조카들은 마이를 옹호해 주었다. 조카들은 또한 마이보다 10년이나 더 캐나다에 살았던 엄마보다 영어를 잘한다는 것에 강렬한 인상을 받았다. 마이는 다음과 같이 썼다 : "한번은 쫑이 나에게 '고모는 돈만 쓰느라 영어를 못하는 사람들처럼 안 됐으면 좋겠어. 그건 미래를 위해서도 안 좋잖아.'라고 말했고 나는 그걸 이해했다." 마이는 조카들이 상징적인 자원보다 물질적인 자원의 성취에 집착하는 엄마를 업신여기는 것에 대해 이해하였다. 조카들은 마이가 자기 엄마의 전철을 밟을까 봐 걱정하였다. 이러한 것은 마이가 조카와 가까운 관계라는 것과 집에서 정기적으로 영어를 연습할 많은 기회가 있는 언어 중개인의 역할을 하고 있다는 것을 나타낸다.

이렇게 하여 마이의 오빠가 마이와 아들들 사이의 관계가 좋아지는 것을 경계했음에도 마이는 가정에서 중요한 위치를 차지할 수 있었다. 마이는 단순한 '여자애' 이상이었다 : 집에 돈을 벌어오고 언어 중개인의 역할을 하고 조카를 돌볼뿐더러 부모님이 여행을 할 수 있게 해 준다. 마이에게 모순된 감정을 가지고 있음에도 불구하고 마이 오빠가 한 달 동안 베트남에 갔을 때 아이들을 돌본 것은 부모님이 아니고 마이였다. 이때까지 아이들과 마이 사이는 서로 유익한 관계였다. 마이가 적었듯이 아이들은 영어 연습을 도와주었고 마이는 아이들을 돌보아 주었다 :

내 오빠와 새언니는 4주 동안 베트남에 갔다. 그래서 조카 셋을 내가 돌봐야 했다. 부모가 다 같이 갔기 때문에 조카들이 마음이 좋지 않을 것이라 생각해서 오빠 내외가 하던 것과 똑같이 하려고 노력하였다. 항상 아이들이 뭘 먹고 싶어 하는지에 대해서 신경을 써야 했다. 자기 전에 문제가 없더라도 둘째와 막내가 괜찮은지 확인하러 갔다. 조카들과 좋았던 것은 내가 조카들에게 얘기하는 것을 너무 잘 들어주었다는 것이다. 아이들이 나가거나 뭔가를 하기 원할 때 나에게 묻곤 하였다. 날 많이 도와주고 내 공부에 도움을 많이 준 아이는 케빈이었다. 케빈은 8살 6개월이었고 조카들 중 셋째였다. 내가 받아쓰기나 다른 걸 할 때는 케빈에게 도와달라고 했고 케빈은 즐겁게 날 도와주었다. 케빈은 다른 아이들보다 날 더 도와주었다. 내가 받아쓸 수 있도록 읽어주었다. 가장 맏이인 쫑은 좋은 고등학교에 다녀서 날 도와줄 시간이 많지 않았다. 마크도 그랬다. 난 그 아이들이 바쁜 걸 안다. 그래서 아이들을 귀찮게 하지 않았다. 그러나 내가 질문이 있는데 케빈이 설명을 못 해줄 때는 쫑이나 마크에게 물어봐야 했다. 그때는 모두 기꺼이 날 도와주었고 아주 명확하게 나한테 설명해 주었다.

마이의 언어 중계인과 영어에 대한 투자 사이에는 재미있는 관계가 있었다. 영어는 오빠의 가부장적 권위에 대한 무기이자 개인적인 영역과 공적인 영역에서 자신의 가치를 나타내는 상징성 모두를 드러내는 것이었다. 마이는 굉장히 근면한 언어 학습자였다 ─ 그 언어를 쓰고 말할 수 있는 모든 기회를 활용하였다. 마이는 낮 동안 계속 일한 뒤 밤에 출석해야 하는 아주 힘든 강좌임에도 불구하고 연이어 강좌를 들었다. 마이는 집에서는 조카들과 연습했고 정기적으로 일기연구 모임에 참석하며 많은 양의 일기를 썼다. 부모님께서 캐나다에온 지 일 년 뒤에 오빠가 부모님을 집에서 쫓아냈을 때 마이에게는 오빠 집에 남아 있을 수 있는 선택지가 그간의 노력에 대한 보상으로 주어졌다. 마이는 다음과 같은 단어로 그 충격적인 사건을 기록하였다 :

난 지금 정말 기분이 나쁘고 외롭다. 엄마랑 같이 지내는 마지막 밤이될 것이다. 그리고 내일 엄마는 모르는 사람 집에 가서 계속 거기에 머무를 것이다. 엄마는 거기서 6개월짜리 아이를 돌보게 될 것이다. 난 태어나서 여기 오기 전까지 부모님과 함께 지냈다. 난 열흘조차 떨어져 있을 수 없었다. 그런데 지금 어떤 일이 일어나도 도울 수 없다. 그걸 생각하면 난 마음이 너무 아프다. 베트남을 떠나기 전에 우리는 항상 여기 와서 오랫동안 보지 못했던 가족들을 곧 만날 수 있을 거라 믿었다. 그리고 우리는 같이 살면서 행복한 시간을 보내리라 생각했다. 그런데 지금은 나쁜 상황이 우리한테 많이 벌어졌다. 그게 우리 부모님을 실망시켰는데 이런 일이 벌어질 거라고는 전혀 생각을 못 했기 때문이다. 부모님은 오빠 집에 더 이상 머무르고 싶어 하지 않으신다... 나도 어디로 가야할지 모르겠다. 난 부모님과 나에게 앞으로 어떤 일이 일어날지 무섭다. 지금 내 주위에는 모진 비바람이 몰아치고 있는데 이 상황을 충분히 이겨낼 수 있을 만큼 내가 강한지 모르겠다.

이제까지 마이가 집에서 경험한 언어 실행과 영어를 연습할 기회가 어떻게 사회적으로 만들어졌는지 살펴보았다. 이제부터는 일터에서 영어를 연습했던 여러 기회를 살펴볼 것이다. 어떻게 이 기회가 사회적으로 만들어졌고 영어에 대한 마이의 투자와 상호 관계가 있는지 분석할 것이다.

마이의 일터 : 내부자에서 외부자로

ESL 과정이 끝나고 마이는 뉴타운에 있는 의류 공장에서 재봉사로 일하였다. 마이는 그곳에서 가장 어린 노동자였고 중국계 베트남인 배경을 가진 유일한 사람이었다. 그곳에는 다른 노동자들이 7명 있었는데 모두 여자였고('여자만 7명') 캐나다에서 태어나지 않은 사람들이었다. '다 캐나다 사람이 아니에요.'라고 마이가 말하였다. 마이가 일터에 도착했을 때 이탈리아에서(4명), 포르투갈에서(2명), 인도에서(1명) 온 여성들이 있었지만 모두 영어를 공통으로 쓰고 있었다. 가끔 한 여성만 다른 사람에게 모국어로 이야기하였다. '아마 우리 모르게 뭔가를 얘기하고 싶은가 봐요. 답답해서 정말 빨리 말해요.' 3장에서 언급했듯이 Goldstein(1996)은 어떻게 이민자 여성과 남성이 일터에서 친밀한 사회적 관계를 형성하는지를 자신의 연구에서 자세하게 묘사하였다. 그곳의 노동자들은 서로를 언니, 오빠, 딸이라고 불렀다. Goldstein은 이러한 맥락에서 보면 직장 관계를 가족과 공동체 관계라고 볼 수 있다고 주장한다. 예를 들어 관리자와 문제가 있는 노동자는 그 문제를 식구들 문제라고 불렀다. 이러한 관계는 작업장에서의 언어 사용 양상에 중대한 영향을 주었다 : 포르투갈어는 유대감과 집단 구성원의 상징으로 기능하였다. 언어는 공동체 구성원들 서로의 권리, 의무, 기대와 관련되어 있는데 서로 속도가 느린 노동자를 대신하거나 도와주는 의무를 포함한다.

의류 공장에서는 영어가 결속의 언어였고 마이는 그곳에서 사람들과 관계를 맺는 것이 좋았다. 에바와 다르게 마이는 일터에서 사회 관계망에 들어가는 것이 어렵지 않았고 영어를 연습할 기회도 많았다. 에바와 달리 마이는 공장에서 가장 힘든 일을 하지도 않았다. 반대로 마이는 매우 숙련된 노동자였고 관리자와 노동자 모두에게 인정을 받았다. 에바의 경우와 다르게 더 나은 일들이 영어가 능숙한 이들에게 주어지지 않았다; 모든 노동자가 같은 종류의 일을 했고 누구도 숙련된 노동자가 되기 위해 영어를 잘할 필요가 없었다. 더욱이 마이의 모든 동료는 캐나다에 이민 온 사람들이었다. 에바의 작업과는 다르게 마이가 일하는 곳의 여성들 사이에는 일종의 동지애가 있었다. 또한 마이는 공장에서 다른 노동자들보다 어렸고 막내나 동생이라고 친근하게 불렸다. 나이 많은 사람들에게는 딸뻘이었지만 또 다른 측면에서 보면 그곳에 있는 사람들보다 더 능숙한 노동자였다. 마이는 사실 공장에서 가장 능숙한 노동자를 '우리 모두의 엄마'라고 언급하였다. 에바의 경우처럼 마이의 일터는 바깥세상을 상징하는 곳이었다; 그러나 공장은 영어를 연습하고 영어에 많이 노출되는 것을 늘리는 공간 이상이었다. 그곳은 가정 생활의 긴장으로부터의 피난처를 제공하는 공간이자 감정적이고 물질적인 지원을 가정 대신 제공하는 곳이었다.

본 연구자가 마이와 1990년 12월에 처음으로 인터뷰했을 때 마이는 자기가 일하는 것에 대해 굉장히 만족한다고 표현하였다. 마이는 그곳에서 영어를 많이 썼으며 관리자가 전폭적인 지원을 해주었고 같이 일하는 동료 여성들에게 사랑도 받았다.

보니 : 그래서 일할 때 말을 많이 했어요? 아님 그냥 앉아서 일만 계속했어요?

마이 : 아뇨. 말을 많이 했죠. [웃음] 어떤 날은 날 말려야 할 정도로요. 왜냐하면 작업하다 보면 졸려서 말을 해야 했어요. 우린 그냥 기계 소리만 듣고 있거든요. 어떤 건 -

보니 : 기계 소리가 졸리게 한다고요?

마이 : 저는 안 그랬는데 어떤 사람들은 그렇다고 하더라고요. 그래서 전 그냥 그 사람들을 깨우거나 어떻게 하고 싶었을 뿐이에요. 만약 제가 조용하지 않았다면 - 나중에 아주 조용해졌는데 나중에 - 다 익숙해졌어요, 사람들하고, 그리고 더 이야기하려고 노력했죠. - 네. 왜냐면 전 사실 영어를 연습하고 싶었어요. 그리고 제가 영어를 잘하지 못할 때부터 관리자에게도. 제가 거기 있을 때 저한테 읽기, 쓰기, 말하기를 좀 가르쳐 주면 좋겠다고 했는데 '그래.'라고 했어요.

보니 : 그분이 캐나다인이었어요? 그 관리자가?

마이 : 이탈리아인이요. 근데 여기에 아주 어렸을 때 왔대요.

보니 : 그럼 영어를 아주 잘해요?

마이 : 네, 아주 잘해요.

보니 : 그분과 영어로 많이 말했어요? 일하고 있을 때?

마이 : 저랑 많이 얘기했어요.

보니 : 친절해요? 괜찮은 사람이에요?

마이 : 친절해요. 그리고 언젠가 제가 사고를 당했는데 절 아주 걱정해 줬어요.

보니 : 아 그래요.

마이 : 네, 전 제가 다니는 공장이 좋아요. 왜냐면 사람들이 절 아껴주 니까요.

이 대화는 매우 의미가 깊다. 이것은 일터가 마이가 가진 자아존 중감의 굉장히 중요한 원천임을 나타내기 때문이다. 마이는 사람들이 자기를 챙겨줄 때 기쁘고, 기쁠 때 많이 말할 수 있었다. 연구에서 나이가 좀 있는 여성들과 달리 마이는 대가족 안에서 안식을 찾기가 어려웠다; 마이에게 만족을 주고, 자기를 사랑하는 친구가 있고, 영어 를 많이 연습할 수 있는 기회가 있는 곳이 일터였다. 자신의 어머니는 더 이상 발언권이 없었는데 우리 모두의 엄마라고 했던 리타는 공장 에서 영향력이 아주 컸다.

모두에게 일이 충분히 있을 때 일터에는 긍정적인 분위기가 맴돌 았고 마이가 영어를 연습하는 데 아무 어려움도 없었다. 그러나 회사 가 불황의 여파를 감지하고 여성들을 자르기 시작할 때 마이의 주변 도 잘못 돌아가기 시작하였다. 마이는 특히 일을 잘해서 해고를 당하지는 않았다. 그러나 잘린 사람들은 작업장에서 사회적 상호작용과 언어 사용 양상, 영어를 말할 마이의 기회에 큰 영향을 끼쳤다. 마이는 다음과 같이 썼다 :

직장에서 일이 벌어졌다. 그게 날 슬프고 불편하게 했다. 오늘 점심 식사 후 에밀리아는 여성 두 명에게 일이 별로 없기 때문에 내일은 집에 있으라고 이야기했다. 그리고 사장은 모든 작업을 다 할 줄 아는 사람들만 남기로 결정했다. 그 사람이 여기서 얼마나 일했는지는 중요하지 않았다. 공장에 다니는 모든 사람이 적어도 8개월 이상 일한 사람들이었다. 내가 여기에서 유일하게 그렇게 오래 되지 않은 사람이었다. 그런데 관리자는 나에게 계속 일하라고 했다. 몇몇은 이런 식으로 처리하는 걸 싫어했다. 그런데 나는 아무 말도 할 수 없었다. 그 여성들이 아주 난처하다고 해도 그건 내 잘못이 아니다. 그들은 내 앞에서 서로 이야기했다. 한 사람은 '이게 뭐야 불공평하잖아. 내가 여기 얼마나 오래 다녔는데. 이제 와서 나를 자른다고?'라고 말했고 또 어떤 사람은 '어떤 사람은 능력도 없는데 왜 계속 일하지?'라고 자기 나라말인 이탈리아어나 포르투갈어로 이야기하기 시작하였다. 그리고 그 사람들이 계속 일하게 된 사람들을 매우 이상한 시선으로 보았다. 그들은 내가 알아듣지 못하는 것들을 많이 말했다. 그 사람들이 날 어떻게 생각하는지 난 모른다. 난 그냥 관리자의 지시에 따를 뿐이다.

여성들 사이의 결속력은 해고 이후로 없어졌고 일터에서 언어 사용 양상은 극적으로 바뀌었다. 마이를 뺀 공장에 나와 있는 여성들은 모두 이탈리아인이었다 : 에밀리아(관리자), 리타(가장 숙련된 사람)와 일사. 사람들은 더 이상 영어로 이야기하지 않았고 모두 이탈리아어로 이야기하였다. 왜냐하면 노동자들 아무도 고객이나 손님에게 영어로 이야기해야 할 필요도 없었고 이탈리아어 사용에 대한 제약도 없었다. 그리고 그들은 마이가 이탈리아어를 배우도록 설득하였다. 마이는 이러한 흐름에 영어를 꼭 배워야 한다고 말하며 저항하려고 노력했지만 동료들은 다른 언어를 이해하는 것도 마이에게 좋을 것이라고 설득하려 하였다. 마이가 소외당하고 있다고 느꼈다는 상황에 주목할 필요가 있다. 그것은 캐나다 공식 언어 중 하나에 대한 능력이 부족하다는 것이 아닌 소수 언어의 구사 능력이 부족한 상황이다.

지난주 화요일부터 난 공장에서 정말 조용한 상태로 일했다. 작업장에는 세 명밖에 없었다. 리타, 나, 일사. 그리고 관리자. 우리는 전에 듣던 라디오를 안 들었다. 왜냐하면 그들은 모두 이탈리아인들이었고 그들 모두 계속 이탈리아어로 이야기하기 때문이었다. 가끔 나는 나 혼자 일하는 것처럼 매우 외롭다고 느꼈다. 나머지 모두는 내가 이탈리아어를 배우기를 원하였다. 나도 처음에 리타가 나에게 고마워요, 안녕하세요, 알았어요, 1부터 10까지 숫자세기 같은 것을 가르쳐줄 때는 좋았다. 그런데 내가 영어 발음을 배울 때보다 더 어려웠다. 한번은 리타에게 '이제 더 이상 안 배울래요. 나한테 필요한 건 영어예요.'라고 말했다. 거기서 내가 제일 어렸고 거기 있는 모두들 나를 놀리거나 여러 별명으로 날 부르기를 좋아했다. 리타는 나에게 '얘 막내야. 다른 나라 말 배우는 게 너한테 좋은 거야.'라고 했다. 리타는 나에게 뭔가를 시키거나 뭔가를 가져오라고 할 때 이탈리아어로 말하기 시작했다. 그럴 때 나는 뭐라고 하는지 알아들을 수 없었다. 난 그냥 우스꽝스런 얼굴을 하고 거기 서 있었다. 에밀리아는 날 보고 '우리 애기 뭔 일이야?'라고 물었다. 그러면 일사는 에밀리아에게 설명해 주었고 다 듣고 웃음을 터뜨렸다.

난 리타가 멋진 여성이었다고 생각한다. 언제든지 마냥 행복해질 수도 있고 누군가에게 화를 낼 수도 있었다. 그런데 이 며칠 동안은 나에게 정말 잘 해주었다. 가끔 자기만의 방법으로 제품을 어떻게 만드는지 가르쳐 주었다. 그 방법이 내가 하던 것보다 더 쉽고 빨랐다.

해고 뒤에 영어는 일터에서 더 이상 힘이 있는 언어가 아니었다. 이탈리아어가 그 자리를 대신하였다. 이로 이해 마이는 불편한 위치에 놓이게 되었다. 만약 마이가 영어를 등한시한다면 집에서 언어 중계자로서 정체성을 가지고 있었던 협상 능력을 잃게 될 것이다; 그렇지만 영어 쓰기를 계속 고집한다면 일터에서 사람들과의 유대감을 잃을 것이다. 사실 마이는 사람들과의 유대감만 잃는 것이 아니라 그들의 경험과 기술, 즉 더 숙련된 노동자들이 자신을 도와주는 상징적인 자원을 잃게 될 것이다. 마이가 말했던 것처럼 리타는 자기가 예전에 했던 방법보다 더 빠르고 쉽게 일을 처리하도록 도와주었다. 이러한 도움은 일터에서 힘의 언어를 존중하지 않는다면 없어질지도 모른다. 해고된 여성 둘이 일터에 서류를 떼러 왔을 때 마이를 보고 본체만체 하였다. 마이는 그 여성 중 한 명이 마지못해 마이에게 와서 퉁명스럽게 이야기한 것에 대해 회상하였다. 그녀[마이]는 남자가 없기 때문에 남게 됐다는 것이다. 그 해고된 노동자들은 마이가 능숙하고 성실하기 때문에 남게 되었다는 사실을 인정하지 않았다. 이 말은 마이에게 안전을 보장하는 남편이 없기 때문에 해고에서 살아남았다는 것을 나타낸다.

이 말이 가진 사회적 의미는 마이의 성별화된 정체성 구조와 관련되어 이해되어야 한다. 집에서 마이는 학교에 가지 않아도 되고 돈 많고 젊은 남자가 필요한 '여동생'라고 주장하는 오빠의 가부장적인 압박에 저항해 투쟁하였다; 일터에서 마이는 막내나 동생 정도로 취급받았고 의류 공장에서 계속 일하게 된 것은 기본적으로 미혼이기 때문이라고 여겨졌다. 에바처럼 마이는 다른 사람들보다 더 좋은 일을 원하지 않았다. 특혜를 원하지 않았다; 단지 공평하게 취급받고 싶었다. 하지만 마이는 자신의 성별화된 정체성을 바탕으로 특혜를 받는 사람으로 여겨졌다. 마이는 일 년 안에 결혼하였다. 마이의 남편은 오빠의 가부장적 권위와 소외의 근거로 미혼 상태를 거론하는 동료들의 조롱에서부터 마이를 '구해주었다'. 남편은 캐나다에서 마이에게 아내라는 지위를 주었다. 이것이 마이가 영어에 노출되고 연습하는 것에 어떻게 영향을 주는지는 아직 판단할 수 없다. 마이의 남편은 마이가 집 밖에서 일하기를 원하지 않는다; 마이가 말하는 제일 최선은 남편이 자기를 공부'시키는 것'이라고 하였다.

참고사항

에바와 마이가 일한 곳은 모두 캐나다를 대변하지만 그들이 일터에서 경험하는 것과 배울 기회는 근본적으로 다르다. 에바의 정체성은 못 배운 이민 여성에서 귀중한 동료로 옮겨갔다. 마이의 정체성은 능숙하고 활기찬 동료에서 소외되고 소속이 없는 여성으로 옮겨갔다. Lave와 Wenger(1991)의 상황 학습에 대한 연구는 에바와 마이가 처음에 일터에서 어떤 위치에 있었고 왜 그들의 정체성과 학습 기회가 시간이 지나면서 바뀌었는지에 대해 이해하도록 도움을 준다. Lave와 Wenger(1991)는 인류학적 관점에서 학습과 그것이 일어나는 사회적인 상황의 관계에 대해 주로 연구하였다. 이 연구에서 보면 적법한 주변 참여라고 일컫는 것은 이민자들이 기존 공동체 환경에서 살던 사람들과 교류하는 과정을 통해서 그 공동체를 특징짓는 관습을 점차 경험하게 되는 것을 말한다. 이 관점은 SLA 분야에서 유용한데(예시 참고 Toohey; 1998, 2000), 공동체의 일부에 대한 부분적인 분석에 초점을 두고 있기 때문이고 학습자들을 개인으로 분리하지 않고 사회적, 역사적인 집단의 구성원으로 개념 지어야 한다고 주장하기 때문이다. 게다가 Lave와 Wenger(1991)는 어떤 공동체에서든 특정한 사회적 방식이 온전한 참여를 제한 혹은 촉진할 것이라는 사실을 인식하고 적절한 실행과 학습 조건에 대해 더 면밀하게 연구할 것을 제안하였다.

에바의 일터 공동체에서 특히 어려웠던 것은 초기에 온전한 참여자로 어울릴 수 없었다는 점이다. 왜냐하면 그들은 새내기들이 공동체의 관습을 접할 때 가지는 기대를 뭉개버렸기 때문이다; 새내기가 가지고 있는 기대는 공동체의 주요한 관습과 그 모든 형태에 접하는 것이다. Lave와 Wenger(1991, 100쪽)는 다음과 같이 밝히고 있다 :

적법한 주변 참여로 가는 열쇠는 관습 공동체에 새내기가 들어가는 것이고 들어가기 위한 모든 자격을 갖추는 것이다. 그러나 이것이 공동체의 재생산에 필수적이기는 하지만 동시에 항상 문제를 가지고 있다. 관습 공동체의 진정한 구성원이 되기 위해서는 고참자와 공동체의 다른 구성원들이 하고 있는 지속적인 활동에 전반적으로 참여해야 할 필요가 있다; 그리고 참여자는 정보, 자원, 기회에도 접근해야 한다.

에바의 자료에서 주목할 만한 것은 위와 같이 접근하기 위해서는 고군분투해야 한다는 것과 공동체 안에서 참여자로서 정보, 자원, 기회가 주어질 때 정체성이 어떻게 바뀌었느냐 하는 것이다.

그러나 마이와 관련해서 보면 관습 공동체에서 많은 부분이 이미 고참자였다. 마이는 즉시 공동체의 작업에 적극적으로 기여할 수 있다고 여겨지는 숙련된 재봉사였다. 그 공동체 사람들은 마이에게 기대할 정도여서 자신감과 만족감을 느꼈고 정기적으로 동료들과 대화를 이어 나갔다. 그러나 대량 해고 뒤에 마이가 지닌 뛰어남은 동료들에게는 위협으로 보였고 점점 마이를 상대하지 않게 되었다. 우정과 전문 기술 사이가 위태로워졌을 때 상징적, 물질적 결과 모두에서 마이는 고립감을 느꼈다. 새내기와 고참자 사이의 이러한 관계 전환에 관해서 Lave와 Wenger(1991)는 주목을 거의 못 했기 때문에 후속연구를 진행해 볼만 한다. 그럼에도 본 연구자가(Norton, 2001) 언급한 것처럼 실행 공동체라는 관점과 Wenger(1998)의 정체성에 대한 최근 연구는 교실과 공동체에서의 제2언어 학습에 대한 이론화에 많은 가능성을 보여주었다. 다음 장에서는 카타리나, 마르티나, 펠리시아가 일한 곳의 특징을 알아보면서 실행에 대해 더 깊이 이해할 수 있을 것이다.

어머니, 이주, 언어 학습

"우리 딸은 영어로 말하면 좋겠어. 좋은 일을 구하려면 네가 영어를 잘 해야 돼.

계속 외국인 '억양'으로 영어를 하면 공부하는 의미가 없잖아.[37]"

우리 엄마는 내가 멕시코인처럼 영어를 하는 게 못마땅하다고 할 것이다.

Anzaldúa, 1990, 203쪽

　　성별과 언어 학습을 이론화하고 연구하는 것은 복잡한 일이다.
언어 사용에서 성별을 연구한 포괄적인 논문에는 Freedman(1997)이
있는데, 이 연구에서는 성별과 언어 사용 두 가지로 그동안의 연구
흐름을 나누었다. 첫 번째 전통적인 흐름은 Lakoff(1975)와 Tannen
(1990)과 같은 연구자들의 사회언어학적 연구와 관련된 것인데 어떻
게 여성과 남성이 사회적 관계 속에서 발화를 하는지에 초점을 맞추

37　〈역자 주〉 '좋은 일을 ~ 의미가 없잖아' 부분은 원문에 스페인어로 기술되어 있다.

었다. 예를 들어 Lakoff는 여성이 남성보다 부가의문문이나 머뭇거림을 더 빈번하게 사용한다는 것을 들어 더 조심스럽다고 설명하였다. Tannen도 이러한 관찰에 동의는 하지만 왜 이러한 일이 일어났느냐에 대한 분석은 Lakoff가 했던 것과 다르다. Tannen은 Lakoff가 했던 것보다 여성과 남성 사이에 있는 힘의 차이에 강조를 덜 두었다. 두 번째 전통적인 흐름은 Freedman에서 찾을 수 있는데 Ochs(1992)와 같이 언어 사회화와 관련된 인류학 연구와 관련되어 있다. Ochs는 상황에 맞는 언어적 실현이라는 문화적으로 선호되는 성역할과 관련된 행위, 입장, 활동을 통해 어떻게 성별이 구성되는지를 연구해야 한다고 주장하였다. 더 명확하게 말하면 Ochs는 문화에 따른 의사소통 관습의 차이가 일반적으로는 여성, 특히 어머니에 대한 다양한 지역적 이미지를 영유아와 어린이에게 어떻게 사회화시키는지를 보여준다.

두 가지 전통이 모두 성별과 언어 학습 연구에 풍부한 가능성을 제공하지만 5장에서는 언어 학습 연구에서 성별의 중요성에 대해 고민해 보기 위해 대안적인 틀을 제안하였다. '여성은 어떻게 말하는가?'나 '어떤 의사소통 실행이 특정-문화의 성별 역할과 관련되어 있는가?'와 같은 물음 대신 '어떤 조건에서 여성들은 말하는가?'라고 묻고 싶다. 좀 더 구체적으로 어떻게 이민 여성이 가지고 있는 엄마로서의 성별화된 정체성이 목표 언어에서 투자와 목표 언어 구사자와의 상호작용과 연관되어 있는지를 다룰 것이다. 앞 장에서는 젊은 미혼 여성인 에바와 마이가 각각 일터에서 목표 언어 화자들과의 관계에서 큰 영향을 받았을 것이라는 증거가 있었다. 동료를 파티까지 태워다 줄 수 있는 남자 친구가 에바에게 있다는 사실은 동료의 눈에 에바를 굉장히 특별하게 보이게 했을 것이고 그로 인해 사회적 상호작용의 가능성이 커졌을 것이다. 마이는 젊고 미혼이라는 사실과 관련해서 일터에서 모순된 대우를 받았다. 어떤 동료들은 마이를 보호하는 태도로 막내나 동생으로 부르며 대화에 끼워주었다. 그러나 해고된 다른 사람들은 마이를 무능한 사람으로 취급하였는데 남자친구가 없었기 때문이다. '넌 남자친구도 없어.'라고 말하면서 등을 돌렸다. 그러나 어느 경우든 마이는 자신이 가진 여성으로서의 독립된 권리를 완전히 인정받지 못하였다.

　이제부터는 이 연구에서 나이가 더 많은 여성 세 명에 대해서 초점을 맞출 것이다 : 캐나다로 34살에 온 카타리나, 37살에 온 마르티나, 44살에 온 펠리시아. 세 여성들 가운데 가장 어린 카타리나는 아직 초등학교에 다니는 아이가 하나 있었다; 마르티나와 펠리시아 모두 아이가 셋이었다 : 10대 두 명과 사춘기 이전 한 명. 여성 세 명 모두 자국에서 고등교육기관에서 교육을 받았고 가정을 이루어 아이들을 낳았고 오랫동안 일을 했지만 캐나다에 와서는 경력을 살려 직업을 찾지 못하였다. 이 여성들의 차이라고 하면 캐나다에 이민 오게 된 이유인데 이 차이도 주목할 만하다. 카타리나와 가족은 '공산주의가 싫어서' 폴란드에서 캐나다로 왔고 공산주의 대신 자본주의 체제를 택하였다. 또한 기독교인으로서의 선택도 작용하였다. 마르티나는 반면 체코슬로바키아에서 왔고 아이들에게 더 나은 삶을 주고 싶었기 때문이었다. 그리고 펠리시아는 '페루에서 테러가 늘었기' 때문에 왔다. 여성들은 또한 자국에서의 생활 방식이 각자 매우 달랐다. 카타리나는 자신이 17년 동안이나 공부한 지식인이었다는 사실과 관련해 스트레스를 받았다. 마르티나는 중등교육 과정을 마친 뒤부터 줄곧 같은 기관에서 측량사로 일을 하였다. 펠리시아는 페루의 부촌에서 고급스러운 생활을 누리며 주말에는 해변의 별장에 가서 지내는 초등학교 교사였다. 이번 장에서는 영어에 대한 여성들의 투자와 영어를 연습할 기회가 엄마와 아내로서 성별화된 정체성에 의해 영향을 받았다는 점에 대해 설명할 것이다. 그리고 자국에서 습득한 상징적 자원과 캐나다에 와서 평가된 상징적 자원 사이의 괴리와 새로운 나라에서 겪은 자민족중심적인 사회적 관습에 대해서도 살펴볼 것이다. 각 여성의 경험에 대해서 차례로 분석할 것이고 자료를 통해서 비교와 대조를 할 것이다.

카타리나

'말을 해야 돼서 컴퓨터 수업을 선택한 게 아니라 생각해야 하기 때문에 고른 거예요.'

카타리나와 남편에게는 마리아라는 딸아이가 하나 있다. 가족들이 캐나다에 도착했을 때 딸은 6살밖에 되지 않았다. 캐나다에 도착한 때부터 카타리나는 딸이 모국어인 폴란드어 능력을 잃게 될까 봐 걱정을 하였다. 카타리나는 캐나다에 도착했을 때 매일 울었다고 말하였다. 왜냐하면 딸이 영어를 쓰면서 자라는 것을 깨달았기 때문이다. 설명해 달라고 하자 카타리나는 마리아가 자신이 잘 하지 못하는 언어를 사용하며 크게 되는 것이 두려웠다고 말하였다. 카타리나는 딸과의 접점이 사라질까 봐 두려웠다. 카타리나가 다니는 교회의 폴란드 사제는 그 두려움이 어떤 것인지 확실히 알려 주었다. 카타리나는 그 사제가 모든 교인에게 '애국적인 이유와 언어에 대한 애정이 아니라 부모로서' 집에서는 모국어를 사용하도록 강력하게 권고하였다고 말하였다. 그 사제는 아이들이 크면 부모는 아이들에게 많은 의미가 있는 이야기를 나누기를 원할 것인데 모국어만큼 영어가 편하지 않을 것이라고 이야기하였다. 아이들과 관계를 유지하기 위해 교인들에게 집에서는 모국어로 이야기할 것을 강력히 권장하였다. 또한 아이들은 영어를 유창하게 말하게 될 것이기 때문에 부모가 아이들이 캐나다 사회에 융합되지 못하는 것에 대해 걱정할 필요가 없다고 말하였다.

그러므로 폴란드어는 카타리나에게 과거와의 연결보다 더 큰 의미를 가진다. 그것은 미래와의 끊을 수 없는 연결이었다 : 자기 딸과의 지속적인 관계와 엄마로서의 정체성. 일기 연구 만남을 시작할 때 카타리나는 한참을 딸이 처음 참여한 성찬식에 대해 이야기하였다. 카타리나는 딸이 처음 성찬식에 참여할 때 폴란드어로 하기를 바랐다고 말하였다. '제가 그랬으니까요. 저는 긴 흰색 드레스를 입고 꽤 잘 했다고 기억하고 있어요.'라고 이유를 말하였다. 또한 성찬식의 주요 구절인 주기도문과 십계명이 폴란드어라면 자기가 외우도록 도와줄 수 있지만 그것이 영어라면 어려울 것이기 때문이었다. 마리아는 현재 폴란드어로 이 구절을 모두 알고 있다. 카타리나는 일기에서 자신에게 모성이 얼마나 중요한지 보여주었다. 그리고 남편과 아이들을 두고 걸프전에 가버린 여성들에 대한 반감을 표현하였다 : "남편과 아이들을 집에 두고 전쟁터로 떠나버린 엄마들. 나는 뭐가 더 중요한지 이해할 수 없다. '전쟁'인지 '아이들'인지."

카타리나는 지역 학교 위원회에서 운영하는 계승어 교실을 열심히 후원하였고 매주 토요일 아침에 폴란드어를 가르치기 위해 딸을 보냈다. 연구에 참여한 세 어머니 가운데 카타리나만 딸이 정규 수업에서 모국어를 배우도록 지원을 충분히 하였다. 그러나 마리아가 폴란드어를 잊어버리고 있는 것처럼 보였을 때 걱정을 조금 하는 시기가 있었다. '제가 마리아에게 폴란드어를 읽어주기 시작했는데 마리아가 폴란드 단어를 잊어버렸더라고요. 조금 뒤에는 더 잘 읽을 수 있었죠...'라고 말하였다. 딸과의 관계에서 카타리나가 걱정한 이유는 카타리나 가정에서 주로 쓰는 언어가 폴란드어였기 때문이다. 카타리나는 딸이나 남편에게 전혀 영어를 쓰지 않았는데 에바가 말한 것처럼 영어로 말하는 것이 어려웠기 때문이었다.

마이의 가정과 카타리나 가정에서 사용하는 언어 양상을 비교해 보는 것은 흥미로운 일이다. 애초부터 카타리나가 가정에서 영어를 쓰는 것은 가족 구성원들에게 가장 관심 있는 일도 아니었고 딸과 자신을 멀어지게 할 것이라는 점도 자각하고 있었다. 카타리나 집에서 몇 번 인터뷰를 했을 때 카타리나가 딸 앞에서 영어로 말하는 것을 불편해한다는 사실을 확실하게 알 수 있었다. 한 번은 테이프를 따라 영어 텍스트를 읽고 있을 때 딸이 와서 엄마는 말하는 것이 아이 같다고 하였다. 이 일은 카타리나를 매우 동요하게 하였다. 카타리나에게 이 말뜻은 엄마로서의 정체성에 투자하는 것과 딸과의 지속적인 관계와 관련되어 이해해야 한다. 카타리나는 딸과 영어로 TV를 보는 것, 영자 신문 읽는 것, 영어로 뉴스를 듣는 것이 행복했지만 집에서 말할 때는 반드시 폴란드어를 써야 했다.

마르티나와 펠리시아에 대해 뒤에서 논의할 것을 감안하면 카타리나의 남편이 캐나다에 오기 전에 영어 능력을 잘 닦아 놓았다는 점을 밝혀두는 것은 중요하다. 카타리나의 남편이 영어를 배운 이유는 국제 무역을 했고 일하면서 영어사용자들과 만날 수 있었기 때문이었다. 카타리나는 캐나다에 처음 왔을 때 전화를 받거나 선생님과 이야기하는 것과 같은 공적으로 처리해야 할 일은 남편이 모두 다 맡았다고 말하였다. 카타리나가 영어를 빨리 잘하게 됐음에도 불구하고 자신은 여전히 가족 중에서 가장 영어를 못한다고 하였다. 딸은 영어가 유창했고 남편은 굉장히 능숙했다. Rockhill의 연구에 나오는 많은 여성의 경험과 다르게 카타리나의 남편은 카타리나가 영어 배우는 데 도움을 주었다. 왜냐하면 남편은 당장 생활을 충분히 해결할 정도로 수입이 있었기 때문이다. 카타리나는 영어를 배우러 학교에 다닐 수 있었고 컴퓨터 강좌도 나중에 수강하였다. 카타리나는 가족의 수입에 기여하기 위해 아르바이트를 했고 다음과 같이 적었다 :

> 나는 1990년 9월부터 영어 수업을 듣기 위해 학교에 다녔다. 이게 가능했던 이유는 남편이 일을 했고 내가 집과 생활비 걱정을 할 필요가 없었기 때문이다. 내 딸은 9시부터 3시 30분까지 학교에 다녔다. 이때 나는 영어 강좌를 들었다 ― 정확히는 아침 9시부터 12시까지 ― 나는 1주일에 9시간만 지역 봉사단에 나가서 가사도우미로 일하였다. 시간을 따져보면 좋은 일이었다.

그럼에도 불구하고 나이와 가정에서 할 일 때문에 카타리나는 종종 공부하기가 어려웠다. 카타리나가 썼듯이 '누군가가 서른이 넘었고 가족이 있다면 공부하는 것은 쉬운 일이 아니다. 영어를 배우는 데에는 많은 어려움이 있다.'

카타리나는 집에서 영어 쓰는 것을 주저했음에도 불구하고 언어를 배우는 데 열심히 투자하였다. 카타리나는 영어 지식이 자신이 폴란드를 떠날 때 잃었던 전문가의 지위를 다시 얻게 도와줄 것이라고 믿었다. '저는요, 폴란드에서처럼 제 삶이 다시 정상이 되면 좋겠어요.'라고 말하였다. 카타리나에게 미래의 계획에 대해서 물었을 때 과거 폴란드에서의 경험 특히 교육 정도에 대해서 언급하였다 : '우리나라에서 전 선생님이었어요. 17년 동안 공부했죠.' 카타리나는 다시 '정상'적인 삶을 살 수 있는 직업을 가지도록 영어를 충분히 잘 하기를 바랐다. 그러나 카타리나는 집에서 하던 일과 비슷한 종류의 일을 하고 싶어 하지 않았다. 카타리나는 접시닦이와 주방 보조로 일할 때 '이질적인 것'을 느꼈다고 말하였다. 카타리나는 교육을 많이 받은 사람들이 하는 숙련된 직업을 갖기를 원했고 많은 수입과 지적 도전을 할 수 있고 교육을 많이 받은 캐나다인의 사회 관계망에 접촉할 수 있는 일자리를 찾기를 열망하였다. 카타리나는 자신의 수준을 높일 목적으로 컴퓨터 과정을 들었는데 자신과 비슷한 생각을 하는 사람들과 만나기 위함이었다. 또한 언젠가는 '말을 해야 돼서 컴퓨터 수업을 선택한 게 아니라 생각해야 하기 때문에 고른 거예요.'라고 말하였다.

　캐나다에서 무시당하였다고 느낀 카타리나에게는 폴란드인으로서가 아니고 이민자로서 숙련된 직업을 얻는 것이 도전이었다. 카타리나는 폴란드에서 가졌던 전문가라는 지위에 투자를 한 경험이 있었기 때문이고 기술이 없고 교육을 못 받은 것과 같은 지위에 놓이는 것에 격렬하게 저항하였다. 에바처럼 카타리나가 캐나다에 처음 도착했을 때는 '민족적인 색채를 띤' 일터에서밖에 일을 찾을 수 없었다. 카타리나의 경우는 독일어를 많이 쓰는 독일 식당에서 일하였다. 모임에서 한 번은 출입국관리소 직원이 '이민자들은 여기에 와서 10년은 접시닦이로 일해야 한다.'라고 생각하고 있다고 이야기하였다 : "카타리나 씨는 이민자예요." 카타리나가 지역 봉사단에서 가사도우미로 시간제 일거리를 찾았을 때 이런 종류의 일은 일시적인 경험이고 '당분간' 하기 좋은 직업으로 봤다. 그러나 역설적으로 이런 종류의 직업이 영어를 연습할 기회를 많이 주었다. 지역 봉사단에서는 외로운 노인들에게 무료로 도움을 주기 때문에 그 사람들은 카타리나에게 항상 고마움을 표시하였다. 카타리나는 고객과 일대일로 만났는데 영어를 하기 위해 사회 관계망에 들어가도록 노력하지 않아도 되었다. 카타리나의 고객은 카타리나와 말할 기회를 반겼다:

나는 여전히 지역 봉사단에서 계속 일했다. 어제 난 나이가 많은 부부와 만났다. 그들은 80세가 넘었다. 얼마나 외로울까! 난 전에 이런 것에 대해 생각해 본 적이 없었다. 많은 사람이 이런 것에 대해서 생각을 안 할 것이다. 사람들은 젊기만 하면 모든 것을 할 수 있다. 노인들은 종종 아무것도 할 수 없을 때가 자주 있다. 그들은 혼자 사는데 이것은 그들에게 매우 슬픈 일이다. 집에는 자식, 손주들과 찍은 사진밖에 없다.

카타리나는 일하던 곳에서 노인들보다 상대적으로 더 우위에 선 지위를 가지고 있었고 일터에서 소외감이나 무능함을 느낀 경험이 전혀 없는 것 같았다. 반면 카타리나는 혼자 힘으로 살기 힘들고 외로운 이들에게 연민을 느꼈다. 이야기하면서 점차 불안하지(긴장하지) 않다는 것을 느꼈고 성내지 않았다. 이를테면 노인들이 영어도 모르는데 왜 캐나다에 왔느냐고 물어보는 것 같은 경우이다.

1990년 9월부터 일하면서 나는 캐나다 사람들과 만났다. 나는 점점 말할 때 별로 긴장하지 않는 나 자신을 보았다. 나는 다양한 말을 들었다. 거기에 있는 사람들은 내가 아주 잘 이해하는 사람들이면서, 또한 내가 주의 깊게 들어줘야 하는 사람들이었다. 그 사람들은 아주 빠르고 알아듣기 어렵게 이야기했다. 한 달쯤 전에 나는 캐나다 여자를 한 명 만났는데 나더러 왜 영어를 모르는데 캐나다에 왔느냐고 물었다. 그 여자는 84살이었다. 내가 만나는 다른 사람들은 내가 뭘 이해하지 못하면 설명하려 노력하였다.

그러므로 카타리나는 영어를 연습할 기회가 아주 많았다. 카타리나는 자신이 사람들과 많이 접하고 자신의 일이 영어를 향상시키는 데 도움을 준다는 것을 믿었다 : '전 캐나다 사람들과 만나요. 그리고 얘기하죠. 전 가끔 팀장님을 불러요. 캐나다 사람들이 저한테 무슨 이야기를 했는지 이해한 뒤 대답을 해야 하기 때문이에요.' 카타리나는 또한 ESL 강좌를 마친 뒤에 자신의 영어 말하기는 아주 별로였다고 평가하였다 : '시제를 다 이해하긴 했는데 사용하는 건 너무 어려웠어요.' 1991년 2월 17일에 카타리나는 6개월 전에 했던 두 번의 인터뷰와 비교해서 영어 학습에 진보가 있었다고 언급하였다 :

수요일에 뉴타운에 있는 온타리오 대학에서 인터뷰가 있었다. 난 고급 컴퓨터 프로그래머 강좌를 들을 것이다. 수학 시험은 보지 않아도 된다. 영어 시험만 통과하면 된다. 나는 이 인터뷰를 6개월 전에 했던 것과 비교할 수 있다. 첫 번째 인터뷰는 지역 봉사단에서 했다. ESL 강좌를 마치고도 그 인터뷰에서는 나에 대해서 별로 말하지 못했다. 이번 수요일에는 내가 들을 강좌에 대해서 묻고 이해할 수 있었다.

요약하면 카타리나는 자신과 딸의 관계를 영어가 위협하는 것 같았기 때문에 영어를 향한 모순적인 태도를 가지고 있었다. 그러나 그럼에도 불구하고 영어 배우기를 매우 갈망하였다. 그래야 폴란드에서 가졌던 전문가로서 지위를 인정해 주는 사람들 — 즉, 카타리나가 전문가였다는 것을 믿는 사람들 — 이 속한 사회 관계망의 일원이 될 수 있었기 때문이다. 카타리나는 교육 수준이 높은 사람들에게 존경

받는 정상적인 삶을 다시금 원했고 직업을 바꾸기까지 했다. 왜냐하면 일하면서 자극을 받고 마음이 맞는 사람들을 만날 필요가 있었기 때문이다. '깨끗한 일'을 찾아 공장 밖으로 나온 Rockhill 연구의 연구 참여자들과 다르게 카타리나는 이미 깨끗한 일을 했던 경험이 있었고 그곳으로 다시 돌아가기를 원하였다. 카타리나 이야기에서 보면 목표 언어에서 언어 학습자의 투자는 성별과 인종과 더불어 계급 구조와 관련하여 이해해야 한다는 것을 보여준다. 에바의 자료가 자민족중심주의와 언어 학습의 관계를 나타내고 마이의 자료는 언어 학습과 가부장제의 관계를 나타내는 반면 카타리나의 자료는 언어 학습과 계층의 관계에 주목하게 한다.

폴란드에서 카타리나와 남편은 상대적으로 자율성을 보장받는 자신의 일에서 무거운 책임을 가진 전문직에까지 올라 사람들에게 존경을 받았다. 이러한 맥락에서 보면 권력과 위신을 갖게 된 것은 그들이 받은 교육 때문이었다. 카타리나와 가족이 캐나다에 왔을 때 가장 큰 문제는 캐나다에서 다시 비슷한 계층의 지위를 얻는 것이었고 이 기회를 얻기 위해 교육을 받았다. 왜냐하면 영어가 부족하면 카타리나는 캐나다에서 교사와 같은 직업을 구할 수 없을 것이라고 생각했기 때문이다. 그런 까닭에 제2언어 기술이 뛰어나지 않아도 괜찮은 컴퓨터 전문가와 같은 전문직을 찾으려 노력하였다. 카타리나는 기술이 필요 없는 일을 전일제로 할 기회를 포기해도 될 정도로 대비가 되어 있었고 자신이 원하는 장기적인 일자리를 바라고 18개월 과정의 컴퓨터 강좌를 위해 가정의 자산을 사용하였다. 카타리나와 남편 모두 이 목표를 공유하였다. 카타리나는 영어를 자신이 찾고 있는 자율적으로 일할 수 있고 책임이 막중한 직업을 구할 수 있게 보장해 주는 자원으로 여겼다. 스스로가 말한 것처럼 '시험 대비 72가지 핵심 정의'를 배우는 것은 재미가 없었다 ; 말을 할 수 있게 하는 영어 학습이 제일 관심 있었던 것은 아니다. 카타리나는 계속 일할 수 있는 직업을 구하고 전문가 집단의 사람들과의 관계를 형성해 주는 영어 학습에 관심이 있었다.

ESL 과정에서 카타리나의 친구가 되어준 사람이 이전에 교사였던 펠리시아인 것은 우연이라고 생각하지 않는다. 사실 카타리나는 본 연구자와 양면적인 관계에 있다고 인식한 적이 몇 번 있었다 — 같은 점은 전문가, 여자, 엄마. 다른 점은 자기 나라에서 전문직이었던 것을 유지하기 위해 언어 자원을 가지고 캐나다에 온 사람. 예를 들어 한 번은 전화할 때 나에게 이렇게 말하였다. '만약 교수님이 폴란드나 러시아에서 접시닦이나, 가사도우미라고 상상해 보세요 — 그러면 언어에 문제는 없어요. 언어로 고군분투할 일은 없죠.' 그럼에도 불구하고 카타리나는 내가 기꺼이 제공한 그 자원들을 이용하는 것을 굉장히 편하게 느꼈다. 카타리나와 남편 모두가 일을 찾을 때 이력서 준비하는 것을 도와주었고 카타리나의 딸을 위한 적절한 학교 교육에 대해 논의하였다. 그리고 컴퓨터 업계에서 직업을 구할 수 있도록 도왔다. 자료를 수집하는 동안 카타리나는 자기 인생이 멈춰있고 캐나다에서 하는 모든 것이 자기 인생의 궤적에서 일시적인 전환이라고 느끼고 있다는 점을 알 수 있었다. 어쩌면 모순되게도 카타리나의 영어 향상에 관한 주요 원인은 전문가로 활동하는 사람들이 아닌 사람들과의 정기적인 접촉 때문일 것이다. 카타리나는 교사나 의사와 같은 사람들과 이야기할 때는 불편함을 느끼고 집안일을 하는 일에서 만난 사람과 이야기할 때는 아주 편안함을 느낀다고 이야기하였다. 카타리나가 일하는 비형식적인 맥락은 영어 연습할 기회를 많이 준다. 7장에서는 전문직 정체성에 대한 카타리나의 투자가 학교 같은 형식적인 맥락에서 영어 학습에 어떤 혼란을 일으키는지에 대해서 자세하게 논의할 것이다.

마르티나

'만약에 내가 배우길 바란다면 나 스스로 해야 한다.'

마르티나와 가족이 캐나다에 왔을 때 마르티나도 남편인 페트르도 영어를 몰랐다. 그러나 아이들은 캐나다 비자를 기다리는 동안 오스트리아에서 영어를 조금 배웠다. 처음에 마르티나는 새로운 세상에 적응하는 공적/사적 일 처리를 아이들에게 의존하였다. 카타리나와 다르게 마르티나는 이러한 일 처리를 남편에게 의지할 수 없었다. 왜냐하면 마르티나처럼 남편의 영어 실력도 좋지 않았기 때문이다. 비록 아무도 엄마를 써주지 않아서 딸이 울더라도 마르티나는 일을 찾으러 나갈 때 큰딸을 데리고 갔다. 마르티나가 패스트푸드점에서 고객을 응대하는 것을 잘 몰라 어떤 말을 해야 하는지 딸에게 물었다. 마르티나는 영어 실력이 향상됨에 따라 가정에서 공적/사적 일 처리를 점점 더 처리하게 되었다. 마르티나의 일기에는 가정과 공동체에서 여러 가지 다양한 일을 처리하기 위해 영어를 사용하는 방법을 기록하였다. 거처를 구하거나 전화를 놓거나 가전제품을 사고 아이들 학교를 알아보는 것같이 가정을 꾸려 가는 대부분은 남편 페트르보다 카타리나 몫이었다. 그리고 아이들을 여러 방면에서 도왔다. 아들 밀로스가 아플 때 신문 돌리는 것을 떠맡았고 딸이 TOEFL 시험을 볼 때 같이 가 주었고 아이들을 위해 문구를 사주었다. 마르티나는 또한 남편이 공적인 일 처리를 영어로 하도록 도와주었다. 페트르는 해고를 당했을 때 실업급여 신청을 마르티나에게 도와 달라고 했고 자신이 배관공 자격을 준비하는 데 필요한 영어 수험서를 폴란드어로 번역하는 것을 도와달라고 하였다.

영어에 대한 마르티나의 투자는 자신이 가정에서 주된 보호자라는 정체성으로 주로 구성되어 있다고 할 수 있다. 마르티나는 영어배우기를 원했는데 아이들이 하고 있던 가정의 사적/ 공적인 일 처리를 자신이 할 수 있도록 하기 위함이었다. 마르티나와 표트르가 캐나다에 온 가장 큰 이유는 아이들에게 더 나은 삶을 주기 위해서였다. 마르티나는 꼭 필요한 일보다는 가정과 공적인 일 처리를 더 많이 떠맡은 아이들의 앞날이 어두워질까 봐 안절부절못하였다. 또한 공적인 일 처리에 대한 책임이 있기 때문에 캐나다식 생활 방식도 이해하기를 열망하였다 ― 캐나다 사회에서 어떻게 필요한 것을 얻는지. 카타리나와 다르게 이러한 것들을 남편에게 의지할 수 없었다; 오히려 마르티나의 영어 지식이 남편에게 도움이 되었다. 카타리나처럼 마르티나 또한 캐나다에서 전문적인 일을 찾기 위해서 영어 배우기를 원하였다. 그러나 아래에서 설명하겠지만 가능성은 카타리나보다 마르티나가 더 적었다.

마르티나가 살고 있는 공동체에는 영어를 연습할 수 있는 영어구사자들이 많지 않았다. 마르티나가 인터뷰에서 아래와 같이 이야기하였다 :

마르티나 : 전 이 건물에서 영어를 전혀 들어본 적이 없어요.
보니　　 : 맞네요.
마르티나 : 왜냐하면 여기에는 중국인들이 몇 명 살아요. 그 사람들은 캐나다에 온 지 9년 정도 됐을 거예요. 그런데 밖에 나가면

제가 모르는 중국어나 베트남어로 얘기해요. 그리고 세탁
실에서는 항상 폴란드어, 가끔 유고슬라비아어, 포르투갈
어 아니면 제가 모르는 언어가 들려요. 그런데 영어는 아
니에요. 아마 영어도 조금 쓸 텐데 한 가족인지 둘인지 아
직 못 봤어요.

보니　　：네. 마르티나 씨. 여기는 정말 이민자들이 많은가 봐요.

마르티나 ：네. 왜냐면 이 집은 꽤 싸거든요. 여기는 이민자들이 많아
서 많은 사람이 이사를 오고 가곤 해요.

마르티나 근처에 영어를 사용하는 공동체 자원이 몇 있지만 마르
티나는 마이처럼 자신의 영어 연습을 돕도록 가족이라는 자원을 이용
한다. 딸에게 손님을 어떻게 응대하는지 배웠고 학교에서 아이들 책
을 빌려서 그것들을 읽으려고 노력하였다고 말하였다. 아이들은 도서
관에서 마르티나에게 책을 가져다주었고 마르티나는 가끔 수업에서
배웠던 것을 아이들에게 시험해 보았다고 하였다. 마르티나는 또한
영어를 연습하기 위해서 불필요한 전화를 걸었다. 예를 들어 남편 표
트르가 윈체스터에서 영어 강좌를 신청하려 할 때 마르티나는 질문하
는 것을 연습하기 위해서 학교 사무실에 전화를 하기로 결심하기도
했다.

2주 정도 전에 윈체스터에 있는 분리파 교회 학교 사무실에 전화를 걸
어 학교 책자를 부탁했다. 나는 그걸 받고 남편을 위한 저녁 ESL 과정
이 있는지를 찾으려고 노력하였다. 거기에서는 수요일 6시 정도에 전
화를 해야 한다고 했다. 그래서 뉴타운에 있는 몇몇 학교에 연습을 위
해서 전화를 걸어 봤다.

왜냐하면 마르티나는 집에서 제일 책임이 막중했기 때문에 캐나다인과 상대할 때 느끼는 당혹감과 불안에 굴복할 수 없었다 — 굴복하려 하지 않았다. 포기할 수 없었다. 정의적 필터가 많이 작동했을 것임에도 불구하고 가만히 있기를 거부하였다. 엄마로서의 정체성이 이민자로서의 정체성보다 더 강력하였다 :

처음에는 전화로 얘기하는 게 떨리고 두려웠다. 전화가 울렸을 때 우리 가족 모두는 바빠서 딸이 전화를 받아야 했다. ESL 강좌가 끝나고 우리가 이사했을 때 집주인이 우리가 일 년 치 집세를 다 내야 한다고 나를 재촉했다. 나는 당황해서 전화로 1시간이 넘게 집주인하고 이야기를 했는데 시제고 뭐고 신경 쓰지 않았다. 난 내가 포기할 수 없었다는 것을 알고 있었다. 우리 아이들은 내가 말하는 걸 듣고 많이 놀랐다.

카타리나처럼 마르티나는 좋은 엄마가 되고 싶어 했지만 카타리나가 했던 방법으로 엄마의 모성애를 정의하지 않았다. 카타리나와 달리 마르티나는 영어가 자신과 아이들과의 관계를 별로 위협하지 않는다고 봤다. 예를 들어 만약 아이들이 학교에서 체코어를 배우지 않더라도 별로 신경을 쓰지 않았다. '우리 아이들은 집에서 체코어를 배우면 그걸로 충분하다고 말한다.' 마르티나의 방침은 아이들이 카타리나의 아이보다 더 나이가 많다는 것과 체코어의 구사능력이 충분히 발달되었다는 것으로 설명해 볼 수 있을 것이다. 마르티나의 아이들은 청소년이고 이미 부모에 의해 기본적인 사회화를 겪었다. 더욱이 마르티나가 집에서 대부분의 공적, 사적 일 처리를 떠맡았기 때문에 남편 표트르보다 더 준비가 되어 있고 유능했으며, 카타리나나 마이의 새언니인 탄이 갖지 못한 권위와 존경심을 집에서 얻고 있었다.

가정을 책임지고 보살피는 사람으로서 마르티나는 영어를 연습하는 것에만 흥미가 있지 않았고 공공 사회에서 캐나다인들이 어떻게 행동하는지를 알고자 하였다. 마르티나와 가족은 캐나다에서 집주인과 가전제품 판매원 때문에 나쁜 경험을 몇 번 하게 되었다. 그러나 마르티나는 자신이 이용당하는 것을 수동적으로만 받아들이지 않고 캐나다인들의 삶의 방식에 대해 알아보기 위해 여러 방법을 적극적으로 구구하였다. 전반적으로 캐나다인과 접촉이 별로 없었기 때문에 텔레비전 드라마를 참고하였다 :

　　내가 'One life to live'를 고른 건 얘기가 길다. 우리가 오스트리아에 갔을 때 모두가 자신들은 이민자를 안 좋아한다고 말했지만 나는 우리를 좋아하는 사람들을 많이 만났다. 모두가 똑같은 건 아니다. 오스트리아에 간 첫 달 '나눔의 날'[38]에 우리는 세탁기, 다리미, 그 외 다른 것들을 얻었다. 새 거는 아니었지만 쓸 만한 것들이었다. 캐나다에서 첫 달은 아주 어려웠는데 우리는 의사소통하고 이해할 수 없었기 때문이다. 우리가 냉장고를 샀을 때 — 이게 작동을 안 하고 뜨거워지기만 하였다. 2주마다 수리기사가 왔고 한 주 뒤에는 또 작동을 멈췄다. 그래서 우리는 그것을 반품하기로 했고 작은 냉장고를 주문했는데 재고가 없었다. 관리자가 내 딸에게 기다려야 되고 매달 전화하라고 했다. 나는 매우 실망했고 캐나다인에 대해서 알고 싶었다. 우리가 'Who's the boss?'나 'The Cosby show'를 처음 봤을 때 아주 재미있었지만 나는 뭔가 다른 걸 발견하였다. ESL 강좌가 끝나고 면접을 봤을 때 나에게 아주 어려운

38　마르티나는 '나눔의 날(steel days)'은 사람들이 중고 가전제품을 필요한 사람들이 가져가도록 집 밖에 내놓는 날이었다고 설명하였다.

걸 질문했는데, 그중 하나는 우리가 학교에서 공부하지 않은 것이어서 아주 놀랐다. 그리고 나는 'All my children'과 — 매일은 아니었다 — 'One life to live'를 보기 시작하였다. 두 연속극 모두 직장 이야기는 거의 없었고 사람들의 일상생활 이야기였다. 거기에는 다양한 사람이 나왔다. 인생은 사랑, 증오, 위험, 거짓말로 가득 차 있다. 내가 아이들에게 이 이야기들을 해 주었을 때 나는 영어를 조금 사용하였다 — leave me alone, what's going on 같은. 이 말은 영어가 더 어울린다.

마르티나는 캐나다에서 연속극에 매료되었다고 본 연구자에게 설명하였다. 왜냐하면 자신이 체코슬로바키아에서 봤던 연속극과 종류부터 매우 다르기 때문이었다. 체코슬로바키아에서 모든 텔레비전은 국가 경제에 도움이 되고 열심히 일하는 사람들을 그리고 있다. 마르티나는 장난삼아 표트르는 체코슬로바키아 TV를 보는 것만으로 손이 저리다고 한다고 말하였다. 반대로 캐나다 연속극에서 일은 등장인물들이 연속극 안에서 어떻게 사는지를 보여주기 위한 배경으로 쓸 뿐이다 — 삶은 사랑, 미움, 위험, 거짓말로 가득 차 있다. 마르티나는 연속극이 자신이 캐나다에서 경험한 것을 이해하도록 하는 데 도움을 준다고 말하였다. 덧붙여 이 드라마들은 사람들이 평소에 쓰는 영어에 많이 노출시켜 주었고 상대적으로 이해하기 쉬웠다.

카타리나처럼 마르티나는 정기적으로 영어를 연습할 수 있고 자기 나라에서 가지고 있던 기술을 활용할 수 있는 직업을 구하기를 간절히 바랐다. 그러나 측량사로서 직업을 구하는 것은 부질없는 일이었다. 마르티나는 캐나다에서 성공하지 못하는 것은 자민족중심주의 관행 때문이라고 보았다. '왜냐하면 내 억양 때문에 어떤 사람들은 자신들보다 내가 능력이 없는 것처럼 대한다(특히 내가 일을 찾을 때).'라고 썼다. 마르티나가 이해하기로 이민자는 캐나다인보다 덜 중요한 누군가이다. 이러한 차별을 알아채고도 마르티나는 그것에 저항하려 하지 않은 것 같다. 사실 마르티나는 영어를 못하는 사람들에게 '진저리가 난' 캐나다인들에게 공감하는 모습을 보였다. 그리고 부족한 영어 능력과 캐나다에서 경험이 부족한 것 모두 걸림돌이라고 이야기하였다. 눈여겨볼 것은 마르티나는 자기 전공에서 직업을 찾지 못하는 이유 가운데 하나를 캐나다의 문화 관습에 대한 이해가 부족한 것 때문이라고 믿었다는 것이다.

마르티나 : 캐나다에서는 자기 스스로를 잘 드러내야 한다고 들었어요.
보니　　 : 네. 맞아요. 정말.
마르티나 : 근데 저는 그런 사람이 아니에요. 전 일하면서 아무 문제도 없었어요. 왜냐면 제가 학교를 졸업할 때 학교에서 지원서만 썼고 학교는 우리를 책임져줄 회사에 넣어 주었어요. 그리고 여러 지점에서 근무했는데 한 회사에서만 16년 동안 일했어요.

마르티나는 정확하게 자신을 어떻게 포장해야 하는지 모른다고 하였다. 이런 점에서 마르티나는 자신이 체코슬로바키아에서부터 알고 있던 면접과 관련된 지식은 캐나다 상황에서는 적합하지 않다고 설명하였다.

나는 두 시간 동안 면접을 보는 곳에 있었다. 그 사람들은 나에 대해 모든 걸 알기를 원했다. 그 사람들은 다양한 질문을 했다. 난 그런 질문들을 들어본 적이 없었다. 어떤 질문은 '상사가 나에게 소리를 지르면 어떻게 할 것인가?'라는 것이었다. 그걸 듣고 난 놀랐다. 나는 '내 상사는 절대로 절대 나한테 소리를 지르지 않았어.'라고 생각하였다. 그리고 잘 모르겠지만 '만약 제가 뭔가를 잘못하면 더 나아지려고 노력하겠습니다. 그리고 사과하겠습니다.'라고 말하였다. 하지만 난 잘 모르겠다. 왜냐면 난 그런 것에 대해 전혀 한 번도 생각해 본 적이 없기 때문이다.

캐나다인의 문화 관습에 대해 마르티나가 가진 제한된 지식은 동료와 영어를 연습할 기회와 마르티나가 잘하는 일을 할 기회를 앗아 갔다. 에바와 마이의 경험은 자기 일을 잘한다면 거대한 상징적 자산인 일터에서 말하고 이야기를 나눌 권리를 가져다준다는 것을 보여준다.

마르티나는 자기 기술을 제대로 보여주는 일을 찾을 수 없었기 때문에 영어 말하기를 향상시키려고 애쓰는 동안 기술이 필요 없는 일(주방 도우미, 계산)을 맡을 준비가 되어 있었다. 마르티나는 카타리나가 그러한 일을 해야 했던 것만큼의 저항을 가지고 있는 것 같지 않았다. 아마 마르티나가 카타리나보다 선택지가 적었을 것이고 — 배관공인 남편 표트르는 지속적으로 자신이 실직하게 될까 봐 걱정하고 있었다 — 사실 윈체스터로 가족들과 이사하고 한 번 실직한 경험이 있었다. 더불어 마르티나는 나이 때문에 어린 사람보다 운신의 폭이 좁다는 것과 자기 전공 분야에서 일을 찾는 것은 자신의 제2언어 기술과 캐나다에서의 경험 부족 때문에 어려울 것이라는 점을 받아들이는 것처럼 보였다. 마르티나의 최우선 순위는 캐나다의 전문가 집단에 속하는 것이 아니고 자기 가족이 당면한 생존을 보장하는 것이었다.

마르티나가 가끔 '[자기] 삶 전체가 지워졌다.'라고 절망하면서도 집에서 우울한 상태로 있는 것은 바람직하지 않다고 생각하였다. 집에서 텔레비전이나 독서를 통해서 영어에 노출되기는 하지만 이러한 행동이 영어로 말할 기회를 주는 것은 아니다. 그러나 마르티나가 할 수 있었던 일은 영어를 쓰는 사회 네트워크와 접촉할 수 있는 기회를 아주 조금이라도 주었다. 패스트푸드점에서 주방보조로 일할 때는 오직 매니저와 어린 아르바이트생하고만 만날 수 있었다. 매니저와 아르바이트생과 사회적 관계를 맺기는 하지만 마르티나는 그들과의 상호작용에서 배제되었다. 에바와 같이 일터에서 사회적 네트워크에 들어갈 수 있는 상징적 자산을 가지고 있지 않았고 자기 스스로 고객과 접촉하는 수밖에 없었다. 그러나 마르티나가 적극적으로 주도권을 쥔 것은 주목할 만하다 — 자기가 차별당하는 것을 수동적으로 받아들이지 않았다. 마르티나는 다음과 같이 기술하였다.

나에게 어린 캐나다인들은 아주 좋지 않은 경험이었는데 아마 운이 없었던 것일 수도 있다. 보통 나는 매니저하고만 일했는데 학교의 직무 연수일이나 몇몇 휴일에 매니저는 사무실에 있고 나는 몇몇 학생들과 일했다. 나는 종종 제니퍼(12살)와 비키(15살)라는 두 자매와 같이 일했는데 부매니저는 계산대에 있었다. 이 두 여자애는 이야기하는 걸 좋아했는데 나하고는 아니었다. 내가 아주 바빠도 그들은 어린 손님들과 이야기하고 웃었고 가끔 날 쳐다봤다. 나는 그들이 날 보고 웃는 건지 아닌지 알 수 없었다. 손님이 없을 때 그들은 매니저 사무실로 가서 매니저가 컴퓨터로 '퀴즈게임(wheel of fortune)'을 하는 것을 도와주곤 했다. 나중에 손님이 오면 내가 그 여자애들을 불렀는데 오면서 얼굴을 오만상 찌푸렸다. 나는 기분이 나빠서 이런 상황을 피하고 싶었다. 어느 날 저녁에 딸에게 손님에게 어떻게 말해야 하느냐고 물었다. 딸은 나에게 '뭘 주문하시겠어요?'와 '다시 한번 말씀해 주세요.'와 '다른 것은

요?'와 같은 말을 알려 주었다. 내가 처음으로 손님 두 명을 혼자서 응대했을 때 손님들이 나를 이상하게 봤지만 난 포기하지 않았다. 난 그들이 원하는 걸 모두 제공했고 여자 알바들을 찾아가서 보통 때처럼 '현금'이라 말했다. 여자 알바들은 놀랐는데 아무 말도 안 했다. 기회가 별로 없었기 때문에 시도는 몇 번밖에 못했다.

그러나 다른 동료들보다 더 나이가 많다는 사실이 마르티나가 소외를 당하는 것을 더 악화시켰을 것이다.

식당에서는 아이들이 많이 근무했는데 아이들은 항상 나를 — 아마도 — 대걸레나 어떤 물건쯤으로 생각했다. 그 아이들은 항상 '가서 홀 청소해.'라고 말했고 나만 접시를 닦았고 그 아이들은 아무것도 안 했다. 그 아이들은 자기들끼리만 이야기를 했고 내가 모든 것을 다 해야 한다고 생각했다. 그래서 나는 '아니.'라고 말했다. 그 여자애들은 고작 12살밖에 안 됐다. 우리 아들보다 어렸다. 난 '아니, 넌 아무것도 안 하잖아. 네가 가서 테이블이나 다른 걸 닦을 수 있잖아.'라고 말했다.

이러한 언급이 매우 중요하다고 생각한다. 이것은 학습자의 정체성이 사회적인 상호작용에 의해서만 구성되는 것뿐만은 아니라 사회적인 상호작용을 구성하는 것임을 매우 극명하게 보여주는 것이다. 자기 인생의 개인적인 영역에서 마르티나가 가지고 있는 엄마로서의 정체성은 가정이라는 틀을 가지고 공적인 장소에서 어린 동료들에게 행동과 발언을 하게 만들었다. 마르티나는 자기보다 어리고 자기에게 지시를 할 권리가 없는 동료들을 아이들로 자리 매김하였다. 마르티나가 아이들의 말과 행동이라고 본 사회적 의미는 여러 사회 공간에 걸쳐 있는 마르티나의 정체성 구성과 관련지어 이해해야 한다. 이 문제는 뒤에 6장에서 더 다룰 것이다.

마르티나가 패스트푸드 가게에서 8개월 동안 매우 부지런하고 성실히 일했음에도 불구하고 그곳에서 거의 투명인간이었다. 예를 들어 마르티나가 가족들을 위한 거처를 마련하기 위해서 필요한 보증서를 패스트푸드 가게에서 얻어야 했을 때 패스트푸드 가게 아무도 그녀의 존재를 인정하지 않았다. 마르티나는 인터뷰에서 이것에 대해 아래와 같이 이야기하였다.

마르티나 : 우리가 이사했을 때 그 사람[집주인]은 보증인을 요구했어요. 그래서 나는 '그 사람들[패스트푸드 사람들]도 괜찮아요?'라고 말했죠. 왜냐면 나는 8달 동안 일하고 있었거든요. 그리고 그 사람들이 ― 나는 6:30부터 오후 2, 3시까지 일해요 ― 만약 다른 학생들이 안 오면 '혹시 1, 2시간 더 일할 수 있어요?'라고 말해요. 전 별 문제가 없어요. 왜냐면 아이들이 집에 올 때 ― 전 항상 저녁에 요리해 놓는데 아이들이 오면 그냥 좀 데우기만 하면 돼요. 전 '괜찮아요.'라고 말했어요. 그래서 전 그 집 계약서 보증인란에 패스트푸드점 사람들을 쓰기로 했죠. 그 다음에 관리인이 패스트푸드점 사람들에게 전화했어요. 그 사람들은 제가 레스토랑에서 전혀 일한 적이 없다고 했어요. 그래서 관리인이 : '거짓말이네요.' 그래서 전 '아니요, 사실이에요.'라고 말했죠. 그리고 제가 보증인 세 명을 데려가서야 절 믿었어요. 근데 이건 정말 ―

보니 : 최악이네요.

마르티나 : - 진짜 나빴죠. 왜냐면 '아 정말 내가 정말 뭘 생각하고 있었지. 참-'

보니 : 왜 그 사람들이 마르티나를 그렇게 말했죠?

마르티나 : 왜냐면 패스트푸드 가게 사람들은 항상 어떤 학생들과 통화 중이었어요. 아마 잠깐 거기서 일했던 학생들일 거예요. 그리고 누가 물어봤을 때 '아뇨. 아뇨. 그런 사람 일 안 해요. 본 적도 없어요. 끊어요.' 그래서 우리는 집을 구할 수 없었어요. 왜냐면 집주인은 우리가 진짜로 일하는지 우리가 어떤 사람들인지 알고 싶어 했으니까요.

캐나다 사회에서 어떤 일을 처리하는 방법 중 하나는 직업, 집, 은행 대출을 받을 때 개인적인 보증인을 세우는 것이다. 그러나 새로 이민 온 사람으로서 마르티나와 그 가족은 그들이 '사람들에게 도움이 된다'고 확인해 줄 수 있는 사회적 네트워크에 다가갈 수 없었다. 그러나 마르티나가 8개월 동안이나 캐나다 회사에서 일했음에도 불구하고 이러한 문화적 관행을 준수하는 데 동료와 매니저는 도움이 되지 않았다. 이러한 소외는 종종 이민자들에게 발언권을 주지 않고 투명인간 취급하는 캐나다에 존재하는 불평등한 힘의 관계와 관련해서 이해해야 한다. 사실 한 회사가 마르티나에게 캐나다 친구가 있느냐고 물었을 때 마르티나의 마음에 떠오르는 단 한 사람이 본 연구자였다. 마르티나는 시간과 열심히 일하는 것과 용기만이 자신의 삶을 바꿀 수 있을 것이라고 믿었다.

요컨대 마르티나가 영어에 주로 투자하는 이유는 자기 가족의 생존과 아이들에게 더 나은 삶을 보장하기 위한 것이었다. 엄마와 주된 보호자로서 마르티나의 정체성은 한편으로는 사적인 세계와 공적인 세계 모두의 관계를 구성하는 것이고 일터에서는 영어로 의사소통 연습할 기회를 만들어 주는 방법에 뚜렷하게 영향을 주는 것이었다. 가정에서 주된 보호자로서 마르티나는 캐나다에서 '스스로 일을 처리해야 돼.'라는 것을 금세 배웠다. 예를 들어 마르티나는 아이들이 학교에서 영어 문법 수업을 전혀 받은 적이 없다고 말하였다 : '아이들은 스스로 책에서 배웠어요. 만약 저도 배우고 싶으면 스스로 해야 해요.' 마르티나가 영어를 말할 기회를 만들고 캐나다 사회에 대해 배우는 것을 스스로 해 나가는 행동은 매우 진취적인 일이었다. 전화 통화 연습과 드라마 시청을 위해 ESL 강좌에 출석하면서 마르티나는 노력을 계속하였다. 소외는 마르티나를 조용히 묶어두지 못하였다. 마르티나는 자신이 포기할 수 없었다는 것을 알고 있었다.

　　마르티나는 제2언어에서 놀랄만하게 뛰어난 활용능력과 진전을 보였음에도 불구하고 자주 자기 자신을 멍청하고 열등하다고 여겼는데 영어를 유창하게 말할 수 없었기 때문이다. 전화 설치 기사가 화장실을 좀 쓰겠다고 했을 때 주방으로 안내하는 것이 멍청하였다고 말하였다; 고작 시간당 4달러만 받고 주방보조로 일해서 멍청하다고 말하였다; 매니저를 도우려고 가욋일을 떠맡아서 멍청하다고 하였다; 영어로 유창하게 말할 수 없어서 열등하다고 말하였다. 비록 소외가 마르티나를 침묵하게 해도 자신을 이민자로 받아들이는 것 같았다. 사실 마르티나는 영어를 쓰는 캐나다인들에게 동정 어린 시선을 보였는데 '어떤 캐나다인들은 영어로 의사소통을 잘 할 수 없는 사람들이 먹여 살린다.'라고 말하였다. 인생에서 진전과 성공은 자기 자신의 능력과 용기가 영향을 주는 것이지 더 크고 구조적인 가능성이 영향을 주는 것은 아니라고 믿고 있는 것이 마르티나의 위치에 대해서 본 연구자가 이해한 것이다. 성공하는 사람들은 주도권을 잡고 '스스로 일을 하는' 사람들인 것이다. 더 나아가 실패는 개인의 부족함이나 개인의 실패 탓으로 봐야 한다. 본 연구자가 생각하기에 마르티나는 소외당하는 지위에 있음에도 불구하고 캐나다인이나 캐나다 사회 기관에 대한 억울함은 별로 없었고 캐나다는 이민자에게 좋은 나라라고 믿었다. 성공하기 위해서 이민자는 열심히 일해야 하며 참고 용기를 가질 필요가 있다. 이러한 위치가 캐나다에서 갖는 희망을 부정당하는 것처럼 보이는 사실에 맞닥뜨렸을 때 마르티나는 당혹해하였다. 마르티나는 집주인이 자신을 착취하는 것을, 가전제품 판매원이 자기를 속이는 것을, 고용주와 동료가 자기를 무시하는 것을, 경영진이 자기 남편을 해고시키는 것을 원하지 않았다. 영어를 배우고 연습하고자 하는 용기와 진취성에도 불구하고 마르티나는 캐나다에서 받아들여지거나 존중받을 수 없음을 느꼈다. 사실 가족의 이민 결정에 대해 주저함을 느꼈다. 그럼에도 불구하고 포기하지 않았다. 마르티나의 마지막 소식은 세무 과정을 상위 1%로 졸업하였다는 것이다. 마르티나의 큰 딸은 전문 학사 학위를 받을 수 있는 대학에 들어갔고 어린 두 아이는 학교를 잘 다니고 있다고 들었다. 마르티나의 용기는 여전히 무죄일 것이다.

펠리시아

'전 캐나다에서 결코 이민자라고 느낀 적이 없어요. 그냥 우연히 여기에 살고 있는 외국인인 거죠.'

페루에서 펠리시아는 도시의 최고급 주택지에 살고 있었고 해변에 별장을 소유하고 여행도 다니며 아이들도 사립학교에 보냈다. 그러나 남편 직업의 특성 때문에 살해 위협을 당하고 있었고 두려움에 떨며 살고 있었다. 이러한 이유로 그 가족들은 페루를 떠나 캐나다에 정착하기로 했다. 왜냐하면 '페루에서는 테러가 늘고 있기' 때문이었다. 페루에서 캐나다로 온 것은 펠리시아에게 굉장히 어려운 일이었고 이민을 와서 굉장히 불행해하였다. 펠리시아는 자신과 남편이 페루에서 캐나다로 가라고 부추긴 지방 정부에 속았다고 생각하였다. 이민을 오면서 특히 힘든 것은 펠리시아의 남편이 캐나다에서 좋은 직업을 얻을 수 없다는 사실이었다. 그것은 삶의 질에서 상당한 변화였다. 펠리시아는 다음과 같이 썼다 :

> 우리는 캐나다에서 삶의 기준을 낮추었다. 우리나라에서는 편안한 삶을 살았다. 우리 남편은 아주 좋은 직업을 가지고 있었다. 캐나다는 우리 남편에게 일할 기회를 주지 않았다. 난 정부가 왜 남편에게 전문가 비자를 주지 않았는지 전혀 이해를 할 수 없다.

펠리시아는 페루에서 누렸던 호화로운 생활을 뒤로하고 적응을 많이 해야 했는데, 캐나다 삶이 너무 힘들었다고 말하였다 : '계속 일, 일, 일이었어요.' 페루에서 가족들은 해변 별장에서 주말을 보냈는데 지금은 전단을 나눠주며 주말을 보내고 있다. 바뀌어 버린 계층이 영어 연습과 영어에 대한 투자에 어떻게 영향을 주었는지는 굉장히 복잡한 문제이고 펠리시아의 정체성 형성과 관련해서 이해해야 한다. 3장에서 밝힌 것처럼 펠리시아는 이민자들의 계층을 구분하였다 : 본국에서 '아무것도 없었던' 사람들과 '전문직이었고 부유한 사람들'. 펠리시아는 캐나다에서 아무것도 가진 것이 없었던 사람들은 행복한 것 같다고 주장했는데 직업을 신중히 고를 것도 없고 노력하면 결국은 물질적인 재물을 모을 수 있기 때문이다. 그러나 전문직 종사자들은 캐나다에 오면 얻는 것보다 잃는 것이 많다고 하였다. 왜냐하면 그들이 기대하는 것만큼 환영받지 못하기 때문이다. 펠리시아의 관점에서 보면 캐나다 정부는 이민자들이 돈을 많이 쓰기를 바랐지만 이민자들에게 보상받을 기회는 주지 않는다. 펠리시아는 자신과 가족이 페루에서 누렸던 상징적이고 물질적인 자원이 캐나다 상황에서는 별 의미가 없다는 사실에 매우 분개하였다. Connell 외(1982)가 논했던 것처럼 그들이 어떤 사람이거나 그들이 뭘 가지고 있다고 하는 것이 계층 관계를 이해하는 데 중심이 되는 것은 아니다. 오히려 자신이 가진 자원을 가지고 무엇을 하는 사람들이냐가 더 중요하다. 펠리시아는 가족들이 기술이나 교육의 형태로 상징적인 자원을 가지고 있음에도 불구하고 본국에서 누리던 계층을 유지하기 위해 이들 자원을 이용하려고 애쓰는 것을 매우 분하게 여겼다. 펠리시아의 남편은 취업 가능한 회사에 이력서 수백 통을 보냈고 기업 헤드헌터들과 접촉하고 친구들에게 채용을 도와달라고 부탁하였다. 예를 들면 본 연구자는 이력서를 검토하고 헤드헌터에게 소개해 줄 것을 부탁받았다. 또한 펠리시아가 지역 학교에서 보육 분야 일자리 찾는 것을 도와주었다. 재미있었던 것은 여성 두 명만이 나를 자원으로 이용하는 부분(단순 보증인 말고)이었다. 그 두 여성은 카타리나와 펠리시아였는데 모두 전문직 계층에서 기득권을 가지고 있었던 여성이었다.

페루에서 펠리시아의 지위, 자아존중감, 물질적인 풍요는 남편의 직업, 수입과 관련되어 있었다. 아이들이 태어나고 이민 오기 전 15년이 넘는 동안 펠리시아는 자신의 직업이었던 교사로 일하지 않고 전업주부로 있었다. 펠리시아가 캐나다에서 가질 수 있는 유일한 직업은 전단을 나눠주는 일이나 아이를 돌보는 일이었다. 캐나다에 왔을 때 남편은 일을 찾을 수 없었는데 펠리시아가 남편과 가족을 여러 방면에서 도울 수 있는 길은 아주 적었다. 한때 펠리시아는 '영어를 못 하는' 자신을 뺀 가족 모두가 재능이 있고 성취를 이루었다고 슬프게 단정지었다. 카타리나 남편처럼 펠리시아 남편도 캐나다에 오기 전에 뛰어난 영어 능력을 키웠었다. 펠리시아 남편은 페루에서 영어를 쓰는 학교에 다녔고 국제 업무 단지에서 영어를 쓰는 사람들과 접촉할 수 있는 일을 하였다. 펠리시아가 페루에서 자랄 때 여자는 영어를 배울 필요가 없다고 여겼고 스페인어로 교육하는 수녀원에서 운영하는 학교를 다녔는데 영어에서 'Be 동사밖에' 배우지 않았다. 펠리시아는 페루에서 영어가 텔레비전, 국제 교류와 비즈니스의 영향을 받아 아주 중요해지고 있고 아이들은 페루에서 영어로 수업하는 학교에 다녔다고 말했다. 남편과 아이 모두 페루를 떠나기 전부터 영어에 능통하였다. 따라서 펠리시아가 캐나다에 왔을 때 공적 세계와 소통할 의무는 남편이 가지고 있었다. 마르티나의 가정 상황과는 다르게 펠리시아의 가족은 더 나은 삶을 위해 펠리시아의 영어 실력에 의존하지 않았다. 그러므로 가정이 적절히 돌아가는 것을 보장하기 위해 공공 사회와 소통할 책임을 지고 있던 마르티나가 그랬던 것만큼 영어가 펠리시아에게도 똑같은 가치를 가지지 못하였다. 더욱이 마르티나처럼 영어가 딸과 두 아들과의 관계에 위협을 주지 않았다. 펠리시아의 집에서 스페인어는 가정 언어로 계속 사용되었다. 부모님과 말할 때 말고도 아들 둘은 항상 스페인어를 썼고 어린 딸도 그러하였다. 펠리시아는 딸이 모국어를 못 하게 될까 불안해하지 않았다; 딸이 스페인어 지식을 계속 이어나가는 것을 가족 구성원 모두에게 충분히 도움을 받을 수 있다는 점에 자신감이 있었다. 결과적으로 마르티나처럼 펠리시아는 학교에서 그들의 모국어를 배우거나 영어가 어린 딸과의 관계에 위협을 줄 것이라고 심각하게 느끼지 않았다.

펠리시아는 캐나다가 '테러나 도둑이 없는' 사회임에도 불구하고 캐나다에서 전문직 계층의 구성원으로서 인정을 받을 수 없었고 낮은 생활 수준에도 만족할 수 없었다. 사실 펠리시아는 캐나다에서 이민자로서 자리 매겨졌다는 결론에 점차 도달하였다. 그리고 다음과 같이 심히 분개하였다 :

> 가끔 나는 캐나다 사람들이 이민자들을 내려다보는 것을 느낀다. 모든 캐나다인들이 다른 나라에서 왔으면서 왜 그런지 모르겠다. 캐나다는 이민자로 구성된 나라다... 캐나다 사람들은 차별이 없다고 생각하지만 내 생각은 다르다. 앞으로 내 생각이 바뀔 수 있으면 좋겠다.

자국에서 누리던 계층을 유지하기 위해 많이 노력한 카타리나처럼 펠리시아는 캐나다 사회에서 이민자로 취급받는 것에 격렬하게 저항하였다. 카타리나와 펠리시아는 모두 자신이 이민자로서 취급받는다면 자신의 교육 수준과 재정 상황에 적합하다고 여기는 사회적 관계망에 들어갈 수 없을 것이라고 인식하였다. 카타리나가 이민자라고 이름 붙인 것에 저항하며 교육 목표에 도달하려 애쓴 반면 카타리나보다 10살이나 더 많은 펠리시아는 새로운 전문가의 삶을 시작하기가 좀 더 힘들다고 느꼈다. 이러한 이유로 펠리시아는 부유한 페루인으로서의 정체성으로 물러나서 이민자 지위로 비춰지는 것을 완전히 거부하였다. 펠리시아가 통렬하게 말한 것처럼 '전 캐나다에서 결코 이민자로 느낀 적이 없어요. 그냥 우연히 여기에 살고 있는 외국인인 거죠.' 관광객처럼 '외국인'은 현지에서 힘의 사회적인 관계에서 주체가 아니다 ― 그 사람은 단기 체류자이다. 그리고 이민자들이 가지고 있지 않은 독립성과 유동성을 가지고 있다. 그러므로 외국 사람들은 현지인들과 비교하면 약한 위치가 아닌 강한 위치로 연관 지을 수 있다. 펠리시아는 자신의 페루인 정체성을 키워갔고 많은 페루인 친구를 가지고 있었고 동료 노동자들에게 페루에서 온 친구로 알려지는 것을 좋아하였다.

정체성이 어떻게 영어에 대한 펠리시아의 투자와 영어를 말할 기회에 영향을 주었는지는 중요한 의미가 있다. 펠리시아는 페루인 정체성이 인정받을 때 영어 말하기에 편안함을 느꼈다. 만약 페루인 정체성이 인정받지 못하고 이민자로 위치 지어진다면 펠리시아는 침묵하였다. 이러한 이유로 펠리시아는 자신이 잘 아는 사람들과 이야기할 때 가장 편안함을 느꼈다. 이 사람들은 펠리시아의 이력과 페루인 정체성에 친숙하고 펠리시아를 이민자로 치부하지 않는 사람들이었다. 펠리시아가 가장 편안함을 느끼는 상황은 자신의 집에서 스페인어 학습자와 일대일로 언어 교환을 정기적으로 갖는 것이었다. 펠리시아는 주간 모임에서 어떻게 상호 목표 언어를 연습했는지에 대해 다음과 같이 이야기하였다.

우린 항상 얘기를 아주 잘 했어요. 저는 그 친구랑 얘기하면 항상 막힘이 없었어요. 왜냐하면 그 친구는 내가 영어를 잘하게 도와주었는데 재촉하지도 않았고 내 얘기에 관심이 있었거든요. 그 친구도 스페인어 할 때 같은 문제가 있었고 이게 우리 둘 모두가 편안하게 느끼는 이유였어요.

그러나 펠리시아는 모르는 사람과는 매우 불편함을 느꼈다. 예를 들어 펠리시아는 자신의 아파트에서 사람들과 이야기하는 것을 피하였다. 이러한 행동은 펠리시아가 이민자가 아닌 소심하거나 무뚝뚝한 사람으로 보이게 하였을 것이다.

우리 건물에는 노인들이 많이 사는데 엘리베이터에서 그들과 만나면 항상 날씨나 다른 것에 대해서 나에게 말을 건다. 그러나 나는 유창하고 빨리 이야기할 수 없어서 간단하게만 대답한다. 내가 보기에 나는 소심하거나 무뚝뚝한 사람으로 보일 거라고 생각한다.

페루인 정체성에 대한 펠리시아의 투자를 고려해 볼 때 펠리시아가 '전 새로운 사람들과 얘기할 때 불편하고 영어를 정확하게 쓰는 페루 사람들 앞에서는 영어를 전혀 못 하겠어요.'라고 이야기한 것도 굉장히 의미 있다고 생각한다. 펠리시아는 자신과 자신이 가장 연관되기를 바라는 페루인 지위 사이에 있는 어떠한 호의적이지 않은 비교에도 격렬하게 저항할 것이다 ― 다음 장에서 자세하게 이 현상에 대해서 논의할 것이다. Connell 외(1982)가 주장한 것처럼 계층은 범주의 체계가 아니고 사람들 사이에 형성된 관계의 체계이다.

그 지역의 부촌에 위치한 페어론 레크리에이션 센터에 있는 일터에서 펠리시아는 부유한 페루인의 정체성을 보여주는 데에 성공하였다. 레크리에이션 센터 옆에 사는 동료는 펠리시아가 페루에 자기 집이 있는 것과 뉴타운에서 집을 사고 싶다는 것, 잘 자란 아이들 셋과 전문직 남편(실직 상태라도)이 있다는 것을 알고 있었다 :

나는 페루에서 팔고 있는 땅에 대해서 같이 일하고 있는 여성들과 이야기하고 있었다. 지난달에 토지 구입에 관심이 있는 사람이 있었다. 내 시누이가 그 여성과 며칠 동안 이야기하고 나에게 전화를 해서 내가 제시한 판매 조건을 들었지만 결국 그 여성은 그 땅을 사지 않았다. 그런데 나는 전화비로 600달러 정도를 내야 했다.

센터에서 일하고 있는 그 여성들은 펠리시아가 자신들의 무리 안에 들어오는 것을 환영하는 것처럼 보인다 ― 이민자보다는 방문자로. 그들은 펠리시아를 저녁 식사에 초대하고 페루 관련 소식에 관해 이야기했으며 펠리시아의 영어에 굉장히 인내심을 가지고 들어주었다. 사실 펠리시아는 자신의 영어가 느는 것은 센터에서 같이 일하는 여성들이 기여한 결과라고 하였다. 여기에서 자신의 페루인 정체성을 주장하는 펠리시아의 전략이 적어도 영어를 연습하는 기회와 관련하여서는 옳은 것으로 볼 수 있다. 그러나 일터에서 그 여성들과 교류를 하고 이야기할 기회가 많음에도 불구하고 펠리시아의 역할은 비교적 수동적인 쪽이었다. 펠리시아는 말하기보다는 듣는 쪽이었다 : 펠리시아는 재미없는 사람으로 보이는 것을 원하지 않는데 영어 유창성이 부족하기 때문이었다. 그러므로 일터에서 이민자로 여기는 장애물을 넘었음에도 자신의 영어 능력 부족이 자기를 재미없는 외국 사람으로 만든다고 느꼈다.

난 일하면서 말하기보다는 듣는 편이다. 가끔 같이 일하는 사람들은 우리나라나 우리 가족에 대해 물어봤는데 나는 내가 영어도 잘 못하고 영어로 말하기 전에 생각해야 하기 때문에 재미없는 사람이라고 생각한다. 나는 이 사람들과 있으면 자신감을 느끼는데 같이 일한 지 8개월 정도 되었고 매일 그들과 만나기 때문이다. 이 사람들은 아주 멋지고 내 영어에 인내심을 가지고 있었다. 나는 그들이 말하는 대부분을 이해했지만 가끔 어떤 것은 짐작하고 넘어가야 한다.

펠리시아는 아이돌봄센터에서 유아들에게 이야기할 기회가 있었지만 아이들은 너무 어렸고 센터에 머무르는 시간이 아주 짧았다. 그리고 펠리시아는 아이들의 엄마에게 말하는 것을 아주 꺼려하였다 : '아이 엄마들하고 말하는 걸 피했는데 제가 영어를 못하기도 하고 잘 모르는 사람들과 이야기하면 기분이 편하지 않았기 때문이에요. 애기들에 대해서 엄마들에게 많이 이야기하고 싶었지만 가만히 있는 게 더 좋았어요. 전 뭐가 필요한지에 대해서만 말했어요.' 펠리시아는 캐나다에서 이민자로 보일 위험성보다는 침묵을 선호하였다 : 모르는 사람들은 펠리시아의 페루 시절과 사회적 계층에 대한 지식이 별로 없었다. 그러므로 영어를 연습하기 위해 펠리시아에게 열려 있던 기회는 이민자로서 소외당할 위험성에 가로막혀버렸다.

참고로 방과 후 돌봄 과정에서 시간제 근로를 하게 되었을 때 펠리시아는 불과 며칠 만에 일을 그만두었다. 왜냐하면 그 학교에서 무능과 소외를 모두 느꼈기 때문이다. 좀 나이가 있는 아이들을 상대해야 했기 때문에 꽤 능숙한 영어 능력이 필요했고 그 프로그램의 규칙을 지키기 위해서 고군분투했기 때문이다. 더욱이 그 아이들은 펠리시아의 스페인어를 거의 존중하지 않았고 펠리시아를 다르다고 무시하였다. 더욱이 그 프로그램에서 유일한 어른이었는데 아이가 아닌 페루인 정체성에 대해 더 호의적인 어른에게 도움을 받거나 의사소통을 할 수 없었다.

나는 수요일에 일을 시작하였다. 수요일은 괜찮았다. 내가 봐야 되는 아이들이 19명이었고 아이들이나 전에 일하던 선생님과 의사소통하는 데 문제가 없었다. 어제 나는 나한테 스페인어로 많이 말하는 마리아 곁으로 갔는데 그저께하고 다른 아이들이 있었다. 거기서 두 명은 아주 활동적이고 시키는 대로 하는 것을 싫어하는 아이였다. 나는 주의를 끌려고 여러 번 말을 해야 했고 내 영어가 부족하다는 것을 느꼈다. 나이가 좀 있는 아이가 나한테 억양이 좀 다른데 그렇지 않냐고 물었다. 나는 맞다고 대답하였다. 그 아이가 프랑스어를 하느냐고 물었고 나는 아니라고 대답했고 프랑스어에 가깝다고 하였다. 그 아이의 엄마가 아이를 데리러 왔을 때 나는 아이에게 이름을 물어보았는데 '저는 스페인어로 제 이름을 어떻게 말하는지 몰라요.'라고 대답하였다. 그래서 '스페인어로 말할 필요 없어. 영어로 말해.'라고 대답했다. 어제 나는 거기서 아주 기분이 안 좋았다.

참고사항

이번 장에서 연구에 참여한 나이가 비교적 많은 여성 세 명이 영어에 투자하는 것과 영어를 연습할 기회라는 것은 변해가는 정체성과 역사적인 시간과 사회적인 공간에 따른 맥락 안에서 이해해야 한다. 정체성의 다양성과 복잡성을 인지하면서 엄마로서 그들의 정체성을 검토하는 것은 비교 분석에 특히 흥미로운 기회를 가져다주었다. 다음과 같은 의문이 들었다 : "이민자 여성들이 가지고 있는 '엄마'로서의 성별화된 정체성이 목표 언어에 대한 투자와 목표 언어 화자들과의 상호작용에 어느 정도까지 연관되어 있는가?" 어쩌면 첫 번째로 가장 주목해야 할 것은 이민자 여성들의 아이들이 목표 언어 화자이거나 목표 언어 화자가 될 것이라는 점이다. 아이가 한 명밖에 없는 카타리나는 정확하게 이것을 깨달았다. 사실 두 가지 문제가 카타리나 마음을 무겁게 짓눌렀다 : 마리아는 카타리나가 이해할 수 없는 언어를 말하면서 자랄 것이고 마리아는 카타리나가 이해할 수 있었던 유일한 언어를 잊어버릴 것이다. 이 딜레마에 대한 해결책은 두 가지 방향이 있다 : 그 언어에 대해 상반된 감정을 가지고 있다손 치더라도 마리아는 이중언어화자가 되어야 하고 카타리나는 영어를 가능하면 빠르고 효율적으로 배워야 한다. 그러나 영어에 대한 카타리나의 투자는 간단한 문제가 아니었다 : 연구 자료에서는 전문가로서 인식되길 바라는 카타리나의 바람이 자신에게 굉장히 중요하다는 점이 설득력이 있다는 것을 보여준다. 더욱이 카타리나는 마이의 새언니가 베트남어에 대해서 가졌던 것처럼 자신의 모국어인 폴란드어에 대해 전혀 모순된 감정을 느끼지 않았다. 이 문제에 대해서는 이번 장을 시작할 때 인용하였던 Anzaldúa의 엄마가 멕시코 스페인어에 대해 가지고 있었던 생각과도 연관 지어 볼 수 있다. 왜 어떤 소수 언어는 다른 언어보다 가치가 떨어지는지는 6장에서 더 주목해서 볼 주제이다.

마르티나와 펠리시아는 모두 아이가 셋 있었는데 그 아이들 모두 모국어는 물론 영어도 능숙하였다. 각각의 가정에서 그들의 역할도 매우 달랐는데 그것은 결국 영어에 대한 투자와 목표 언어 화자들과의 관계에 영향을 받은 것이라고 할 수 있다. 마르티나는 가정에서 엄마 역할뿐만 아니라 영어를 잘 못하는 무직 남편을 대신해 주된 보호자 역할을 하였다. 초기에는 마르티나의 아이들이 영어를 하는 사람들을 상대해야 했다. 그렇기 때문에 마르티나는 영어를 가능한 한 빨리 배우기를 바랐고 그렇게 해서 아이들이 이러한 의무를 지지 않도록 하였다. 이러한 상황에서 좋은 엄마가 되기 위해서 가정의 개인적인 영역에서뿐만 아니라 가정 밖의 모든 공적인 영역까지 자신을 넓혀갔다. 이러한 이유로 공공 사회에서 부정적인 경험을 했음에도 불구하고 마르티나는 포기할 수 없었고 침묵하지 않았다. 마르티나와 달리 펠리시아는 영어에도 능통하고 캐나다 사회의 문화적 관습에도 익숙한 남편이 있었다. 그리고 카타리나와 다르게 아이들과의 관계에서도 안정감이 있었다. 그러므로 가정에서의 개인적인 공간에서 엄마로서의 정체성은 지켜졌고 펠리시아에게 공적인 가치를 가지는 정체성은 부유한 페루인뿐이었다. 자신에게 호감이 있는 대화상대자에게 부유한 페루인으로 자신의 정체성을 과시할 수 있을 때는 말하기에 꽤 편안함을 느꼈다; 반대로 이민자로서 위치 지어질 때는 비교적 말을 잘 할 수 없었다. 개인적인 정체성과 공적인 정체성이 마주한 특정 환경은 영어에 대한 애매한 태도를 더 잘 이해할 수 있게 해준다. 다음 장에서는 자료를 더 분석하고 해석하면서 다섯 여성이 겪은 언어 학습 경험을 위주로 살펴볼 것이다.

제2언어 학습 이론을 다시 생각하기

오늘날 어떤 연구자도 의사소통 상황에 참여하는 언어 학습의 성과에
이의를 제기하지 않을 것이다. 그러나 비판이 별로 없음에도 불구하고
의사소통 중심 학습의 본질은 아직 모호한 상태로 남아 있다.

Savignon, 1991, 271쪽

언어는 의사소통 방식이나 규칙, 어휘, 의미로 이루어진 체계 그 이상이다;
언어는 사람들이 다른 사람들과 관계를 맺고 이야기를 할 때
의미를 만들고 정의하고 투쟁하는 것을 통해 사회적 관습을 활성화하는 매체이다.
언어는 커다란 구조적 맥락 안에 존재하기 때문에 어느 정도 이 관습은 개인 사이에
존재하는 지속적인 권력 관계로 위치 지어지고 형성된다.

Walsh, 1991, 32쪽

1999년에 미국 뉴욕에서 열린 TESOL 학술대회에서 Julian Edge

와 본 연구자(Edge & Norton, 1999)는 SLA 이론에 힘의 개념을 포함시키는 것이 얼마나 유용한지에 대해서 논의하였다. 그때 주장하고자 했던 논점은 만약 우리가 사회적 상호작용에서 힘과 관련한 문제를 마주하고 이름 붙이는 것을 피한다면, 우리는 학습자들의 언어 학습 경험을 이해하는 데 애를 먹을 것이라는 점이었다. 예를 들어 우리가 언어 학습자와 대상 언어화자 사이의 관계가 평등하다고 가정한다면, 카타리나가 자신이 일하던 곳에서 나이 드신 분들과의 상호작용을 경험한 것처럼 모든 학습자가 편안하고 수월할 것이라고 생각할 수 있다. 그러나 먼치스에서 에바와 동료들과의 관계, 마이의 의류 공장, 마르티나의 패스트푸드점에서 겪은 문제는 풀리지 않는다. SLA에서 힘과 관련된 이론을 포함하지 않는다는 것은(1장 참고) 의사소통 상황에 참여하는 본질이 정의되지 않고 설명되지 않은 채로 남겨진다는 뜻이다. 힘에 대한 이러한 논의는 SLA에서만 존재하는 것이 아니고 응용 언어학 영역 전반으로 확장된다. 5장에서 언급하였듯이 Lakoff(1995)와 Tannen(1990)은 남성과 여성의 발화에 대해 다르게 해석하였다. 왜냐하면 그들은 힘의 문제에 서로 다른 견해를 가지고 있었기 때문이다. Lakoff는 남성과 여성의 발화 양상이 힘의 불평등한 관계가 갖는 맥락에서 가장 잘 이해될 수 있다고 주장한 반면, Tannen은 이러한 발화 양상을 불평등보다는 다름의 표지로 이해하였다. 이러한 논의는 사소한 문제가 아니다. 우리가 어떻게 다름에 이름을 붙이고 이해하는 것인가는 어떻게 우리가 그것을 다루는가와 직접 관련되어 있는데, 그것은 이론적으로나 실제적인 차원 모두에 해당한다. 만약 여자와 남자가 다르지만 평등하다고 이해한다면 사회적인 변화는 거의 필요하지 않다; 만약 불평등이 존재한다면 굉장히 큰 사회적 행동이 요구될 것이다.

본 연구자는 앞 장에서 제시한 자료를 통해서 SLA 모형을 주장하고자 하는데, 힘의 문제를 해결하지 않고는 이민자나 언어 학습자의 언어 학습 경험을 제대로 다룰 수 없다고 보기 때문이다. 앞서 제시한 자료와 더 방대한 ESF 프로젝트(Bremer 외, 1996)에서 제시한 자료가 눈에 띄는 유사성을 갖는다는 것에 주목해야 한다. 6장을 시작하면서 자연언어 학습, SLA의 문화적응 모형, 정의적 필터 가설 이론을 각각 다시 살펴볼 것이다. 후반부에서는 정체성과 관련된 후기구조주의 개념과 Bourdieu(1977)의 적법한 담화에 대한 개념이 이론적으로 본 연구에서 찾은 결과를 설명하는 데 유용하고 SLA 이론에 크게 기여한다고 주장할 것이다. 마지막 부분에서는 이 개념들을 사회적 실행으로서의 언어 학습 개념에 대한 논의까지 확장할 것이다.

자연 언어 학습

제2언어로서의 영어 학습과 관련하여 1장에서 대략 썼듯이 자연 언어 학습에 대한 Spolsky(1989)의 설명이 본 연구에 나온 이민 여성들의 경험을 충분하게 반영하지 않는다. 본 연구에서는 자료를 살펴보면서 Spolsky가 개인 견해가 아닌 현재 통용되는 이론에 대해 비판적으로 보고하고 정리한 자연 언어 학습의 특징 5가지를 각각 살펴볼 것이다.

자연 언어 학습에 대해 Spolsky가 한 첫 번째 주장은 목표언어가 의도적으로 꾸민 상황이나 교실 사용 목적이 아닌 실제 의사소통을 위해 사용된다는 것이다. 이러한 조건에서는 실행의 가치 있는 형태인 의미 협상이 존재한다. 그러나 본 연구 자료는 언어 학습자들이 자주 하는 의미 협상에 목표 언어 화자들이 관여하기를 꺼린다는 것을 보여준다. 영어 원어민 화자가 의사소통 실패를 바로잡기 위해 시간을 내는 일은 별로 없다. 대개는 원어민 화자들이 이 외국인 여성들에게 유사언어를 통해 조급함을 드러낼 것이다: '저는요, 그들이 그렇게 생각한다는 것을 얼굴 표정을 보고 알 수 있었어요.'라고 에바가 말하였다. 마르티나는 패스트푸드점에서 같이 일한 학생들 얼굴에 나타난 표정이 때로는 그들의 지적보다 더 좋지 않았다고 이야기하였다.

자연 언어 학습에 관한 두 번째 주장은 유창한 영어 화자들이 학습자들 주위에 많다는 것이다. 연구에 참여한 에바, 카타리나, 마르티나라는 이민 여성 세 명은 이웃들과 영어로 이야기 한 적이 거의 없었다. 세 명 모두가 사는 곳은 그 사회에서 특별히 비싸지 않고 재정적으로 넉넉하지 않은 사람들이 선호하는 곳인데, 그들 가운데 영어를 제2언어로 하는 이민자가 많았다. 마이와 펠리시아의 이웃들은 영어로 이야기했지만, 펠리시아는 이민자라고 소외당할까 두려워서 말하기를 꺼려하였다. 마이는 영어를 쓰는 대부분의 부유한 이웃들에게는 자신이 영어를 한다는 것을 한 번도 드러내지 않았다. 이 여성들이 구어 영어에 노출될 수 있는 것은 텔레비전, 라디오를 통하는 것뿐이지만 이 매체들은 여성들에게 말하기를 연습할 기회를 주지는 않는다. 많은 여성이 구어 영어에 많이 노출되기 위해서 버스나 가게 안 혹은 쇼핑몰 등에서 엿듣는 것에 의지한다. 그러나 마르티나가 이야기한 것처럼 가끔 공공장소에서 영어화자와 사회적인 대화를 나누려한다면 그 영어화자들은 '도망칠' 것이다. 이 여성들 가운데 일부는 유창한 영어 화자들이 주위에 있는 상황이 일터뿐이었다. 그러나 이 유창한 영어 화자들이 조직한 사회 관계망은 이 여성들이 접근하기에는 어렵기도 하고 종종 불가능하기도 하다. 마이가 다니는 직장에서 작업자들이 일을 그만두게 되었을 때 마이는 말을 할 수 없었을 뿐만 아니라 일터에서 쓰는 언어가 바뀌기도 하였다. 그러자 마이는 일터에서 대인 관계를 포기할지 영어로 말하는 것을 포기할지에 대한 어려운 결정에 부딪히게 되었다.

세 번째 주장은 바깥세상은 열려 있고 흥미진진하고 언어 이해를 위해 많은 맥락 단서를 가지고 있다는 것이다. 본 연구에서 여성들에게 바깥세상은 열려 있지 않고 흥미진진하지 않고, 기껏해야 '아무 느낌 없이 지나갔다.'(펠리시아)거나, 최악의 경우에는 '모두 엄청난 시련과 고난'(마이)이었다고 하였다. 이 모든 여성은 자신을 잘 알지도 못하는 낯선 이들에게 위협을 받았는데 그 사람들이 교육을 못 받거나, 문맹이거나, 이민자도 아니었다는 사실에 주목할 만하다. 바깥세상에서 여성들이 마주할 수 있는 맥락 단서는 여성들이 원하는 흥미진진하게 열려 있는 환경에서 그들을 쫓아내었다. 여성들은 다음과 같이 생각하였다 : '그 사람들은 제가 대걸레나 뭔가 다른 거였다고 생각했어요.'(마르티나); '그 사람들은 절 이용했어요. 왜냐하면 내가 아무 말도 안 할 거란 걸 안 거죠.'(에바). 이 여성들이 가장 편하게 이야기할 수 있는 사회적인 환경은 익숙하고, 우호적이고, 친밀한 환경이었고 사람들이 그들의 영어에 인내심을 가지는 경우였다. 회상을 하면서 눈에 띄었던 것은, 이 여성들이 가장 편안하고 가장 길게 말할 수 있는 장소라고 말한 것이 내 차 안이었다는 것이다. 그것은 일기 연구 모임이 끝나고 집으로 데려다줄 때였다. 그 차 안에서 우리는 물리적으로도 아주 가까웠다; 우리는 모두 집, 일터, 학교에서의 스트레스로부터 해방되어 있었다; 그리고 저녁을 먹으며 친밀한 대화를 즐겼고, 그때 소외당한 경험은 개인적인 무능이 아닌 사회적인 힘의 관계라는 관점으로 이해했다. 우리는 모두 자유로운 상태였으며 아무 위협이 없는 장소에 있었고 '흥미진진하게 열려있는' 세계의 공격으로부터 안전한 상태였다. 그리고 우리는 끊임없이 이야기하였다.

자연 언어 학습에 대해 네 번째로 주장하는 것은 언어 사용은 통제되고 단순화된 것이 아니라 자유롭고 평범하다는 것이다. 보통 속도로 구어 영어에 노출되는 동안 여성들은 자신이 하고자 했던 것처럼 영어를 자유롭게 사용하는 것이 확실히 어렵다고 느꼈다. 예를 들어 펠리시아는 학부모들에게 자신이 아이들을 돌보면서 그날 어떤 일이 있었는지를 이야기할 때가 종종 있었지만 어눌한 실력이 드러날까 봐 두려워서 그만두고 말았다. 에바는 먼치스에서 동료에게 자기를 그만 부려먹으라고 말하고 싶었지만, 결국 동료가 일을 제대로 하지 않았을 때 가볍게 농담하는 것이 제일 편하다고 느꼈다. 마이는 자기 오빠에게 자신의 인생에 상관하지 말라고 말하고 싶었지만 가끔은 조용히 아무 말도 하지 않는 게 더 쉬웠다. 그 여성들이 맞닥뜨린 대부분의 사회적 소통에는 성별과 민족에 연관된 불평등이 있었기 때문에 언어 사용은 자유롭거나 평범하지 않고 사회가 통제하는 구조 안에서 이루어진다.

의사소통의 의미가 중요한 자연스러운 학습 상황에 대한 마지막 주장은 '[원어민] 화자는 자기가 하는 말을 듣는 사람이 잘 이해할 수 있도록 노력한다.'라는 것이다(Spolsky, 1989, 173쪽). 마르티나의 집주인은 만약 마르티나가 임대차계약을 파기한다면 일 년 치 집세에 책임이 있을 것이라는 걸 분명히 하지 않았다; 가전제품 판매원도 마르티나가 고장 난 냉장고를 바꾸기 위해서는 몇 달 기다려야 할 것이라는 점을 분명히 하지 않았다. 이민국 직원들은 펠리시아에게 캐나다가 항상 젖과 꿀이 흐르는 땅은 아니었음을 확실히 하지 않았다. 이 연구는 이해하고 이해시킬 수 있어야 하는 책임이 학습자에게 있지, 원어민 화자가 학습자를 이해시키는 것에 있지 않다는 것을 말해준다.

의사소통이 실패할 때마다 학습자는 부끄러움을 느끼는 반면 목표 언어 화자는 짜증이나 화가 남을 느낀다는 점이 눈여겨 볼만한 부분이다. 이러한 이유로 이 여성들이 다른 사람들을 이해시키고자 하는 바람은 스스로 이해하고자 하는 바람보다도 더 강력하였다. 마이가 캐나다의 첫 직장에서 같이 일했던 동료 한 명은 마이에게 말하다 말고 나중에 시간이 지난 뒤에 설명을 해주었다. 왜냐하면 그것이 너무 피곤한 일이었기 때문이다. 마르티나는 캐나다 사람들이 영어를 안 하는 사람들에게 신물이 났다고 이야기하였다. 에바는 자신의 동료가 캐나다인이 아닌 사람들과 일하기를 꺼린다는 속내를 내비쳤다고 이야기하였다. 펠리시아는 캐나다 사람들이 이민자들을 얕잡아 본다고 말하였다.

요약하자면 자연 언어 학습은 개방적이고 흥미진진한 환경에서 제2언어를 배울 기회를 언어 학습자에게 반드시 제공하는 것은 아니라고 말할 수 있다. 앞서 말한 환경에서 학습자들은 목표 언어를 유창하게 하는 사람들에게 둘러싸여 있는데, 그 사람들은 학습자와 의사소통을 할 때 학습자가 이해하도록 너그럽게 보장하는 사람들이고 평등하고 호의적인 분위기에서 의미를 잘 받아들일 준비가 되어 있는 사람들이다. 본 연구는 언어 학습자가 안전하고 호의적으로 영어를 연습할 수 있는 기회를 얻을 수 있는 사회 관계망에 다가가기 힘든 상황에서 자연 언어 학습이 불평등한 힘의 관계를 자주 드러낸다는 것을 보여준다. 연구에 참여한 여성들 대부분이 겪은 실제는 바깥세상이 대부분 적대적이고 불청객으로 자신을 대한다는 것이었다. 영어가 모국어인 화자들은 종종 이 여성들이 의사소통을 하려는 시도를 기다려주지 못했고, 이해하려고 하기 보다는 피하려고 하였다. 그들이 겪은 많은 상황을 보면 원어민 화자들이 이민자와 말하거나 일하기를 싫어하였다.

1장에서 소개한 Bourdieu(1997)의 적법한 화자는 이들 이민 여성들의 자연 언어 학습을 설명하는 데 도움을 준다. 그는 어떤 사람이 이야기할 때는 그 사람이 말하는 것이 이해되기를 바랄 뿐만 아니라 '믿어주고, 따라주고, 존경해주고, 알아봐주기'(648쪽)를 바랄 것이라고 주장하였다. 그러나 Bourdieu는 말하는 사람이 듣는 사람을 주목하게 하는 능력은 사람에 따라 공평하지 않게 구성되어 있다는 견해를 가지고 있다. 왜냐하면 그들 사이에 있는 상징적인 힘의 관계 때문이다. 그가 말하는 바는 언어 능력의 추상적인 개념만을 가지고 있는 언어학자(또한 많은 SLA 연구자들)와는 다르다:

> 언어학자는 의사소통 성립의 조건이 이미 성립되었다고 가정하고 있지만 실제 상황에서는 그것이 중요한 문제이다. 언어학자가 당연시하는 요점은 대화하는 사람들이 '말을 주고받는 것'인데 말하는 사람이 듣고 있는 사람에 대해 들을 가치가 있다고 여기는 것이고 듣는 사람이 말하는 사람이 말할 가치가 있다고 여기는 것이다(648쪽).

본 연구자는 Bourdieu의 견해대로 자연 언어 학습 상황에서 여성들은 듣는 사람의 주의를 끌 수 없었기 때문에 전반적으로 소외감을 느꼈다고 생각한다; 또한 말할 가치가 없다고 여겨졌다. 이러한 이유로 여성들은 그들이 이해하는 것보다 이해시키는 데 더 관심이 있다고 생각한다: 만약 그들이 받아들여지기를 강요하지 못하고, 말할 권리가 없다면 그 사실 때문에 가치 없는 사람이 된다. 왜냐하면 언어 능력에 대한 언어학자의 추상적인 개념이 실제 상황(혹은 SLA 연구자들이 사회적 상호작용이라고 부르는 것)을 다루지 않기 때문이다. 그렇지만 Bourdieu는 언어 능력을 확장한 정의에 '말할 권리'를 포함해야 한다고 주장한다(1977, 648쪽). 이 내용은 6장의 마지막 부분에서 더 자세하게 다룰 논쟁이다.

알베르토와 SLA 문화적응 모형

1973년에 영어를 정식으로 교육 받지 않고 습득하는 스페인어 모어 화자 여섯 명에 대한 10개월간의 종단 연구 프로젝트가 Cazden, Cancino, Rosansky, Schumann(1975)에 의해 하버드 대학교에서 수행되었다. 그 여섯 명 가운데 두 명은 어린이, 두 명은 청소년, 두 명은 성인이었다. 연구는 wh-의문문, 부정문, 조동사와 같은 문법의 습득에 초점을 두었다. 자료 수집은 자발적인 것과 유도된 발화 녹음을 모두 포함하였다. Schumann은 자신의 피진화 가설(1976b, 1978a)과 SLA 문화적응 모형(1978b, 1986)을 뒷받침하기 위해 특별히 직업적으로 관심을 가지게 된 알베르토(Alberto)라는 33세의 노동자 계층인 푸에르토리코인 연구참여자에게서 발견한 결과를 보여주었다. 본 연구에서 SLA의 문화적응 모형을 자세히 검토하려는 몇 가지 이유가 있다. 문화적응 모형은 특별히 성인 이민자들의 언어 습득을 설명하기 위해 이론을 발전시켰다. '이 모형은 이민이라는 조건 아래에 있는 제2언어 습득을 설명한다.'라고 Schumann은 말한다(1978b, 47쪽). 문화적응 모형은 특히 본 연구의 목적과 관련이 있다. 게다가 이 모형은 문화적응과 SLA 사이에 인과 관계가 있다는 것을 전제로 깔고 있다 : 'SLA는 단지 문화적응의 한 측면일 뿐이고 학습자가 목표 언어 집단에 적응하는 정도가 제2언어를 습득하는 정도를 조절할 것이다'(1978b, 34쪽). 덧붙여 Schumann(1978b, 48쪽)은 이 모형이 '문화적응에 대한 것이고 교육에 대한 것은 아니다.'라고 서술한다. 바꿔 말하면 만약 문화적응이 일어나지 않는다면 목표 언어 교육은 언어 학습자에게 큰 도움이 되지 않는다는 것이다 — 성인 이민자의 제2언어 교육에 중요한 영향을 주는 이론. 마지막으로 이 모형은 SLA 분야에서 굉장한 영향력을 가지고 있고 SLA 이론과 관련된 저명한 문헌에서 눈에 띄게 다루고 있다(H.D. Brown, 1994; Ellis, 1997; Larsen-Freeman & Long, 1991; Spolsky, 1989 참고).

Schumann은 자신의 연구에서 알베르토가 10개월간의 연구 동안 아주 적은 언어학적 발전을 보였다고 지적하였다. 사실 이 결과는 다른 연구참여자 5명보다 훨씬 적은 수준이었다. 알베르토는 영어를 굉장히 줄이고 단순화한 형태로 사용하는 것이 특징이었는데, 그것을 Schumann은 피진화된 영어라고 불렀다. Schumann이 제시한 요인 세 가지는 알베르토의 발화에서 발달이 덜 된 부분을 고려한 것이었다 : 능력, 나이, 목표 언어를 쓰는 화자들과의 사회적이고 정신적인 거리. Schumann은 처음 두 개의 근거는 증거가 부족하다는 이유로 제쳐놓았고, 알베르토와 목표 언어 공동체 사이의 '사회적이고 정신적인 거리'가 알베르토가 가진 피진화된 발화의 원인이라고 결론지었다. Schumann(1978b)의 후기 연구에서는 SLA의 문화적응 모형에 관한 초기 이론들을 재정의하였는데 핵심 전제는 다음과 같다 :

두 가지 변수 — 사회적 요소와 정의적 요소 — 는 SLA에서 중대한 인과관계를 가진 단일 변수로 수렴된다. 이 변수를 문화적응이라 부를 것을 제안한다. 문화적응은 목표 언어 집단에 개인이 사회적으로나 정신적으로 통합되는 것을 뜻한다. 또한 어떤 학습자든지 목표언어 화자와 사회적, 정신적으로 가까운 곳에도 놓일 수도 있고 사회적, 정신적으로

먼 곳에도 놓일 수 있다. 그리고 학습자 자신이 그 문화에 동화된 만큼
만 언어를 습득하게 될 것이다(29쪽).

문화적응 모형의 자세한 내용은 위에서 열거한 많은 연구에서 찾
아볼 수 있다. 본 연구와 특히 관련성이 있는 것은 Schumann이 연구
결과에 바탕을 두고 개발한 모형의 이론적 정확성과 연구에서 결론을
도출하는 과정이다. 이제 다시 Schumann이 주장한 SLA의 문화적응
모형에 기초를 둔 자료를 살펴볼 것이다 : 피진화된 발화를 하는 알베
르토라는 이름을 가진 노동자 계층의 33살 코스타리카인.

Cazden 외(1973)가 진행한 1973년의 연구는 위에서 언급한 것처
럼 피험자 6명을 대상으로 하였다 : 어린이 두 명, 청소년 두 명, 성인
두 명. 어린 피험자 4명은 남미 출신으로 전문직에 종사하는 중상위
층에 속하는 이민자 집단에 속해있었지만, Schumann은 알베르토가
'남미 출신으로 노동에 종사하는 이민자로 하위층이라 부르는 사회
집단'에 속하였다고 밝혔다(1976b, 400쪽). 조사를 하는 10달 동안 다
른 피험자들은 영어의 부정문, 의문사, 조동사 사용이 좋아졌지만 알
베르토의 영어는 좋아지지 않았다. Schumann은 남미에서 온 전문직
집단보다 노동 이민자 집단이 미국인들과 사회적 거리가 훨씬 더 멀
기 때문에 노동자들의 영어 사용이 기능적으로 제한되었고 피진화될
것을 예상한다고 주장하였다. '이게 바로 우리가 알베르토에게서 찾
아낸 것이다.'라고 Schumann은 주장한다. 알베르토와 미국인들 사이
의 심리적인 거리를 측정하기 위해서, 알베르토에게 자신의 태도와
동기에 대해서 설문지를 작성하게 하였다. 뜻밖에도 설문지는 알베르
토가 목표 언어 공동체에 '긍정적인 태도와 강한 동기를 가지고 있는
것으로 보였고, 이런 이유로 심리적인 거리는 별로 없다'는 것이 나타

났다(Schumann, 1976b, 403쪽). 주의 깊게 살펴볼 것은 현장에서 알베르토가 모든 대답을 솔직하게 하지 않았을 것이라는 점 때문에 이러한 응답을 Schumann이 무시하였다는 점이다. 왜냐하면 알베르토가 기대한 대로 응답하지 않았기 때문에 Schumann은 알베르토가 진실을 말하지 않았을 것이라고 가정했다.

Schumann은 알베르토가 '실험자가 듣기 원하는 것을 대답하였다.'라고 비판했지만, Schumann은 실험자가 자신이 증명하기를 바라는 부분만 ― 다시 말해, 언어가 피진화된 학습자는 그로 인해 반드시 동기가 없을 것이고 목표 언어 공동체에 부정적인 태도를 갖고 있을 것이다 ― 들었을 것이라는 가능성을 고려하지 않았다. Schumann은 자료를 설명하기 위해 두 가지 가능성을 고려하지 않았다. 첫째, 동기가 많았던 알베르토는 진실을 말했고 사실 미국인들에게 긍정적인 태도를 가지고 있다; 둘째, 알베르토가 피진화된 언어를 하는 이유는 매우 간단하다. 왜냐하면 지배적인 영어 사용 공동체의 구성원은 알베르토를 향해 양면적인 태도를 가지고 있으며 영어를 충분히 연습할 상황과 영어를 연습할 기회를 별로 주지 않기 때문이다. 정리하면 만약 알베르토가 언어 학습에서 진전이 없었다는 것이 알베르토와 영어 사용자들 사이의 사회적이고 심리적인 거리에 기인한 것이라는 점을 Schumann이 발견했다면, 그 원인은 사회에서 지배적인 권력 구조가 알베르토를 소외된 상태로 내몰았고 적응하지 못하는 그의 무능력 탓이라고 비난했기 때문이라고 말할 수 있었을 것이다.

문화적응 모형의 장점은 언어 학습 과정에서 개개인의 역할을 간과하지 않고 언어 학습의 사회문화적 맥락을 강조한다는 것이다. 게다가 성공적인 언어 학습을 위해서 목표 언어 화자들과 언어 학습자들 사이의 정기적인 접촉이 중요하다는 것을 인식하였다. 그러나 본 연구자는 이 모형의 이론적인 적절성에 대해 의문을 제기하려 한다. 그리고 이 모형에서 전제하지 않았던 목표 언어 공동체와 성인 이민자로서 언어를 배우는 사람들 사이의 다양한 관계에 대해 다루고 싶다. 이에 따라 문화적응 모형의 세 가지 가정을 깊숙이 검토할 것이다.

> 가정 1 : 만약 제2언어 집단이 지위가 낮거나 목표 언어 집단에 종속되어 있다면 제2언어를 배우기를 꺼려할 것이다.

여기서 첫 번째로 밝혀두고 싶은 것은 문화적응 모형이 힘의 불평등한 관계와 관련하여 열등함이나 우월함에 대한 이론을 제시하는 것은 아니라는 점과, 제2언어 집단이 사회적으로 지배 집단보다 지위가 낮게 구조화되어 있다고 본다는 것이다. 본 연구 자료는 참가자들이 지위가 낮다고 느끼거나 마르티나가 캐나다인들보다 가치가 낮다고 부르는 것 — 그것은 지배 사회의 관습에 의해 만들어진 것 — 을 느끼러 캐나다에 오지 않았음을 보여준다. 연구에 참여한 여성들이 날마다 다양하게 겪는 경험으로 말미암아 이민자의 사회적 의미가 만들어진다. 예를 들어 출입국관리 사무소 직원과 나눈 상호작용의 결과로 카타리나는 그 직원이 이민자들은 '반드시 접시닦이로 처음 10년은 일해야 한다.'라고 생각한다고 결론지었다. 그런 까닭에 카타리나에게 이민자와 관련된 사회적 의미 가운데 하나는 노동 계급 지위를 함축하고 있다. 이러한 관점은 다른 연구 참가자들에 의해서도 입증되었는데 이민자는 전문적이지 않은 직업에서 일한다고 여겨지는 누군가, 혹은 에바가 지적한 것처럼 교육을 거의 못 받아서 전문적인 일을 하기에는 너무 모자란 누군가라고 언급하였다. 펠리시아가 말한 것처럼 이민자는 또한 멸시받는 사람들이다. 마이는 자신의 언어와 인종을 핑계로 이민자로 위치 지어지는 것에 대항해 싸웠어야 했다고 말했고, 마르티나는 자신의 유창하지 못한 영어실력이 자신을 수준 낮은 사람으로 느껴지게 했다고 말하였다. 모든 여성에게 이민자의 사회적 의미는 진취적이고 용기 있는 새내기가 아니고 교육을 못 받고 기술이 없는 소수자들이다. 그렇게 소외된 상태에서도 말을 계속하려고 한 유일한 여성은 마르티나였는데 자기 가족이 캐나다에서 성공하려면 포기할 수 없었기 때문이다.

가정1과 관련하여 두 번째로 주목할 점은 그 여성들이 캐나다 사회에서 소외를 당했다고 느꼈다고 하더라도 영어 학습에는 저항하지 않았다는 것이다. 그들은 높은 영어 구사력이 이민자라는 딱지를 떼게 해주고 캐나다에서 기회를 잡도록 도와줄 것이라고 굳세게 믿었다. 사실 연구 자료는 상호작용을 거부하는 사람들이 이민 언어 학습자가 아니라 지배 언어 집단의 구성원일 가능성이 높다는 점을 보여준다. 알베르토는 연구에 나온 여성들처럼 영어 구사자들과 말할 기회를 계속 찾으면서 자신의 낮은 지위에 짜증을 냈을 가능성이 크다. 결국에 알베르토는 10개월간의 시간을 영어를 쓰는 연구자들과 영어 부정문을 연습하는 데 바쳤다.

가정 2 : 만약 제2언어를 학습하는 집단의 구성원들이 자신의 생황방식과 가치를 포기하고 목표 언어 집단의 생활 방식과 가치를 받아들이려 한다면, 그들은 목표 언어 집단과의 접촉과 SLA 향상을 위해 최대한 노력할 것이다.

가정 3 : 목표 언어 집단과 제2언어 집단 사이의 긍정적인 태도는 SLA를 향상 시킬 것이다.

가정2는 동화에 관한 통합 전략으로 문화적응 모형에서 언급되었다(Schumann, 1978b). 문화적응 모형은 SLA를 향상시키기 위하여 언어 학습 집단이 생활 방식과 가치를 포기하는 것이 필수적이지는 않지만, 그 집단은 최소한 습득을 위해서 반드시 목표 언어 집단의 생활 방식과 가치에 적응해야 한다는 것을 말하고 있다; 그들은 변함없이 집단 내 사용을 목적으로 하는 자신의 생활 방식과 가치를 유지할 수 있다. 두 집단 사이의 긍정적인 태도(가정3)는 동화를 촉진시킬 것이기 때문에 언어 학습자 집단의 SLA를 향상시킬 것이다. 가정2와 가정3에서 나타나는 문제는 언어 학습자 집단이 동화되도록 하는 노력을 목표 언어 집단의 구성원들이 즐겁게 받아들이고 언어 학습 집단과 같이 긍정적인 태도로 대해 주는 것을 당연하게 여길 것이냐는 점이다. 문화적응 모형은 언어 학습 집단이 긍정적인 태도를 가지고 있음에도 불구하고 불평등한 힘의 관계로 인해 목표 언어 화자들과 최대한 접촉하려는 언어 학습자의 시도가 가로막힐 수 있다는 가능성을 고려하지 않았다. 그러나 더 중요한 것은 모형의 예측과는 대조적으로 만약 언어 학습자들이 목표 언어 집단에 맞춰서 자신의 생활 방식과 가치를 포기한다고 해도 SLA가 방해받을 가능성을 고려하지 않았다는 점이다. 특히 본 연구자는 마이가 오빠의 가정에서 얻은 언어 학습 경험과 같이 눈에 띄는 — 비극적인 — 자료에 주목하고 싶다.

4장에서는 마이가 자신이 거주하는 곳에서 영어 말하기를 연습할 기회가 많았다는 점에 주목하였다. 마이가 그럴 수 있었던 이유는 조카들이 모국어인 베트남어로 대화할 수 없고 영어만 할 수 있었기 때문이다. 더욱이 마이는 오빠의 집에서 조카들과 부모님, 가끔은 조카들과 새언니 사이의 언어 중개인 역할을 맡았었다. 조카들은 마이가 캐나다에서 10년 넘게 산 자기 엄마보다 캐나다에 더 짧은 시간

살았음에도 불구하고 영어를 더 잘하는 것에 놀랐다. 여기서 가장 중요한 것은 마이의 조카가 Lambert(1975)가 빼는 이중언어라고 소개한 과정을 밟았다는 사실이다. 제2언어는 모국어를 희생시킴으로 인해 얻었고 마이의 새언니는 아이들과 자신의 모국어나 목표 언어 모두로 상호작용을 잘 할 수 없었다. 가정 2, 3 모두에 의문을 가지는 것은 마이의 오빠와 새언니가 적극적으로 영어를 쓰는 캐나다인 세계로 동화되도록 노력하였다는 것과 캐나다인들에 대해 굉장히 긍정적인 태도를 갖고 있다는 것이었다. 무엇인가가 굉장히 잘못되었다.

마이의 대가족이 풍부한 이중언어 과정을 겪었을 것임에도 불구하고 단일언어 화자로 살게 된 이유를 다음과 같이 생각해 볼 수 있다. 마이의 대가족은 캐나다 사회에서 어느 정도는 인종 차별이라는 담론 안에 있었고 마이의 오빠가 살고 여행하고 일했던 다른 나라들에서도 어쩌면 그랬을 것이다. 4장에서 언급한 것처럼 마이는 캐나다에 도착한 뒤 매우 빨리 배웠는데, 그때 마이의 오빠는 캐나다인이 우월하고('최고') 베트남인이나 중국인은 질이 떨어진다('최악')고 생각하였다. 마이는 자신의 오빠가 얼마나 변했는지를 보고 충격을 받았다 : 그는 자기가 살아온 시간이나 삶의 방식을 별로 귀하게 여기지 않았다; 그는 자신의 부모님을 별로 존중하지 않았고 그(와 그의 아내)는 아이들에게 모국어를 유지하라고 적극적으로 격려하지 않았다. 마이의 오빠가 겪은 공공연한 인종차별이나 은밀한 인종차별 경험은 어떻게 아이들이 자기의 외모를 경멸하고, 자신의 역사를 거부하고, 자신의 모국어인 베트남어의 구사능력을 잃어버리게 됐는지를 보면 어렵지 않게 볼 수 있다. 마이는 이 비극을 깨달은 사람(특히 목표 언어 학습에서 큰 진전을 이룬 사람)은 단순히 모든 것을 버릴 수 없다고 생각하며 다음과 같이 다짐하였다 : '나는 앞으로 아이를 갖게

된다면 이러한 일이 반드시 일어나지 않게 해야 한다.'

문화적응 모형은 더하는 이중언어[39]와 빼는 이중언어가 반드시 더 큰 사회적 구조와 관련하여 이해되어야 한다는 상황을 인정하지 않는다. 캐나다에서 유럽 출신은 베트남 출신들이 겪는 인종차별을 경험하지 않는다. 예를 들어 오스트리아에서 살던 경험을 비교한 카타리나를 살펴보면 자신의 경험에 의하면 폴란드 사람은 캐나다에서 '두 번째 범주'에 있는 사람들로 여겨졌고, 캐나다 사람들이 폴란드 사람을 받아들였다고 말하였다. 자신의 아이들에게 베트남어를 배우도록 독려하지 않은 마이의 새언니와 비교하면, 카타리나는 적극적으로 자기 딸인 마리아가 영어를 배우면서도 모국어를 유지하도록 노력하였다. 더욱이 문화적응 모형은 이민 언어 학습자들이 일반적으로 목표 언어 학습자보다 더 노력한다는 점을 다루지 않았다. 이민자들이 언어 학습을 촉진시키기 원한다면 목표 언어 공동체의 구성원들과 접촉해야 할 필요가 있다. 그런데 지배집단이 이민자들의 태도에 좌지우지되는 경우보다 이민자들이 지배 집단의 태도에 영향을 받는 경우가 한결 더 많다. 본 연구에서 여성들이 소외를 경험했음에도 불구하고 캐나다인 집단에 대한 부정적인 태도를 표현한 사람은 펠리시아 한 명뿐이었다. 펠리시아는 캐나다인을 친절하지 않은 사람들이라고 생각하였다. 그러나 이러한 태도를 가지고 있음에도 편안한 분위기인 자신의 집에서 동료 학습자와 영어 연습할 기회를 찾는 시도를 단념하지 않았다. 나머지 여성 네 명은 빈번히 캐나다인들과 더 접촉하고자 하는 열망을 나타내었다.

요약하자면 문화적응 모형은 동기가 있든 없든 개인과 사회 사이

---

39 모국어를 잃지 않고 제2언어를 배우는 과정(Lambert, 1975).

의 뚜렷한 구분(언어 학습 집단과 목표 언어 집단의 차이)을 끌어냈다. 문화적응 모형은 SLA 과정을 향상시킬 목적으로 목표 언어 구사자와의 접촉을 늘리기 위해 목표 언어 공동체에 잘 적응하도록 하는 책임을 성인 이민자에게 돌린다. 언어 학습에 진전이 없으면 문화적응 모형은 언어 학습자에게 문화적응에 저항한 책임을 돌린다. 언어 학습자와 목표 언어 화자 사이의 차이는 힘의 불평등한 관계로 이론화되지 않고 목표 언어 화자와의 상호작용과 SLA를 향상시키기 위한 언어 학습자의 노력 정도로 매듭짓는다. 사실 한 가족이 영어를 구사하는 캐나다인들이 가진 가치를 더 낮게 여긴 나머지 그 가족이 가지고 있던 유대 관계가 단절되고 자신이 가진 가치와 삶의 방식을 거부하면서 이중언어 발달에 대한 아무 희망 없이 살아가는 사례는 비극적인 모순이다.

정의적 필터

1장에서 확인한 것처럼 현재 SLA의 대부분 모형은 제2언어 학습과정에서 정의적 요인의 중요성에 주목한다. Krashen(1981, 1982)은 실제로 정의적 필터가 낮은 수준일 때 이해가능한 입력이 SLA에 영향을 주는 주요 변수라는 이론을 세웠다. Krashen의 관점에서 보면 이정의적 필터는 학습자의 동기, 자신감, 불안 상태로 구성되어 있고 사회적 맥락보다는 개인과 관련이 있는 변수라고 할 수 있다. 그러나 많은 제2언어 연구자는 Krashen의 정의적 필터에 대한 개념과 어떻게 정의적 요인이 다양한 사회적 맥락과 상호작용하는지에 대한 Krashen의 해석에 완전히 동의하지 않는다. 본 연구의 자료와 관련된 동기, 자신감, 불안에 대한 개념을 재검토하는 과정을 통해 언어 학습자의 정의적 필터는 거대하고 불평등이 만연한 사회 구조와 본인을 따로 떼어 놓고는 이해할 수 없다는 점에 대해 논의할 것이다.

동기

연구에 참여한 모든 참가자는 영어를 배우는 데 높은 동기를 가지고 있었다. 그들은 모두 영어를 배우면서 추가 수업을 듣고 있었고, 일기 연구에 모두 참여했고, 영어를 쓰는 캐나다인들과 더 많은 사회적 접촉을 바랐고, 마르티나를 제외한 모두가 친구들과 이야기할 때 편안함을 느꼈다고 하였다. 그러나 눈여겨볼 것은 모든 여성이 *특별히 상징적이거나 물질적인 투자 대상을 가진* 사람들과 이야기를 나눌 때 불편함을 느꼈다는 것이다. 경제적인 이득을 위해 캐나다로 온 에바는 영어를 연습하고 더 나은 직업을 얻기 위해서 영어를 쓰는 사람들과 일하기를 열망했지만, 자신의 억양에 대해 언급한 손님들에게는 침묵을 지켰다. 미래의 삶과 고용 보장과 경제적 독립을 바라고 캐나다에 온 마이는 자신의 상사와 이야기할 때 가장 불편해하였다. 공산주의와 무신론 체제에서 탈출하기 위해 캐나다에 온 카타리나는 전문가로서의 지위에 큰 투자를 했는데 자신의 선생님, 의사, 영어를 쓰는 다른 전문가와 이야기할 때 가장 불편함을 느꼈다. 아이들을 위해 측량사라는 직업을 포기하고 캐나다에 온 마르티나는 공공 사회에서 아이들의 권리를 보호할 수 없을 때 좌절하고 불편함을 느꼈다. 테러에서 벗어나기 위해 캐나다로 온 펠리시아는 페루인으로서의 정체성에 큰 투자를 했고 영어를 유창하게 하는 페루인 앞에서 영어를 할 때 가장 불편하다고 느꼈다.

동기가 높음에도 불구하고 여성들은 대부분 불편하고 말하기 쉽지 않은 특정한 상황에 놓여있었다. 1장에서 논의하였듯이 SLA 연구에서 현재 받아들이고 있는 동기의 개념은 언어 학습자를 하나의 통일된 정체성을 가지고 있다고 본다. 그리고 그 정체성은 학습자가 가진 동기의 종류와 정도를 결정한다고 보고 있다. 본 연구의 자료는 동기가 이제까지 생각했던 것보다 더 복잡한 것임을 보여준다. 학습자가 말하고자 하는 동기는 말하기 욕구와 상충 될 수 있는 다른 투자, 즉 학습자의 정체성과 미래에 대한 열망을 계속 만들어 가는 것과 밀접하게 연결되어 있다. 본 연구에서는 영어 말하기를 연습하기 위한 여성들의 열망에 다방면으로 영향을 주는 복잡한 상호작용을 포착하기 위해서, 말하기를 위한 동기보다는 여성들이 영어에 투자하는 것에 대해 다루고 있다. 영어에 투자하는 여성들을 탐구하는 것을 통해 어떻게, 어디까지 그들이 영어를 연습하기 위한 기회를 만들고 반응하는지를 이해할 수 있었다. 차례차례 각 여성에 대해 깊이 생각해 볼 것이다.

에바에게 영어는 공공 사회에서 경제적 독립 수단과 더 높은 교육에 접근한다는 의미이다. 영어에서 에바의 투자는 반드시 젊고 미혼 여성이라는 성별화된 정체성과 대학에서 공부하기 위해 캐나다에 이민 온 이유 — 경제적인 이점, 미래를 위한 계획 — 와 관련하여 이해되어야 한다. 에바는 가정에서 해야 하는 많은 일과 아이를 돌볼 책임에 얽매이지 않고, 영어에 많이 노출시켜주고 영어를 연습할 기회를 줄 일터에서 정식으로 고용되어서 목표를 이룰 수 있었다. 자신이 쓸 만한 동료이자 다문화를 가진 시민이라는 정체성을 지닌 사람으로 여겨질 때 조금씩 더 말하기 시작하였다.

마이에게 있어 영어는 가정 안팎의 경제적 독립과 더불어 집안에서 성차별을 없애 주는 수단임을 나타낸다. 미혼 여성으로서 성별화된 마이의 정체성은 끊임없이 약화되었는데 처음은 가정에서였고 마지막은 일터에서였다. 가정에서 언어 중개인으로서의 정체성과 공공 사회에서 멋진 경력을 가질 가능성을 마이에게 준 것은 영어가 가진 지배력이었다. 영어에 마이가 투자하는 것은 반드시 집안에서의 통제와 캐나다에 오게 된 이유인 '미래의 내 인생을 위하여'와 미래에 마이가 가진 계획 ― '대학에서 더 높은 교육을 받기 위해' ― 과 관련하여 이해해야 한다. 마이는 영어 연습에 굉장히 성실했고 가정, 일터, 공동체에서 꾸준히 연습하도록 여러 자료를 활용하였다. 그러나 가부장적인 결혼생활에서 아내로서의 새 지위는 궁극적으로 영어를 말하고 연습하기 위한 기회를 약화시킬 것이라고 볼 수 있다.

카타리나에게 영어는 엄마로서 성별화된 정체성에 위협을 받을 때 절대적으로 좋은 것만은 아니었다. 영어는 또한 사생활에서 카타리나의 권위에 대한 도전이 되었다. 왜냐하면 영어를 더 잘하는 남편이 캐나다로 처음 이주해 왔을 때 사적/공적인 영역에서 의사소통이 필요한 상황을 담당했기 때문이다. 게다가 영어는 폴란드에서 그랬던 것처럼 삶이 다시 제자리를 찾게 할 수 있는 전문가 집단으로 들어가는 수단이었다. 카타리나에게 정상적인 삶이라는 것은 동료 전문직 종사자들이 자기가 가진 상징적인 재능을 인정하는 것이 한 가지이고, 또 하나는 자신의 가치와 교육 수준이 비슷한 캐나다인들과 정기적으로 사회적인 접촉을 갖는 것이다. 7장에서 더 자세히 검토하겠지만 카타리나는 자신의 상징적인 재능이 인정받지 못했을 때 사회적 상호작용을 그만두었고 영어를 배울 기회를 거부하였다.

마르티나에게 영어는 아이들에게 더 나은 미래를 줄 수 있는 수단이고 그것이 캐나다에 온 이유였다. 더 나은 직업을 얻기 위해 영어를 배우려는 열망은 가족보다 중요하지 않았다. 왜냐하면 특히 남편은 가족이 계속 살아가기 위해서 필요한 사적/공적인 영역에서의 의사소통을 수행할 수 없었기 때문이다. 교육을 많이 받은 여성이었음에도 불구하고 마르티나는 카타리나가 그랬던 것처럼 자신이 교육받은 지위를 존중해 주도록 요구하지 않았고, 카타리나가 이민자로서 자리매김 당하는 것에 반응했던 것처럼 강하게 반발하지 않았다. 영어에 투자한다는 것은 자기 삶의 기회보다 아이들 삶의 기회와 더 관련되어 있었기 때문에 마르티나는 소외에 침묵하지 않았다 : 자신의 아이를 위해서 포기할 수 없다는 것을 깨닫고 있었다. 마르티나는 영어를 연습할 모든 기회를 잡았는데, 낯선 사람과 애매한 구실로 통화하는 것까지도 시도했고 사람들이 무례하게 대할 때도 포기하지 않았다.

펠리시아에게 영어는 캐나다인들과 사회적인 의사소통을 할 때 수동적인 사람이 아닌 활발하게 참여하는 사람이자 재미있는 사람으로 받아들이도록 하는 수단이었다. 펠리시아의 아이 셋 중 둘이 청소년이었는데 영어가 엄마로서 성별화된 정체성을 위협할 것이라고 걱정하는 카타리나처럼 걱정하지는 않았다. 왜냐하면 펠리시아 가족 모두가 자신보다 영어를 더 잘했기 때문에, 마르티나가 그랬던 것과 마찬가지로 영어를 사용하는 공적 세계를 대할 때 펠리시아가 필요하지 않았기 때문이다. 펠리시아는 영어를 향상시키기 위해 '연습, 연습, 연습'해야 한다는 것을 알았지만 마르티나처럼 말할 모든 기회를 활용하지는 않았다. 이민자로서 소외된다는 두려움은 공공 사회에서 영어를 연습하기 위한 열망보다 더 컸다. 이러한 이유로 페루인 정체성을 인정해주는 다른 언어 학습자와 영어를 연습하기 위해서 안전하다고 느끼는 집 안에 머물렀다. 7장에서 더 깊게 살펴보겠지만, 펠리시아는 페루인으로서 가지는 자신의 정체성이 부인되었을 때 사회적인 의사소통으로부터 완전히 뒷걸음질 쳐버렸다.

불안과 자신감

SLA에서 동기의 역할에 대해 다룰 때 여러 연구에서 보이는 혼동은 불안과 자신감의 역할에 대한 논쟁과 유사하다.[40] 예를 들어 Spolsky(1989, 115쪽)는 '많은 학습자에게는 제2언어 학습을 방해하는 특정한 종류의 불안이 있다.'라고 주장하였다. 그는 이러한 불안이 대부분 듣기, 말하기와 관련하여 나타난다고 주장하였다. 또 Bailey (1983)는 촉진시키는 불안과 감소시키는 불안으로 구분하면서 불안은 학습자가 가진 바뀌지 않는 성향이 아니고 상황에 영향을 받는 것이라고 하였다. Krashen의 정의적 필터 가설에서 불안과 낮은 자신감은(낮은 동기와 마찬가지로) 부진한 언어 학습자의 개인적인 특성으로 보았다. 본 연구는 학습자가 목표 언어를 연습할 기회를 만들고 기회에 응하는 정도에 불안과 자신감이 영향을 주는 다양한 방식이 있다는 것을 보여준다. 본 연구 자료는 자연적으로 언어를 배우는 상황에서 학습자의 불안은 Spolsky가 말했던 것처럼 읽고 쓰는 능력보다 말하고 듣는 능력과 연관이 있다는 것을 드러낸다. 펠리시아는 '읽는 게 듣는 것보다 아직은 더 쉬워요.'라고 지적하였다. 예를 들어 마르티나는 '쓸 때는 스스로 고칠 수도 있고 그것에 대해 생각할 수도 있어요. 문제는 말하긴데, 그것에 대해 생각할 시간이 없어요. 그런데 만약 내가 뭔가를 쓴다면 그게 큰 문제가 되진 않아요.'라고 말하였다. 에바는 직장에서 영어가 유창한 캐나다인들과는 달리 자신은 고객의 주문을 받으면서 동시에 고객에게 말할 수 없다는 문제점을 집었다 : '손님들은 이해를 못 할 때가 있어서 제가 다 설명해야 돼요.

---

40 Gardner and MacIntyre(1993)처럼 이 주제는 서로 역전 관계이기 때문에 이 쟁점은 동시에 다룬다.

그게 저한테 어려워요. 왜냐하면 영어를 유창하게 하는 사람들에게는 그게 별로 어렵지 않은데 저한테는 꽤 어려운 일이에요 — 쓰면서 말하기.' 에바가 말하는 문제는 시간에 관한 것이다 : '전 손님에게 말 하려고 하지 않았어요. 손님들에게 말할 때 자신감이 없었으니까요. 왜냐하면 손님들에게 말할 시간이 충분하지 않으니까요.'

Norton Peirce, Swain, Hart(1993)가 의사소통 상황에서 통제 위 치라고 언급한 것의 효과는 여성들이 말하기 기술에서 가진 자신감이 부족한 것을 설명할 수 있게 해준다. Norton Peirce 외는 몰입식 프랑 스어 교실에 다니는 학생들이 실시한 자기 평가와 관련된 결과물에 기초하여 다음과 같이 주장하였다. 만약 학습자가 의사소통 상황에서 정보 유입 속도를 조절한다면 의사소통 상황에서 통제 위치가 학생들 에게 불리하게 작용하기보다는 그들에게 유리하게 될 것이고, 그들의 언어 기술에 대해 상대적으로 더 자신감을 갖게 될 것이라는 주장이 다. 여기에서 중요한 논점은 특정한 의사소통 상황이 시간 의존적인 가 아닌가 하는 점이다. 실제 상황에서 학습자가 정보를 처리할 시간 이 거의 없을 때 학습자는 발화 해석을 돕는 데 꼭 필요한 사전지식을 활성화시킬 시간이 제한될 것이다. 만약 발화가 실시간으로 이루어지 지 않을 때는 사전지식을 활성화시키기에 필요한 시간을 많이 갖게 될 것이다. 대화 상황이 실시간으로 이루어지면 학습자들은 이러한 의사소통 상황에서 정보의 유입 속도를 조절하기가 어렵게 되어 결국 불안한 상태가 심화될 것이다.

통제 위치는 사회적인 상호작용에서 말하고 듣는 기술을 연습하 도록 했을 때 학습자가 경험하는 불안을 설명하는 데에는 유용한 구 조인 반면, 불안한 감정과 자신감 부족이 사회적으로 어떻게 학습자 의 생생한 경험에 의해 혹은 경험 안에서 구성되는지는 드러내지 않는다. Rockhill의 연구에 참여한 여성들처럼 본 연구의 참가자들은 영어 학습에서 이뤄낸 큰 진전 앞에서 성취를 느끼는 대신, 자신의 제2언어 능력 때문에 부끄럽고 저급하고 무관심하게 느끼는 경우가 많았다. 무능함과 낮은 자신감과 같은 느낌은 여성들이 더 큰 공동체에서 사회적인 상호작용을 협상해 나가야 했던 권력 관계는 물론 이민자로서의 소외된 지위와도 연결되어 있음이 틀림없다. 이러한 점에서 '제일 편안하게 영어를 말할 때가 언제예요?'라는 질문에 대한 에바의 대답은 눈여겨볼 만하다 : '그건 제가 이야기하는 사람에 달렸어요. 만약 상대방이 계속 자기가 더 잘났다는 것을 드러내지 않으면 전 영어를 더 유창하고 편하게 해요. 전 긴장한 나머지 정말 간단한 문법도 잊어버릴 때가 있는데 누군가 내 억양에 대해 지적할 때죠.' 이러한 자료는 불안이 언어 학습자의 내재된 특성이 아니라 사회적으로 언어학습자가 몸소 겪는 경험 때문이거나 혹은 경험하면서 만들어진다는 것을 매우 명확히 나타낸다.

본 연구는 불안이 사회적인 상호작용에 의해서만 발생하는 것이 아니고 스트레스가 가득 찬 일상생활에서 일어나는 문제와 더 관련되어 있다는 것을 보여준다. 예를 들어 마이는 다음과 같은 발언을 남겼다 : '전 어떤 문제가 있을 때 말고는, 평소에 영어를 쓰는 걸 편안하다고 느껴요. 왜냐면 문제가 제 마음에 있을 때는 계속 그게 영어를 쓰는 걸 불편하게 만드니까요.' 연구에 참여한 모든 여성 중에서 마이는 틀림없이 캐나다에서 가장 스트레스로 가득 찬 생활을 보내고 있을 것이다. 궁극적으로 가정과 일터 모두에서 마이에게 주어진 환경은 편안함을 거의 제공하지 않았고 '폭풍우가 몰아치는' 이민 경험으로부터 피난처를 제공하지 못하였다. '항상 마음속에 있는' 문제로 마이는 때때로 영어 사용에 불편함을 느꼈고, 특정한 사회적인 상호작용과는 관계없이 마이는 그 상황에 놓여있었다. 반대로 인터뷰에서 마이는 만약 '편안하거나 행복하다고 느끼면, 아주 쉽게 생각할 수 있어요.'라고 말하였다. 펠리시아도 영어 배우는 것이 힘든 이유가 '너무 많이 긴장하면서 살기 때문'이라며 비슷한 점을 지적하였다.

리바이스 연구에서 Norton Peirce, Harper, Burnaby(1993)의 연구에서는 어떤 여성들이 EWP 프로그램을 포기한 것을 발견하였는데, 그 이유는 ESL 교실에 있는 동안 걱정과 불안을 느꼈기 때문이었다. 이러한 불안은 어느 정도는 그들의 근로 조건에 의해 생겨났다. 왜냐하면 고용 보장은 그들이 100%라고 하는 것을 성취하는 근로자의 능력 ─ 회사에서 그들의 지위를 유지하기 위해 요구되는 최소한의 생산성 ─ 에 의해 결정되기 때문이다. 어떤 근로자들은 ESL 수업을 들으며 집중을 못 한다 : 그들은 해 두었어야 하는 일과 고쳤어야 하는 바느질 실수를 떠올렸다. 어떤 근로자가 말한 것처럼(Norton Peirce, Harper & Burnaby, 1993, 19쪽), '그건요, 전 가끔 일할 때 실수를 좀 많이 해요. 그리고 그거에 대해 생각해요. 전 수업이 빨리 끝났으면 좋겠고, 그러면 회사로 일을 살펴보러 갈 수 있잖아요.' 그들의 불안은 변하지 않는 개인적인 속성으로 치부할 수 없고 가난한 경제 상황과 제한된 삶의 기회가 만들어내는 조건이라고 말할 수 있다.

정체성 다시 생각하기

제2언어를 학습하는 상황에서 개인과 사회와의 관계는 재개념화가 되어야 한다고 제안하면서 본 연구에서는 특히 Weedon(1997)의 연구에 나타난 페미니스트 후기구조주의를 기초로 삼았다. 많은 포스트모던 교육 이론(Cherryholmes, 1988; Giroux, 1988; Simon, 1992)

처럼 페미니스트 후기구조주의는 어떻게 개인, 집단, 공동체 사이에서 지배적인 권력 관계가 특정한 시간과 장소에서 개인의 삶에 기회를 주었는지를 탐구하였다. 다른 포스트모던 연구자들이 주로 여성의 경험을 다룬 것과 비교해 페미니스트 후기구조주의는 주체성 이론 안에서 철저하고 이해하기 쉬운 방법으로 개인의 경험과 사회 권력을 연결하였다는 점에서 둘 사이를 구분 지을 수 있다. 주체성은 '의식적인 사고 또는 무의식적인 사고와 개인의 감정, 자기 자신에 대한 감각과 세상과 자신의 관계를 이해하는 방법'으로 정의되었다(Weedon, 1997, 32쪽). 그러므로 페미니스트 후기구조주의는 정통은 아니지만 '하나로 규정할 수 없는 비판적 실행의 장'이고(Butler & Scott, 1992, xiii) 사회 이론을 활용하고 여성들의 이익을 대변할 수 있도록 한다. 본 연구에서는 자료를 탐구하기 위해 문화적응 모형, 정의적 필터 이론, 자연 언어 습득에 관한 이론의 제한점에 주목하였다. 그 과정에서 페미니스트 후기구조주의가 설명할 수 있는 가능성에 주목하지 않을 수 없음을 발견하였다. 주체성 이론은 특히 여성들의 이야기를 이해하기에 유용한 정체성의 개념을 표현하는 데 도움을 주었고, SLA 이론에서 이론상으로 보면 활용 가능성이 큰 이론이다. 이런 의미에서 보면 주체성에서 정의하는 세 가지 특성이 가장 중요하다 : 주체성의 다양하고 비단일적인 성질, 투쟁의 장소로서의 주체성, 시간이 흐름에 따라 바뀌는 주체성.

정체성과 비단일적 주체

Weedon(1997)은 주체와 주체성이라는 용어가 서양 철학에서 말하는 개인 위주의 인문주의 신념과 관련이 있다기보다는 개인의 다양한 신념을 나타낸다고 주장하였다. 개인과 관련된 인문주의 신념이

— 그리고 SLA 연구에서 개인에 관한 많은 정의가 — 모든 사람은 본질적이고 독특하고 고정되고 일관된 중심을 가지고 있다고 추정하는 반면, 후기구조주의는 개인 — 주체 — 은 다양하고 모순되고 역동적이고 역사적인 시간과 사회적인 공간을 통해 바뀌어 간다고 묘사한다. 주체성은 단일하다기보다는 복합적이고 중심에 있다기보다는 주변부에 있다고 생각된다. 비단일적이고 모순적인 정체성의 개념은 다음과 같은 자료를 설명하도록 해준다. 에바는 일터에서 평등하게 대우받기를 바라면서도, 동료에게 자신이 다르다는 것을 깨닫고 존중해주기를 원하였다. "내가 거기서 일하기 시작했을 때, 그 사람들은 내가 모든 것을 이해할 거라 생각했지 자기들에게는 일상적인 모든 걸 제가 알기 쉽지 않을 거란 걸 이해하지 못했어요." 마이는 가정에서의 가부장적인 힘에 맞서고 오빠로부터 독립하기를 원했지만, 남편이나 남자친구가 없는 사람이라고 소외되기를 바라지 않았다; 일터에서는 이탈리아 여성 공동체에 들어가기를 바랐지만 영어 배우기를 희생해가면서까지 이탈리아어를 배우기를 원하지 않았다. 카타리나는 자기 딸이 영어 배우기를 희망했지만, 그 영어 지식이 모녀 관계를 멀어지게 하는 것은 원하지 않았다; 영어 강좌를 듣고 싶어 했지만, 또한 자신에게 생각할 기회를 줄 수 있는 컴퓨터 강좌 듣기를 원하였다. 마르티나는 영어를 말할 때 불편했지만 아이들의 이익과 관련된 부분에서는 침묵하기를 거부하였다; 자신의 영어 실력이 바보 같다고 느꼈지만 상급 세무 과정을 끝마쳤다. 펠리시아는 영어를 '연습하고 연습하고 연습하기'를 원했지만 공공장소에서 말하기는 꺼렸다; 남편이 직업을 찾기를 바랐지만 그렇다고 피자 배달하는 것은 원하지 않았다.

정체성이 가진 비단일적이고 모순된 위치는 어떻게 여성들이 영어를 사용하기 위한 기회를 잡거나 만드는지를 이해하는 데에 중요한 의미를 갖는다. 이 점을 설명하기 위해서 마르티나의 정체성 형성에서 몇 가지 다양한 측면을 살펴볼 것이다 : 마르티나는 이민자, 어머니, 언어 학습자, 노동자, 아내였다. 사회적으로는 이민 여성으로 되어있었는데 자신은 편안하게 말할 수 있다고 전혀 느끼지 못하였다. 마르티나는 "영어가 모국어인 사람들 집단 속에서 영어를 사용하는 것은 불편하다고 느꼈어요. 왜냐하면 그들은 아무 문제없이 유창하게 말했고 전 열등감을 느꼈어요."라고 말하였다. 그러나 의미심장하게도 열등감이나 부끄러움을 느낌에도 불구하고 마르티나는 조용히 있기를 거부하였다. 본 연구자는 마르티나가 침묵을 거부한 이유는 마르티나가 가진 엄마와 가정에서의 주된 보호자라는 정체성이 정통 영어 사용자(영어 구사 캐나다인들)와 가짜(Bourdieu, 1977) 영어 사용자 사이의 지배 관계에 어울리는 규칙을 깨도록 이끌었기 때문이라고 본다. 정체성 형성의 다양한 측면은 마르티나의 자료에서 확인한 놀라운 사건들을 설명해 준다. 다음 예시 두 개가 떠오른다.

마르티나가 전화로 집주인과 긴 대화를 하는 것을 보고 아이들은(아마 자신과 집주인도) 놀랐다. 그 내용은 자기 가족은 임대 계약을 어기지 않았다고 주장하는 것이었다. 마르티나는 아래와 같이 썼다 :

처음에는 전화로 얘기하는 게 떨리고 두려웠다. 전화가 울렸을 때 우리 가족 모두는 바빠서 딸이 전화를 받아야 했다. ESL 강좌가 끝나고 우리가 이사했을 때 집주인이 우리가 일 년 치 집세를 다 내야 한다고 나를 재촉했다. 나는 당황해서 전화로 1시간이 넘게 집주인하고 이야기를 했는데 시제고 뭐고 신경 쓰지 않았다. 난 내가 포기할 수 없었다는 것을 알고 있었다. 우리 아이들은 내가 말하는 걸 듣고 많이 놀랐다.

게다가 마르티나는 패스트푸드점에서 다른 알바생들이 사무실에서 비디오 게임을 하고 있는 동안 손님 응대를 혼자 해버려서 (놀랐지만 아무 말도 안 한) 동료들과 (자신을 이상하게 바라보던) 고객을 놀라게 하였다.

내가 처음으로 손님 두 명을 혼자서 응대했을 때 손님들이 나를 이상하게 봤지만 난 포기하지 않았다. 난 그들이 원하는 걸 모두 제공했고 여자 알바들을 찾아가서 보통 때처럼 '현금'이라 말했다. 여자 알바들은 놀랐는데 아무 말도 안 했다.

본 연구자는 마르티나가 가족 안에서 엄마로서 가진 정체성과 부족한 언어 문법 사용 능력에 도전하는 용기와 인내('난 포기할 수 없어.', '난 포기하지 않았어.')를 보여주고 싶다 : 마르티나는 주된 보호자로서 공공 사회를 상대할 때 남편을 의지하거나 부도덕한 사회적 실행에 대항하여 가족의 권리를 지킬 수 없었다. 마르티나는 영어 시제 체계에 대한 능력과 관계없이, 대화상대자로부터 받은 이상한 눈길에 관계없이, 열등감에 관계없이 이 일을 스스로 해내야 했다. 또한 마르티나는 자신과 동료들 사이에 존재하는 힘의 관계를 다시 정립하기 위해 엄마로서의 상징적인 자원을 사용하였다. 따라서 언어의 가면 아래 복종을 요구받는 영어 구사자의 위치에 오랫동안 머무르는 대신, 가정 내에서 자신의 권위를 넘볼 수 없는 부모와 아이들과의 관계로 재정립하였다. 다음으로 5장에서 인용한 바 있는 마르티나와 관련된 적절한 예를 다시 제시해 보고자 한다 :

식당에서는 아이들이 많이 근무했는데 아이들은 항상 나를 — 아마도
— 대걸레나 어떤 물건쯤으로 생각했다. 그 아이들은 항상 '가서 홀 청소
해.'라고 말했고 나만 접시를 닦았고 그 아이들은 아무것도 안 했다. 그
아이들은 자기들끼리만 이야기를 했고 내가 모든 것을 다 해야 한다고
생각했다. 그래서 나는 '아니.'라고 말했다. 그 여자애들은 고작 12살밖
에 안 됐다. 우리 아들보다 어렸다. 난 '아니, 넌 아무것도 안 하잖아.
네가 가서 테이블이나 다른 걸 닦을 수 있잖아.'라고 말했다.

투쟁의 장으로서 정체성

페미니스트 후기구조주의 이론에서 주체성은 가정, 일터, 학교,
공동체의 의미구성 실행에 의해서 생산되거나 그 의미구성 실행을 생
산하는 것으로서 이론이 정립되었다. 주체성은 다양한 사회 현장에서
만들어졌고 교사, 아이, 페미니스트, 매니저, 평론가와 같은 다양한
주체의 위치를 가진 개인 사이의 힘의 관계로 구성되었다. 결과적으
로 주체는 수동적이라고 여겨지지 않는다; 남자와 여자는 양쪽 모두
특정한 위치 즉 공동체나 사회 안에 있는 힘의 관계에 대한 주체나
특정한 위치 안에 있는 힘과 관련된 관계의 주체로 표현되었다 : 주체
는 행위자를 포함한다. 그러므로 특별한 담화 안에서 갖는 주체의 위
치는 논쟁거리로 충분하다 : 한 인간은 주어진 담론 안에서 특정한
방식으로 위치 지어지게 될 것이지만, 그 인간은 주체의 위치에 저항
하거나 심지어는 소외된 주체의 위치보다 강력한 주체의 위치를 가진
저항담론을 세우게 될 것이다. 투쟁의 장으로서 정체성 개념은 다양
하고 모순되는 정체성의 위치에 대한 논리적인 확장이다. 만약 정체
성이 단일하고 고정되어 있고 불변하는 것이라면 주체는 시간과 공간
을 지나면서 바뀌지 않을 것이고 논쟁할 거리도 되지 않을 것이다.

투쟁의 장으로서 정체성 개념은 연구참여자들이 어떻게 영어를 말할 기회를 만들고 기회에 반응하는지를 설명하는 데 도움을 준다. 앞서 기술한 것처럼 마르티나가 일터에서 이민자 여성으로서 주체의 위치에 반발하여 엄마라는 주체의 위치에 서서 저항담론을 세운 것을 명백히 보여준다. 이것은 단지 마르티나에게 말할 권리를 준 것이 아니다. 말하자면 자신을 착취했던 동료들을 조용하게 만들어버린 것이었다. 에바는 자신의 동료에게 무식한 사람으로 여겨지다가, 자기가 알고 있는 언어를 동료들에게 조금 가르쳐 주어서 놀라게 하였다. 지식과 힘을 가진 주체의 위치를 뒤집는 것으로, 에바는 천천히 일터에서 사회적인 관계를 형성해 갔고, 결국 영어를 말할 기회를 늘리게 되었다. 마이는 자신의 오빠에게 무능한 여자애로 여겨지다가, 가정에서 언어 중개인 역할을 하게 되었다 : 마이는 오빠의 권위에 공공연히 도전하지는 않았지만 그들 사이의 가부장적인 관계에 저항담론을 세울 수 있었다. 7장에서는 학교의 형식적인 맥락에서 정체성을 놓고 분투하는 카타리나와 펠리시아를 자세하게 탐구해 볼 것이다.

시간이 지나면서 바뀌는 정체성

주체성이 다양하고 모순적이고 투쟁의 장이라는 관점에서 페미니스트 후기구조주의는 사람이 가진 정체성의 특질이 변화하는 것임을 강조한다. Weedon(1977)의 주장대로 '주체를 탈중심화시키는 것과 주체성이 절대적이라는 믿음을 저버리는 것의 정치적인 의미는 주체성이 변화하는 것이라는 점을 받아들이는 것이다'(32쪽). 이러한 이유로 SLA 이론에서 통용되는 언어 학습자의 태도와 동기의 개념을 어느 정도 다시 고민해 보았다. 이러한 특성은 사회적으로 구성되었을 뿐만 아니라 역사적인 시간과 사회적인 공간을 지나며 바뀐다. 이것은 제2언어 교육자들에게 중요한 점인데 교육적인 개입을 위한 가능성을 열어 놓는 것이다. 7장에서 이 쟁점에 대해서 더 폭넓게 논의할 것이다. 변화하는 주체로서 정체성의 개념은 연구에서 여성들이 영어를 연습하기 위한 기회를 만들고 반응하는 방식에서 중요한 의미를 갖는다. 구체적으로 살펴보기 위해 에바가 일터에서 겪은 사건을 예로 들 것이다. 본 연구에서 가장 주장하고 싶은 점은 에바가 말할 권리가 없는 이민자에서 받아들여지기를 요구할 수 있는 다문화 시민으로 자신을 인지하도록 바뀌었다는 것이다(Bourdieu, 1977).

에바가 먼치스에서 처음 일을 시작했을 때 동료들에게 다가가거나 동료들과 대화하려고 시도하는 것 자체가 적절하지 않다고 생각하였다.

> 내가 모든 일을 해야 되고 아무도 날 신경 쓰지 않는 걸 볼 때. 왜냐면 — 그러면 어떻게 제가 걔들과 얘기할 수 있겠어요? 걔네들이 날 신경 쓰지 않는다는 걸 듣고서도 어떻게 제가 가서 웃으면서 얘기할 수 있겠어요?

기록을 보면 에바는 자기가 쓴 문장의 중요한 부분을 끝마치지 않았다. '아무도 날 신경 쓰지 않는 걸 볼 때. 왜냐면 -' 어떠한 이유인가? 에바는 일터에서 이민자라는 주체의 위치에 있기 때문에 아무도 에바를 인정하지 않았다고 예측할 수 있다. 에바는 영어가 능숙하지 않은 누군가였다; 캐나다인도 아니었다; 별 볼 일 없어 보였다; 가게에서 가장 힘든 업무를 맡고 있었다. 이러한 조건에서 말을 하는 것은 Bourdieu가 말한 '비정상적인 사용'이 되었을 것이다(1977, 652쪽). 에바는 이민자라는 낮은 위치를 받아들였다; 자신이 정통 영어 화자가 아님을 인정했으며 대화상대에게 자신을 인정하라고 할 수 없었다. 에바 스스로 이야기했듯이 캐나다에 처음 왔을 때 만약 사람들이 자신을 홀대한다면 그것은 자신의 부족함 때문일 것이라고 가정하였다. 에바는 직장에서 통용되는 규칙을 인정할 수밖에 없었고 그 규칙을 정상이라고 받아들였다 : '왜냐면 내가 걔들에게 얘기하지 않으면 나한테 말을 안 하니까요. 아마 걔들은 나를 그냥 그렇게 생각했을 거예요 - 왜냐면 거기서 제일 힘든 일을 해야 했으니까요. 그게 정상이죠.'

에바는 자신이 누구라는 것과 변화하기 시작한 사회와 어떻게 연관이 되어있다는 것을 깨달았을 때 일터에서 발언권이 없고 낮은 자리에 있는 주체의 위치에 도전하기 시작하였다. 에바의 동료들이 이러한 행동에 놀란 것은 의미심장한 일인데, 일터에서 처음으로 보인 에바의 언어 사용은 정말 자기의 일터에서 권력 관계의 중요한 부분이었다는 것을 뒷받침해 주는 관점이기 때문이다. 다문화 시민으로서의 정체성이라고 규정한 것을 에바가 계속 발전시키며 자신이 말할 권리에 대해 각성을 하게 되었다. 만약 사람들이 에바를 대할 때 깔보았다면 그것은 그 사람들의 문제이지 자신의 문제가 아니었다. 그러므로 남자 손님이 만약 억양을 고친다면 더 많은 팁을 받을 수 있었을 것이라고 했을 때 에바는 부끄럽기보다는 화가 났다; 침묵하지 않고 거리낌 없이 말해버렸다. 에바가 그 남자에게 이야기했을 때, '저도 이런 억양이 싫어요. 그런 소리를 들을 필요가 없잖아요.'라고 말했고, 캐나다의 다문화 시민으로서 말할 권리를 주장하였다. 일기 연구 모임에서는 비록 에바가 캐나다에서 더 이상 이민자로 느끼지 않는다고 표현하였지만 1년도 채 지나지 않아 여전히 이민자로 느낀다고 이야기하였다. 왜냐하면 에바는 여전히 이민자로서의 위치에 있었기 때

문이다 : '티 나는 억양 때문에 다른 사람들이 절 이민자로 봐서요. 그래서 저는 그렇게 느끼죠.' 그러므로 비록 에바의 정체성이 시간이 지남에 따라 변하더라도 여전히 투쟁의 장에 남겨져 있다.

사회적 실행으로서 언어 학습

이번 절에서는 Bourdieu의 적법한 담화와 정체성의 후기구조주의 이론에 바탕에 두고 논의를 이어갈 것이다. 이 개념들은 앞서서 분명하게 말했듯이 추상적이고 내재화된 기술보다는 복잡한 사회 실행으로서의 언어 학습을 개념화하는 데에 굉장히 생산적이다. 본 연구자가 주목한 것은 Lave와 Wenger(1991, 49-50)가 체계화시킨 사회적 실행이다 :

내면화로서의 학습과 대조되는 것은 세상 모든 사람이 참여하는 실행 공동체에 대한 참여를 늘리는 학습이다. 관계 설정을 계속 새롭게 하고 변화하는 방식에 주의를 기울이도록 학습 계획을 세우는 것은... 동기, 욕망에 대한 역사적 본질과 사회문화적인 경험을 실행하는 사람이 이용할 수 있는 관계에 대한 주장은 실행의 이론을 발전시킬 때 충족되어야 할 중요한 열쇠이다.

이 이론을 뒷받침하기 위해서 에바의 일기에 집중할 것이다 :

나랑 같이 일하는 사람들은 전부 캐나다 사람들이다. 내가 거기서 일하기 시작했을 때 그들은 자기들에게 일반적인 모든 것이 나에게는 이해하고 알기 어렵다는 것을 알지 못했다. 이걸 더 명확하게 설명하기 위해 며칠 전에 일어났던 일에 대해 다시 한번 떠올려 봐야겠다. 나랑 같이 일하던 여자애가 한 남자를 가리키며 말했다:

'저 남자 보여?'
나는 말했다.
'응 왜?'
'저 사람 몰라?'
'응, 나 저 사람 몰라.'
'어떻게 저 사람을 모를 수 있어? TV도 안 봐? 바트 심슨이잖아.'
이게 나를 굉장히 기분 나쁘게 했고 아무 대꾸도 안 하였다. 아직까지 난 그 사람이 왜 그렇게 중요한지 모르겠다.

이 대화를 보면 의사소통 실패는 에바의 일터에서 일어났다.[41] 에바의 동료인 게일이 에바와 처음으로 나눈 대화 주제는 북미에서 유명한 문화 상징인 바트 심슨이었다. 에바가 그 텔레비전 캐릭터에 대한 지식이 없는 것을 인정했을 때 게일의 반응은 비난이었다: '어떻게 저 사람을 모를 수 있어?' 에바는 게일의 반응에 침묵하였다. 비록 에바가 영어사용자들과 상호작용하는 것과 영어를 연습하고 자신의 언어 학습을 향상시키는 데에 열심이지만 말할 기회를 포기해야 했다. 이어진 인터뷰에서 왜 게일에게 대답하지 않았느냐고 물었을 때 그때 굴욕감을 느꼈기 때문이라고 설명하였다. "'TV도 안 봐?'라고 말했을 때, '너 뭐야?'라고 말하는 것처럼 느꼈고 '이상한 여자네.'라고 말한다고 생각했다." 이 자료들은 언어, 정체성, 언어 학습 사이의 관

---

41 에바가 나중에 손님 중에 바트 심슨 티셔츠를 입은 손님이 있었다고 설명하였다.

계를 아주 잘 드러낸다. 언어는 단지 의사소통의 중립적인 형태가 아니고 일상을 구성하는 지배적인 사건, 활동, 과정에서 사회적으로 구성되는 관습이다 — 관습은 주류 사회에서 정상이라고 여겨지는 것이다. 에바가 바트 심슨에 대한 동료의 무시를 인정할 때 이상한 사람, 그 일터에서 상식인 문화 지식을 갖고 있지 못한 사람으로 위치 지어졌다. 게일의 주체 위치는 어떤 것을 아는 사람인데 그 지식은 권력을 가져다준다. 에바는 그 지식에 대해 아는 것이 없었기 때문에 침묵하였다는 것이 눈여겨볼 만하다.

Bourdieu(1977)의 적법한 담화 개념은 4장에서 묘사한 것처럼 왜 이 의사소통 실패가 일어났는지를 설명하는 데 도움을 준다. 왜냐하면 게일이 알 것이라 가정한 지식을 에바는 몰랐기 때문이다. 에바는 게일의 발화에 대한 부적법한 대화상대자, 무자격자로 여겨졌다. 게일이 에바가 대화할 자격이 없다고 인식하자마자 대화를 단절시켰기 때문에 중요한 부분이다. 에바에게 한 게일의 질문은 은유적이었다는 것을 주목한다 — 게일은 기대하지도 에바가 대답하기를 바라지도 않았다. '어떻게 저 사람을 모를 수 있어? TV도 안 봐? 바트 심슨이잖아.' 에바가 좋지 않은 감정을 느낀 것은 대화상대자로 자격이 없고 적법한 담화에서 이상한 사람처럼 보인 것 때문이라 할 수 있다. 왜냐하면 에바는 대화상대로 자격이 없는 주체 위치를 받아들였기 때문에 말할 권리를 주장할 수 없었다. 그러므로 영어를 연습하는 것과 같이 사회적 상호작용에 참여하기 위한 기회를 제공받기는 하지만, 에바와 게일 사이에서 일어나는 담화 안에서 주체 위치는 이 기회를 약화시키는 데 관여하였다 : '그게 날 너무 기분 나쁘게 해서 아무 대답도 안 했어요.' 이러한 담화는 이야기를 나눈 단어의 관계만으로 이해되어서는 안 되고 더 크게 봐서 일터 안에서의 불공평한 구조로 봐야 한다. 또한 이민 와서 언어를 배우는 사람들은 종종 영어의 부적법한 사용자로 여겨지는 넓은 사회 맥락에서 이해되어야 한다. 어떻게 에바가 식당에서 허드렛일을 하라고 내몰렸는지에 주목할 필요가 있다. 그 이유는 첫째, 다른 직원들이 에바를 빼고 계속 이야기를 하기 위해서였고 둘째, 영어로 사회적인 상호작용을 할 기회를 얻지 못하게 하기 위함이었다. 에바가 기록하였듯이 '걔네들은 날 이용하였다. 왜냐하면 내가 아무 얘기를 하지 않을 것이라는 걸 알기 때문이다. 난 몇 번 걔네들한테 얘기를 걸려고 했지만 걔네들에게는 날 다른 곳으로 보내서 뭘 하게 하는 것이 더 좋았던 것이다.' Bourdieu(1977, 648)는 다음과 같이 지적한다. '가장 급진적이고, 확실하고, 효과가 좋고, 눈에 안 띄는 검열은 의사소통으로부터 어떤 개인을 제외하는 것이다.'

더 큰 사회 맥락을 고려해 볼 때 게일이 바트 심슨 언쟁에서 자신을 무시했을 때 '게일에게 아무 말도 안 하였다.'라는 것이 에바에게는 그렇게 큰 놀라움으로 다가오지는 않았다. 왜냐하면 에바가 가진 이민자로서의 정체성 구조와 게일이 말한 단어의 사회적 의미가 에바에게는 그러한 맥락 안에서 이해되었기 때문이다. 예를 들어 에바가 상업 방송 말고 공영 방송을 지지하는 영어를 구사하는 캐나다인이었다면 게일의 발화에 반대 담화를 구성하고 게일의 발화에 잠재적으로 적법한 응수자로서 저항하는 위치에 설 수 있었을 것이다. 그러나 게일과 에바가 가진 불평등한 권력 관계 때문에 무엇이 적법한 담화인지를 결정한 것은 게일이었다. 퀘백 주 근처에 사는 살리하와 같은 가상의 동료에게 대화 상대자가 긴 대답을 할 수 있게 하기까지는 시간이 꽤 걸릴 것이다.

참고사항

6장에서는 SLA 분야에서 권력과 관련된 문제를 피하려 하는 경향성에 주목하였다. 그리고 권력 관계에 이름 붙이고 다루지 않는 것은 역사적인 시간과 사회적인 공간을 통한 언어 학습자의 복잡한 경험을 공정하게 다루는 우리의 능력을 제한한다고 논의하였다. 특히 자료를 보면 현재의 자연 언어 학습, 문화적응, 정의적 필터 이론에는 의문을 제기해야만 한다는 것을 알 수 있다. 주체성에 대한 페미니스트 후기구조주의 이론과 Bourdieu의 적법한 담화의 개념을 바탕으로 보면, 제2언어 학습은 단지 열심을 내고 전념한다고 얻어지는 단순한 기술이 아니라 SLA 분야에서 거의 주목 받지 못한 방법인 언어 학습자의 정체성이 관여하는 복잡한 사회적 실행이다. 학습자가 특정 실행 공동체에 많든 적든 참여하고 있다는 상황으로 학습을 개념화할 필요가 있다는 Lave와 Wenger(1991)의 주장처럼, 정체성에 관한 후기구조주의 이론과 발화 권리에 대한 Bourdieu(1977)의 개념은 SLA에 중요한 기여를 한다. 7장에서는 교실 실행과 관련하여 본 연구의 자료가 나타내는 것을 살펴볼 것이다. 그리고 말하기 위한 권리에 대해 자세하게 설명하는 것은 언어 학습과 교수에 의미가 있을 것이다.

7장

교실과 공동체에서 말할 권리에 대한 요구

교과서와 교사 지침서가 최신 유행하는 용어로 되어있음에도 불구하고,
L2 교실에서 실제 의사소통은 매우 드물다. 교재가 구성된 방식은
무언가를 말하기 위한 학습자의 욕구를 불러일으키지도 학습자들이
말해야 할 것을 끄집어내 주지도 않는다.

Legutke and Thomas, 1991, 8~9쪽

ESL 강좌가 끝나고 우리가 이사했을 때 집주인이 우리가 일 년 치 집세를
다 내야 한다고 나를 재촉했다. 나는 당황해서 전화로 1시간이 넘게 집주인하고
이야기를 했는데 시제고 뭐고 신경 쓰지 않았다.
난 내가 포기할 수 없었다는 것을 알고 있었다.

마르티나, 언어 학습자

'문화 차이. 중국인 교사 대부분은 서양식으로 생각하지 않는다.'

라고 중국에서는 의사소통중심 언어 교수 방법이 통하지 않는 이유에 대해 어떤 중국인 교사가 설명하였다(Burnaby & Sun, 1989, 229쪽). Burnaby와 Sun은 1980년대 후반부터 중국에서 실시한 연구에서 교사와 학습자의 전통적인 관계는 특정 행동과 교수 방법을 예상할 수 있고, 만약 교사가 의사소통중심 언어 교수 방법으로 수업을 한다면 학습자들은 불평할 수 있다는 것을 찾아내었다. 학습자의 저항이 중국 상황에서는 특이한 것이 아닌데, 이번 장에서는 캐나다의 언어 교실 두 곳에서 일어난 저항 행동에 대해 탐구해 볼 것이다. 정규 언어 교실에 다닌 에바, 마이, 카타리나, 마르티나가 가진 기대에 대해 살펴보는 것으로 7장을 시작하고자 한다. 그리고 카타리나와 펠리시아가 교실에서 겪은 저항 경험을 통해서, 언어 교사들은 목표 언어에서 학습자들이 하는 투자와 학습자들의 정체성이 바뀌는 것을 잘 이해하도록 노력해야 할 필요가 있다고 주장할 것이다. 그러나 마이의 이야기를 언급하며 학습자 정체성을 본질화하는 것의 위험성을 고려해 보면 학습자 경험이 교실 교육에 포함되는 것은 문제가 될 수 있음에 주목한다. 교육학적인 실행으로서 일기 연구를 분석한 뒤 교실 기반의 사회적 연구가 언어 학습의 형식적인 면과 자연적인 면을 통합하는 것에 도움이 될 것이라고 결론지었다. 이 접근법은 학습자가 목표 언어 공동체와 연관 있는 언어 학습자의 정체성보다는 문화서술자의 정체성에 적응하도록 도움을 줄 것이다. 목표 언어 화자와 언어 학습자 사이의 관계를 다시 정립하는 것으로 학습자가 교실 밖에서 말할 권리를 주장할 수 있다. 더욱이 Legutke와 Thomas(1991, 8쪽)에 의하면 교실 기반의 사회 연구는 교실에서 '학습자가 무언가를 말하도록 자극'할 수 있을 것이라 기대했다. 이 접근 방법은 위에서 언급했듯이 큰 용기와 통찰력을 보여준 언어 학습자인 마르티나에게 영감을 받은 것이다.

형식적인 언어 학습과 성인 이민자

6장에서 정체성이 투쟁과 변화의 장이라는 것을 논의하기 위해 연구 자료와 후기구조주의 이론을 살펴보았다. 언어 수업에 나오는 이민자들은 이민 온 곳에서 겪은 일뿐만 아니라 모국에서 겪은 일에 대한 기억과 새로운 나라에 대해 가지고 있는 꿈도 교실로 가지고 온다. 더욱이 그들은 언어 교육 과정이 새로운 나라에 정착하도록 도움을 주면 좋겠다는 바람이 있고 형식적인 언어 훈련이 제2언어 학습 과정에 도움을 줄 수 있을 것이라고 기대한다. 형식적인 ESL 코스에 참가하는 사람들이 갖는 기대감에 대한 조사와 어떻게 이런 기대가 교실 밖 언어 학습의 경험과 교차되는지에 대해 조사하기 위해 다음과 같은 질문을 하고 여성들의 응답을 면밀하게 연구하였다. '당신이 영어를 배우는 데에 무엇이 도움을 주었습니까?' 이 질문은 1990년 12월 첫 번째 설문지에 있었고 1년 뒤인 두 번째 설문지에도 있었다. 또한 첫 번째 설문지에서는 성인 이민자를 위해 어떤 종류의 ESL 과정이 학습자에게 가장 좋은 것이라 생각하는지와 어떻게 ESL 과정을 그들의 요구에 부합하도록 조정할 수 있는지를 밝히려고 노력하였다. '무엇이 영어를 배우는 데 가장 도움이 되었습니까?'라는 질문에 대한 여성들의 응답을 보면 1990년 12월과 1991년 12월은 굉장히 눈에 띄는 차이가 있었다. 1990년 12월에는 여성 5명 가운데 3명(에바, 카타리나, 마르티나)이 영어를 배우는 데 있어서 가장 도움이 된 것은 6개월짜리 ESL 과정이었다는 사실을 강조하였다. 더욱이 첫 번째 설문지에서는 펠리시아를 제외한 모든 여성이 영어 문법, 발음, 어휘 교육의 중요성에 표시하였다.[42] 카타리나는 사람들이 선호하는 수업에 대해 느낀 점을 1990년 12월에 다음과 같이 글로 요약하였다:

> 만약에 누군가가 캐나다에서 잘 살기를 바란다면 영어를 할 줄 알아야
> 할 것이다. 사람들이 [선호하는 수업]에서는 대부분의 시간을 영어 문법,
> 발음, 어휘에 쓸 것이다. 왜냐하면 이것이 영어의 기초이기 때문이다.

그러나 1990년 12월에 오직 마르티나만 자신의 영어 학습 진전에 가장 영향을 준 것은 교사였다고 표시하였다. 5명 가운데 4명은 영어 화자들과 자주 말하는 것이 중요하다는 점을 강조하였다. 펠리시아는 '연습, 연습, 연습'의 필요성을 거듭 강조하였다. 에바가 한 다음 발언은 이 여성 집단이 가지고 있는 전체적인 인식을 대표하는 것이다: '제2언어로서의 영어 수업은 영어의 기초를 배우는 데 도움을 주었다. 매일 영어로 대화하는 연습은 나중에 내가 더 유창해지는 데 도움을 주었다.' 이 여성들 모두는 사회적으로 캐나다인을 더 만나면 좋겠고 교실 밖에서 영어 연습 기회를 더 갖고 싶다는 의사를 표현하였다.

그러나 자연 언어 학습에 대해 조사했던 본 연구의 자료는 여성들이 텔레비전, 라디오, 신문을 통해서 영어에 노출될 기회가 있기는 했지만, 교실 밖에서 영어를 연습할 기회는 영어 화자의 사회적 관계망과 접촉하는 것과 크게 연관되어 있음을 보여준다. 이러한 관계망에 접촉하는 것은 이민 여성들에게 어려웠다. 에바의 경우에는 일터

---

42 펠리시아는 이미 페루에서 영어 문법 교육을 받기는 했지만 'Be 동사밖에' 배우지 않았다고 하였다.

에서 사회적 관계망에 들어가기 위해서 투쟁을 해야 했다. 이 관계망에 접촉하는 것은 관리자가 정기적으로 조직하는 친교 모임보다 힘든 일을 조금 더 줄여주었을지도 모른다. 마이는 자신의 일터에서 사회적 관계망에 어렵지 않게 접촉할 수 있었지만(어쩌면 동료들이 모두 이민자였기 때문이었을지도 모른다), 이러한 결속은 근로자들이 자기 직업을 잃기 시작하면서 깨져버렸다. 카타리나는 어르신들과 캐나다인 환자들을 정기적으로 돌보고 이야기할 기회가 있었다; 그러나 카타리나는 다른 캐나다인들과는 사회적인 접촉이 거의 없었다는 자신의 상황을 언급하였다. 패스트푸드점에서 성실하게 8달을 일했음에도 불구하고 마르티나는 일터에서 사회 관계망 속으로 뚫고 들어가질 못하였다; 그러나 마르티나는 자신이 기회를 만들 수 있었을 때는 언제든지 영어를 연습할 기회를 잡았다. 펠리시아는 일터에서 영어를 연습할 기회가 있었기는 하지만 자신은 말하기보다 듣기를 더 선호했다고 이야기하였다.

제2언어 교수 방법 중 자연 언어 학습에서 찾아낸 이러한 발견이 뜻하는 것은 무엇일까? 본질적으로 모든 여성은 교실에서 영어를 써서 연습하기를 매우 원했기 때문에 교실 밖에서 겪는 학습 상황에서 그들의 영어 기술을 쓸 수 있었다. 연구에 참여한 여성 모두가 캐나다 이민 고용국이 지원하는 6개월 ESL 과정에서 많이 배웠다고 했지만, 연구 자료는 그 과정이 교실에서 배운 것을 연습할 효과적인 기회를 주지는 않는다는 것을 보여준다. 예를 들어 펠리시아는 그 과정을 수동적이라고 불렀다 : '설명보다는 연습을 더 많이 하면 좋았을 거예요.'라고 말하였다. 에바는 교실에서 영어를 연습할 기회가 부족하다는 것은 교실 밖에서 영어를 써야할 때 느끼는 두려움을 뜻한다고 이야기하였다 :

배우는 데에는 연습이 가장 좋아요. 학교에 다닐 때 우린 영어를 많이 접했지만 밖에 나가 일을 하고 말을 해야 됐을 때는 너무 무서웠어요. 연습은 하지 않고 그저 구조만 알고 있는 거예요.

비록 이 모든 여성이 교실에서 영어를 연습할 기회가 필요하다고 동의한다고 하더라도 언어 교사가 어떤 교육과정을 따라야 하는지에 대해서는 의견 일치를 보지 못하였다. 여성들은 형식적인 언어 수업에 제각기 다른 기대를 가지고 있는데 그 이유는 교실 밖에서 겪은 독특한 자연 언어 습득의 경험 때문이다. 그들은 형식적인 언어 수업을 다른 장소에서 일어나는 학습을 보완해주는 것이라고 보고 있다. 그러므로 예를 들어 일터에서 영어를 할 기회가 있었던 마이는 ESL 수업에서 쓰기를 연습할 기회를 원하였다 : '말하기는 다양한 방법으로 배울 수 있어요 – 밖에서, 버스 안에서, 버스 기다리며, 기차 안에서. 모든 곳에서. 그런데 읽기와 쓰기는 학교에 가야만 해요.' 다른 한편 마르티나는 언어 연수 과정에서 많은 쓰기 연습을 했는데 ESL 수업에서는 말할 기회를 원하였다 : '쓰기 할 때는 저 혼자서도 고칠 수 있고 그거에 대해 생각할 수도 있어요. 문제는 말하기예요 – 전 그걸 생각할 시간이 없어요. 그런데 뭔가를 쓴다면 크게 문제가 되지 않아요.'

자연 언어 학습에서 그들이 겪은 경험 때문에 이 여성들은 또한 캐나다 사회의 문화적 실행에 익숙해질 수 있는 ESL 과정을 듣고 싶다는 뜻을 내비쳤다. 에바는 ESL 과정에 대해 다음과 같이 말하였다. '제가 몰랐고 들어보지 못했던 여러 가지에 대해 이야기하고 있었어요. 집에서 전 폴란드인 공동체 안에서 살고 있었고 그런 것에 대해서는 들어보지 못했죠.' 이 여성들은 ESL 과정이 교실 밖에서 자신들에게 요구되는 영어를 사용하는 의사소통과 관련된 맥락에 비해 다소 이상적인 그림을 보여주었다고 하였다. 마르티나는 면접 과정과 관련된 생생한 예시를 들려주었다 : 'ESL 과정이 끝나고 면접을 봤을 때, 그들은 저에게 전혀 다른 질문을 했는데 그것은 학교에서 우리가 배우지 않은 질문이어서 굉장히 놀랐어요.' 이러한 발언은 마르티나가 앞서 했던 진술을 되풀이하는 것이었다 :

> 네, 면접 보러 갔어요. 두 시간이나 면접을 봤는데. 저에 대한 모든 걸 알고 싶어 했어요. 다양한 질문을 했어요. 전 전에는 전혀 이런 질문들을 들어보질 못했어요. 어떤 질문은 '사장님이 나에게 소리친다면 어떻게 할 것인가?'와 같은 것도 있었죠. 그래서 전 너무 놀랐어요. 전 '우리 사장님은 나한테 절대, 절대 소리치지 않아.'라고 생각했죠. 저는 잘 몰라서 '만약 제가 뭔가를 잘못했다면 더 잘하려 노력하겠습니다. 그리고 사과하겠습니다.'라고 말했어요. 그렇지만 전 잘 이해가 안 됐어요. 왜냐하면 그것에 대해서 전혀, 전혀 생각하지 않았었기 때문이에요.

이 자료들을 근거로 여성들이 형식적인 ESL 과정에 대해 다음과 같은 기대와 바람을 가졌다고 결론지을 수 있다 : 그 과정은 영어 문법, 발음, 어휘의 기초를 배우려는 학습자들에게 도움을 줄 것이고, 학습자들에게 영어를 말하고 쓸 수 있는 기회를 만들어 주기 때문에 교실 밖의 목표 언어 화자와 상호작용하는 것을 두려워하지 않게 해줄 것이다. 그리고 그 과정은 이상화에 빠지지 않고 새로운 사회의 문화적인 실행에 익숙해지도록 학습자들을 도울 것이다. 그러나 이 연구는 언어 학습이 한 맥락에서 다른 맥락으로 쉽게 옮겨질 수 있는 추상적인 기술이 아니라는 것을 보여준다. 이것은 복잡하고 때로는 모순된 방식으로 학습자들의 정체성에 관여하는 사회적 실행이다. 예를 들어 이 여성들이 교실 밖에서 말하려고 할 때 느끼는 불안은 목표 언어 능력에서 그들이 가지고 있는 변하지 않는 특성이 아니었다. 그들이 느낀 불안은 목표 언어 화자와 여러 상황에서 마주쳤을 때 다양하게 생겨났다. 3장에서 설명했듯이 여성들은 직장 동료 모두와는 계속 말할 수 있었음에도 불구하고 처음 만나는 다양한 사람들에게는 여러모로 겁을 먹었다. 에바는 처음 만나는 사람에게 말할 수는 있었지만 항상 자신의 억양에 신경이 쓰였다. 마이는 동료들에게는 말할 수 있었지만 사장에게는 아니었다. 카타리나는 어르신들에게는 말할 수 있었지만 영어를 구사하는 전문직 종사자들에게는 아니었다. 마르티나는 누구에게나 이야기할 수 있었지만 끊임없이 열등하다고 느꼈다. 펠리시아는 동료들에게는 말할 수 있었지만 영어를 유창하게 하는 페루인들 앞에서는 아니었다.

제2언어 교수를 위한 이러한 발견이 갖는 의미는 다음과 같다. 첫째, 당연히 언어 교사는 학습자들이 교실 밖에서 목표 언어를 말할 수 있도록 도와줄 필요가 있다. 이것은 외국어 교실이 아닌 제2언어 교실 상황에서 특히 중요하다. Burnaby와 Sun(1989)은 구어 영어에 초점을 맞춘 연구와 대조적인 문법, 문학, 문학 텍스트에 대한 학문적인 연구를 살펴보았다. 그 연구 내용은 중국에서 이루어지는 외국어로서의 영어 사용에 적합한 것이었다. 그러나 캐나다와 같이 제2언어 상황에서는 학습자들이 '이론'과 '시제 체계'를 아는 것으로는 충분하지 않았다; 학습자들이 연습을 하지 않고 구조를 아는 것으로는 충분하지 않았다. 언어 학습자들은 교실 밖에서 목표 언어 화자와 더 자신 있게 상호작용할 수 있음을 느끼도록 교실에서 말하기와 쓰기를 꾸준히 연습할 필요가 있다. 둘째, 이 연구는 또한 학습자들이 교실 밖에서 목표 언어 화자들과 상호작용을 할 수 있는 어떤 기회가 있는지와 어떻게 이 기회가 사회적으로 구조화되어 있는지를 언어 교사가 이해하는 것이 중요하다는 점을 보여준다. 언어 교사가 교실 밖에서 언어 학습자가 어떤 대화를 할 수 있는지를 이해하지 못하는 한, 교실에서의 연습은 교실 밖에서 실행을 쉽게 하도록 하지 못할 것이다. 두 번째 요점을 통해, 본 연구는 언어 교사가 어떻게 학습자가 실행할 기회에 반응을 보이는지와 어떻게 학습자가 목표어 화자와 상호작용할 기회를 만들기도 하고 거부하기도 하는지를 이해할 필요가 있다고 주장한다. 다시 말하면 교사는 목표 언어에 학습자가 쏟는 투자와 그들의 변화하는 정체성을 더 잘 이해할 필요가 있다는 것이다.

의사소통중심 언어 교수를 넘어서

이 연구에서 나온 결과는 의사소통중심 언어 교수를 기반으로 훈련 받은 언어 교사에게는 그다지 놀랍지는 않게 다가올 것이다. Savignon(1991)이 언급한 것처럼 의사소통중심 언어 교수는 사실 사회적인 상호작용 측면에서 언어능력을 키워낸다는 뜻을 지닌 용어가 되었고 학습 과정에서 학습자를 동반자로 본다 :

사회적 행동이자 목적을 가지고 있으며 언제나 맥락 안에 이루어진다는 언어 사용에 대한 일반적인 이해를 살펴보면 의사소통중심 언어 교수의 지지자는 언어 학습자를 학습의 동반자로 본다; 그들은 학습자가 의사소통 상황에 참여하고 진전에 대해 스스로 평가하는 것을 도와준다(273쪽).

1970년대로 돌아가 보면 유럽에서는 의사소통중심 언어 교수를 좀 더 비판적으로 보기는 하지만(Candlin, 1989 참조), 의사소통중심 언어 교수와 관련된 대부분의 이론이 언어 학습자와 목표 언어 화자 사이에 존재하는 힘의 관계를 다루지 않는다. 영국과 유럽에서 '개념 -기능' 교수법이 의사소통중심 언어 교수를 앞서가는 동안(Breen & Candlin, 1980 참고), 북미에서는 언어 교수와 관련하여서 의사소통 중심 교수법이 주류였다. Canale과 Swain(1980)의 주장을 깊이 반영한 이러한 교수법이 국제적으로 언어 교수에 엄청난 효과를 가져다 주었음에도 불구하고 북미/유럽 같은 경우가 아닌 다른 나라에서는 한계점이 크게 부각되었다는 것은 흥미로운 일이다. 이렇게 하여 본 연구자는 남아프리카의 언어 교수 분야에서 일어난 혁신이 주요 교과과정 체계에 대한 의구심을 불러일으켰음에 주목하였다(Norton Peirce, 1989). 남아프리카 학자인 Gardiner(1987)는 다음과 같이 주장하였다 :

사람들의 영어는 제2언어/외국어로서의 영어 이론을 실천하는 것 자체만으로 발달될 수 없다. 그 이론은 영국 대학, 출판사, 그 기관들의 외국 지사에 의해 굉장히 꾸준히 만들어지고 부지런히 광고되었다. 단지 배우 이름만 바뀌고 내용은 같은 오래된 연극과 다를 바 없을 것이다. 앞으로의 교육과정만 개념을 다시 정립해야 하는 것이 아니다; 다양한 이론으로부터 출발해야 한다(60쪽).

Gardiner가 언급한 다양한 이론은 언어의 정치적 본질에 대한 인식과 언어 유창성의 의미에 대한 재개념화를 포함한다. Gardiner의 주장은 분명하게 Janks(1997), Ndebele(1987), Stein(1998)과 같은 학자들의 연구물에서 눈에 띄는데, 이 연구들은 의사소통중심 언어 교수법과 연관된 주요 개념보다 더 비판적인 측면이 있다.

중국과 같은 나라에서는 남아프리카와는 다른 다양한 측면에서 의사소통중심 언어 교수에 대해 비평한다. 예를 들어 Burnaby와 Sun(1989)의 연구는 중국의 교사들이 의사소통중심 교수법에 대해 엇갈리는 반응을 보인다고 하였다. 특히 어떤 목적으로 영어가 중국에서 사용되느냐 하는 것 때문이다. 의사소통중심 교수법이 영어를 사용하는 나라에서 공부할 계획이 있는 학생들에게는 적절한 방법이라고 믿지만 중국에 살면서 주로 읽고 번역할 언어로 사용할 학생들에게는 적절하지 않다고 믿는다. 더욱이 이러한 교사들은 의사소통중심 교수법이 중국에서 쉽게 사용할 수 없는 자료를 사용하고 있다고 주장하였다. 또 어떤 교사들은 의사소통중심으로 가르치는 것에 대한 자심감이 없었다. 한 교사는 '나는 일정 부분까지만 영어를 가르칠 수 있다. 만약 나에게 언어와 문화 차이에 대해 더 설명을 해 달라고 한다면 불가능하다.'라고 말하였다(Burnaby & Sun, 1989, 228쪽).

의사소통중심 언어 교수법의 또 다른 제한점은 언어 교수 과정에서 언어 학습자의 정체성을 적극적으로 고려하지 않는다는 것이다. 대화식 일지 쓰기는 전통적인 의사소통중심 교수법이라고 할 수 있는데 이 방법조차도 학습자들은 그들이 누구이고 어떻게 사회와 관련되어 있는지에 대해 느끼는 것과 직접 연관된 주제에 대해서 쓰면서 의욕이 꺾이게 된다. 그러므로 Peyton과 Reed(1990)가 쓴 『비원어민 영어 화자와의 대화식 일지 쓰기』를 보면 '언어와 내용 학습에 대한 개별화'를 주장하면서도(18쪽) 동시에 어떻게 교사가 너무 개인적인 쓰기를 방지할 수 있는지 알려주고 있다 :

어떤 교사들은 학습자들에게 완전히 열린 주제로 아주 개인적인 주제나 가족과 관련된 일에 대해 쓰도록 하는 것을 두려워한다. 그러한 주제는 교사들이 아직 다룰 준비가 되지 않았거나 상담 영역으로 바뀔 수 있는 부분이다. 이러한 일이 가끔 벌어진다. 그러나 계속할 필요는 없다. 교사들은 그 주제에 대해 계속 논의하고 다른 친구들에게 소개하는 것이 편하지 않다고 정중하게 지적할 수 있다(67쪽).

Savignon(1997)은 의사소통중심 언어 교수법이 언어 습득 연구의 발전에 영향을 주고 있다고 지적하였다. 본 연구에서는 이민 온 학습자들이 수업에서 어느 정도는 의사소통 중심 수업을 환영한다는 것을 볼 수 있다. 그렇지만 또한 의사소통 언어 교수가 언어 학습자의 인생 경험을 진진하게 다루어야 한다는 것도 보여준다. Savignon의 연구는 의사소통 능력, 사회적 상호작용, 사회적 행동과 같은 개념을 문제시한다. 본 연구자는 말을 하는 것이 주어진 상황에서는 적절할지 모르겠지만, 그 공동체에서 겪는 언어 학습자의 침묵을 다루기를 원하는 언어 교사들에게는 바람직하지 않다고 본다. 또한 모든 사회적 상호작용은 만들어져 가고 있는 언어 학습자의 정체성과 더불어 대화상대자와의 권력 관계에 대한 이해가 있어야 한다는 관점을 가지고 있다. 이러한 까닭에 에바는 바트 심슨 사건 때문에 기분이 나빴고 게일과는 계속 상호작용을 하지 않았다; 이러한 이유로 펠리시아는 페어론 레크리에이션 센터에서 같이 일하는 동료와 의사소통하느라 고군분투할 때 흥미를 느끼지 못했고 그들에게 말하기보다는 듣는 쪽을 선택하였다.

교사는 언어 학습자의 인생 경험을 얼마만큼 진지하게 받아들이는가? 교사 한 명에 각기 다른 역사, 경험, 기대를 가진 학생 30명이 있는 교실에서 어떻게 언어 학습자의 삶이 제2언어 교육과정의 필수 요소가 될 수 있는가? 언어 학습자의 정체성과 인생 경험은 그것이 제2언어 교육과정에서 공식적으로 인식이 되든 안 되든 이미 언어 학습/언어 교수 경험의 일부라고 생각한다. 언어 교사가 이해해야 하는 것은 학습자의 정체성이 *어떻게* 공식 언어 교실에 개입하고 있으며, 이러한 지식이 어떻게 교사가 더 큰 공동체에서 목표 언어 화자와 언어 학습자가 상호작용을 용이하게 하도록 도와줄 수 있느냐 하는 점이다. 이러한 주장을 실증하고 확장시키기 위해 교실에서 저항한 카타리나와 펠리시아의 이야기를 살펴볼 것이다.

카타리나 이야기[43]

6개월짜리 ESL 강좌가 끝난 여성들 가운데 카타리나와 마르티나는 영어 능력을 향상시킬 수 있는 9개월짜리 강좌의 수강 기회를 얻었다. 카타리나와 마르티나는 같은 수업에서 같은 교사에게 수업을 받았다. 4개월 뒤 카타리나는 화와 분개에 차서 그 과정을 도중에 그만두었다. 일기 연구 모임에서 카타리나는 왜 그 수업에 가고 싶지 않은지 설명하였다. 교사가 카타리나에게 컴퓨터 강좌를 들을 만큼 영어 실력이 충분하지 않다고 이야기해서 충돌이 있었다고 이야기하였다. 카타리나는 교사가 자신이 '이민자 영어'를 한다는 식으로 돌려 말했다고 이야기하였다.

모임에서 카타리나는 강사가 학생들이 이민자라서 가르치는 것을 소홀히 하였다고 주장하였다. 게다가 교실에서 바보 같이 느끼게

---

43   카타리나 이야기를 보완하기 위해 카타리나와 같이 영어 심화 과정을 듣던 마르티나의 발언도 추가하였다.

만들었다고 이야기하였다. 카타리나는 새 단어를 배우고 신문 읽기와 문법을 배운 첫 번째 ESL 수업을 좋아하였다. 그러나 두 번째 ESL 수업에서는 1학년생 같다고 느꼈다. 카타리나는 '시험 대비 72가지 핵심 정의'를 배우고 교사말을 하루 종일 듣는 수업을 반대하였다. 모임에서 카타리나는 마르티나에게 교사에 대해 어떻게 느꼈느냐고 물었는데 '이민자들, 이민자들 - 마르티나, 이게 정상이라고 생각해?' 라고 이야기하였다. 그러나 마르티나는 교사에게 이의를 제기하지 않고 수료할 때까지 강좌를 들었다. 반대로 카타리나는 자신에게 너무 어려운 반이라고 평가받은 컴퓨터 강좌를 들었고 18개월 동안의 강좌를 성공적으로 끝마쳤다. 왜 한 여성은 그 교사의 수업에서 무시당했다고 느껴서 화를 내며 끝내는 그 수업을 그만두었는데 다른 여성은 끝까지 계속 남아서 신경 쓰지 않고 수업을 들었을까?

펠리시아 이야기

일기 연구 모임에서 펠리시아는 뉴타운의 지역 학교에서 성인 이민자들을 대상으로 하는 12단계의 ESL 과정에서 겪었던 불행한 경험에 대해서 이야기하였다. 교사는 학생들에게 수업 시간에 공유한다며 자국에 대한 정보를 가져오라고 하였다. 그 수업이 끝나고 교사는 주로 언급되었던 것을 요약해 주었는데 펠리시아가 페루에 대해서 이야기했던 것에 대해서는 언급도 하지 않았다. 펠리시아는 화가 나서 교사에게 왜 정리할 때 페루를 넣지 않았느냐고 물었다. 교사는 페루는 주요 국가라고 인식되지 않기 때문이라고 설명하였다. 펠리시아는 그 수업에 다시는 출석하지 않았다.

카타리나와 펠리시아가 ESL 수업 출석하기를 왜 거부하는지를 이해하기 위해서는 정체성과 형식적인 언어 학습 사이의 관계에 대해 언급할 필요가 있다. 5장에서 명시하였듯이 카타리나는 폴란드에서 17년 동안 교사였다. 교사로 귀중한 상징적 자산을 쌓아왔다. 캐나다에 왔을 때 교사로 취업할 수 없었고 '현재'로서는 좋은 일거리인 지역 봉사단에서 시간제 가사도우미로 어느 정도의 지위와 존경을 받는 것에 만족하였다. 카타리나는 사람들에게 전문가 동료로 인식되기를 간절히 원했고 같은 생각을 가진 사람들과 만날 수 있는 직업 갖기를 바랐다. 그러므로 카타리나는 자신의 교사를 굉장히 잘 따랐는데 제2언어 학습에서 '가장 중요한 것은 교사다.'라는 것 때문만이 아니라 교사에게서 얻을 상징적 자산에 대한 확신도 있었기 때문이다.[44] 카타리나는 그 영어 수업에서 교사가 자신이 가진 전문가로서 경력을 알아주지 않고 이민자로 본다는 것을 느껴서 화가 났다. 사실 그 교사가 카타리나가 생각하기에 매우 전문적인 사회 네트워크에 다가갈 수 있도록 기회를 주는 컴퓨터 강좌를 듣는 것을 반대한다고 생각했을 때 카타리나는 그 강좌를 그만두었다. 카타리나는 교실에서 교육도 못받고 기술도 없는 이민자라는 주체 위치에 놓이는 것을 거부하였다. 그리고 교사가 카타리나를 같은 전문가로 인정하지 않는 것 같았을 때부터 자신은 그러한 사회적 공간에서 낮은 지위에 있는 것을 받아들일 수가 없었다. 그것은 카타리나에게 있어서 투쟁의 장소에서 자신을 빼내는 저항 행위였다. 반대로 마르티나는 그 선생님의 행동을 정상이라고 이해했고 이민자로 위치 지어지는 것에 저항하지 않았다 — 본 연구 자료에서 반복되는 주제이다. 비록 교육을 많이 받은 사람이지만 전문가 네트워크에 들어가려고 노력하지 않았고 교사가 자

---

44 이 부분은 비교해서 설명할 필요가 있다. 카타리나는 왜 영어도 모른 채 캐나다에 와야 했는지와 같이 불쾌할 수 있는 손윗사람의 질문에 대해서는 성을 내지 않았다.

신의 과거나 개인 경험을 인정해 주기를 바라지 않았다. 마르티나는 그 심화 과정을 성공적으로 마쳤다.

요약 연습할 때 페루를 빠트린 ESL 교사에 대한 펠리시아의 반응과 관련하여 본 연구자는 그때 펠리시아가 그 일에 너무 민감하게 반응하였다고 생각하였다. 그러나 펠리시아가 가진 상징적인 정체성을 기준으로 페루에 대한 일을 이해했을 때 그 교사가 페루를 배제하는 것은 또 다른 의미를 가진다. 일터에서 펠리시아의 친구들은 페루인 정체성을 인정해 주었지만 ESL 교사는 그러하지 않았다. 사실 펠리시아가 일터에서 친구들에게 인정을 받은 가장 큰 이유는 직장에 최근에 들어온 이민자로서가 아닌 부유한 페루인으로 받아들여졌다는 것 때문이다. 그러므로 펠리시아는 페루인으로서의 정체성에 투자를 많이 했고 이 정체성을 인정받는 것이 중요했다. 12단계 ESL 교실을 그만두는 것은 펠리시아의 나라를 빠뜨린 것에 대한 저항 행위뿐만 아니라 말할 권리를 주장할 수 있게 하는 페루인 정체성이 가진 힘을 붙들려는 필수적인 노력이었다.

요약하자면 이 이야기들은 역사적, 사회적으로 구성된 학습자의 정체성이 언어 교실에서 학습자가 가지는 주체 위치와 언어 교사와의 관계에 영향을 준다는 것을 설득력 있게 설명하고 있다. 학습자의 정체성이 형식적인 언어 교육과정의 한 부분으로 인식되든지 안 되든지와는 상관없이 교사가 교실에서 적용하는 교수법은 학습자의 정체성을 다양하고 때로는 모순된 방법으로 다루어야 할 것이다. 이것은 오로지 언어 학습자의 삶이나 살아온 경험을 이해함으로써 가능한데 교사는 교실과 교실 밖 더 넓은 공동체 모두에서 사회적인 상호작용을 쉽게 할 수 있는 조건을 만들어 학습자가 말할 권리를 주장하도록 도울 수 있다. 그리고 학습자가 목표 언어에 대한 투자를 언어 교과과

정의 필수적이고 중요한 부분이라고 믿지 않게 되면 그들은 교사의 교수법에 저항을 하거나 수업에서 완전히 나가버릴 수도 있다.

다문화주의를 다시 생각하기

언어 교사는 언어 학습자가 살아온 경험을 형식적인 언어 교육과 정에 넣을 필요가 있고 목표 언어에 대해 다양하게 변화하는 투자를 인지할 필요가 있다고 하는 논쟁이 이어져 왔다. 그렇기 때문에 어떻 게 이것을 할 수 있느냐는 끈질긴 질문에 대해 고심할 필요가 있다. 어떻게 언어 교사는 언어 학습자의 정체성과 살아온 경험을 교실 활 동의 한 부분으로 만들 수 있을까? 이 질문을 던지며 교사가 교실 상 황에서 학습자의 경험을 포함하려고 노력한 마이의 교실 수업 경험을 살펴볼 것이다.

마이 이야기

캐나다 고용-이민 강좌를 마친 뒤 마이는 영어 말하기와 쓰기 능 력을 향상시키고자 밤에 ESL 강좌를 계속 이어갔다. 마이는 이 강좌 를 듣기 위해 많은 것을 희생해야 했다. 하루 종일 일한 뒤 집으로 달려가서 저녁을 만들어 놓고 대중교통을 타고 다시 교실로 달려갔 다. 밤이 다 되어 집에 오면 녹초가 되었고 밤 10시 30분에 버스 정류 장에서 집으로 걸어오며 범죄자라도 쫓아오지는 않을까 마음을 졸이 기도 하였다. 수업을 듣기 위해 감수하는 희생을 감안해 보면 마이는 자신이 출석하는 특정 강좌에서 아무것도 배우지 못하였을 때 큰 좌 절을 표현하였다. 마이와 인터뷰할 때 교사가 수업에서 가르쳤던 방 법에 대해 더 자세하게 질문하였다. 마이는 그 수업이 학습자들의 모국 생활에 대한 발표 위주로 진행되었다고 설명하였다. 마이는 수업 시간 내내 앉아서 한 학생의 이야기를 듣는 것이 얼마나 쓸데없는 일인가에 대해 설명하였다(강조 부분 추가함) :

나는 이 과정이 우리가 배웠던 [6개월 ESL 과정]처럼 나에게 도움이 될 것이라 희망했지만 어느 날 저녁 우리는 단 한 사람 때문에 시간을 다 보냈다. 그는 유럽에서 왔다. 그 사람은 자기 나라에 대해 이야기했다 : 어떤 일이 벌어지고 있고 어떤 일이 있었는지. *그리고 그 동안 우리는 결국 아무것도 배우지 않았다.* 다음 날은 인도 남자가 인도에 대해 무언가를 이야기했다. 아마 나는 그 주 내내 내 책에 아무것도 적지 못했던 것 같다.

몇 주 동안 이 수업에서 힘들어한 뒤 자신이 아무것도 배우지 않았다는 것을 느꼈을 때 마이는 그 수업에 출석하지 않았다.

마이의 ESL 교사가 수업에서 자기 나라에 대한 발표를 하게 함으로써 학생들의 과거 경험을 포함시키려 했던 것은 논의가 필요하다. 그 교사는 학생들이 수업에서 말하기를 연습할 기회를 주고 자기 나라의 전통을 나머지 친구들과 공유하도록 유도하였다. 그러나 이 방법은 적어도 마이에게는 명백히 역효과를 낳았다. 마이는 자신이 아무 말 않고 앉아서 반 친구의 나라에 대해 듣는 것은 결코 아무것도 배우지 않는 것이라고 확신하였다. 교실에서 배우는 내용은 마이가 그 ESL 수업에 참여함으로써 발생하는 많은 희생에 보상이 되지 못하였다.

여기에서 교사의 수업 방법이 왜 마이를 활동에 참여하도록 하지 못하고 침묵하게 만들었는가에 대해 적어도 세 가지 이유가 있다고 지적하고 싶다. 첫째, 그 방법은 학생들의 경험이 1차원적이라는 것을 전제로 한다. 이 책에서 정체성은 고정된 범주에 있는 것이 아니라 다면적이고 변화한다는 것을 설명하였다. 학습하는 이민자가 자기 나라에서 경험한 것은 학습자의 정체성에 중요한 부분일 수도 있다. 그렇기는 하지만 새로 건너온 나라의 가정, 일터, 공동체 등 여러 곳에서 학습자의 경험은 꾸준히 영향을 받는다. 마이의 선생님이 인정한 단 한 가지 측면은 학습자가 살아온 경험이라는 것이다. 그 교사는 학습자가 캐나다에서 경험한 최근 경험에 비춘 자기 나라에서의 경험을 비평적으로 살피거나 자기 나라와 비교한 캐나다에서의 경험을 비평적으로 살필 기회를 주지 않았다. 그 교사의 접근법은 다문화주의를 비판적으로 받아들이기보다는 고정관념을 가지고 바라본 것이다. Schenke(1991, 48쪽)는 다음과 같이 언급하였다.

> 담화의 설득과 관련하여 역사, 이야기, 기억이 어떻게 사실이 되어 가는지에 대한 물음은 ESL 실행에서 어떻게 발화와 침묵이 만들어지고 조정되는지를 이해하는 데 기초가 된다. 적당한 사례로 다문화주의를 살펴보면 다문화주의는 학습자 발화를 조금 더 이국적이거나 희귀한 문화의 개별적이고 단절된 '교환'으로만 본다. 그들의 이야기에서 살아온 삶과 힘의 관계를 배제하는 것은 문화적 다문화주의의 '우호적이고 정중한' 인정 이외에 어떠한 개입도 거부하는 행위이며 인종, 종교, 성별, 특이한 음식(등등)에 대한 지식만을 더해 주는 것이다.

둘째, 그 방법은 학습자가 다른 사람의 발표에 관심을 갖지 않을 것이라는 점을 간과하였다는 것이다. 교사는 자신의 교수 방법이 학생 중심이고 학생들이 학습에 협력한다는 것을 고려했을 수도 있지만 그 방법은 다문화의 전이 교수에 지나지 않을 것이다. 교실에서 이러한 단절된 교환은 듣는 이에게 토론과 비평을 위한 시작점을 거의 주지 못한다. 유럽에 있는 자기 나라에 대한 같은 반 학생의 설명에 대해 마이는 아무 투자도 하지 않았다; 인도에서의 삶은 마이의 학습에 아무 관련도 없었다. 의류 공장에서 마이가 이탈리아어를 배우기 원했던 동료에게 다음과 같이 말하였다. '지금 나한테 필요한 건 영어예요.' 마이는 ESL 교실에서 영어를 연습할 기회를 얻기를 바랐다; 마이는 다른 학생의 외국 이야기를 수동적으로 듣고 있기만 하는 것이 싫었다. 앞 장에서 언급한 Bourdieu의 말처럼 그 ESL 교실은 이러한 이야기를 할 적법한 맥락이 아니다. 이러한 이유로 마이는 ESL 교실에서 아무것도 배우지 못한다고 느꼈다. 또한 언어 학습과 언어 교수의 잠재적으로 풍부한 기회를 박탈당하였다고 느꼈다. 마이의 이야기는 학습자의 경험을 교실로 끌어들이는 것이 학습자가 발표하는 형태로 다문화 경험을 내보이는 것보다 더 복잡한 과정이라는 점을 보여준다. 사실 이것은 제2언어 교육 분야에서 주목을 점점 더 끌고 있는 주제인데 다문화 교육에서 많이 우려하고 있는 개념이다. 예를 들어 Kubota(1999)는 쓰기 교육에 대한 응용언어학 논문에서 일본 문화에 대해 본질주의 견해를 묘사하며 동서양 사이의 문화적 이분법을 만든다고 설득력 있게 주장한다. Kubota는 언어 교사가 다른 문화를 정말로 긍정하고 존중하고 그 진정한 목소리를 근사하게 만들어야 한다고 비판적 다문화주의에 대해 논의하였다(Kubota, 1999, 27쪽). 대신 Kubota는 교사들이 지식의 한 형태로서 문화 차이가 어떻게 만들어지고 계속 이어지는지, 어떻게 교사가 사회적 변화에 대응할 수 있는지를 살펴볼 필요가 있다고 제안한다.

셋째, 그 방법은 교사의 권위를 포기하는 것과 다름없었다. 이것은 교사의 '해방적 권위'라는 개념을 사용하여 교사는 교실에서 활동적이고 비평적인 역할을 해야 할 지식인이라고 주장하는 Giroux(1988)에 의해 심도 있게 논의된 주제이다(1988, 90쪽).

> 해방적 권위라는 개념은 교사가 교사들 사이의 관계, 학습자와의 관계, 주체 문제와의 관계, 큰 공동체와의 관계를 의식적으로 분명히 설명하고 문제화하는 것을 통하여 비판적 지식, 규칙, 가치를 전달하는 사람이라는 것이다. 권위에 이의를 제기하는 이러한 관점은 교사의 역할을 주로 전문가나 사회봉사자로서 보는 것이 아니다. 교사의 역할은 교육적 실행을 개념화하는 것이 아닌 실행하는 것이다. 권위 해방 같은 것은 교사의 일을 지적 실행의 형태로 여김으로써 권위 있어 보이게 만든다.

이러한 관점에서 보면 학습자 중심 학습은 단순히 학습자 경험을 확인할 뿐 그 경험에 방향을 제시하거나 비평을 하는 전문성이나 권위가 거의 없는 교사 즉, 수업에서 별로 필요하지 않은 교사를 전제하지는 않는다. Simon(1992)의 주장대로 교사에게 주어진 도전은 학생 경험을 적절한 교육 과정 내용으로 인정하는 동시에, 그러한 경험의 핵심과 형태 모두에 도전하는 실행을 개발하는 것이다. 마음속에 이러한 점을 유념하면서 특별한 종류의 실행으로 일기 연구에 대한 분석을 진행할 것이다. 일기 연구는 학습자 경험과 학습자 정체성의 개입과 관련된 가능성을 제공하지만 근본적으로 변화될 가능성을 완전하게 실현하지는 못하였다.

가능성의 교육학으로서 일기 연구

본 연구에서는 특히 카타리나, 펠리시아, 마이의 이야기와 관련하여 교실에서 언어 교사가 언어 학습자의 목표 언어 학습과 더 큰 공동체에서 연습할 기회 사이의 간극을 메우도록 도와줄 필요가 있다고 주장하였다. 이 간극을 메우기 위하여 언어 학습자들이 살아온 경험과 정체성을 교실 교육과정에 포함시켜야 할 필요가 있다고 제안하였다. 그러나 앞서 지적하였듯이 학습자 경험을 본질화하는 것은 교실에서 개인 경험을 반영하고 비평하기 위해 필요한 조건에 안 좋은 영향을 줄 수 있을 것이다. 이제 어떤 교육학 유형이 이민 언어 학습자에게 제2언어를 가르치는 수업에 생산적이냐는 것을 다룰 것이다. Simon(1992, 56쪽)처럼 본 연구에서도 *교육학(pedagogy)*이라는 용어를 *교육(teaching)*과 구분하여 사용하였다.

> 교무실과 교실, 교사 지침서와 교육과정 안내서에서 교육은 보통 미리 정해진 목적에 도달하기 위해 쓰는 전략과 기술로 불린다. 당연히 가르치는 말과 글은 주로 교실에서 실행 가능한 언어로 이행된다... 그러나 가르침에 대한 논의에서 무엇인가가 빠졌다고 생각한다. 가르칠 때 우리는 항상 우리 자신, 우리 학생들, 우리 공동체가 가진 가능성의 한계를 설정하는 것에 관여한다... 교육학을 제안하는 것은 정치적 이상을 제안하는 것이다.

Simon과 셀 수 없이 많은 제2언어 교육자처럼 본 연구자에게 교육이란 사람이 가진 가능성의 향상과 주로 관련이 있다. 교실 언어학습과 공동체 언어 학습 사이의 간극을 메우기 위한 시도로 본 연구에서는 Simon이 이민자 여성을 위한 가능성의 교육학이라 불렀던 것을 잘 드러내는 일기 연구를 제안하고 싶다. 이번 절에서는 어떻게 일기 연구에서 얻은 통찰력이 제2언어 교실에서 실행되는지를 알아보기 전에 교육학의 형태로서 일기 연구의 목적, 장점, 한계점을 살펴보겠다.

일기 연구는 캐나다에서 제2언어로서의 영어 학습에 대한 프로젝트였다. 그러나 진행된 과정을 보면 새롭기도 하고 때로는 위협적이기도 한 사회에서 여성으로서 겪는 복잡한 삶에 대한 프로젝트였다. 그 과정은 일상적인 집안일, 업무, 학업, 주택, 실업과 관련된 내용을 이제 막 이해하기 시작한 언어로 풀어내는 것이었다. 이것은 여성들이 형식적인 ESL 수업의 유용성에 대한 의문을 제기하기 시작하고 자기가 세상을 이해하는 것과 캐나다에서의 경험이 서로 잘 맞지 않는다는 것과 맞닥뜨렸을 때에 진행되었다. 이 시기는 목표 언어에서 연습이 필요하다는 것을 경험했을 때였지만, 또한 자신들이 캐나다 사회에서 이민자로서의 지위에 있기 때문에 영어를 사용하는 사회 네트워크에 접촉하는 것이 힘들다는 사실을 이해하기 시작했을 때였다. 그때는 묻고 싶은 것도 많고 말도 많이 하고 저항도 굉장할 때였다.

일기 연구의 모델은 당시에는 확실하게 설명되지 않았지만 Weiler(1991)가 자신의 연구에서 묘사한 페미니즘에서 일어난 제2의 물결과 관련된 의식-함양 집단에서 기원을 찾을 수 있다. 개인적인 언어 학습 경험과 목표 언어 집단 구성원들과의 사회적 상호작용을 통해 본 연구자는 Haug(1987, 41쪽)가 '변화가 가능한 부분, 가장 상처받은 부분, 가장 적응한 부분'이라고 말한 지점을 참가자들이 솔직히 털어놓기를 바랐다. 연구에서 본인의 역할은 교사/연구가로서 남아 있었지만 본인의 권위는 계층적 교육 체계에서 나온 것이 아닌 목표 언어의 구사능력과 연구참여자들의 전직 교사로서 비롯되었다.

이것은 또한 교수, 백인, 주요 영어 공동체의 중산층, 가치 있다고 여기는 상징적, 물질적 자원에 접촉할 수 있는 여성으로서 비롯되었을 것이다. 그러나 본 연구자는 각 여성에 대한 것을 어느 정도 알고 이해하였기 때문에 ― 그들이 캐나다로 올 때 지니고 있던 재능과 자원 ― 그 여성들이 본 연구자와 같이 있는 것에 편안함을 느꼈을 것이라고 믿는다. 분명한 것은 본 연구자가 가진 권위가 무엇이건 간에 그것이 여성들을 침묵하게 하지는 않았다는 점이다.

일기 연구 모임에서는 형식적인 ESL 교실보다 더 힘의 차이를 줄여줄 수 있는 구조가 가능하다. 우리는 모두 집이라는 개인적인 공간에 있었고, 그 집에서 주부로서 여성들이 가정에서 가진 위치는 교사/연구자로서의 전문적인 지위보다 더 중요한 것이다. 우리는 둥글게 둘러앉았는데 매주 자리는 바뀌었다. 아이들이 쓰는 칠판이 하나 있었는데 그것을 가끔 사용하였다. 이러한 환경은 교사로서의 본 연구자와 학생으로서의 여성들 사이의 힘 차이를 줄여줄 뿐만 아니라 어떤 사람의 지식이 더 합법적이고 타당하다는 여성들의 선입견을 깨는 환경을 만들어 주었다고 믿는다. 더욱이 교사로서 지위가 재정립되는 것뿐만 아니라 학생으로서 지위 또한 그러하였다. 이러한 맥락에서 본 연구자는 유한한 지식 체계의 관리자도 아니었고 여성 학습자들도 본 연구자가 굳건히 지키고 있는 자원에 접촉하기 위해 서로 경쟁하는 것도 아니었다. 이러한 상황이 연구에 참여하는 여성들이 느끼는 편안함에 의미 있는 영향을 주었다고 믿는다. 우리 모임이 쉼 없는 토론이라고 특징지을 수 있는 것을 고려할 때 이 환경은 상대적으로 평등하였다고 생각한다. 그러나 여성들 사이의 관계는 평등했지만 이민자 여성으로서의 경험은 시간과 장소에 따라 다양하게 구성되었다. 이러한 환경이 밑바탕이 된 일기 연구의 기본 전제는 각 여성이 자신의 삶에 대해서는 전문가라는 것이다. 일기 항목과 여성들에게 주는 피드백이 들어간 주간 계획표를 이용하여 각 여성이 가정, 일터, 학교, 공동체에서 언어 학습의 개인적인 경험을 영어로 탐색하고 분명히 이야기 할 수 있도록 도우려 애썼다. 이 접근법은 주로 백지를 채워 넣거나 맥락 없는 문장을 쓰는 것에 국한된 ESL 과정에서 사용된 쓰기 교수법에서 벗어난 급진적인 방법이다. 사실 본 연구자의 목적은 Cameron 외(1992)가 '연구에 힘 싣기'라고 한 것을 장려하는 환경을 만들기 위해서였다.

왜 일기 연구가 특별히 정체성, 언어 학습 연구에 대한 중요한 기초 자료가 되었느냐는 것을 돌아보면서 Clark와 Ivanic(1997)의 연구가 도움이 된다는 것을 알게 되었다. 쓰기 교육에 대한 그들의 연구를 살펴보면 쓰는 행위는 쓰는 사람이 가지고 있는 다양한 정체성에 의존한다고 설명한다. 그리고 글 쓰는 사람의 정체성 개념 이해에 도움이 되는 3가지를 제안한다 : 자기가 보는 자신은 쓰는 순간까지 만들어진 쓰는 사람의 인생사이다. 자기를 이야기하는 자신은 쓰기의 각 행위와 연관된 정체성이 구성되는 것을 다룬다. 그리고 저자로서 자신은 쓰기 과정에서의 발언권, 소유권과 관련된 문제를 다룬다. 결과적으로 이 세 가지 저자의 정체성은 더 광범위한 맥락에서 이해되는데 쓰는 사람의 정체성에 대한 더 구체적인 개념은 특정 공동체와 특정 시간 안에 있는 저자가 가질 수 있는 주체의 위치를 나타낸다. 이 일기 연구는 여성들이 지금까지 이민 언어 학습자로서 경험하지 못한 주체의 위치를 제공할 수 있었다. 그리고 그 여성들이 각 일기 항목을 작성하며 자기가 보는 자신, 자기를 이야기하는 자신, 저자로서 자신의 정체성과 관련된 다양한 지점을 탐구할 수 있었다.

일기 연구의 결과를 이상화하는 것은 위험성이 있기는 하지만 여성들이 쓴 글의 질과 양, 모임에서 우리가 논의했던 문제의 범위는 주목할 만한 것이라고 생각한다.[45] 일기 주제는 아이들의 학교생활, 일터에서의 갈등, 인기 있는 TV 방송, 자기 나라 이야기, 날씨, 걸프 전쟁과 불황을 포함하고 있었다. 캐나다에서 1년 6개월이 지나지 않아 여성들은 자신이 목표 언어로 말하는 것과 쓰기 모두를 명확하게 이해시킬 수 있도록 만들었다. 이 말인즉슨 문법이 훌륭하다거나 발음이 명확하고 어휘가 방대하다는 이야기는 아니다 — 좀 더 정확히 말하면 복잡한 자기 경험을 표현할 수 있었다는 것이다. 더욱이 일기 연구가 진행되면서 여성들이 일터에서 어떻게 자신의 권리를 바로 세우느냐와 관련된 이야기를 시작하였다는 것이 적어도 상징적으로 중요하였다. 예를 들어 일기 연구 모임에서 마이, 펠리시아, 에바는 어떻게 각자 자기의 일터에서 부당한 행위에 저항하는지 묘사하였다. 이어서 선보일 이야기는 이러한 흐름에서 중심 언어가 어떠했느냐 하는 것이다.

마이의 일터에서 한 노동자가 마이에게 아주 무거운 커튼을 다 뒤집어 놓으라고 지시하였다. 그 일은 보통 공장에서 다른 힘 센 노동자가 맡은 일이었다. 비록 예전처럼 마이는 마지못해 그 일을 하기로 했지만 마지못해 하면서도 좌절하고 화가 치밀었다. 다시 이 일을 하라고 들었을 때 마이는 그 노동자에게 만약 자신이 그 일을 하기를 바란다면 먼저 관리자에게 가서 확인을 받아야 한다고 말하였다. 그 노동자는 놀라서 다시는 그 일을 마이에게 하라고 시키지 않았다. 마이 이야기가 끝난 뒤 펠리시아가 방과 후 돌봄 과정에서 일한 학교에

---

45 Auerbach(1989)는 이와 비슷한 성인 이민자를 위한 ESL 문해능력에 대한 사회·상황적 접근이라 부른 쓰기 과정에 대해 주목하였다.

서 어떻게 자신의 권리를 주장하였는지에 대해서 이야기를 이어갔다. 한 교사가 부모들 앞에서 펠리시아에게 특정한 형태로 아이들 이름을 기록하지 말라고 모두가 듣도록 이야기했다고 하였다. 펠리시아는 화도 나고 창피하기도 했지만 잠자코 있지 않았다. 그 교사에게 돌아서서 말하였다. '선생님도 교사고 저도 교사예요. 그런 게 문제라면 전 그만두겠습니다.' 그 다음으로 에바가 하루는 매니저가 어떻게 자신을 집으로 일찍 돌려보내려 했는지에 대한 이야기를 이어갔다. 그 날은 일이 더디었고 아르바이트생들이 아직 남아 있을 때였다. 다른 아르바이트생들은 일터에 남아있어도 되는데 자신은 — 전일제 근무자 — 집으로 가야 한다는 것은 부당하다고 화가 나서 이야기하였다(에바는 집에 일찍 가면 수당을 못 받는다). 다음 날 에바는 아파서 집에서 쉬기로 결심하였다. 그래서 매니저에게 일하러 못 간다고 단순하게 이야기하였다. 에바는 이 일이 그 매니저를 걱정시킬 것이라고 생각했는데 다음 날 일하러 갔을 때 에바에게는 할 일이 더 주어졌다고 말하였다. 에바는 자신이 할 말을 한 것에 대해 만족스럽게 느꼈다.

　이러한 이야기에도 불구하고 우리 모임은 경험을 조사한다기보다는 경험을 표현하는 것에 더 초점을 맞추었다고 생각한다. 영어사용자와 상호작용할 기회가 제한되는 이민자 여성으로서 어떻게 자리를 잡았는지에 대한 이야기가 더 많았고 거대하고 불평등한 사회적 구조와 연관된 성별, 계층, 인종과 관련된 것에 대한 숙고는 별로 없었다. 세 가지 예시가 그 점에 대해 보여준다. 첫째, 일기 연구 모임에서 펠리시아는 자기 남편의 실업 상태에 대한 걱정을 드러내고 애석하다고 이야기하였다. 카타리나는 펠리시아의 역경에 대해 동감하면서 다음과 같이 말하였다 : '여성들은 언제나 집안일을 할 수 있지만 남자들은 무엇인가를 해야 돼요.' 이 말 속에는 사회에 반영되어 있는 성차별적 관점이 깔려있다 : 다른 말로 바꿔 말하면 여성들이 집에서 하는 일은 무언가를 하는 것으로 분류되지 않는다.[46]; 그리고 고용은 남자들의 권리이고 여성들에게 고용은 특전 같은 것이었다. 둘째, 에바와 첫 번째 일기 연구 모임을 한 직후의 인터뷰에서 에바는 왜 동료들이 먼치스에서 자신과 이야기를 하지 않았는지에 대해서 설명하였다 : 왜냐면 내가 걔들에게 얘기하지 않으면 나한테 말을 안 하니까요. 아마 걔들은 나를 그냥 그렇게 생각했을 거예요 – 왜냐면 거기서 제일 힘든 일을 해야 했으니까요. 그게 정상이죠.' 에바는 하찮은 일을 하는 사람이 동료들에게 무시당하는 것은 이해할 수 있다고 — '정상'이라고 — 이야기하였다. 에바는 이 상황에 깔려 있는 계급주의 관점을 전혀 바꾸려 하지 않았다. 셋째, 일기 연구 모임 뒤에 마이를 집에 데려다줄 때 마이는 캐나다에서 자기 조카가 경험한 중국인/ 베트남인으로서 소외당한 경험을 말해주었다. 예를 들어 첫째 쫑은 베트남식 이름에서 영어식으로 바꾸기로 하였다. 마이는 조카에게 자기 전통을 배척하지 말도록 격려했다고 말하였다. '네 머리, 코, 피부로는 완벽한 캐나다인이 될 수 없어.'라고 설명했다고 한다. 마이는 완벽한 캐나다인의 존재와 완벽한 캐나다인은 백인이라는 인종주의적 신념을 문제 삼지는 않았다.

이 문제들을 가지고 여성들과 이야기하지 않고 그냥 두었다. 일기 연구를 하는 동안 어떻게 어느 정도까지 여성들이 표현하는 성, 계층, 인종에 대해 평소 생각하고 있는 것을 재정립시키고 이의를 제기해야 하는지 몰랐다. 연구자로서의 위치와 그들의 혼란, 화, 기쁨을 표현할 수 있는 편안한 공간을 만들어 주도록 여성들과의 결속을 유

---

46 집안일의 사회적 구조에 대한 심도 있는 연구는 Rossiter(1986)를 참고.

지하고 싶은 바람은 본 연구자가 계속 침묵을 유지하게 하였다. 긍정은 할 수 있었지만 부정은 할 수 없었다. 그런데 이러한 쟁점에 대해 침묵을 유지하는 것의 위험성은 카타리나와 1993년 1월, 일기 연구가 끝나고 시간이 많이 흐른 뒤 나눈 전화통화에서 분명해졌다. 카타리나는 본 연구자에게 다른 동네로 이사했다고 말하였다. 목소리에는 자신감이 묻어나왔다. '거기는 이민자들이 별로 없어요. 주로 노인들이에요.' 이 일로 이민자에 대한 담론에서 카타리나가 소외를 더 심화시키고 재생산하는 일에 가담하였다는 것이 분명해졌다. 더욱이 일기 연구가 진행되면서 마이의 대가족이 캐나다에서 겪은 인종차별에 대해 논의할 수 없었다거나 선택하지 않았다는 점 또한 확실해졌다. 마이가 자기 오빠가 베트남 사람들을 대하는 태도, 조카들이 자기 외모를 싫어하는 사실에 대한 걱정을 표현하는 유일한 시간은 본 연구자와 단 둘이 있을 때뿐이었다. 마이를 집까지 태워다 주거나 우리 둘이서 다른 여성들이 모임에 오는 것을 기다릴 때 그런 이야기를 하였다. 마이는 일기에 분노와 소외에 대한 감정을 표현하였지만 다른 여성들 앞에서 골치 아픈 경험을 읽는 것은 보통 원하지 않았다.

Harper, Norton Peirce, Burnaby(1996)는 제2언어 교실에 여성들의 경험을 포함하는 시도는 역설적으로 현재 지위, 일터, 더 큰 사회에서 여성들이 직면하는 조건을 유지하도록 할 것이라고 주장하였다. 여성들의 경험을 최대한 문제화하는 것보다 수용하는 것이 여성들의 이익 극대화라는 결과를 가져오지는 않을 것이다. 그 학자들은 성별과 인종에 관련된 쟁점에 비판적인 반향이 만들어지는 시작점을 밝히고 강화하는 것이 중요하다고 강조하였다. 이 주제는 ESL 교실에서 역사적 관여라고 부르는 실행에 대해 주장하기 위해 자신의 페미니스트/반인종주의 연구를 활용한 Schenke(1996, 156쪽)에 의해 심도 있게 다뤄졌다.

> *역사적*으로, 우리가 현재 개인과 공동체의 역사를 살아가는 방법과 기
> 억하는 행위가 어떻게 흔히 반복되는 옛 것에서 새로운 이야기를 만들
> 어 낼 수 있는지를 살펴보고자 한다. *관여*와 관련하여서는, 일상생활
> 의 문화적/인종적/성별적 생산물에 대한 비판적 분석에 전략적으로 우
> 리 스스로(학생과 교사)를 기꺼이 포함시키는 것에 대해서도 다루고자
> 한다.

Schenke가 말한 이러한 기억에 대한 작업은 개인적인 경험을 나
누는 방법만이 아니고 우리가 어떻게 무엇을 기억할지를 고르고, 어
떻게 이러한 선택이 사회적으로나 역사적으로 구성되는지, 어떻게 우
리가 다르게 기억할 수 있는지를 조사하는 방법이다. 이러한 기억에
대한 작업의 초점은 언어 학습자가 교실에 올 때 이미 알고 있는 것을
인지하는 것과 과거의 문화 관습에 대한 경험과 기억으로부터 새로운
문화적 관습을 이해하는 것의 어려움에 대한 것이다.

이러한 통찰력은 남아프리카 상황에서 학습자의 삶과 문해능력
경험을 해석하고 다시 이름 붙이고 입증하기 위해 연극과 자전적 이
야기를 사용하는 교사의 방법을 다룬 Stein(1998)의 연구에서 나온 것
이었다. Simon(1992)의 연구를 보면 어떻게 자기 학생이 미래에 희망
을 품는 방식으로 현재에 의해 과거를 되돌아보는 기억에 관한 교육
을 받았는지를 설명하고 있다. 협력은 Simon이 이야기하는 교육법의
중심인데 학습자들이 서로에게 기억을 구성할 수 있는 틀을 질문하는
것이다. 또한 Simon은 '기억하는 행위의 절차는 과거를 반복하는 것
이 아니라 목적의식을 가지고 의도적인 방식으로 누군가의 "일원" ―

누군가의 인생에 속하는 예전의 자신, 모습, 사건 — 을 다시 기억하거나 모으는 행위'라고 지적한다(1998, 523쪽).

이러한 통찰력은 본 연구에서 굉장히 의미가 있는데 카타리나가 자신을 동료 전문가로서 인정해 주지 않는 교사에게 반발하는 것과 펠리시아가 페루에 대한 기억과 경험에 대해 거의 알지 못하는 교사에게 화를 내는 행동을 이해하는 데에 도움을 주었다. 이 책에서는 정체성과 언어 학습을 이해하는 데 중요한 것은 예전 기억의 개입만이 아니라 특정 시간이 아닌 장소와 관련된 대안적 정체성과도 연관되어 있다는 것을 밝혀 놓았다. 그러므로 예를 들어 마르티나는 자신의 일터에서 말할 권리를 주장하면서 자기 삶의 공적인 영역에서 같이 생활하는 동료들과의 관계 재정립을 위해 자기 삶의 개인 영역에서 만들어진 엄마라는 기억을 가져왔다 : "그 여자애들은 고작 12살밖에 안 되었다. 우리 아들보다 어렸다. 난 '아니, 넌 아무것도 안 하잖아. 네가 가서 테이블이나 다른 걸 닦을 수 있잖아.'라고 말했다." 일터라는 담화 상황 안에서 새로운 정체성을 주장하는 것으로 마르티나는 말할 권리를 주장할 수 있었다. 어떻게 교사가 학습자들이 새로운 정체성을 주장할 수 있도록 도울 수 있는지, 목표 언어 화자의 관계를 재정립하고 말할 권리를 주장하는지 다음 절에서 다루겠다.

월요일 아침을 바꾸기

방법론에 대해 Pennycook(1989)은 언어 교사가 방법에 대한 종합적이거나 전체적인 담론에 관한 것이 아니라 현지의 복잡성과 가능성에 관한 실행을 이해할 필요가 있다고 설득력 있게 주장하였다. 세계 각지의 초 · 중 · 고등학교 교실, 대학교, 지역 사회에서 교사들이 이 과제를 떠맡았다. 예를 들어 스리랑카의 Canagarajah(1993)와 홍콩의 Lin(1996)은 자신이 속한 사회에서 영어의 우월성에 대해 학생들이 애매하게 대답하는 것을 다루었고, 호주의 Kalantzis, Cope, Slade(1989)는 학습자 집단이 언어적 다양성이 증가하는 교육 체계에 대해 반응하는 것에 대해 다루었다. 여기에서 핵심은 Morgan(1998)이 지적한 것처럼 교사들은 자기가 속한 공동체의 특별한 도전과 가능성에 대해 응답할 필요가 있다는 것이다. '만약 이론적 지식이 유의미해지려면 상당한 정도의 지역 자율성과 그에 대한 협의와 고려로부터 시작해야 한다.'라고 주장하였다(1998, 131쪽).

일기 연구와 여러 문헌과 본인의 교실 경험에서 알게 된 것을 바탕으로 언어 교실로 언어 학습자의 정체성과 투자를 어떻게 하면 통합시킬 수 있는지에 대해 의견을 제시하고자 한다. 그러나 교실 기반의 사회적 연구라고 부르는 틀을 제공하면서 언어 교수의 새로운 방법을 주장하고 싶지는 않다. 본 연구가 시작하기 오래전부터 시작되었고 앞으로도 계속될 것이라 믿어 의심치 않는 언어 교수에 대한 담론에 기여하고자 이 틀을 제안한다. 문법, 발음, 어휘(기본)에 초점을 맞추는 것을 등한시하지 않으면서 교실 기반의 사회 연구가 어떻게 학습자의 말할 기회가 사회에서 만들어지는지, 어떻게 학습자가 목표 언어 화자와 사회적으로 의사소통할 가능성이 만들어질 수 있는지, 어떻게 교사가 학습자의 정체성과 투자에 대해 깊이 이해할 수 있는지를 알게 되는 데에 도움을 줄 것이라고 생각한다. 이것은 Bremer 외(1996, 236쪽)가 '교실 학습은 소수민족 노동자들이 다수 언어를 말하는 사람들과 소통하도록 교실 밖에서 만들어진 기회에 의해 보완되어야 할 필요가 있다.'라는 주장에 대한 응답이라고도 할 수 있다. 말을 하기 위해 스스로 대안적 정체성을 구성한 마르티나를 관찰하며 알아낸 것이다. 마르티나는 다른 학습자를 위해 이러한 가능성을 자연스럽게 열어주었다.

본 연구자는 교실 기반의 사회 연구를 언어 교사의 적극적인 안내와 지원을 바탕으로 지역 사회에서 언어 학습자에 의해 진행되는 공동 연구라고 규정한다. 이러한 연구의 목표는 표, 기록지를 사용하여 학습자들이 목표 언어 화자와 집에서든지 일터나 공동체에서든지 상호작용해야 하는 기회가 어떤 것인가를 체계적으로 조사하는 것이다. 사회 연구를 경험하면서 학습자들은 더 큰 공동체에서 목표 언어를 사용할 수 있는 기회와 그 가능성이 어떻게 자신의 꿈을 계속 꾸도록 바꿀 수 있는지 인식하기 시작할 것이다. 또한 학습자들이 목표 언어 화자들과 관계를 맺는 것을 적극적으로 고려하도록 할 것이다. 이러한 것은 학습자들이 목표 언어 학습자들과 상호작용하는 조건과 상호작용이 어떻게 일어나고 왜 생기는지, 상호작용에서 어떠한 결과가 나오는지를 살펴보도록 해준다. 이러한 방식으로 학습자들은 사회적으로 구성된 말할 기회와 권력의 사회적 관계가 어떻게 사회적 상호작용의 과정과 결부되었는지에 대해 새롭게 눈을 뜨게 될 것이다. 학습자들이 어떻게 권력이 사회적 상호작용을 통해 발휘되는지에 대한 이해를 넓혀가는 동안 소외에 대한 사회적 관습에 도전하는 것을 배우게 될 것이다. 학습자들이 이러한 순간의 발생, 행동이나 사건, 평소와 다르게 그들을 놀라게 하거나 공격하는 순간에 특별히 주의를 기울이도록 하였다. 자료 수집 과정에서 그들이 놀란 점을 기록함으로써 학습자들은 자기 고국의 문화적 관습과 새로 들어간 사회의 문화적 관습 사이의 차이에 대해 더 인식하게 된다. 성인 이민자가 아닌 학생 연구자/문화서술자의 정체성을 고려해 보면 그들은 약자의 위치보다는 확고한 위치에서 자기 생애나 자기 기억을 비판적으로 개입시킬 수 있을 것이다. 이렇게 높아진 인식을 가지고 학습자들은 언어 교사를 심화 학습을 위한 중요한 자원으로 활용할 수 있다.

학습자들은 일기나 일지에 자기가 관찰한 것을 반영할 것이다. 이 작업은 그들이 공들여 투자하는 것에 대해 쓸 기회를 만들어 준다. 학습자들은 자기가 쓴 일기를 통해 목표 언어 사용자 사이에 발생할 수 있는 의사소통 실패를 비판적으로 검토할 수 있을 것이다. 이 일기는 목표 언어로 쓸 수 있고 교사가 정기적으로 모아서 코멘트를 하거나 피드백을 할 수 있다. 일기는 학습자가 더 큰 공동체에서 목표 언어를 연습할 수 있는 기회를 주고 목표 언어에 대한 투자와 변화하는 정체성에 대한 정보에 다가갈 수 있게 해준다. 교사는 연구에서 찾은 결과를 비판적으로 적용하도록 도울 수 있고 적용이 필요한 부분이나 후속 연구를 제안할 수 있다. 마지막으로 학습자들은 자신의 언어 교실에서 나온 소재를 모은 자료를 동료 문화서술자의 결과물과 비교하고 대조하는 데 쓸 수 있다. 다른 학습자와 자료를 비교하고 대조하면서 다른 학습자가 하는 발표에 관심을 가지게 될 것이고 유의미한 정보 교환이 확실하게 이루어질 것이다. 학습자들은 상징적 자원이 생산되고 인정받고 교환되는 사회 교류망의 한 부분으로 서로를 대하기 시작할 것이다. 교사는 또한 이 정보를 학습자들이 더 큰 공동체에서 말할 권리를 주장하도록 돕는 교실 활동과 교실 자료 개발을 위해 사용할 수 있다. 더욱이 교사는 연구 결과를 설명할 때 그 연구가 광범위한 사회적 과정에 대해 드러내는 것이 무엇인지를 고려하여 교실 토의를 진행할 수도 있을 것이다. 이러한 방법으로 교사는 사회 과정 속에서 학습자들이 서로의 관계에 대해 정보를 얻고 인간의 잠재력 향상을 위한 공간을 찾도록 도와줄 수 있다.

마치면서

이제 Luke(2002, 79쪽)가 남긴 글로 이 책을 마치고자 한다.

상당수의 이민자가 EEC(유럽 경제 공동체), 북아메리카, 일본, 호주, 다른 아시아태평양 경제공동체 국가에서 사회경제적으로 낮은 계층에 있다고 인식되고 있었다. — 비록 전후에 이민자들은 실제로 그랬었지만 — 백인 위주의 문화 안에서 피해자로서가 아닌 다양한 새 정체성이 주는 영향과 힘이라는 복합성을 만들어내기 시작한 소수자 정체성의 이야기를 밝히 보여줄 필요가 있다. 이러한 실행은 밥 딜런의 1960년대 노래 'pity the poor immigrant'를 계속 들먹이는 자유주의자들의 오만을 잠재울 수 있다.

세계화가 진행되는 시대에 언어 교사는 교실에서 만나는 이민 학습자에 대해 그들이 젊든 나이가 많든 여자든 남자든 부자든 가난하든 아시아인이든 서양인이든지와 관계없이 우리의 개념을 다시 바로 잡아야 할 필요가 있다고 본 저자는 믿는다. 마찬가지로 중요한 것은 우리가 교사, 연구자, 공동체 구성원, 세계 시민으로서 자기 정체성을 다시 검토해 봐야 할 필요성이 있다는 점이다. 이 책에서 본인은 언어 학습자에 대한 본질주의적 개념은 지지할 수 없다고 주장하였다. 정체성의 복잡성을 인정하는 것만이 새 시대에 언어 학습과 교수가 직면한 무수한 도전과 가능성에 대한 해답을 찾는 길이다.

서평

Claire Kramsch

　이따금 Bonny Norton과 같이 잘 알려진 응용언어학자의 학술 연구는 역사적으로 중대한 상징성을 갖는다. 그러한 학술 연구가 시대 사조에서 중요한 변화를 잡아내었기 때문이다. 그 변화는 나중이 되어서야만 완전하게 알아차릴 수 있을 것이다. 때마침 Bonny는 10년 전에 나왔던『정체성과 언어 학습』의 두 번째 판을 다시 내어놓았다. 2007년 4월 22일 캘리포니아 코스타메사에서 연린 AAAL 연례회의에서 커피를 마시며 Bonny는 70년대에 아파르트헤이트가 진행되고 있는 남아프리카 공화국에서 자랄 때의 그 공포, 인종과 언어의 분리, 아프리칸스어의 우위, 대중의 영어에 자신이 몰두한 것에 대한 이야기를 하기 시작하였다(Norton Peirce, 1987). 나는 불현듯 어떻게 연구자의 열정이 개인의 경험에서 비롯되는지를 이해했다; 이것은 Bonny가 연구의 대상을 탐구하기 위해 선택한 관점을 설명해 주었다 — 언어가 '과도기'에 있었던 나라에서 ESL을 교수하는 것. 정체성과 사회 정의에 관련된 Bonny의 뜨거운 관심은 아파르트헤이트가 진행되는 사회와 시민 정체성에 대한 잔혹한 억압을 통해서 보면 이해가된다. Bonny는 SLA 분야에서 투자에 집중하는 것과 영어 화자가 속한 상상의 공동체를 구체화시킴으로 인해 남아프리카공화국에서의특정 경험을 담고 있는 '가능성의 교육학'을 다시 실현할 수 있었다(Norton Peirce 1989). 처음으로 내가 언어 학습에서 Bonny의 정체성에 대한 개념이 어떠한 것인지를 이해한 것은 Bonny가 과거에 직접강렬하게 목격한 사회 불의와 관련된 내용이었다. 처음으로 나는 영어를 배우는 것이 더 나아지고 더 공평하며 더 민주주의적인 삶의형태에 대한 희망을 나타낼 수 있음을 알게 되었다.

나는 1940년대에 다른 하늘, 다른 시대에서 자라났다. 독일 치하에 있었던 프랑스는 남아프리카공화국이 아니지만 그 나름의 두려움과 특유의 공포가 있었다. 전후 프랑스는 국가 정체성을 회복하는 것에 집착하고 있었는데 80년이 넘게 정체성을 위협한 '숙적'과 다시 결부하는 방식이었다. 독일어와 문학에 대한 내 흥미는 전통적인 적대감을 넘어선 것이었고 전쟁 기간 동안 심하게 상처받은 정체성을 치료하기 위해 문학의 잠재력을 되찾는 방식이었다(Kramsch, 2010). 결국 내 다중언어와 다문화 가족 배경은 국가 정체성보다 언어적, 문화적 주체의 위치에 대한 쟁점에 관심을 더 가지게 하였다. 프랑스인으로서 고국을 떠나 미국에서 독일어를 가르치고 있는 나 자신을 어떻게 위치 지을 수 있을까? SLA 연구가 영어 이외의 언어 교수에 대해어느 정도까지 알아낼 수 있을까? 문화를 가르치는 것이 미국의 외국어 교육에서 연구 대상이 되었을 때(Kramsch, 1993), 나는 SLA에서의정체성보다 주체성에 더 집중하였다(Kramsch, 2009, 2012). 사실 나는 어떻게 서로 다른 언어가 그야말로 서로를 싫어하기도 하고 좋아하기도 하고 혹은 동시에 둘 다일 수 있는 다중언어화자 주체를 구성할 수 있는지에 대해 경험하였다. 이러한 모순에 이끌려 자연스럽게 후기구조주의에 도달했고, 비록 포스트모던 관점일지라도 Bonny Norton과 같은 문제에 흥미를 갖고 있다는 것을 알게 되었다. 처음으로 영어 화자가 영어 이외의 언어를 배우는 것은 사실 덜 편협해질 수 있다는 희망과 세계인이 가지는 삶의 형태와 가까워짐을 나타낼 수 있다는 점을 깨달았다.

새 분야를 개척한 Bonny의 책 『정체성과 언어 학습』(Norton, 2000)은 90년대 말에 집필되었고 내러티브라는 새로운 방식으로 정체성에 대한 쟁점을 이야기할 토대를 마련해 주었다. 캐나다에 온 여성 이민자 5명의 개인 이야기를 인상적으로 담아냈는데 이로써 정체성은 형태와 중심을 가지게 되었다. 독자들은 에바, 마이, 카타리나, 마르티나, 펠리시아를 이전 SLA 연구에서는 볼 수 없었던 방법으로 만날 수 있을 것이다. 학습자/정보제공자와 함께 하는 교사/연구자의 개인적인 관계 형성은 언어 학습의 언어적, 인지적 측면뿐만 아니라 감정적, 문화적 측면까지 관여하는 새로운 SLA '연구'의 가능성을 열어주었다. 90년대 말에 Bonny Norton의 책은 외국어 교수에서 문화와 관련하여 언어 교육자의 문제(Kramsch, 1993)와 영어 교수에서 정체성(Norton Peirce, 1994) 분야에 적절한 시기에 적절한 방식으로 확실하게 응답해 주었다. 그런데 어떻게 해서 90년대 말에 SLA 분야에서 정체성은 중요한 주제가 되었을까?

SLA에서 왜 사회적, 문화적 정체성에 관심을 가지는가?

Bonny와 나는 이제까지 다른 길을 걸어왔지만 우리는 거대한 역사적 흐름에 발맞추었고 그 결과가 우리 각자의 연구와 SLA와의 관계라고 할 수 있다. 첫 번째 흐름은 학문의 종류이다. 20년 이상 큰 자리를 차지하던 심리언어학 이후에 SLA 연구에서는 언어 습득을 촉진하거나 저해하는 사회적 요인을 고려해야 한다는 요구가 강하게 지속되고 있었다. 80년대에 SLA에서 상호작용을 연구하는 학자가 늘면서 (예를 들어 Michael Long, Sue Gass, Merrill Swain 등 다수) 사회적 상호작용이 의사소통 목적의 언어 사용 능력을 습득하는 데에 필수적이라는 것을 보여주었다 — 그리고 의사소통 능력은 SLA에서 의심할 여지없는 목표로 보았다. 참고로 Vygotsky의 첫 영어 번역(특히 Vygotsky, 1978)과 Bakhtin(1981)은 소련 심리학의 기반을 소개했고 서구 응용 언어학자들이 가진 언어에 대한 생각을 대화적 관점으로 바꾸었다. 다른 연구자들과 같이(예를 들어 Merrill Swain, Aneta Pavlenko, Steven Thorne) Lantolf는 SLA에서 영향력 있는 사회문화 이론을 발전시켰다. 그 이론은 협력 학습이 습득을 촉진하는 가장 중요한 역할을 한다는 내용이었다(Lantolf, 2000; Lantolf & Thorne, 2006). 상호작용 중심의 SLA와 사회문화적 SLA는 모두 Block이 'SLA에서 사회적 전환'(Block, 2003)이라고 부르는 것에 바탕을 두고 있는데, 그것은 언어 학습자의 사회 문화적 정체성과 깊은 관련이 있다.

정체성과 관련된 두 번째 역사적인 흐름은 국제 시장의 규제완화에 대한 결과로 80년대 말 일어난 대규모 이민(Cameron, 2006)과 경제 세계화와 문화 세계화가 확실히 진행되고 있다는 것이다. 세계적으로 이동이 늘어났기 때문에 국제 사회는 더 다인종, 다문화화가 되었고 공동체의 의식은 그전보다 더 '상상 속의 것'이 되었다. '(시민, 여성, 소수자, 이민자, 성별화된 사람으로서)나는 누구인가?'라는 질문은 이제 원어민화자나 비언어민화자 모두가 중요하게 생각하고 있으며 그들 모두는 정체성 정치 안에 있고 자신이 누구인지를 인식하는 데 어려움을 겪고 있다. 그들이 미래의 가능성을 시험하는 새 이민자이든 아메리카의 변화된 모습을 시험하는 미국에 오래 거주한 사람이든 사회적 국가적 정체성에 대한 물음이 지난 15년 동안 특히 2001년 9월 11일 이후에 더 중요하게 되었다.

SLA에서 정체성에 대한 관심과 관련된 세 번째 역사적 발전은 80년대 말의 인터넷, 네트워크화된 컴퓨터와 같은 정보 기술의 발달에서 비롯되었다. 처음으로 사람들은 텍스트, 이미지, 비디오로 다른 사람들과 온라인에서 컴퓨터로 의사소통할 수 있게 되었다; 그들은 하이퍼텍스트와 초현실에 접속할 수 있었다; 그들은 가상 자아에 적응하고 다른 정체성을 덧입을 수 있었다. 오늘날 페이스북과 블로그스피어는 누군가를 다시 만들어서 온라인에서 다른 사람들과의 상호작용에서 다양한 정체성을 만들어 갈 수 있는 기회를 준다.

이러한 큰 지정학적 격변은 국제자본주의의 확산과 국제적으로 통용되는 의사소통에 대한 열망을 가속화시켰다 : 국제공용어로서의 영어. 한 국가 언어에서 세계 언어로 변신한 영어는 정체성에 굉장히 중요한 쟁점을 불러일으켰다 : 영어로 이야기할 때 나는 누구인가? 혹은 Bonny Norton이 이야기한 것처럼 세상과 나의 관계와 미래의 가능성을 어떻게 이해해야 하는가? 후기구조주의자 관점에서 영어의 사용 그 자체는 어떻게 내 모국어로 구성된 세계와 다른 세계를 만드는가? 그리고 나도 그 세계에 속해야 하는가? 『정체성과 언어 학습』의 첫판이 나오고 12년이 지났지만 여전히 모순된 답이 도출되는 존재론적 질문들이다. 사실 9/11 이후 많은 전쟁이 뒤따랐고 영어의 역할과 다양한 정체성은 『정체성과 언어 학습』이 처음 출판되었을 때보다 더 애매모호해진 것으로 보인다. Bonny Norton이 언급한 아주 영

향력 있는 세 가지 개념과 바탕을 이루는 이론적 배경을 살피는 것은
여러 물음에 답할 길을 열어 줄 것이다.

세 가지 영향력 있는 개념

언어 학습에서 정체성에 대한 Norton의 이론을 뒷받침하는 세
가지 주요 개념을 살펴보는 것이 바람직하겠다 : 투자, 정체성, 상상
의 공동체. 세 가지 모두 개인, 자아, 국가에 대한 사회 구성주의 이론
에 단단히 기반을 두고 있다. 사회적으로 더 공정한 세상을 꿈꾸는
Bonny는 영어를 자신의 것으로 만들고, 이용당하는 정체성에서 스스
로가 자유로워지고, 사회가 강요하는 교육 공동체가 아닌 새로운 실
행 공동체를 만들기 위한 권리를 주장하는 언어 학습자들에 대한 열
망의 표현으로 세 가지 개념을 찾아내었다.

경제적인 의미도 포함하고 있는 아주 역동적인 용어인 *투자*라는
Norton의 개념은 SLA에서 '동기'라는 전통적인 용어를 대체하는 것이
다. 동기와 다르게 투자는 이득, 혜택과 관련된 함축적인 의미를 지니
고 있다; 경제적이며 상징적인 자원을 축적하고 있고, 그 노력에 보상
이 있고 그 보상을 유지하고 있고, 지금 하고 있는 일과 관련된 정체
성과 행위자의 역할을 강조한다. 북미라는 상황 아래 SLA에서 투자는
'언어 학습에 대한 헌신'과 유의어가 되고 학습자의 의도된 선택에 바
탕을 둔다. 이러한 관점에서 학습자는 더 이상 강력한 제도에 의해
수동적으로 구성되지 않는다; 또한 다른 사람이 자신을 가르치는 것
을 배우려고 단순히 움직이지 않는다. 그들은 단체를 움직이고, 자신
의 권리가 무엇인지 명확하게 주장하고, 인식과 제도적 편견을 바꾸
고, 누구든지 자신이 되고 싶은 사람이 되도록 노력할 수 있다.

사실 Norton의 *정체성*에 대한 개념은 '담론적으로 구성된 것'이고 '항상 사회적 역사적으로 내재되어 있는 것'이다(이 책의 들어가기 참고). 이것은 우리가 바라는 인간상이 담론적인 맥락으로의 전환에 도전하고 재정의하는 행위가 언제나 가능하다는 것을 뜻한다. 이를테면 SLA 상황에서는 동료들이 언어를 잘 못하는 사람으로 취급하는 것을 받아들이지 않아도 된다는 뜻이다; 이민자는 자신이 고를 수 있는 다양한 정체성에 바탕을 두고 자기 자신이 바라는 그 누구라도 되도록 노력할 수 있다. 다른 한편으로 이러한 새 정체성은 다른 사람들이 보기에는 그들과 공존할 수 없다고 생각할 수도 있다; 이것은 아마 경쟁이 될 것이기 때문이다. 그러한 까닭에 새로운 사회적 역학 관계 아래에서 꾸준히 재평가와 재협상을 해야 한다.

　　이러한 불확실성은 자신이 원하는 것을 승인하는 권력을 가진 사람들(정부, 집주인, 사장, 교사)에 의존하고 있는 이민자들을 불안하게 만들 것이다. 그러나 '정체성'에 대한 Norton의 개념에서 암시하는 역학 관계의 끊임없는 변화는 이민자나 영어 학습자가 살고 있는 현실이 아닌 그들이 원하는 그림을 그려볼 수 있게 해 줄 것이다. 그들이 속하기 바라는 공동체는 자기 주위에 있는 것이 아니라 *상상의 공동체*일 것이다. 그리고 영어와 관련된 경제적 이동성에 대한 희망을 키울 것이다. 상상의 공동체는 때로는 온라인에서 만들어지고 유지되는 동경의 대상이 되는 공동체이다. 공동의 열망에 의해 뭉친 전 세계의 영어 학습자들은 자유, 민주주의, 작용주체, 힘과 같은 가치를 꿈꾼다. 인터넷은 더 나은 세계로 다시 태어나고 자신을 다르게 보이게 할 가능성을 가지고 있다. 인터넷은 말할 권리를 주장하고(인간 권리나 시민 권리에 대해) 목소리를 낼 수 있게 주장하는 새롭고 더 강력한 사회적 정체성을 약속한다.

이러한 이상은 SLA 연구에서 언어학습자에 대한 환원주의 이론에 저항한 Bonny Norton을 따르는 많은 학자에 의해 공유되었다(이 책의 들어가기 참고). 그들은 투자와 상상의 공동체 개념을 SLA의 정치적 측면을 강조하기 위해 사용하였는데, 다시 말해 공적 영역에서 공동체 참여와 국제 협력을 통한 언어 학습을 말한다. 그러나 『정체성과 언어 학습』을 첫 출판한 이래로 2001년 세계무역센터 공격, 2008년 세계 금융 위기, 전 세계 테러리즘에 대한 끊임없는 전쟁, 범세계적 차원의 빈부격차는 이 이상을 시험대에 올려놓았다. SLA 분야에서 Norton의 투자, 정체성, 상상의 공동체는 어떻게 될까?

'말할 권리'의 미래

21세기 영어 사용의 꿈과 현실의 차이를 이론화하기 위해 SLA에서 Bonny Norton의 정체성 이론에 영감을 준 사상가 세 명을 되돌아보는 것이 좋겠다 : Pierre Bourdieu, Chris Weedon, Benedict Anderson. 세 명 모두 80년대에 자기 분야에서 환원주의 관점에 대항하여 싸웠다. 그들의 연구는 SLA 연구에서 Bonny Norton이 그랬듯이 굉장한 영향을 끼쳤다. 그 당시 흐름에 저항했기 때문이다.

사회학자로서 Pierre Bourdieu(1982)는 자율적 개인에 대한 잘못된 믿음에 저항하여 싸웠다. 개인을 비용과 인간 행동의 이익에 대한 합리적인 계산에 바탕을 둔 합리적인 결정을 하는 사회적 행위자로 받아들이는 합리적 행위자 이론에 대해서, Bourdieu는 개인의 아비투스가 누군가 자신을 찾는 그 장(예 : 가족, 학교, 일터)에 의해 무의식적으로 구조화된다고 생각하였다; 결국 그들의 아비투스에 따라 행동함으로써 개인은 그들이 소속되어 있는 장을 만들어간다. 그것은 사람들이 자신이 누구이고 어떤 사람이 될 수 있는지에 대한 현실적인 감각을 느끼는 장과 아비투스의 상호작용을 통해서이다. 성공하기 위해서 '모든 참가자는 *자신이 하고 있는 게임*과 그들이 벌이는 투쟁의 가치에 대해 *반드시 믿어야 한다.*'(같은 책. 강조 표시는 본인이 함). Bourdieu에 따르면 게임이나 장의 존재 자체와 지속은 게임과 그 이해관계에서 현실적이고 의심할 여지없는 믿음인 완전하고 무조건적인 '투자'를 상정한다. 여기에서는 '반드시'라는 단어 사용을 기억해야 한다. Bourdieu는 도덕적 의무감을 명확히 하자는 것이 아니라 사회학자로서 문화적 재생산과 관련된 게임의 법칙을 사회적 숙명으로 자세히 설명한 것이다. 게임에 대한 Bourdieu의 견해는 현실적인 측면이 있고 많은 사람이 오늘날 많이 느끼는 것을 반영한 생존주의적인 특징을 보여준다.

페미니스트와 문화 이론가로서 Chris Weedon(1987)은 자아에 대한 생득주의 이론과 맞서 싸웠다. '우리 자신에 대한 감각'으로 주체성을 정의하면서(1987, 21쪽) 개인의 주체성은 구성되는 것이지 나면서부터 가지고 있는 것은 아니라고 주장하였다; 이것은 유전적으로 결정되는 것이 아니라 사회적으로 생산되는 것이다. Weedon은 이 견해를 '후기구조주의'라고 불렀는데, 정체성을 고정된 범주로 묶어두는 것을 피하면서 권력 사이에서 끊임없이 투쟁이 일어나는 정체성의 구조를 포함하고 있기 때문이다. 이 투쟁은 변화로 인도할 수도 있지만 또한 현상을 강화할 수도 있을 것이다. '의식적이고, 영리하고, 통일되고, 이성적인 주체를 시사하는 인본주의와는 다르게 후기구조주의는 주체성을 분열과 투쟁의 장, 정치적 변화 과정과 현상 보존의 핵심으로 정의한다'(같은 책). Weedon에 따르면 '후기구조주의의 모든 형태를 보면 의미는 언어 안에서 이루어지지, 그것을 말하는 주체에 의해 보장되지는 않는다고 가정한다.'(같은 책, 22쪽) 언어를 구조화하는 사회 관계와 언어에 반영되는 어떠한 여성이나 남성으로서의 특성도 영원히 존재할 수 없다. Weedon은 '여성다움과 남성다움의 의미는 문화마다 언어마다 매우 다양하다.'라는 것을 덧붙인다(같은 책). 또한 정체성에 대한 Weedon의 견해는 지금 이 책을 읽는 독자들도 느끼는 애매함, 분열, 투쟁의 측면이 있음을 강조한다.

역사학자이자 문화 이론가인 Anderson(1983)은 천부적인 것과 민족주의의 자연 발생 이론과 맞서 싸웠다. Anderson은 *상상의 공동체*라는 잘 알려진 용어를 소개하였다. 그리고 국가 정체성은 원어민 화자가 나면서부터 가지고 태어난 것이 아니고 인구조사, 지도, 박물관, 학교, 영화 산업, 미디어를 통해 민족국가라는 개념이 힘겹게 구성되었다는 사실을 밝혔다. 국가는 스스로(국경에 의해), 주권자(하나님 안의 자유), 이웃 사랑(깊고 수평적인 우애)에 의해 한정되는 것으로 상상된다. Anderson은 '공동체는 진실/거짓에 의해서가 아니라 그들이 상상하는 방식에 의해 구분된다.'라고 썼다(Anderson, 1983, 6쪽). 이 방식은 역사 안에 명백히 근거를 두고 있다. 꾸준히 그들의 역사를 계속 들려주거나, 영웅을 기억함으로써 국가는 '숙명을 계속 내세워 뜻밖의 사건을 의미 있는 것으로 바꾼다.'(11쪽) 그렇게 함으로써 자기 자신의 정체성을 세워 간 것이다. Anderson은 '민족주의가 운명으로 바뀌는 것은 마법과 같다.'라고 언급하였다. Anderson의 '상상의 정체성'은 자기 국민의 상상력을 조정하기 위한 국가의 압도적인 힘이라는 것을 직접적으로는 정치적인 발언을 통해 간접적으로는 의사소통이라는 대중적인 형식을 통해 오늘날 독자들에게 상기시키고 있다.

논의

Bonny Norton이 거론한 이론가 세 명은 개인을 '자기 운명의 주인'으로 개념화하는 것, 미래에 잘 정립된 목표를 이루기 위해 자신의 길을 만들어가고, 신이 주셨다고 명확하게 정의된 국가 공동체에 소속되어 있음을 보장하는 것의 위험성에 저항하였다. 세 명 모두 사실 현실은 골치 아프고 모순된다고 말한다. 개개인은 강력한 조직에 의해 정해진 규칙을 따르는 게임에 연루되어 있다(Bourdieu); 그들의 정체성은 자신이 선택하지 않았지만 사회적 힘에 따라 다른 사람들의 언어에 의해 결정되었기 때문에 단일하지 않고 상충된다(Weedon); 그들이 속한 공동체는 자연 발생적인 것이 아니라 강력한 힘을 대변하는 사회적, 정치적 구성체이다(Anderson). 세상에 대한 구조주의 견해에 대항해서 싸움으로써 후기구조주의 사상가들은 복잡성, 변화, 역설을 인식하고 주목해서 시작하게 된 저항의 가능성을 열었다.

Bourdieu, Weedon, Anderson에게 영향을 받은 Norton의 후기구조주의 정신은 다른 연구자들에 의해 더 진척되었지만(들어가기 참고), 이제는 새로운 의미를 갖고 전 세계 곳곳에서 볼 수 있다. 예를 들어 '투자'의 개념은 이제 Pavlenko와 Lantolf(2000)가 '자아의 참여와 (재)구성'이라고 쓴 저명한 연구 내용과 떼려야 뗄 수 없는 관계에 있다. 이것은 또한 걷잡을 수 없는 세계화 때문에 피해를 입었다는 극적인 설명과도 떼려야 뗄 수 없다(Heller, 2003, 2010; Kramsch & Boner, 2010). 마찬가지로 Pavlenko(2001, 2002), Block(2006), 다른 연구자들(Norton & Early, 2011을 포함한)의 연구와 관련된 자기 이야기의 공유는 이제 세계적인 불평등과 Blommaert(2005)와 Holborow(2012)가 다룬 이념적인 모순과 관련된 이야기와도 연결되어 있다.

또 다른 예로 Norton의 연구는 교실 밖의 또 다른 학생들과 의사 소통하는 온라인 교실, 블로그, 스카이프(Lam, 2006; Malinowski & Kramsch, 2014; Mendelson, 2010), 다른 나라에 있는 원어민과 온라 인 교류(Kramsch & Thorne, 2002; Ware & Kramsch, 2005) 기술을 사용하는 언어 교육자들에게 영감을 주었다. Norton의 이야기 접근 방식은 전 세계에 있는 빈곤한 젊은이들에게 국제적인 정체성을 키워 주기 위해 디지털 스토리텔링을 사용하는 문해능력 교육자를 더 노력 하게 했다(Hull et al, 2013). 그러나 이제 이러한 노력은 관광이라는 담론에서 신식민주의 영향에 대해 연구(Thurlow & Jaworski, 2010) 와 언어 교과서의 단순한 영향력과 관련된(Vinall, 2011) 사회언어학 자들의 중요 연구와 구분할 수 없게 되었다. 그리고 그들은 MIT 심리 학자인 Sherry Turkle이 *Alone together*(2011)에서 인터넷에 대해 고 발해 엄청난 충격을 준 내용과 분리해서 생각할 수 없다. 이 모든 사 례에서 다시 세운 정체성에 대한 꿈은 경제적, 문화적 세계화의 무자 비한 현실에 의해 흐지부지되었다.

지난 10년의 세계 경제, 문화, 정치 격변은 우리가 사건을 해석하 는 방식에 영향을 주었다. 그래서 영어를 가르치는 것은 10년 전보다 더 양면적인 렌즈를 통해 보게 되었다. 비판적, 포스트모던 사회언어 학의 성장(Block et al., 2012; Blommaert, 2005, 2010; Heller & Duchêne, 2011; Thurlow & Jaworski, 2010; Ward, 2011)은 90년대 Norton에 의해 기록된 개개인의 사례에 정치적인 빛을 비추도록 계 속 우리를 이끌고 있다. 또한 Norton의 최근 연구에도 영향을 계속 주고 있다(Norton & Williams, 2012 참고).

결론

　『정체성과 언어 학습』를 읽는 현재 독자들이 지내온 지난 10년 동안 많은 일이 일어났다. 90년대에 우리는 베를린 장벽의 붕괴, 소련의 종말, 자유에 대한 약속을 예고한 남아프리카 공화국의 아파르트헤이트 폐지, 민주주의와 평등한 기회라는 세계 안에서 살았다. 영어에 대한 지식은 바뀐 시대가 가져다 준 약속의 일부인 새로운 정체성에서 강력한 요소가 되었다. 그러나 2001년 이후로 국제적 불평등, 금융 시장의 대혼란 초래와 상품, 지위, 권력의 국제 경쟁 증가를 가속화 한 규제 없는 빠른 자본주의 안에서 살고 있기도 하다. 영어는 새로운 국제 엘리트 언어가 되었다. 단지 의사소통 기술 말고도 영어는 상징적인 지위 또한 많이 가지게 되었다.

　어떤 측면에서 더 중요한 것은 영어가 꿈을 이루는 언어가 아닌 꿈을 가로막는 언어가 된다는 것이다. 언어가 마케팅 산업에 의해 상품화될 때 그들이 가진 진짜 가치를 많이 잃게 되고, 말할 권리는 통계나 여론조사의 남용으로 약해지게 된다. 후기구조주의 견해의 정치적 약속은 사회적 정체성을 '다양하고 모순된 것'으로서(Norton Peirce, 1995, 15쪽), 목표 언어에서 학습자의 투자는 '복잡하고 모순되고 유동적인 것'으로(Norton, 2000, 11쪽) 특징지을 가능성을 열어 놓았다는 것이다. 그렇지만 그 약속은 '그것을 만든' 사람들과 다양하고 모순된 정체성을 더 이상 가지고 싶어 하지 않고 단일하고 안정적이고 예측 가능한 것을 바라는 사람들에게 유리한 더 구조적이고 통제적인 과정으로 상업화될 위험이 있다.

　정체성은 앞으로도 SLA 연구에서 중요한 주제가 될 것이지만 이 책에서 정의한 정체성의 개념은 경제적, 문화적, 상징적 자원을 가진 구조주의자들의 용어를 재정의한 것이기에 그 자체에 문제점이 있다. 그렇기 때문에 정체성은 투자나 상상과 관련된 문제는 내려놓고 출생의 특권과 사회 계층에 대한 문제로 다시 한 번 이어질 것이다. 남아프리카공화국 출신인 Bonny Norton의 기념비적인 연구와 그 연구에 녹아 있는 혁신적인 생각을 다시 되짚는 것은 의미 깊은 일이 될 것이다.

참고문헌

Anderson, B. (1983). *Imagined Communities. Reflections on the Origin and Spread of Nationalism.* New York: Verso.

Bakhtin, M. (1981). *The Dialogic Imagination.* Austin, TX: University of Texas.

Block, D. (2003). *The Social Turn in Second Language Acquisition.* Washington, DC: Georgetown University Press.

Block, D. (2006). *Multilingual Identities in a Global City: London Stories.* London: Palgrave. Block, D. (in preparation). *Class in Applied Linguistics: A Global Perspective.* London: Routledge.

Block, D., Gray, J. & Holborow, M. (2012). *Neoliberalism and Applied Linguistics.* London: Routledge.

Blommaert, J. (2005). *Discourse.* Cambridge: Cambridge University Press.

Blommaert, J. (2010). *The Sociolinguistics of Globalization.* Cambridge: Cambridge University Press.

Bourdieu, P. (1982). *Ce que parler veut dire. L'économie des échanges linguistiques.* Paris: Fayard.

Cameron, D. (2006). Styling the worker: Gender and the commodification of language in the globalized service economy. *Journal of Sociolinguistics* 4 (3), 323-347.

Heller, M. (2003). Globalization, the new economy, and the commodification of language and identity. *Journal of Sociolinguistics* 7 (4), 473-492.

Heller, M. (2010). Language as resource in the globalized new economy. In N. Coupland, (ed.), *The Handbook of Language and Globalization.* Oxford:

Wiley-Blackwell, 349-365.

Heller, M. & Duchêne, A. (2011). Pride and profit: Changing discourse of language, capital and nation-state. In A. Duchêne & M. Heller (eds), *Language in Late Capitalism. Pride and Profit.* London:.Routledge, 1-21.

Holborow, M. (2012). Neoliberal keywords and the contradictions of an ideology. In D. Block, J. Gray, & M. Holborow (eds.). *Neoliberalism and Applied Linguistics.* London: Routledge, 33-55.

Hull, G., Stornaiuolo, A. & Sterponi, L. (in press). Imagined readers and hospitable texts: Global youths connect online. In D. Alvermann, N. Unrau & R. Ruddell (eds.), *Theoretical Models and Processes of Reading* (6th edn.). Newark, DE: International Reading Association.

Kanno, Y. & Norton, B. (2003). Imagined communities and educational possibilities. *Journal of Language, Identity, and Education* 2 (4) (special issue), 241-249.

Kramsch, C. (1993). *Context and Culture in Language Teaching.* Oxford: Oxford University Press.

Kramsch, C. (2009). *The Multilingual Subject.* Oxford: Oxford University Press.

Kramsch, C. (2010). Afterword. In D. Nunan & J. Choi (eds), *Language and Culture. Reflective Narratives and the Emergence of Identity.* London: Routledge, 223-224.

Kramsch, C. (2012). Subjectivity. In C. Chapelle (ed.), *Encyclopedia of Applied Linguistics.* Oxford: Wiley-Blackwell.

Kramsch, C. & Boner, E. (2010). Shadows of discourse: Intercultural communication in global contexts. In N. Coupland (ed.), *The Handbook of Language and Globalization.* Oxford: Wiley-Blackwell, 495-519.

Kramsch, C. & Thorne, S. (2002). Foreign language learning as global communicative practice. In D. Block & D. Cameron (eds.), *Globalization and Language Teaching.* London: Routledge, 83-100.

Lam, E.W.S. (2006). Re-envisioning language, literacy and the immigrant subject in new mediascapes. *Pedagogies: An International Journal* 1 (2), 171-195.

Lantolf, J. (ed.) (2000). *Sociocultural Theory and Second Language Learning.* Oxford, UK: Oxford University Press.

Lantolf, J.P. & Thorne, S.L. (2006). *Sociocultural Theory and the Genesis of Second*

Language Development. Oxford: Oxford University Press.

Malinowski, D. & Kramsch, C. (in press). The ambiguous world of heteroglossic computer-mediated language learning. In A. Blackledge & A. Creese (eds), *Heteroglossia as Practice and Pedagogy*.

Mendelson, A. (2010). Using online forums to scaffold oral participation in foreign language instruction. *L2 Journal* 2, 23-44.

Norton, B. (2000). *Identity and Language Learning*. Harlow: Longman/Pearson Education.

Norton, B. & Early, M. (2011). Researcher identity, narrative inquiry, and language teaching research. *TESOL Quarterly* 45 (3) 415-439.

Norton, B. & Williams, C.J. (2012). Digital identities, student investments, and eGranary as a placed resource. *Language and Education* 26 (4), 315-329.

Norton Peirce, B. (1987). ESL under apartheid: Language in transition. Paper presented at the 21st Annual TESOL convention, Miami Beach, FL.

Norton Peirce, B. (1989). Toward a pedagogy of possibility in the teaching of English internationally: People's English in South Africa. *TESOL Quarterly* 23 (3), 401-420.

Norton Peirce, B. (1995). Social identity, investment, and language learning. *TESOL Quarterly* 29 (1), 9-31.

Pavlenko, A. (2001). 'In the world of the tradition, I was unimagined': Negotiation of identities in cross-cultural autobiographies. *International Journal of Bilingualism* 5 (3), 317-344.

Pavlenko, A. (2002). Poststructuralist approaches to the study of social factors in second language learning and use. In V. Cook (ed.), *Portraits of the L2 User*. Clevedon: Multilingual Matters, 275-302.

Pavlenko, A. & Lantolf, J. (2000). Second language learning as participation and the (re)construction of selves. In J. Lantolf (ed.), *Sociocultural Theory and Second Language Learning*. Oxford: Oxford University Press, 155-178.

Swain, M. (2000). The output hypothesis and beyond: mediating acquisition through collaborative dialogue. In J. Lantolf (ed.), *Sociocultural Theory and Second Language Learning*. Oxford: Oxford University Press, 97-114.

Thompson, J.B. (1991). Editor's Introduction. In P. Bourdieu (ed.), *Language and*

Symbolic Power. Cambridge, MA: Harvard University Press, 1-31.

Thurlow, C. & Jaworski, A. (2010). *Tourism Discourse. Language and Global Mobility*. London: Palgrave Macmillan.

Turkle, S. (2011). *Alone Together. Why We Expect More from Technology and Less of Each Other*. New York: Basic Books.

Vinall, K. (2012). *Un Legado Historico?* Symbolic competence and the construction of multiple histories. L2 Journal 4, 102-123.

Vygotsky, L. (1978). *Mind in Society. The Development of Higher Psychological Processes*. Cambridge, MA: Harvard University Press.

Ward, S. (2011). *Neoliberalism and the Global Restructuring of Knowledge and Education*. London: Routledge.

Ware, P. & Kramsch, C. (2005). Toward an intercultural stance. Teaching German and English through telecollaboration. *Modern Language Journal* 89 (2), 190-205.

Weedon, C. (1987). *Feminist Practice and Poststructuralist Theory*. Oxford: Blackwell.

참고문헌

Acton, W. and de Felix, J.W. (1986) Acculturation and mind. In J.M. Valdes (ed.) *Culture Bound: Bridging the Culture Gap in Language Teaching.* Cambridge: Cambridge University Press.

Anderson, G. (1989) Critical ethnography in education: Origins, current status, and new directions. *Review of Educational Research*, 59 (3), 249-70.

Angelil-Carter, S. (1997) Second language acquisition of spoken and written English: Acquiring the skeptron. *TESOL Quarterly*, 31 (2), 263-87.

Anzaldua, G. (1990) How to tame a wild tongue. In R. Ferguson, M. Gever, T. Minh-ha and C. West (eds) *Out There: Marginalization in Contemporary Cultures* (pp. 203-11). Cambridge, MA: MIT Press.

Auerbach, E.R. (1989) Toward a social-contextual approach to family literacy. *Harvard Educational Review*, 59, 165-81.

Auerbach, E.R. (1997) Family literacy. In V. Edwards and D. Corson (eds) *Literacy.* Vol. 2, *Encyclopedia of Language and Education.* Dordrecht: Kluwer Academic Publishers.

Bailey, K.M. (1980) An introspective analysis of an individual's language learning experience. In R. Scarcella and S. Krashen (eds) *Research in Second Language Acquisition.* Rowley, MA: Newbury House.

Bailey, K.M. (1983) Competitiveness and anxiety in adult second language learning: Looking at and through the diary studies. In H.D. Seliger and M.H. Long (eds) *Classroom Oriented Research in Second Language Acquisition.* Rowley, MA: Newbury House.

Bakhtin, M. (1981) *The Dialogic Imagination.* Austin: University of Texas Press.

Barton, D. and Hamilton, M. (1998) *Local Literacies: Reading and Writing in One Community.* London: Routledge.

Bell, J. (1991) *Becoming Aware of Literacy.* Unpublished PhD thesis, University of Toronto, Canada.

Benesch, S. (1996) Needs analysis and curriculum development in EAP: An example of a critical approach. *TESOL Quarterly*, 30, 723-38.

Beretta, A. and Crookes, G. (1993) Cognitive and social determinants of discovery in SLA. *Applied Linguistics*, 14: 250-75.

Bourdieu, P. (1977) The economics of linguistic exchanges. *Social Science Information*, 16(6), 645-68.

Bourdieu, P. and Passeron, J. (1977) *Reproduction in Education, Society, and Culture*. London/ Beverly Hills, CA: Sage Publications.

Bourne, J. (1988) 'Natural acquisition' and a 'masked pedagogy'. *Applied Linguistics*, 9 (1), 83-99.

Boyd, M. (1992) Immigrant women: Language, socio-economic inequalities, and policy issues. In B. Burnaby and A. Cumming (eds) *Socio-Political Aspects of ESL in Canada*. Toronto: Ontario Institute for Studies in Education.

Breen, M. and Candlin, C. (1980) The essentials of a communicative curriculum in language teaching. *Applied Linguistics*, 1 (2), 89-112.

Bremer, K., Broeder, P., Roberts, C., Simonot, M. and Vasseur, M.-T. (1993) Ways of achieving understanding. In C. Perdue (ed.) *Adult Language Acquisition: Cross-Linguistic Perspectives, vol. II: The Results* (pp. 153-95). Cambridge: Cambridge University Press.

Bremer, K., Roberts, C., Vasseur, M.-T., Simonot, M. and Broeder, P. (1996) *Achieving Understanding: Discourse in Intercultural Encounters*. London: Longman.

Briskin, L. and Coulter, R. C. (1992) Feminist pedagogy: Challenging the normative. *Canadian Journal of Education*, 17 (3), 247-63.

Britzman, D. (October 1990) *Could this be your story? Guilty readings and other ethnographic dramas*. Paper presented at the Bergamo Conference, Dayton, Ohio.

Brodkey, L. (1987) Writing critical ethnographic narratives. *Anthropology and Education Quarterly*, 18, 67-76.

Brown, C. (1984) Two Windows on the classroom world: Diary studies and participant observation differences. In P. Larson, E. Judd, and D. Messerschmitt (eds) *On TESOL'84*. Washington, DC: TESOL.

Brown, H.D. (1994) *Principles of Language Learning and Teaching*. Englewood Cliffs, NJ: Prentice Hall.

Burnaby, B. (1997) Second language teaching approaches for adults. In G.R. Tucker and D. Corson (eds) *Second Language Education*. Vol. 4, *Encyclopedia of Language and Education*. Dordrecht: Kluwer Academic Publishers.

Burnaby, B., Harper, H. and Norton Peirce, B. (1992) English in the workplace: An employer's concerns. In B. Burnaby and A. Cumming (eds) *Socio-Political Aspects of ESL Education in Canada*. Toronto: OISE Press.

Burnaby, B. and Sun, Y. (1989) Chinese teachers' views of western language teaching: Context informs paradigms. *TESOL Quarterly*, 23 (2), 219-36.

Butler, J. and Scott, J.W. (eds) (1992) *Feminists Theorize the Political*. New York: Routledge.

Cameron, D., Frazer, E., Harvey, P., Rampton, B. and Richardson, K. (1992) *Researching Language: Issues of Power and Method*. London: Routledge.

Canagarajah, A.S. (1993) Critical ethnography of a Sri Lankan classroom: Ambiguities in student opposition to reproduction through ESOL. *TESOL Quarterly*, 27 (4), 601-26.

Canale, M. and Swain, M. (1980) Theoretical bases of communicative approaches to second language teaching and testing. *Applied Linguistics*, 1, 1-47.

Canale, M. (1983) On some dimensions of language proficiency. In J. Oller (ed.) *Issues in Language Testing Research*. Rowley, MA: Newbury House.

Candlin, C. (1989) Language, culture, and curriculum. In C. Candlin and T.F. McNamara (eds) *Language, Learning and Community* (pp. 1-24). Sydney: National Centre for English Language Teaching and Research.

Cazden, C., Cancino, H., Rosansky, E. and Schumann, J. (1975) *Second Language Acquisition Sequences in Children, Adolescents, and Adults*. Research report, Cambridge, MA.

Cherryholmes, C. (1988) *Power and Criticism: Poststructuralist Investigations in Education*. New York: Teachers College Press.

Clark, R. and Ivanic, R. (1997) *The Politics of Writing*. London: Routledge.

Clarke, M. (1976) Second language acquisition as a clash of consciousness. *Language Learning*, 26, 377-90.

Clyne, M. (1991) *Community Languages: The Australian Experience*. Cambridge: Cambridge University Press.

Connell, R.W., Ashendon, D.J., Kessler, S. and Dowsett, G.W. (1982) *Making the Difference. Schools, Families, and Social Division.* Sydney: George Allen & Unwin.

Cooke, D. (1986) Learning the language of your students. *TESL Talk*, 16 (1), 5-13.

Corson, D. (1993) *Language, minority education and gender.* Cleveland: Multilingual Matters.

Crookes, G. and Schmidt, R. (1991) Motivation: Reopening the Research Agenda. *Language Learning*, 41 (4), 469-512.

Cumming, A. and Gill, J. (1991) Learning ESL Literacy among Indo-Canadian women. *Language, Culture, and Curriculum*, 4 (3), 181-98.

Cumming, A. and Gill, J. (1992) Motivation or accessibility? Factors permitting Indo-Canadian women to pursue ESL literacy instruction. In B. Burnaby and A. Cumming (eds) *Socio-Political Aspects of ESL Education in Canada.* Toronto: OISE Press.

Cummins, J. (1996) *Negotiating Identities: Education for Empowerment in a Diverse Society.* Ontario, CA: California Association for Bilingual Education.

Cummins, J. and Corson, D. (eds) (1997) *Bilingual Education.* Vol. 5, *Encyclopedia of Language and Education.* Dordrecht: Kluwer Academic Publishers.

Dornyei, Z. (1994) Motivation and motivating in the foreign language classroom. *Modern Language Journal*, 78 (3), 273-84.

Dornyei, Z. (1997) Psychological processes in cooperative language learning: group dynamics and motivation. *Modern Language Journal*, 81 (4), 482-93.

Duff, P. and Uchida, Y. (1997) The negotiation of teachers' sociocultural identities and practices in postsecondary EFL classrooms. *TESOL Quarterly*, 31 (3), 451-86.

Edge, J. and Norton, B. (1999) Culture, power, and possibility in teacher education. Paper presented at the annual TESOL convention, New York, NY, March 1999.

Edwards, D. and Potter, J. (1992) *Discursive Psychology.* Newbury Park, CA: Sage.

Ellis, R. (1985) *Understanding Second Language Acquisition.* London: Oxford University Press.

Ellis, R. (1997) *Second Language Acquisition.* Oxford: Oxford University Press.

Fairclough, N. (1992) *Discourse and Social Change.* Cambridge: Polity Press.

Faltis, C. (1997) Case study methods in researching language and education. In N.

Hornberger and D. Corson (eds) *Research Methods in Language and Education.* Vol. 8, *Encyclopedia of Language and Education.* Dordrecht: Kluwer Academic Publishers.

Foucault, M. (1980) Power/Knowledge: Selected Interviews and Other Writings 1972. 1977, C. Gordon (trans.). New York: Pantheon Books.

Freedman, R. (1997) Researching gender in language use. In N. Hornberger and D. Corson(eds) *Research Methods in Language and Education.* Vol. 8, *Encyclopedia of Language and Education* (pp. 47-56). Dordrecht: Kluwer Academic Publishers.

Freire, P. (1970) *Pedagogy of the Oppressed.* New York: Seabury Press.

Freire, P. (1985) *The Politics of Education.* South Hadley, MA: Bergin-Garvey.

Gardiner, M. (1987) Liberating language: People's English for the future. In *People's Education: A Collection of Articles* (pp. 56-62). Bellville, South Africa: University of the Western Cape, Centre for Adult and Continuing Education.

Gardner, R.C. (1985) *Social Psychology and Second Language Learning. The Role of Attitudes and Motivation.* London: Edward Arnold.

Gardner, R.C. (1989) *Attitudes and Motivation. Annual Review of Applied Linguistics,* 1988 (9), 135-48.

Gardner, R.C. and Lambert, W. E. (1972) *Attitudes and Motivation in Second Language Learning.* Rowley, MA: Newbury House.

Gardner, R.C. and MacIntyre, P. D. (1992) A student's contributions to second-language learning. Part I: Cognitive Variables. *Language Teaching,* 25 (4), 211-20.

Gardner, R.C. and MacIntyre, P. D. (1993) A student's contributions to second-language learning. Part II: Affective Variables. *Language Teaching,* 26 (1), 1-11.

Gee, J.P. (1990) *Social Linguistics and Literacies: Ideology in Discourses.* Basingstoke: Falmer Press.

Giles, H. and Coupland, N. (1991) *Language: Contexts and Consequences.* Buckingham, England: Open University Press.

Giroux, H.A. (1988) *Schooling and the Struggle for Public Life: Critical Pedagogy in the Modern Age.* Minneapolis: University of Minnesota Press.

Giroux, H. (1992) *Border Crossings: Cultural Workers and the Politics of Education.* New York: Routledge.

Goldstein, T. (1996) *Two Languages at Work: Bilingual Life on the Production Floor.* Berlin and New York: Mouton de Gruyter.

Goldstein, T. (1997) Language research methods and critical pedagogy. In N. Hornberger and D. Corson (eds) (1997) *Research Methods in Language and Education.* Vol. 8, *Encyclopedia of Language and Education.* Dordrecht: Kluwer Academic Publishers.

Gregg, K. (1993) Taking explanation seriously; or let a couple of flowers bloom. *Applied Linguistics,* 14, 276-93.

Hall, J.K. (1993) The Role of Oral Practices in the Accomplishment of Our Everyday Lives: The Sociocultural Dimension of Interaction with Implications for the Learning of Another Language. *Applied Linguistics,* 14 (2), 145-66.

Hall, J.K. (1995) (Re)creating our worlds with words: A sociohistorical perspective of face-to-face interaction. *Applied Linguistics,* 16 (2), 206-32.

Hall, J.K. (1997) A Consideration of SLA as a Theory of Practice: A Response to Firth and Wagner. *Modern Language Journal,* 81 (3), 301-6.

Hansen, J.G. and Liu, J. (1997) Social identity and language: Theoretical and methodological issues. *TESOL Quarterly,* 31 (3), 567-76.

Harper, H., Norton Peirce, B. and Burnaby, B. (1996) English-in-the-workplace for garment workers: A feminist project? *Gender and Education,* 8 (1), 5-19.

Haug, F. (ed.) (1987) *Female Sexualization: a Collective Work of Memory, Erica Carter* (trans.). London: Verso.

Heath, S.B. (1983) *Ways with Words: Language, Life, and Work in Communities and Classrooms.* Cambridge: Cambridge University Press.

Heller, M. (1987) The role of language in the formation of ethnic identity. In J. Phinney and M. Rotheram (eds) *Children's Ethnic Socialization* (pp. 180-200). Newbury Park, CA: Sage.

Heller, M. (1992) The politics of codeswitching and language choice. *Journal of Multilingual and Multicultural Development,* 13 (1 & 2), 123-42.

Heller, M. (1999) *Linguistic Minorities and Modernity: A Sociolinguistic Ethnography.* London: Longman.

Heller, M. and Barker, G. (1988) Conversational strategies and contexts for talk: Learning activities for Franco-Ontarian minority schools. *Anthropology and Education*

Quarterly, 19 (1), 20-46.

Henriques, J., Hollway, W., Urwin, C., Venn, C. and Walkerdine, V. (1984) *Changing the Subject: Psychology, Social Regulation, and Subjectivity.* London and New York: Methuen.

Hooks, b. (1990) Talking Back. In R. Ferguson, M. Gever, T. Minh-ha and C. West (eds) *Out There: Marginalization in Contemporary Cultures.* Cambridge, Mass, MA: MIT Press.

Hornberger, N. and Corson, D. (eds) (1997) *Research Methods in Language and Education.* Vol. 8, *Encyclopedia of Language and Education.* Dordrecht: Kluwer Academic Publishers.

Hymes, D. (1979) On communicative competence. In C.J. Brumfit and K. Johnson (eds) *The Communicative Approach to Language Teaching* (pp. 5-26). Oxford: Oxford University Press.

Janks, H. (1997) Teaching language and power. In R. Wodak and D. Corson (eds) *Language Policy and Political Issues in Education.* Vol. 8, *Encyclopedia of Language and Education* (pp. 241-52). Dordrecht: Kluwer Academic Publishers.

Johnson, D. (1992) *Approaches to Research in Second Language Learning.* New York: Longman.

Kalantzis, M., Cope, B. and Slade, D. (1989) *Minority Languages and Dominant Culture: Issues of Education, Assessment and Social Equity.* London: Falmer.

Kanno, Y. (1996) *There's no Place Like Home: Japanese Returnees' Identities in Transition.* Unpublished doctoral dissertation, University of Toronto, Canada.

Klein, W. (1986) *Second Language Acquisition.* Cambridge: Cambridge University Press.

Kramsch, C. (1993) *Context and Culture in Language Teaching.* Oxford: Oxford University Press.

Krashen, S. (1981) *Second Language Acquisition and Second Language Learning.* Oxford: Pergamon.

Krashen, S. (1982) *Principles and Practice in Second Language Acquisition.* Oxford: Pergamon.

Kress, G. (1989) *Linguistic Processes in Sociocultural Practice.* Oxford: Oxford

University Press.

Kubota, R. (1999) Japanese culture constructed by discourses: Implications for applied linguistics research and ELT. *TESOL Quarterly*, 33 (1), 9-35.

Lakoff, R. (1975) *Language and Woman's Place*. New York: Harper and Row.

Lambert, W.E. (1975) Culture and language as factors in learning and education. In A. Wolfgang (ed.) *Education of Immigrant Students*. Toronto: Ontario Institute for Studies in Education.

Lantolf, J. (1996) SLA Theory Building: 'Letting All the Flowers Bloom!' *Language Learning*, 46 (4), 713-49.

Larsen-Freeman, D. and Long, M. (1991) *An Introduction to Second Language Acquisition Research*. New York: Longman.

Lave, J. and Wenger, E. (1991) *Situated Learning: Legitimate Peripheral Participation*. New York: Cambridge University Press.

Legutke, M., and Thomas, H. (1991) *Process and Experience in the Language Classroom*. London: Longman.

Lemke, J. (1995) *Textual Politics: Discourse and Social Dynamics*. Bristol, PA: Taylor & Francis.

Leung, C., Harris, R. and Rampton, B. (1997) The idealised native speaker, reified ethnicities and classroom realities. *TESOL Quarterly*, 31 (3), 543-60.

Lewis, M. and Simon, R. (1986) A discourse not intended for her: Learning and teaching within patriarchy. *Harvard Educational Review*, 56 (4), 457-72.

Lin, A. (1996) Bilingualism or linguistic segregation? Symbolic domination, resistance and code-switching in Hong Kong schools. *Linguistics and Education*, 8 (1), 49-84.

Long, M. (1993) Assessment strategies for second language acquisition theories. *Applied Linguistics*, 14, 225-49.

Lorde, A. (1990) Age, race, class, and sex: Women redefining difference. In R. Ferguson, M. Gever, T. Minh-ha and C. West (eds) *Out There: Marginalization in Contemporary Cultures* (pp. 281-7). Cambridge, MA: MIT Press.

Luke, A. (1988) *Literacy, Textbooks and Ideology*. Basingstoke: Falmer Press.

Luke, A. (2002) Producing new Asian masculinities. In C. Barron, N. Bruce & D. Nunan (eds), *Knowledge and Discourse: Towards an Ecology of Language*. Harlow,

UK: Longman Pearson Education, 78-92.

Luke, C. and Gore, J. (eds) (1992) *Feminisms and Critical Pedagogy*. New York: Routledge.

McKay, S.L. and Wong, S.C. (1996) Multiple discourses, multiple identities: Investment and agency in second language learning among Chinese adolescent immigrant students. *Harvard Educational Review*, 3, 577-608.

McNamara, T. (1997) What do we mean by social identity? Competing frameworks, competing discourses. *TESOL Quarterly*, 31 (3), 561-6.

Martin-Jones, M. and Heller, M. (1996) Introduction to the special issues on Education in multilingual settings: Discourse, identities, and power. *Linguistics and Education*, 8, 3-16.

Martin-Jones, M. (1997) Bilingual classroom discourse: Changing research approaches and diversification of research sites. In N. Hornberger and D. Corson (eds) (1997) *Research Methods in Language and Education*. Vol. 8, *Encyclopedia of Language and Education*. Dordrecht: Kluwer Academic Publishers.

May, S. (1997) Critical ethnography. In N. Hornberger and D. Corson (eds) (1997) *Research Methods in Language and Education*. Vol. 8, *Encyclopedia of Language and Education*. Dordrecht: Kluwer Academic Publishers.

Miller, J. (1999) *Speaking English and Social Identity: Migrant Students in Queensland High Schools*. Unpublished doctoral dissertation, University of Queensland, Australia.

Mitchell, C. and Weiler, K. (1991) *Rewriting Literacy: Culture and the Discourse of the Other*. Toronto: OISE Press.

Morgan, B. (1997) Identity and intonation: Linking dynamic processes in the ESL classroom. *TESOL Quarterly*, 31 (3), 431-50.

Morgan, B. (1998) *The ESL Classroom: Teaching, Critical Practice, and Community Development*. Toronto: University of Toronto Press.

Morris, M. and Patton, P. (eds) (1979) *Michel Foucault: Power, Truth, Strategy*. Sydney: Feral Publications.

Naiman, N., Frohlich, M., Stern, H.H. and Todesco, A. (1978) *The Good Language Learner*. A Research in Education Series No. 7. Toronto: The Ontario Institute for Studies in Education.

Ndebele, N. (1987) The English language and social change in South Africa. *The English Academy Review*, 4, 1-16.

New London Group (1996) A pedagogy of multiliteracies: Designing social futures. *Harvard Educational Review*, 66, 60-92.

Ng, R. (1981) Constituting ethnic phenomenon: An account from the perspective of immigrant women. *Canadian Ethnic Studies*, 13, 97-108.

Ng, R. (1987) Immigrant women in Canada: A socially constructed category. *Resources for Feminist Research/Documentation sur la Recherche Feministe*, 16, 13-15.

Norton Peirce, B. (1989) Toward a pedagogy of possibility in the teaching of English internationally: People's English in South Africa. *TESOL Quarterly*, 23 (3), 401-20.

Norton Peirce, B. (1993) *Language Learning, Social Identity, and Immigrant Women*. Unpublished PhD dissertation. Ontario Institute for Studies in Education/University of Toronto.

Norton Peirce, B. (1995) Social identity, investment, and language learning. *TESOL Quarterly*, 29 (1), 9-31.

Norton, B. (1997a) Language, identity, and the ownership of English. *TESOL Quarterly*, 31 (3), 409-429.

Norton, B. (1997b) Critical discourse research. In N. Hornberger and D. Corson (eds) *Research Methods in Language and Education*. Vol. 8, *Encyclopedia of Language and Education*. Dordrecht: Kluwer Academic Publishers.

Norton, B. (2001) Non-participation, imagined communities, and the language classroom. In M. Breen (ed.) *Learner Contributions to Language Learning: New directions in research*. Harlow, UK: Longman Pearson Education, 159-171.

Norton Peirce, B., Harper, H. and Burnaby, B. (1993) Workplace ESL at Levi Strauss: 'Dropouts' speak out. *TESL Canada Journal*, 10 (2), 9-30.

Norton Peirce, B. and Stein, P. (1995) Why the 'monkeys passage' bombed: Tests, genres, and teaching. *Harvard Educational Review*, 65 (1), 50-65.

Norton Peirce, B., Swain, M. and Hart, D. (1993) Self-assessment, French immersion, and locus of control. *Applied Linguistics*, 14 (1), 25-42.

Norton, B. and Toohey, K. (1999) Reconceptualizing 'the good language learner': SLA at the turn of the century. Paper presented at the annual conference of the American Association of Applied Linguistics, Stamford, Connecticut, USA.

Ochs, E. (1992) Indexing gender. In A. Duranti and C. Goodwin (eds) *Rethinking Context* (pp. 335.58). Cambridge: Cambridge University Press.

Oxford, R. and Shearin, J. (1994) Language Learning Motivation: Expanding the Theoretical Framework. *Modern Language Journal*, 78 (1), 12-28.

Pennycook, A. (1989) The concept of method, interested knowledge, and the politics of language teaching. *TESOL Quarterly*, 23 (4), 589-618.

Pennycook, A. (1994) *The Cultural Politics of English as an International Language.* London: Longman.

Pennycook, A. (1998) *English and the Discourses of Colonialism.* London: Routledge.

Perdue, C. (ed.) (1984) *Second Language Acquisition by Adult Immigrants.* Rowley, MA: Newbury House.

Perdue, C. (ed.) (1993a) *Adult Language Acquisition: Cross-Linguistic Perspectives.* Vol. I, *Field Methods.* Cambridge: Cambridge University Press.

Perdue, C. (ed.) (1993b) *Adult Language Acquisition: Cross-Linguistic Perspectives.* Vol. II, *The Results.* Cambridge: Cambridge University Press.

Peyton, J.K. and Reed, L. (1990) *Dialogue Journal Writing with Nonnative English Speakers: A Handbook for Teachers.* Alexandria, VA: TESOL.

Rampton, B. (1995) *Crossing: Language and Ethnicity Among Adolescents.* London: Longman.

Rist, R. (1980) Blitzkrieg ethnography: On the transformation of a method into a movement. *Educational Researcher*, 9 (2), 8-10.

Roberts, C., Davies, E. and Jupp, T. (1992) *Language and Discrimination: A Study of Communication in Multi-ethnic Workplaces.* London: Longman.

Rockhill, K. (1987a) Literacy as threat/desire: Longing to be SOMEBODY. In J. Gaskill and A. McLaren (eds) *Women and Education: A Canadian Perspective* (pp. 315.31). Calgary, Alberta: Detselig Enterprises Ltd.

Rockhill, K. (1987b) Gender, language and the politics of literacy. *British Journal of Sociology of Education*, 18 (2), 153-67.

Rossiter, A.B. (1986) *From Private to Public: A Feminist Exploration of Early Mothering.* Toronto: Women's Press.

Rubin, J. (1975) What the 'good language learner' can teach us. *TESOL Quarterly*, 9, 41-51.

Sarangi, S. and Baynham, M. (1996) Discursive construction of educational identities: affirmative readings. *Language and Education*, 10 (2 & 3), 77-81.

Saussure, F. de. (1966) *Course in General Linguistics*. W. Baskin (trans.). New York: McGraw-Hill.

Savignon, S. (1991) Communicative language teaching: State of the art. *TESOL Quarterly*, 25 (2), 261-78.

Schecter, S. and Bayley, R. (1997) Language socialization practices and cultural identity: Case studies of Mexican descent families in California and Texas. *TESOL Quarterly*, 31 (3), 513-42.

Schenke, A. (1991) The 'will to reciprocity' and the work of memory: Fictioning speaking out of silence in ESL and feminist pedagogy. *Resources for Feminist Research/ Documentation sur la Recherche Feministe*, 20 (3/4), 47-55.

Schenke, A. (1996) Not just a 'social issue': teaching feminist in ESL. *TESOL Quarterly*, 30 (1), 155-9.

Schumann, F. (1980) Diary of a language learner: a further analysis. In R. Scarcella and S. Krashen (eds) *Research in Second Language Acquisition*. Rowley, MA: Newbury House.

Schumann, J. (1976a) Social distance as a factor in second language acquisition. *Language Learning*, 26 (1), 135-43.

Schumann, J. (1976b) Second language acquisition: The pidginization hypothesis. *Language Learning*, 26 (2), 391-408.

Schumann, J. (1978a) *The Pidginization Process: A Model for Second Language Acquisition*. Rowley, MA: Newbury House.

Schumann, J. (1978b) The acculturation model for second-language acquisition. In R.C. Gringas (ed.) *Second Language Acquisition and Foreign Language Teaching*. Washington, DC: Center for Applied Linguistics.

Schumann, J. (1986) Research on the acculturation model for second language acquisition. *Journal of Multilingual and Multicultural Development*, 7 (5), 379-92.

Schumann, J. (1993) Some problems with falsification: An illustration from SLA research.

Applied Linguistics, 14, 295-306.

Schumann, J.H. and Schumann, F. (1977) Diary of a language learner: An introspective study of second language learning. In H.D. Brown, C. Yorio, and R. Crymes (eds) *On TESOL '77: Teaching and Learning English as a Second Language: Trends and Practice*. Washington, DC: TESOL.

Scovel, T. (1978) The effect of affect on foreign language learning: A review of the anxiety research. *Language Learning*, 28, 129-42.

Simon, R. (1987) Empowerment as a pedagogy of possibility. *Language Arts*, 64, 370-83.

Simon, R. (1992) *Teaching Against the Grain: Texts for a Pedagogy of Possibility*. New York: Bergin & Garvey.

Simon, R.I. and Dippo, D. (1986) On critical ethnographic work. *Anthropology and Education Quarterly*, 17, 198-201.

Simon, R.I., Dippo, D. and Schenke, A. (1991) *Learning Work: a Critical Pedagogy of Work Education*. Toronto: OISE Press.

Smith, D.E. (1987a) *The Everyday World as Problematic: A Feminist Sociology*. Boston, MA: Northeastern University Press.

Smith, D.E. (1987b) Institutional Ethnography: A Feminist Method. *Resources for Feminist Research/Documentation sur la Recherche Feministe*, 15, 6-13.

Smith, D.E. (1987c) An analysis of ideological structures and how women are excluded. In J.S. Gaskell and A.T. McLaren (eds) *Women and Education: A Canadian Perspective*. Calgary, Alberta: Detselig Enterprises Ltd.

Smoke, T. (ed.) (1998) *Adult ESL: Politics, Pedagogy, and Participation in Classroom and Community Programs*. Mahwah, NJ: Lawrence Erlbaum Associates.

Solsken, J. (1993) *Literacy, Gender, and Work: in Families and in School*. Norwood, NJ: Ablex Pub. Co.

Spender, D. (1980) *Man Made Language*. London: Routledge & Kegan Paul.

Spolsky, B. (1989) *Conditions for Second Language Learning*. Oxford: Oxford University Press.

Stein, P. (1998) Reconfiguring the past and the present: Performing literacy histories in a Johannesburg classroom. *TESOL Quarterly*, 32 (3), 517-28.

Stern, H.H. (1983) *Fundamental Concepts of Language Teaching*. Oxford: Oxford University Press.

Tajfel, H. (ed.) (1982) *Social Identity and Intergroup Relations*. New York: Cambridge University Press.

Tannen, D. (1990) *You Just Don't Understand: Men and Women in Conversation*. New York: William Morrow.

Terdiman, R. (1985) *Discourse/Counter-Discourse: The Theory and Practice of Symbolic Resistance in Nineteenth-century France*. Ithaca: Cornell University Press.

Ternar, Y. (1990) Ajax la-bas. In L. Hutcheon and M. Richmond (eds) *Other Solitudes: Canadian Multicultural Fictions*. Toronto: Oxford University Press.

Thesen, L. (1997) Voices, discourse, and transition: In search of new categories in EAP. *TESOL Quarterly*, 31 (3), 487-512.

Toohey, K. (1996) Learning English as a second language in kindergarten: A community of practice perspective. *Canadian Modern Language Review*, 52 (4), 549-76.

Toohey, K. (1998) 'Breaking them up, taking them away': ESL students in Grade 1. *TESOL Quarterly*, 32 (1), 61-84.

Toohey, K. (2000) *Learning English in Schools: Identity, Social Relations, and Classroom Practice*. Clevedon: Multilingual Matters.

Tucker, R. and Corson, D. (1997) *Second Language Education. Vol. 2, Encyclopedia of Language and Education*. Dordrecht: Kluwer Academic Publishers.

van Daele, C. (1990) *Making Words Count: The Experience and Meaning of the Diary in Women's Lives. Unpublished Doctor of Education thesis*. University of Toronto, Canada.

van Lier, L. (1994) Forks and hope: pursuing understanding in different ways. *Applied Linguistics*, 15 (3), 328-46.

Wallerstein, N. (1983) *Language and Culture in Conflict: Problem-Posing in the ESL Classroom*. Reading, MA: Addison-Wesley.

Walsh, C.A. (1987) Language, meaning, and voice: Puerto Rican students' struggle for a speaking consciousness, *Language Arts*, 64, 196-206.

Walsh, C.A. (1991) *Pedagogy and the Struggle for Voice: Issues of Language, Power, and Schooling for Puerto Ricans*. Toronto: OISE Press.

Watson Gegeo, K. (1988) Ethnography in ESL: defining the essentials. *TESOL Quarterly*, 22 (4), 575-92.

Weedon, C. (1997) *Feminist Practice and Poststructuralist Theory*. Second Edition. London: Blackwell.

Weiler, K. (1988) *Women Teaching for Change: Gender, Class, and Power*. New York: Bergin & Garvey Publishers.

Weiler, K. (1991) Freire and a feminist pedagogy of difference. *Harvard Education Review*, 61 (4), 449-74.

Wenger, E. (1998) *Communities of Practice: Learning, Meaning, and Identity*. Cambridge: Cambridge University Press.

West, C. (1992) A matter of life and death. *October*, 61 (summer), 20-3.

Willis, P.E. (1977) *Learning to Labour: How Working Class Kids Get Working Class Jobs*. Farnborough: Saxon House.

Wodak, R. (1996) *Disorders of Discourse*. London and New York: Longman.

Wolcott, H.F. (1994) T*ransforming Qualitative Data: Description, Analysis, and Interpretation*. Thousand Oaks, CA: Sage.

Wong Fillmore, L. (1991) When learning a second language means losing the first. *Early Childhood Research Quarterly*, 6, 323-46.

Yee, M. (1993) Finding the way home through issues of gender, race and class. In H. Bannerji (ed.) *Returning the Gaze: Essays on Racism, Feminism and Politics* (pp. 3.44). Toronto: Sister Vision Press.

Yu, L. (1990) The comprehensible output hypothesis and self-directed learning: A learner's perspective. *TESL Canada Journal*, 8 (1), 9-26.

Zamel, V. (1987) Recent research on writing pedagogy. *TESOL Quarterly*, 21 (4), 697-715.

번역 용례

* 번역 용어가 하나 이상일 경우 가장 많이 사용한 용어를 가장 앞에 두었다. 그리고 사용빈도 순으로 괄호 안에 표시하였다.

** 하위 분류가 있는 항목(identity, practice)은 책 전반에 걸쳐 나오기 때문에 따로 위치(쪽)를 표시하지 않았다.

ㄱ

한국어	영어	쪽
가짜	imposter	186, 281
감각	sense	20, 21, 89, 94, 100, 113, 279, 335
개념-기능 교수법	notional-functional approach	301
경제적 이동성	economic mobility	333
계급 구조	class structure	226
공공 사회(세상, 공적인 영역, 공적인 세계)	public world	101, 121, 147, 172, 195, 232, 244, 252, 271, 272, 274, 282
교실 기반의 사회 연구	classroom-based social research	293, 323, 324
구어 담화	spoken discourse	105
구인	construct	19, 25
근로자	employee	30, 121, 148, 150, 173, 278, 296
기습적 문화기술지	blitzkrieg ethnography	114

ㄴ

한국어	영어	쪽
노동자	worker	35, 139, 147~149, 173~180, 188, 192, 193, 206, 207,

정체성과 언어 학습

초판 인쇄 2021년 3월 12일
초판 발행 2021년 3월 19일

지은이 Bonny Norton
옮긴이 연준흠 · 김주은
펴낸이 박찬익

펴낸곳 ㈜**박이정**
주 소 경기도 하남시 조정대로45 미사센텀비즈 7층 F749호
전 화 031) 792-1193
팩 스 02) 928-4683
홈페이지 www.pjbook.com
이메일 pijbook@naver.com
등 록 2014년 8월 22일 제2020-000029호

ISBN 979-11-5848-511-5 93700

* 책값은 뒤표지에 있습니다.